IPO法律实务

关注事项与解决之道

汪志芳 / 著

中国法制出版社
CHINA LEGAL PUBLISHING HOUSE

前　言

从 1990 年设立上海、深圳证券交易所起步，我国证券市场的建设已经历近 30 年的时间。在这接近 30 年的时间里，证券市场得到了长足发展，不仅上市公司数量扩充至 3600 多家，上市公司的构成也发生了很大的变化：从市值规模来看，既有中国石油、工商银行、贵州茅台等市值万亿元级别的超级大蓝筹，也有大量市值在二三十亿元以内的中小型企业；从行业分布来看，既有从事餐饮、服装、建筑、农业、制造之类的传统产业，也有从事航空航天、通信、激光器件、芯片、生物制药之类的新兴和高精尖产业。

经过多年的发展、宣传、培育，对很多企业来说上市已不再是陌生而遥远的事。然而，听闻和实践毕竟是两回事。企业上市顺利与否乃至成功与否，会受到多方面因素的影响，经济形势的变化、审核政策的调整，甚至突发事件的发生都可能导致企业偏离上市目标。

企业要提高上市成功的概率，除了审时度势把握时机外，更重要的是精心准备，练好内功。其中很重要的内容是，在律师、会计师、券商等中介机构的帮助下，了解发行上市的条件和要求，理解审核部门的审核理念，领会证监会的监管意图，并将企业的实际情况与发行上市的条件和要求进行对照，切实解决存在的问题。

作为一名长期从事证券法律服务的律师，笔者有幸参与到企业申请上市的实践活动中，积累了以理论指导实践的项目经验。同时，出于工作需要，笔者平时对申请上市的案例保持研究，以归纳总结上市实践中的共性问题和特性问题。借助于长期积累的项目经验以及案例研究，笔者得以近距离地感受着证券市场的律动和审核政策的稳固与变化。

在此基础上，有感于工作过程中接触到拟上市企业、上市中介机构人员、地方金融部门对于企业发行上市的条件与要求仍存在不完全理解的情形，笔者着手将平时的工作及研究成果整理成册，希望对相关企业、机构和个人深入了解目前的上市审核要求有所帮助。

本书主要内容由两部分构成，一部分为上市条件与要求的解读、分析，包括审核政策及主要关注点；另一部分为收集的相关案例及案例简析，主要来自于中国证监会最近两年的审核案例，既包括上市成功的案例，也包括上市失败的案例。

笔者对于案例的研究主要以中国证监会发行审核委员会的关注事项为线索，需要说明的是，由于发审会对于同一家企业所关注的事项通常并不限于单一事项，而是存在财务、法律、行业等多个事项，因此，并不意味着某些含有法律关注事项的项目被发审会否决是由法律问题而造成，事实上，有些类似的法律问题既出现在成功上市的项目中，也出现在上市失败的项目中，此其一；其二，即便不能确定某个具体的法律问题是否是上市申请被否决的根本原因，但从这些受到关注的事项中仍能剖析出审核人员的审核逻辑和监管意图，从而在未来的上市项目中避免类似问题，尽量形成与审核人员的共同预期，以顺利通过上市审核。

此外，本人想特别提醒拟上市企业，在正式迈出申请上市的步伐之前，需要考虑清楚两个问题：

一、是否能够接受规范成本和信息公开带来的不利影响

上市规则中对于拟上市企业的业务合法合规性提出了要求，对于拟上市企业的主要客户、供应商、业务流程、毛利率等核心数据和经营信息也有披露要求。因此，拟上市企业不仅要按照上市规则的要求对业务活动进行规范，以确保业务体系和经营活动的合法合规，并且要将报告期内主要的客户、供应商及其交易额以及毛利率情况在招股说明书中进行公开披露。一旦招股说明书公开披露，意味着竞争对手、客户等利益相关方也完全有可能关注到该等信息，从而导致拟上市企业因与利益相关方的信息不对称而处于不利的地位。例如，竞争对手结合拟上市企业的采购渠道、业务流程、产品结构、客户群体而进行更有针对性的竞争，客户在知晓拟上市企业具有较高的毛利率之后要求后续交易中对产品进行降价销售。又如，医药类业务、工程类业务可能存在较高比例的佣金等中间费用，如果继续给予中间费用，可能存在合法合规性问题，而如果不再给予中间费用，可能导致业务流失。在有的情形下，客户不愿意与其相关的交易信息及其背景信息公

之于众，除了军工企业客户可以按照既定程序得到信息披露的豁免外，其他的客户如果存在信息披露的限制性要求，很可能导致拟上市企业达不到上市审核的信息披露要求。

因此，企业在有了上市想法后，应充分考虑规范过程及信息披露对业务与经营活动的影响，从而谨慎评估目前的业务运作上市是否切实可行。

二、如何构建与中介机构之间的关系

企业上市过程中需要聘请证券公司、审计机构、律师事务所等 3 家中介机构为其提供专业的服务，服务内容主要包括两部分：在筹备上市的前期对企业进行辅导、规范；在正式申请上市的过程中帮助企业形成招股说明书，并各自为企业出具保荐报告、审计报告、法律意见书等申请上市的法定必备文件。一方面，中介机构与拟上市企业有着共同的利益，成功上市既能为企业带来巨大的利益，也能为中介机构带来收入和行业声誉，因此企业成功上市是中介机构与拟上市企业共同的追求。另一方面，根据证券市场机制设计及证券监管部门的要求，中介机构需要超然独立，与企业之间保持清晰的职责边界，单独为工作差错承担法律责任。基于这种特殊的利益格局，拟上市企业与中介机构之间应本着求同存异的原则构建一种良性的合作关系，以推动上市工作的顺利进行。在上市过程中，拟上市企业与中介机构之间最良好的关系莫过于互相尊重和帮助。具体来说，企业应该尊重中介机构的专业性，在与上市相关的问题方面开诚布公地与中介机构进行讨论，多听从中介机构的意见和建议，在上市实践中比较容易出现的情形是，首先，企业根据一知半解、道听途说的理解自行处理上市事务，结果因处理不当对上市造成负面的影响；其次，企业应该帮助中介机构了解其所在的行业状况及企业自身特性，中介机构对于企业及其所处行业了解越充分越能精准地为企业上市提供意见和建议，反之，中介机构如果对企业及其所处行业缺乏了解，就很难形成切实可行的上市路径与方案以及信息披露。从中介机构的角度而言，应该充分尊重企业的经营和意愿，上市毕竟只是企业发展过程中的一个阶段性目标，这个短期目标与企业发展的长期目标总的来说是契合的，但短期内可能也会有冲突之处，例如，研发费用的投入有利于企业长期发展，但短期会降低企业的利润，又如，企业为了吸引客户、抢占市场，可能会甘愿冒着形成坏账的风险，给予客户一定的信用账期，但从上市的角度，中介机构希望企业有着尽可能少的应收账款和尽可能快速的现金回款。诸如此类经营问题，中介机构应该事先与企业进行利弊分析，但应该尊重企业的经营决策，毕竟企业才是真正能够对其自身负责的主体，中介机构不能要求企业削足适履。另外，中介机构应该帮助企业认识、了解证券市场的要求和规则，以及相关经营活动及行为习惯对上市的影响，以此进一步帮助企业作出科学决策，避免相关行为对企业上市造成不利影响甚至形成实质性障碍。

概括来说，拟上市企业与中介机构之间最好的状况是尽心尽力地帮助对方降低在证券市场规则、行业状况、企业特性方面的信息不对称性，让信息尽可能趋于对称，在此基础上共同形成上市相关问题的解决方案。

由于笔者理论水平和实践经验的限制，书中不当之处在所难免，恳请读者批评指正！

汪志芳

2019 年 2 月 15 日

目　录

Contents

第一章　我国首次公开发行股票并上市的审核制度

一、我国首次公开发行股票并上市审核制度的演变

我国于1990年先后设立上海、深圳证券交易所，以便为国内上市公司提供全国性的股票交易市场。经过近30年的发展，截至2019年3月底，沪深两市已有3600多家上市公司，其中沪市有上市公司1400多家，深市主板、中小板、创业板总共有上市公司2100多家。从为国有企业上市融资起步，到吸纳大量的民营企业上市，我国证券市场在交易规模、主体构成、规范运作、盈利能力等各方面都发生了深刻的变化。这种变化与我国市场经济体制的建立、完善以及改革开放的深入密切关联，证券市场既是经济建设的需要，也是经济建设的结果。伴随着这些变化的是证券市场规则与制度的建立和完善，例如：2005年中国证监会全面推进股权分置改革，以非流通股股东向流通股股东让渡一部分利益以换取股份流通的方式，解决了上市公司长期存在的不同定价机制和流通机制问题，活跃了股票特别是国有股的市场交易；2004年、2009年先后在深圳证券交易所市场内设立中小板、创业板，推动成长型、创新型的中小企业上市融资。而作为证券市场源头管理的新股发行审核制度，在这近30年的时间里（特别是资本市场建设之初的15年里）也发生了极大的变化。

我国的首次公开发行股票并上市是具有先后顺序的两个环节，《中华人民共和国证券法》第十条第一款规定：公开发行证券，必须符合法律、行政法规规定的条件，并依法报经国务院证券监督管理机构或者国务院授权的部门核准；未经依法核准，任何单位和个人不得公开发行证券。《中华人民共和国证券法》第四十八条第一款规定：申请证券上市交易，应当向证券交易所提出申请，由证券交易所依法审核同意，并由双方签订上市协议。可见，只有经过中国证监会的核准

（根据国务院的决定和授权，中国证监会于 1992 年 10 月设立，对全国证券期货市场进行集中统一的监督、管理），公司才能公开发行股票，其后向证券交易所申请上市交易。在实践中，由于取得证监会批文后鲜有股票发行失败的案例，更不存在公开发行后证券交易所不予上市的先例，市场参与主体通常将证监会核准后的发行与证券交易所上市环节视作按部就班的确定性程序，而将关注的视角聚焦于充满不确定性的证监会审核环节。

由于我国证券市场脱胎于计划经济向市场经济转型的初级阶段，证券市场设立之初的股票发行审核带有浓厚的计划性，尔后，伴随着经济市场化的深入，股票发行审核的机制向市场化转向。自证券市场设立以来，股票发行审核先后经历了行政主导的审批制和市场化方向的核准制两个阶段。其中审批制包含“额度管理”和“指标管理”两个阶段，核准制包含“通道制”和“保荐制”两个阶段，具体发展演变过程如下：[①]

（一）额度管理阶段（1993 年 – 1995 年）

1993 年 4 月 25 日，国务院颁布了《股票发行与交易管理暂行条例》，标志着审批制的正式确立。在审批制下，股票发行由国务院证券监督管理机构根据经济发展和市场供求的具体情况，在宏观上制定一个当年股票发行总规模（额度或指标），经国务院批准后，下达给计委，计委再根据各个省级行政区域和行业在国民经济发展中的地位和需要进一步将总额度分配到各省、自治区、直辖市、计划单列市和国家有关部委。省级政府和国家有关部委在各自的发行规模内推荐预选企业，证券监管机构对符合条件的预选企业的申报材料进行审批。对企业而言，需要经历两级行政审批，即企业首先向其所在地政府或主管中央部委提交额度申请，经批准后报送证监会复审。证监会对企业的质量、前景进行实质审查，并对发行股票的规模、价格、发行方式、时间等作出安排。额度是以股票面值计算的，在溢价发行条件下，实际筹资额远大于计划额度，在这个阶段共确定了 105 亿发行额度，共有 200 多家企业发行，筹资 400 多亿元。

（二）指标管理阶段（1996 年 – 2000 年）

1996 年，国务院证券委员会公布了《关于 1996 年全国证券期货工作安排意

---

① 来自于证监会网站：http：//www.csrc.gov.cn/pub/newsite/ztzl/xgfxtzgg/xgfxbjcl/201307/t20130703_230251.html，最后访问时间：2019 年 4 月 15 日。

见》，推行“总量控制、限报家数”的指标管理办法。由国家计委、证券委共同制定股票发行总规模，证监会在确定的规模内，根据市场情况向各省级政府和行业管理部门下达股票发行家数指标，省级政府或行业管理部门在指标内推荐预选企业，证券监管部门对符合条件的预选企业同意其上报发行股票正式申报材料并审核。1997 年，证监会下发了《关于做好 1997 年股票发行工作的通知》，同时增加了拟发行股票公司预选材料审核的程序，由证监会对地方政府或中央企业主管部门推荐的企业进行预选，改变了两级行政审批下单纯由地方推荐企业的做法，开始了对企业的事前审核。1996、1997 年分别确定了 150 亿股和 300 亿股的发行量，共有 700 多家企业发行，筹资 4000 多亿元。

（三）通道制阶段（2001 年－2004 年）

1999 年 7 月 1 日正式实施的《中华人民共和国证券法》明确确立了核准制的法律地位。1999 年 9 月 16 日，证监会推出了股票发行核准制实施细则。随后，证监会又陆续制定了一系列与证券法相配套的法律法规和部门规章，如《中国证监会股票发行审核委员会条例》《中国证监会股票发行核准程序》《股票发行上市辅导工作暂行办法》等，构建了股票发行核准制的基本框架。新的核准程序包括：第一，省级人民政府和主管部委批准改制设立股份有限公司；第二，拟发行公司与有资格的证券公司签订辅导（保荐）协议，报当地证管办备案，签订协议后，每两个月上报一次辅导材料，辅导时间为期 1 年；第三，辅导期满，拟发行公司提出发行申请，证券公司依法予以推荐（保荐）；第四，证监会进行合规性初审后，提交发行审核委员会（以下简称“发审委”）审核，经发审委专家投票表决，最终经证监会核准后，决定其是否具有发行资格。核准制以强制性信息披露为核心，旨在强化中介机构的责任，减少行政干预。

核准制的第一个阶段是“通道制”。2001 年 3 月 17 日，证监会宣布取消股票发行审批制，正式实施股票发行核准制下的“通道制”。2001 年 3 月 29 日，中国证券业协会对“通道制”作出了具体解释：每家证券公司一次只能推荐一定数量的企业申请发行股票，由证券公司将拟推荐企业逐一排队，按序推荐。所推荐企业每核准一家才能再报一家，即“过会一家，递增一家”（2001 年 6 月 24 日又调整为“每公开发行一家才能再报一家”，即“发行一家，递增一家”），具有主承销资格的证券公司拥有的通道数量最多 8 条，最少 2 条。到 2005 年 1 月 1 日“通道制”被废除时，全国 83 家证券公司一共拥有 318 条通道。

“通道制”改变了由行政机制遴选和推荐发行人的做法，使主承销商在一定程度上承担起股票发行的风险，同时也获得了遴选和推荐股票发行人的权利。

（四）保荐制阶段（2004 年至今）

2003 年 12 月，证监会制定了《证券发行上市保荐制度暂行办法》等法规，这是适应市场需求和深化股票发行制度改革的重大举措。“保荐制”起源于英国，全称是保荐代表人制度。中国的保荐制度是指有资格的保荐人推荐符合条件的公司公开发行证券和上市，并对所推荐的发行人的信息披露质量和所做承诺提供持续训示、督促、辅导、指导和信用担保的制度。其主要内容包括：建立保荐机构和保荐代表人的注册登记管理制度；明确保荐期限；分清保荐责任；引进持续信用监管和“冷淡对待”的监管措施等 4 个方面。保荐制度的重点是明确保荐机构和保荐代表人的责任并建立责任追究机制。与“通道制”相比，保荐制度增加了由保荐人承担发行上市过程中连带责任的内容。保荐人的保荐责任期包括发行上市全过程，以及上市后的一段时期（如两个会计年度）。2004 年 5 月 10 日，首批共有 67 家证券公司、609 人被分别注册登记为保荐机构和保荐代表人。

二、注册制改革及其探索

2013 年 11 月 12 日，中国共产党第十八届中央委员会第三次全体会议通过《中共中央关于全面深化改革若干重大问题的决定》（以下简称“十八届三中全会决定”），在这份施政纲领中提出健全多层次资本市场体系，推进股票发行注册制改革。

2013 年 11 月 30 日，中国证监会发布了《中国证监会关于进一步推进新股发行体制改革的意见》，对十八届三中全会决定中关于推进股票发行注册制改革的要求进行贯彻落实。该意见旨在厘清和理顺新股发行过程中政府与市场的关系，加快实现监管转型，提高信息披露质量，强化市场约束，促进市场参与各方归位尽责，为实行股票发行注册制奠定良好基础。

在《中国证监会关于进一步推进新股发行体制改革的意见》发布之后，证监会对于首次公开发行股票的审核已经按照注册制精神进行了实践性的探索，主要体现在审核周期大幅缩短，审核中以强化发行人的信息披露为中心，淡化对发行人价值的实质判断。然而，2015 年 6 月突然发生的中国股市急剧下挫，以及其后总体下行的走势，导致注册制改革出于稳定市场的需要而被迫延后。

2015 年 12 月 27 日，第十二届全国人民代表大会常务委员会第十八次会议决定：授权国务院对拟在上海证券交易所、深圳证券交易所上市交易的股票的公开发行，调整适用《中华人民共和国证券法》关于股票公开发行核准制度的有关规定，实行注册制度，具体实施方案由国务院作出规定，报全国人民代表大会常务委员会备案。实施期限为 2 年，自 2016 年 3 月 1 日起施行。

2018 年 2 月 24 日，第十二届全国人民代表大会常务委员会第三十三次会议决定：2015 年 12 月 27 日第十二届全国人民代表大会常务委员会第十八次会议授权国务院在实施股票发行注册制改革中调整适用《中华人民共和国证券法》有关规定的决定施行期限届满后，期限延长两年至 2020 年 2 月 29 日。

2019 年 1 月 23 日，中央全面深化改革委员会第六次会议审议通过了《在上海证券交易所设立科创板并试点注册制总体实施方案》《关于在上海证券交易所设立科创板并试点注册制的实施意见》，决定在上海证券交易所设立科创板并试点注册制。

2019 年 1 月 28 日，中国证监会以〔2019〕2 号文公布《关于在上海证券交易所设立科创板并试点注册制的实施意见》。

2019 年 1 月 30 日，中国证监会在其官方网站公布了《科创板首次公开发行股票注册管理办法（试行）》《科创板上市公司持续监管办法（试行）》并公开征求修改意见。同日，上海证券交易所在其官方网站公布了《上海证券交易所科创板股票发行上市审核规则》《上海证券交易所科创板股票上市委员会管理办法》《上海证券交易所科技创新咨询委员会工作规则》《上海证券交易所科创板股票发行与承销实施办法》《上海证券交易所科创板股票上市规则》《上海证券交易所科创板股票交易特别规定》等 6 项配套业务规则并公开征求修改意见。

2019 年 3 月 1 日，中国证监会和上海证券交易所分别在官方网站公布了正式定稿的科创板业务规则，相关的业务规则自公布之日起生效。

2019 年 3 月 22 日，上海证券交易所在其官方网站披露了首批 9 家申请在科创板上市的企业名单及其招股说明书。

鉴于目前科创板尚未正式开板，本书未将其纳入审核介绍范围。但从业务规则来看，科创板的定位和功能不仅开辟了一个为战略产业和高技术企业融资上市的通道和市场，更对现有的规则进行了很大的突破，这些突破是全方位的，审核形式（交易所审核、电子申报）、上市实质要求（预期市值、非盈利）、治理机制（同股不同权）、信息披露（招股说明书和法律意见书等文件在受理后即公开）、上市后的监管（特定股东更长的减持禁止期、更灵活的股权激励）、交易规则（投资者准入门槛 50 万、涨跌幅 20%，首次上市 5 日内无涨跌幅限制）、强制退市（区分财务类、规范类等不同情形）等都有变化，从这些规则里面看到了以增量市场来解决存量问题的力度。

可以预期，一旦科创板为注册制探索和积累出成功经验，注册制从科创板推向全部 A 股板块将只是时间问题。

三、我国目前首次公开发行股票并上市审核流程

根据《中国证券监督管理委员会行政许可实施程序规定》（证监会令第 138 号，以下简称《行政许可程序规定》）等规定，首次公开发行股票的审核工作流程分为受理、反馈会、初审会、发审会、封卷、核准发行等主要环节，分别由不同处室负责，相互配合、相互制约。

（一）基本审核流程图

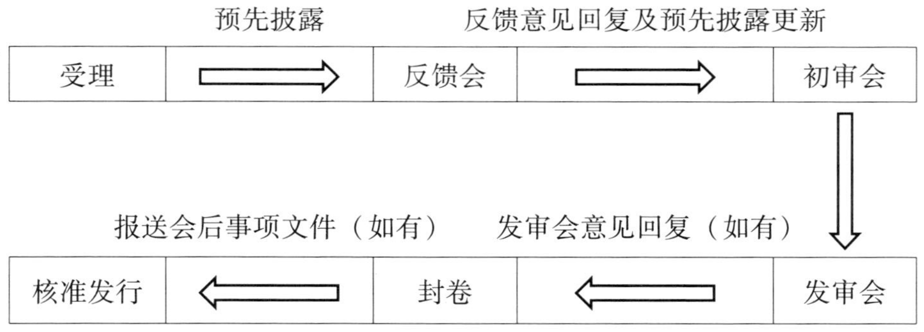

（二）首发申请审核主要环节

1. 受理和预先披露

中国证监会受理部门根据《行政许可程序规定》、《首次公开发行股票并上市管理办法》（证监会令第 141 号）、《首次公开发行股票并在创业板上市管理办法》（证监会令第 142 号）等规则的要求，依法受理首发申请文件，并按程序转发行监管部。发行监管部在正式受理后即按程序安排预先披露，并将申请文件分

发至相关监管处室，相关监管处室根据发行人的行业、公务回避的有关要求以及审核人员的工作量等确定审核人员。

2. 反馈会

相关监管处室审核人员审阅发行人申请文件后，从非财务和财务两个角度撰写审核报告，提交反馈会讨论。反馈会主要讨论初步审核中关注的主要问题，确定需要发行人补充披露以及中介机构进一步核查说明的问题。

反馈会按照申请文件受理顺序安排。反馈会由综合处组织，参会人员有相关监管处室审核人员和处室负责人等。反馈会后将形成书面意见，履行内部程序后反馈给保荐机构。反馈意见发出前不安排发行人及其中介机构与审核人员沟通。

保荐机构收到反馈意见后，组织发行人及相关中介机构按照要求进行回复。综合处收到反馈意见回复材料进行登记后转相关监管处室。审核人员按要求对申请文件以及回复材料进行审核。

发行人及其中介机构收到反馈意见后，在准备回复材料过程中如有疑问可与审核人员进行沟通，如有必要也可与处室负责人、部门负责人进行沟通。

审核过程中如发生或发现应予披露的事项，发行人及其中介机构应及时报告发行监管部并补充、修改相关材料。初审工作结束后，将形成初审报告（初稿）提交初审会讨论。

3. 预先披露更新

发行人对反馈意见已按要求回复、财务资料未过有效期且需征求意见的相关政府部门无异议的，将安排预先披露更新。对于具备条件的项目，发行监管部将通知保荐机构报送发审会材料和用于更新的预先披露材料，并在收到相关材料后安排预先披露更新，以及按受理顺序安排初审会。

4. 初审会

初审会由审核人员汇报发行人的基本情况、初步审核中发现的主要问题及反馈意见回复情况。初审会由综合处组织，发行监管部相关负责人、相关监管处室负责人、审核人员以及发审委委员（按小组）参加。

根据初审会讨论情况，审核人员修改、完善初审报告。初审报告是发行监管部初审工作的总结，履行内部程序后与申请材料一并提交发审会。

初审会讨论决定提交发审会审核的，发行监管部在初审会结束后出具初审报告，并书面告知保荐机构需要进一步说明的事项以及做好上发审会的准备工作。

初审会讨论后认为发行人尚有需要进一步披露和说明的重大问题，暂不提交发审会审核的，将再次发出书面反馈意见。

5. 发审会

发审委制度是发行审核中的专家决策机制。目前发审委委员不固定分组，采用电脑摇号的方式，随机产生项目审核小组，依次参加初审会和发审会。各组中委员个人存在需回避事项的，按程序安排其他委员替补。发审委通过召开发审会进行审核工作。发审会以投票方式对首发申请进行表决。根据《中国证券监督管理委员会发行审核委员会办法》规定，发审委会议审核首发申请适用普通程序。发审委委员投票表决采用记名投票方式，会前需撰写工作底稿，会议全程录音。

发审会召开 5 天前中国证监会发布会议公告，公布发审会审核的发行人名单、会议时间、参会发审委委员名单等。首发发审会由审核人员向委员报告审核情况，并就有关问题提供说明，委员发表审核意见，发行人代表和保荐代表人各 2 名到会陈述和接受询问，聆询时间不超过 40 分钟，聆询结束后由委员投票表决。发审会认为发行人需要进一步披露和说明问题的，形成书面审核意见后告知保荐机构。

保荐机构收到发审委审核意见后，组织发行人及相关中介机构按照要求回复。综合处收到审核意见回复材料后转相关监管处室。审核人员按要求对回复材料进行审核并履行内部程序。

6. 封卷

发行人的首发申请通过发审会审核后，需要进行封卷工作，即将申请文件原件重新归类后存档备查。封卷工作在按要求回复发审委意见后进行。如没有发审委意见需要回复，则在通过发审会审核后即进行封卷。

7. 会后事项

会后事项是指发行人首发申请通过发审会审核后、招股说明书刊登前发生的可能影响本次发行上市及对投资者作出投资决策有重大影响的应予披露的事项。发生会后事项的需履行会后事项程序，发行人及其中介机构应按规定向综合处提交会后事项材料。综合处接收相关材料后转相关监管处室。审核人员按要求及时提出处理意见。需重新提交发审会审核的，按照会后事项相关规定履行内部工作程序。如申请文件没有封卷，则会后事项与封卷可同时进行。

8. 核准发行

核准发行前，发行人及保荐机构应及时报送发行承销方案。

封卷并履行内部程序后，将进行核准批文的下发工作。发行人领取核准发行批文后，无重大会后事项或已履行完会后事项程序的，可按相关规定启动招股说明书刊登工作。

审核程序结束后，发行监管部根据审核情况起草持续监管意见书，书面告知日常监管部门。

第二章　实际控制人认定

首发上市中，实际控制人是个很重要的法律概念，证监会对于发行人的稳定性、规范性、独立性要求都涉及实际控制人。在稳定性方面，《首次公开发行股票并上市管理办法》（以下简称《首发管理办法》）要求“发行人最近三年内实际控制人没有发生变更”，《首次公开发行股票并在创业板上市管理办法》（以下简称《创业板首发管理办法》）要求“发行人最近两年内实际控制人没有发生变更”。在规范性方面，《创业板首发管理办法》要求“发行人及其控股股东、实际控制人最近三年内不存在损害投资者合法权益和社会公共利益的重大违法行为”。尽管《首发管理办法》对于控股股东、实际控制人的重大违法行为没有明文规定，但在实践中，对于主板、中小板上市企业控股股东、实际控制人的规范要求已经与创业板企业趋同。在独立性方面，发行人需要在资产、人员、财务、机构、业务方面与控股股东、实际控制人及其控制的企业之间保持独立，避免形成同业竞争和不必要的关联交易。

因此，对于实际控制人的认定和核查不仅事关常规的信息披露，而且涉及发行人是否符合上市条件和要求的判断。

一、实际控制人的主体类型

企业所有制形式的多样性，决定了实际控制人类型的多样化。按照法律性质区分，实际控制人的类型有自然人、国有资产监督管理机构、其他履行国有资产出资人职责的机构或企业、集体经济组织、其他组织。

1. 自然人。纯粹的民营企业或是民营资本占据主导地位的混合所有制企业，其实际控制人通常为自然人，这也是目前上市实务中数量最多的实际控制人类型。自然人作为实际控制人，既包括单一的自然人作为实际控制人，也包括若干名自然人成为共同的实际控制人。此外，作为实际控制人的自然人不限于中国国籍的自然人，具有外国国籍的居民及中国港澳台地区的居民也可以成为实际控制人。随着我国改革开放以及资本市场对外融合的深入，境外自然人将其控制的境内企业运作上市在法律和政策层面都不存在障碍，实践中已经出现了多家由我国台湾和香港地区居民控制的企业在我国境内上市的案例，例如，002084 海鸥卫浴（现已变更为海鸥住工）、002105 信隆实业（现已变更为信隆健康）、002158 汉钟精机、002162 斯米克、002333 罗普斯金、601002 晋亿实业的实际控制人均为我国台湾籍自然人，本书收集的案例 300655 晶瑞股份实际控制人罗培楠、300735 光弘科技实际控制人唐建兴均为香港特别行政区永久性居民。

2. 国有资产监督管理委员会。根据《中华人民共和国企业国有资产法》等国有资产管理法律法规的规定，国务院国有资产监督管理机构和地方人民政府按照国务院的规定设立的国有资产监督管理机构，根据本级人民政府的授权，代表本级人民政府对国家出资企业履行出资人职责。因此，国有资本控股企业的实际控制人通常为国务院国资委或地方国资委。

3. 其他履行国有资产出资人职责的机构或企业。根据《中华人民共和国企业国有资产法》的规定，国务院和地方人民政府根据需要，可以授权国有资产监督管理机构之外的其他部门、机构代表本级人民政府对国家出资企业履行出资人职责。因此，也存在国有资本控股企业的实际控制人为国资委之外的机构或企业的情形，例如，002033 丽江旅游的实际控制人为丽江玉龙雪山省级旅游开发区管理委员会、002415 海康威视的实际控制人为央企中国电子科技集团有限公司，其实际控制人皆非国资委，而是其他履行国有资产出资人职责的机构或企业。

4. 集体经济组织。有的上市公司脱胎于城镇或乡村集体企业，尽管业务与资产发生了较大的变化，但所有制性质没有改变，其实际控制人通常为集体经济组织。例如，603616 韩建河山的实际控制人北京市房山韩村河镇韩村河村经济合作社为村集体经济组织，600690 青岛海尔的实际控制人海尔集团公司、600563 法拉电子的实际控制人厦门市法拉发展总公司均为集体所有制企业。

5. 其他组织。除了上述类型之外，还存在事业单位、非营利机构等特殊类型的实际控制人。作为校办企业实际控制人的公立大学通常为事业单位，例如，600601 方正科技的实际控制人北京大学、600530 交大昂立的实际控制人上海交通大学均为事业单位。又如，603303 得邦照明的实际控制人横店社团经济企业联合会为在当地民政局登记注册的非营利性（公益性）社团组织。

二、实际控制人的认定标准

1.《公司法》相关规定

《中华人民共和国公司法》（2018 年修正）第二百一十六条规定，实际控制人是指“虽不是公司的股东，但通过投资关系、协议或者其他安排，能够实际支配公司行为的人”。根据公司法的这一定义，实际控制人的认定实质在于具有支配公司行为的能力，获得这一能力的手段和途径则是投资关系或协议安排。

2.《上市公司收购管理办法》相关规定

《上市公司收购管理办法》（2014 年修订）第八十四条规定：“有下列情形之一的，为拥有上市公司控制权：（一）投资者为上市公司持股 50% 以上的控股股东；（二）投资者可以实际支配上市公司股份表决权超过 30%；（三）投资者通过实际支配上市公司股份表决权能够决定公司董事会半数以上成员选任；（四）投资者依其可实际支配的上市公司股份表决权足以对公司股东大会的决议产生重大影响；（五）中国证监会认定的其他情形。”

《上市公司收购管理办法》是针对上市公司收购和股份权益变动制定的专门性规定。由于对上市公司收购及首发上市的监管均为证监会的管理职责，《上市公司收购管理办法》建立的控制权标准对于首发上市实务中的实际控制人认定具有重要参照意义。

3.《〈首次公开发行股票并上市管理办法〉第十二条“实际控制人没有发生变更”的理解和适用——证券期货法律适用意见第 1 号》（以下简称《证券期货法律适用意见第 1 号》）的通知（证监法律字〔2007〕15 号）

该文件是证监会针对首发上市中如何理解和适用实际控制人是否发生变更问题的专门性规定，除了延续《公司法》关于实际控制人的定义外，对于共同控制、无实际控制人等特殊情形的实际控制人认定进行了指引性的规定，在上市实务中可以作为直接的法律依据。

4.《首发业务若干问题解答》

证监会发行监管部于 2019 年 3 月 25 日发布了《首发业务若干问题解答》，对于如何把握实际控制人的认定进行了解答。

三、实际控制人认定情形

根据《公司法》《证券期货法律适用意见第1号》的规定，公司控制权是能够对股东大会的决议产生重大影响或者能够实际支配公司行为的权力，其渊源是对公司的直接或者间接的股权投资关系。因此，认定公司控制权的归属，需要审查相应的股权投资关系，将拟上市企业的股权层层穿透核查，直至追溯至自然人、国资委、集体企业等终极的决策者，一般情形下，应遵循"资本多数决"的原则，将拥有或控制相对多数股权的终极决策者认定为实际控制人，但同时要考察个案，核实是否存在协议、安排等意定因素影响控制权的认定。例如，虽然具有持股优势，但经营管理权利受到限制，从而导致控制力存在缺陷。又如，某股东自身不具有持股优势，却获得其他股东赋予的投票权，能够对公司股东大会、董事会的决议产生实质影响，从而获得公司控制权。

在实务中，拟上市企业的实际控制人认定通常有以下情形：

（一）认定单一主体为实际控制人

1. 单一主体凭借自身持股优势成为实际控制人

根据《公司法》第二百一十六条的定义，控股股东是指"其出资额占有限责任公司资本总额百分之五十以上或者其持有的股份占股份有限公司股本总额百分之五十以上的股东；出资额或者持有股份的比例虽然不足百分之五十，但依其出资额或者持有的股份所享有的表决权已足以对股东会、股东大会的决议产生重大影响的股东"。

按照《公司法》的这一定义，持股比例占50%以上的股东为当然的控股股东，而持股比例不足50%的情形下，拥有多少股权比例才能对股东会、股东大会的决议产生重大影响并没有明确规定。

虽然《公司法》没有明确规定，但根据《公司法》所确定的"资本多数决"基本原则的遵循和理解，某一股东在持股比例不足50%的情形下要对股东会、股东大会的决议产生重大影响，必须具有相对的持股优势，此即意味着需要同时具备两点：（1）该股东的持股比例虽然不足50%，但至少拥有较高的数量，否则持股优势不具有形成的可能性；（2）股权结构较为分散，其他股东与该股东的持股比例有较大的距离。欠缺任何一个条件，都难以形成持股优势，也难以获得控股股东的地位。例如，某企业股东众多，股权分散，单一最大股东A的持股比例为10%，则A虽然为持股比例最高的股东，但难以形成控制权，因为除A之外的股权比例高达90%，若干名股东联合起来就可能形成与A的意愿相反的股东会决议。又如，某企业由3个股东甲、乙、丙构成，甲持股比例为45%，乙持股比例为40%，丙持股比例为15%，在此情形下，尽管甲为单一最大股东，但其与第二大股东相比持股优势并不突出，也难以取得控制权。

在实践中，证监会以30%的持股比例作为衡量能否取得上市公司控制权的重要标准。《上市公司收购管理办法》第八十四条规定："有下列情形之一的，为拥有上市公司控制权：……（二）投资者可以实际支配上市公司股份表决权超过30%……"《上市公司收购管理办法》第二十四条规定，通过证券交易所的证券交易，收购人持有一个上市公司的股份达到该公司已发行股份的30%时，继续增持股份的，应当采取要约方式进行，发出全面要约或者部分要约。

证监会发行监管部《首发业务若干问题解答》指引性规定：发行人股权较为分散但存在单一股东控制比例达到30%的情形的，若无相反的证据，原则上应将该股东认定为控股股东或实际控制人。存在下列情形之一的，保荐机构应进一步说明是否通过实际控制人认定而规避发行条件或监管并发表专项意见：（1）公司认定存在实际控制人，但其他股东持股比例较高，与实际控制人持股比例接近，且该股东控制的企业与发行人之间存在竞争或潜在竞争的；（2）第一大股东持股接近30%，其他股东比例不高且较为分散，公司认定无实际控制人的。

因此，对在持股比例50%以下的控股股东认定时，可以将持股比例达到30%以上视为足以对股东会、股东大会的决议产生重大影响的重要标准。对于发行人股权较为分散但存在单一股东控制比例达到30%的情形，若无相反的证据，审核部门认为原则上应将该股东认定为控股股东或实际控制人。

由于成为控股股东实质上已经对股东会、股东大会的决议产生重大影响，因此，可以将控股股东或控股股东的支配者认定为公司的实际控制人：

（1）直接持有发行人50%以上股权的自然人可以认定为实际控制人；

（2）在股权较为分散的情形下，直接持有发行人30%以上股权的自然人可以认定为实际控制人；

（3）持有发行人50%以上股权的股东为法人股东，可以认定该法人股东的终极支配者为实际控制人；

（4）在股权较为分散的情形下，某法人股东持有发行人30%以上股权，可以认定该法人股东的终极支配者为实际控制人。

案例：603585 苏利股份【认定持有发行人 50% 以上股权的自然人为实际控制人】

> **发审会关注事项：**请发行人代表进一步说明未将汪焕兴先生、汪静莉女士、汪静娇女士、汪静娟女士认定为共同实际控制人的原因、理由和依据。请保荐代表人发表核查意见。

案例简析

根据发行人的招股说明书，廖金凤直接持股 53.33%，间接持股 7.40%，担任董事长、总经理，为公司实际控制人；汪焕兴为廖金凤配偶，直接持股 6.67%，间接持股 1.33%；汪静莉为廖金凤之女，直接持股 6.67%，担任董事、副总经理、董事会秘书；汪静娇为廖金凤之女，直接持股 6.67%；汪静娟为廖金凤之女，直接持股 6.67%。

在该案例中，家庭成员共同持股，单一最大股东持股比例超过 50%，其配偶及子女虽然同时持股，但持股比例较低，将具有持股优势的单一最大股东认定为发行人的实际控制人得到审核认可。

案例：002818 富森美【在股权较为分散的情形下，认定直接持有发行人 30% 以上股权的自然人为实际控制人】

> **发审会关注事项：**请发行人代表进一步说明刘兵、刘云华和刘义不构成共同控制和一致行动的理由和依据，相关的股份锁定、股价稳定、投资者损失赔偿等承诺是否符合相关规定，是否存在其他利益安排，发行人规范家族经营管理的相关内部控制制度的建立、执行及其有效性情况，相关信息披露和风险揭示是否充分。

案例简析

根据发行人的招股说明书，刘兵持有发行人 47.52% 的股份，刘云华持有发行人 30.80% 股份，刘义持有发行人 9.68% 股份。刘兵、刘云华、刘义为姐弟关系，其中刘云华为刘兵姐姐，刘义为刘兵哥哥。在任职方面，刘兵始终担任有限公司执行董事/股份公司董事长，担任公司法定代表人，分管公司长期发展战略、重大投资决策、门店选址与建设等重大事务；刘云华担任有限公司监事/股份公司副董事长，分管市场营销与广告推广、市场招商等事务；刘义担任有限公司经理/股份公司总经理，负责日常经营管理事务。

在该案例中，由于第一大股东与第二大股东相比具有较为明显的持股优势，认定第一大股东为实际控制人得到审核认可。

案例：002920 德赛西威【国资委以单一持股优势成为实际控制人】

案例简析

根据发行人的招股说明书，惠州市德赛工业发展有限公司持有发行人 71.25% 股权，为发行人的控股股东，惠州市国资委持有惠州市德赛工业发展有限公司 51% 股权，为惠州市德赛工业发展有限公司的控股股东，发行人据此认定惠州市国资委为实际控制人。

在该案例中，惠州市国资委以控股股东的身份成为发行人的实际控制人。

案例：重庆百亚卫生用品股份有限公司（未通过）【实际控制人未形成突出的持股优势，控制能力存疑】

发审会关注事项：发行人实际控制人冯永林通过复元商贸间接控制发行人 46.06% 的股份，New Horizon 通过重望耀晖控制发行人 44.85% 的股份，谢秋林间接持有重望耀晖 39.05% 的股权。谢秋林、New Horizon 均出具了自身不谋求对发行人的控制地位且认可冯永林控制地位的确认函。请发行人代表说明除在发行人共同持有权益外，发行人实际控制人冯永林和谢秋林其他的业务合作与个人关系情况，并说明冯永林和谢秋林之间是否存在一致行动关系。请保荐代表人说明核查方法和过程，并发表明确核查意见。

案例简析

发行人招股说明书披露，冯永林先生持有复元商贸100%的股权，复元商贸持有发行人46.06%的股份，因此冯永林间接持有发行人46.06%的股份。重望耀晖持有发行人44.85%的股份，锐进有限公司持有重望耀晖100%股权，谢秋林和New Horizon分别通过兆富贸易和Better Lead间接持有锐进公司39.05%和60.95%的股权。

从招股说明书披露的持股结构可见，发行人第一大股东复元商贸与第二大股东重望耀晖的持股比例较为接近，持股比例相差不足2%，第一大股东并未形成突出的持股优势，实际控制人的控制能力存疑。

2. 单一主体以持股加计一致行动关系或身份关系成为实际控制人

有的企业，股权比较均衡或分散，任一股东都无法形成明显的持股优势，但由于身份关系、历史渊源、发展贡献、经营管理等原因，某一股东对于企业的重大决策具有相当的话语权，在股东当中具有较大的影响力，其他股东愿意与其在决策上保持一致，该股东因得到其他股东的支持而获得控制权，在此情形下，可以将该股东认定为实际控制人。这种来自其他股东的支持既可能源于婚姻、血缘、近亲属等特殊身份关系，也可能源于同为创始人、同为管理层等身份关系之外的纽带。一般而言，夫妻、父母子女、兄弟姐妹之间关系密切，即便没有以协议表达互相之间的支持，外界也容易接受该等主体之间具有一致行动关系的主张。而对于不具有密切关系的近亲属之间，以及以身份关系之外的因素为纽带的其他股东之间，应该将互相支持的意思进行外化，例如，通过签署一致行动协议或委托表决等方式予以表达，一致行动关系的主张才能被采信。

需要注意的是，在部分股东签署一致行动协议以支持某一股东成为实际控制人时，同时要关注未参与签署协议的股东当中是否存在持股比例较高的股东可能对控制权构成威胁，特别是以一致行动协议将单一最大股东排除在实际控制人之外。例如，中国证监会第十七届发行审核委员会于2018年7月3日召开的2018年第95次发审会否决了武汉微创光电股份有限公司的首发申请，该公司以一致行动关系认定实际控制人为陈军，其中陈军直接持有发行人9.49%的股份，陈军的一致行动人卢余庆、王昀、童郁、李俊杰、朱小兵等5人合计持有发行人42.62%的股份，发审会在审核时对于陈军拥有公司控制权的真实性、合理性和稳定性以及发行人未将一致行动人卢余庆、王昀、童郁、李俊杰、朱小兵认定为共同实际控制人的原因及合理性予以关注。

稳妥起见，被认定为实际控制人的股东加计具有一致行动关系的股东持股比例应该达到50%以上，以降低其他股东对公司控制权的影响，从而有利于上市过程中的审核认可。

案例：上海通领汽车科技股份有限公司（未通过）【发行人股权分散，以持股及一致行动协议安排认定单一股东为实际控制人】

> **发审会关注事项：**发行人认定董事长项春潮为实际控制人。项春潮持有发行人的股权比例为13.8597%，通过一致行动关系控制公司64.0774%的股权（其中，项春潮、项建武、项建文和项春光合计持有公司31.3647%股权，一致行动人中其余13人合计持有公司32.7127%股权）；第一大股东总经理江德生作为技术支持与经营管理者，持股比例为27.6460%。请发行人代表说明：（1）认定实际控制人为项春潮的理由是否充分。（2）未将江德生与项春潮等人认定为一致行动人的原因及合理性。请保荐代表人说明核查程序和方法，发表明确核查意见。

案例简析

发行人招股说明书披露，自通领有限2007年成立以来至2014年5月27日，新潮集团为通领有限控股股东，截至2014年5月27日，新潮集团持有通领有限45.7666%的股权。新潮集团共有15名股东，除项春潮外，其余14名股东均为项春潮的亲属及好友。其中，项春潮持有新潮集团46.00%的股权，其余14名股东持股比例分散，个人最高持股比例不超过8%，并且不存在一致行动关系，因此项春潮为新潮集团的实际控制人，同时，项春潮为通领有限实际控制人。

2014年5月，出于对通领有限发展前景的看好，新潮集团全体股东一致同意把原先通过新潮集团对通领有限间接持股的方式改为直接持股，同时为继续保持通领有限的持续稳定发展和对项春潮作为实际控制人对通领有限发展的重要性的认可，新潮集团全体股东同意与项春潮共同签署一致行动协议，在直接持股后继续维持项春潮为通领有限的实际控制人。2014 年 5 月 27 日，新潮集团与项春潮、陈梅红、徐进、沈岩州、王洲、郑跃、沈岩翔、杜忠虎、许良聪、张春和、董益晓、朱珍朋、陈永秀、林建光、项春光、项建文、项建武等 17 人签署《股权转让合同》，将其所持有的通领有限 45.7666% 股权分别转让给上述 17 人，同日，上述 17 人签署了《一致行动协议》。

项春潮持有公司 13.8597% 的股权，签署《一致行动协议》的其余 16 人共持有公司 50.2177% 的股权，其中项春潮之子项建文和项建武共持有 16.2360%，项春潮合计控制公司 64.0774% 的股权。

在该案例中，发行人股权分散，以持股及一致行动协议认定单一股东为实际控制人，但单一最大股东未参与签署一致行动协议，实际控制人的控制能力受到审核人员的质疑。

案例：深圳雷杜生命科学股份有限公司（未通过）【发行人股权分散，以持股及一致行动安排认定单一股东为实际控制人】

发审会关注事项：根据申报文件，发行人 2013 年 11 月第一大股东瑞通控股转让了其所持发行人的 28.5% 的全部股权，将实际控制人认定为 2013 年时持股 15% 的第二大股东、现持股 19% 的第一大股东张巨平，张巨平于 2014 年与其他几名高管签署了一致行动协议。自瑞通投资 2004 年入股发行人至 2013 年 9 月退出，发行人章程规定股东大会审议特殊表决事项须经代表 3/4 以上表决权的股东同意方为有效，在此期间瑞通投资持有发行人股权比例未低于 28%。请发行人代表结合股权结构及董事会构成等情况，说明认定张巨平为实际控制人的依据及合理性，报告期内相关当事人的意思表示情况是否与一致行动协议一致；结合张巨平与瑞通投资持股差异较大的情况，说明发行人申报时是否符合实际控制人最近两年未发生变化的发行条件。请保荐代表人说明核查方法、过程及依据并发表核查意见。

案例简析

根据发行人招股说明书，张巨平直接持有发行人16.9199%的股权，通过雨田投资间接持有发行人2.3100%的股权（按照张巨平持有雨田投资22.282%的股权，雨田投资持有雷杜生命10.3673%的股权计算），是发行人的第一大股东。另外，发行人高管陈江、高阳、杨武寰等三人向张巨平出具《一致行动的确认及承诺函》，承诺在行使股东权利和董事权利时以张巨平的意思为准并与其保持一致。通过持股及一致行动安排，张巨平实际拥有对发行人59.5136%股权的表决权，为发行人的控股股东和实际控制人。

在该案例中，发行人股权分散，以持股及一致行动安排认定单一最大股东为实际控制人，由于未参与签署一致行动协议的单一股东持股比例较高，实际控制人的控制权在审核中受到质疑。

（二）认定多个主体为共同实际控制人

1. 认定家族成员为共同实际控制人

有的企业家族色彩浓厚，股东之间具有姻亲、血亲等密切的身份关系，相互之间高度协同，具有事实上的一致行动关系。特别是夫妻之间，根据《中华人民共和国婚姻法》的规定，如无特别约定，婚姻存续期间的财产属于夫妻共同财产，夫妻双方对于共同财产有平等的处理权。此外，我国社会注重亲情，父母与子女之间通常不分彼此，子承父业的现象普遍存在。因此，上市申报时，应优先考虑将具有配偶、直系亲属关系的股东认定为共同实际控制人。如将配偶、直系亲属排除在实际控制人之外，应有充足的事实与理由，例如，持股比例较低或未参与公司经营决策。上市审核中，审核部门也呈现出这一倾向。例如，浙江捷众科技股份有限公司（未通过）认定控股股东、实际控制人为孙秋根、董珍珮夫妇，报告期内向其子女分别转让10.20%的股份，发审会要求发行人代表提供充分证据说明不将其子女一起认定为实际控制人的原因和合理性；电工合金（300697）审核期间由认定夫妻中一方为实际控制人变更为认定夫妻为共同实际控制人；快意电梯（002774）审核期间由认定姐弟中的一人为实际控制人调整为认定姐弟为共同实际控制人；山东赫达（002810）审核期间从认定单一实际控制人调整为认定具有近亲属关系的股东为共同实际控制人；豪能股份（603809）审核期间由认定亲属中的一人为单一实际控制人调整为认定具有一致行动关系的亲属为共同实际控制人。

2. 认定不具有亲属关系的多人为共同实际控制人

有的企业由于股权结构分散或均衡，任一股东对公司都不具有单独的控制能力，并且股东缺乏推举其中一人为实际控制人的意愿，但某些股东基于共同的考虑以一致行动获得共同控制公司的效果。在此情形下，可以认定具有一致行动关系的股东为共同实际控制人。

需要注意的是，由于被认定为共同实际控制人的股东之间并不存在姻亲、血亲等可以推定为一致行动的身份关系，其构成一致行动关系的意思需要以书面的形式表达出来。此外，股东之间应该具有共同的纽带以说明具有一致行动的基础，如共同参与经营管理、同为公司创始人等。

3. 认定多人为共同实际控制人的条件和要求

根据证监会《证券期货法律适用意见第 1 号》规定，发行人及其保荐人和律师主张多人共同拥有公司控制权的，应当符合以下条件：

（1）每人都必须直接持有公司股份或者间接支配公司股份的表决权。

（2）发行人公司治理结构健全、运行良好，多人共同拥有公司控制权的情况不影响发行人的规范运作。

（3）多人共同拥有公司控制权的情况，一般应当通过公司章程、协议或者其他安排予以明确，有关章程、协议及安排必须合法有效、权利义务清晰、责任明确，该情况在最近 3 年内且在首发后的可预期期限内是稳定、有效存在的，共同拥有公司控制权的多人没有出现重大变更。

（4）发行审核部门根据发行人的具体情况认为发行人应该符合的其他条件。

发行人及其保荐人和律师应当提供充分的事实和证据证明多人共同拥有公司控制权的真实性、合理性和稳定性，没有充分、有说服力的事实和证据证明的，其主张不予认可。相关股东采取股份锁定等有利于公司控制权稳定措施的，发行审核部门可将该等情形作为判断构成多人共同拥有公司控制权的重要因素。

发行人最近 3 年内持有、实际支配公司股份表决权比例最高的人发生变化，且变化前后的股东不属于同一实际控制人的，视为公司控制权发生变更。

发行人最近 3 年内持有、实际支配公司股份表决权比例最高的人存在重大不确定性的，比照上述规定执行。

根据《证券期货法律适用意见第 1 号》的上述规定，一般情形下，被认定为共同实际控制人的股东应该签署书面的一致行动协议，在协议中应明确发生意见分歧或纠纷时的解决机制。一致行动安排的时间通常需要持续至上市后满 3 年，以便与实际控制人上市后 3 年内锁定股份的承诺相匹配。

此外，《证券期货法律适用意见第 1 号》规定，发行人最近 3 年内持有、实际支配公司股份表决权比例最高的人发生变化，且变化前后的股东不属于同一实际控制人的，视为公司控制权发生变更，例如，共同实际控制人 A、B、C 持股比例由 30%、20%、15% 变更为 20%、30%、15%，则因为持股比例最高的股东由 A 变成 B，视为实际控制权发生了变更。为了避免因股权结构调整而触及这个否定性的情形，拟上市企业在上市筹备阶段应尽可能维持第一大股东的地位不发生变化。在实践中，有的家族企业股权设置较为随意，家族成员持股不分彼此，在上市准备阶段应意识到股权结构需要重新设置，以防范未来产生诉争，在此情形下需要兼顾实际控制人是否会发生变化的考虑。

案例：浙江捷众科技股份有限公司（未通过）【家庭成员共同持股，认定大股东夫妇为实际控制人，未认定子女为共同实际控制人】

> **发审会关注事项：**发行人控股股东、实际控制人为孙秋根、董珍珮夫妇。孙米娜系孙秋根、董珍珮之女，孙坤系孙秋根、董珍珮之子，分别持有发行人 10.20% 的股份，且均系在报告期内从孙秋根处无偿转让所得。请发行人代表提供充分证据说明不将孙米娜、孙坤一起认定为实际控制人的原因和合理性。请保荐代表人说明核查方法、依据，并发表明确核查意见。

案例简析

根据发行人 2017 年 3 月申报的招股说明书，2015 年 10 月 27 日，孙秋根分别与董珍珮、孙坤、孙米娜签订了《绍兴捷众汽车部件有限公司股权转让协议》，约定孙秋根将其持有的捷众有限 2310 万元股权中的 159.968 万元、388.56 万元、466.272 万元分别转让给董珍珮、孙坤、孙米娜。孙坤、孙米娜从而成为发行人的股东。发行人对于实际控制人的认定为：孙秋根直接持有公司 34% 的股份，董珍珮直接持有公司 18.70% 的股份，双方通过瑞众投资间接持有公司 7.82% 的股份。据此，孙秋根、董珍珮夫妇合计控制公司 60.52% 的股份，为本公司的控股股东、实际控制人。

该案例中，父母子女共同持股，发审会要求发行人提供充分证据说明不将子女认定为实际控制人的原因和合理性，反映了审核部门认为实际控制人的直系亲属应认定为共同实际控制人的倾向。

案例：300647 超频三【认定单一最大股东及其配偶与同为创始人的其他第二大股东为共同实际控制人】

发审会关注事项：招股说明书披露，杜建军、刘郁夫妇及张魁为发行人实际控制人。自超频三有限设立时起，刘郁、张魁一直为并列第一大股东。2014 年 11 月，超频三有限股东转让股权后，张魁变更为第二大股东。2014 年 12 月，公司总经理由张魁变更为杜建军。张魁自超频有限设立之初至 2014 年 12 月就一直担任公司总经理。请发行人代表说明最近两年实际控制人是否发生变更、高级管理人员是否发生重大变化以及发行人是否符合《首次公开发行股票并在创业板上市管理办法》第 14 条和《证券期货法律适用意见第 1 号》的相关规定。

案例简析

根据发行人的招股说明书，发行人认定实际控制人的依据主要为：(1) 自超频三有限于 2005 年 4 月 27 日设立以来，杜建军、刘郁夫妇及张魁合计直接或间接共同持有公司股权比例均超过 50%，处于绝对控股地位；(2) 杜建军、刘郁为夫妻关系，根据杜建军、刘郁签署的书面协议约定，杜建军、刘郁 2 人在婚前及婚后从未进行财产分割，双方名下所属财产均系夫妻共有财产，自超频三有限设立以来，杜建军、刘郁夫妇直接或间接持有的公司的股权均系夫妻共同财产，且该等出资均以杜建军、刘郁夫妇的夫妻共同财产缴纳；(3) 杜建军、张魁均为公司的主要创始人之一，自超频三有限设立至变更为股份公司以前，杜建军一直担任公司的董事长兼法定代表人，为公司日常经营活动的主要管理人和负责人，兼任公司研发部门的负责人；

刘郁担任公司监事，对公司的经营管理活动行使监督权利；张魁担任公司董事兼总经理，主要负责生产产品的品质检验等工作；（4）为进一步明确对公司的共同控制权并保证公司控制权结构的稳定性和一致性，杜建军、刘郁夫妇及张魁签署了《一致行动人协议》。

该案例中，认定的3个共同实际控制人中，既存在夫妻关系，也存在同为创始人的非亲属关系，这种认定较为特殊，很重要的原因在于，如果仅认定夫妻2人为共同实际控制人，持有及支配的股权比例不足50%，而将同为创始人的第三人也认定为实际控制人，则3人持有及支配的股权比例远超50%，可以处于绝对控股地位。

案例：海宁中国家纺城股份有限公司（未通过）【依托一致行动协议将第二大股东和第三大股东认定为共同实际控制人，未将第一大股东认定为实际控制人】

发审会关注事项：宏达控股集团持有发行人4200万股，占35%，为发行人第一大股东，但未被认定为发行人控股股东、实际控制人。请发行人代表：（1）结合历史沿革、核心业务资产来源、业务、人员延续等情况，进一步说明未认定宏达控股为控股股东的理由、依据及其合理性；（2）说明宏达控股是否已完全比照控股股东、实际控制人要求进行披露与核查；（3）说明宏达控股及其实际控制人以及其控制的企业是否与发行人存在同业竞争，宏达控股及其实际控制人最近3年内是否存在重大违法违规、被立案稽查等情形；（4）说明宏达控股及其实际控制人与发行人或产业基地公司和海宁供销社之间是否存在其他特殊约定或其他利益安排，是否存在应披露未披露的事项；（5）说明产业基地公司和海宁供销社签署一致行动协议的背景情况、过程及执行情况，双方在相关决策前如发生不一致的纠纷解决机制及具体方式。请保荐代表人发表核查意见。

案例简析

根据发行人招股说明书，海宁供销社持有发行人25%的股权，产业基地公司持有发行人22.50%的股权，双方合计持有发行人47.50%的股权，双方实际支配的发行人股份表决权比例最高。产业基地公司和海宁供销社一直致力于以市场带动布艺产业的发展，曾于2001年共同出资设立了装饰城公司。经过十多年合作，产业基地公司和海宁供销社已建立了充分的信任和密切的合作关系。自发行人设立起，产业基地公司和海宁供销社及其委派的董事在公司经营决策及助推产业发展上均在事前充分沟通的基础上达成了一致意见，并在发行人历次的董事会、股东大会做出一致行动，对公司经营决策具有重大影响，事实上构成了对发行人经营上的共同控制。2012年10月，产业基地公司、海宁供销社签署《一致行动协议》，双方作为发行人的发起股东，基于充分的信任和密切的合作关系，同意作为发行人一致行动股东，就公司相关事项采取一致行动。

该案例中，第二大股东和第三大股东结成一致行动关系，但合计持股比例仍未达到50%以上，且将持股比例30%以上的单一最大股东排除在实际控制人之外，认定实际控制人的合理性存疑。

案例：002883 中设股份【认定参与经营管理的股东为共同实际控制人】

发审会关注事项：请发行人代表进一步说明：(1)无锡市交通产业集团有限公司（以下简称无锡交通集团）未被认定为发行人实际控制人的依据和合理性，是否符合相关法律法规和监管规则的规定，是否从事与发行人相同或相似业务，或从事上下游业务，是否存在规避同业竞争的情形。(2)发行人是否直接或间接通过无锡交通集团承接相关市政交通业务，发行人对无锡交通集团是否存在业务依赖，是否影响发行人业务独立性。(3)发行人是否依法合规披露无锡交通集团的全部关联方及其关联交易，相关关联交易是否履行相应决策程序，相关交易是否真实、公允，是否存在为发行人承担成本费用等情形，是否存在关联交易非关联化的情形，是否存在其他利益安排。(4)申报材料中关联交易前后披露差异情形及其原因、合理性和合规性，是否构成重大遗漏，发行人关于避免遗漏披露关联方及其关联交易的解决措施；相关信息是否充分披露。请保荐代表人发表核查意见。

案例简析

根据发行人招股说明书，发行人股东为23名自然人股东及两名非自然人股东，按照持股比例排列，依次为陈凤军20.602%、无锡交通集团15%、无锡中设创投8.947%、刘翔8.864%、廖芳龄6.894%、王明昌5.909%、周晓慧4.924%、孙家骏3.447%、陈峻3.447%，以及其他持股比例较低的16名自然人，其中无锡交通集团为无锡市人民政府出资设立的国有独资公司。鉴于陈凤军、刘翔、廖芳龄、周晓慧、孙家骏、陈峻合计直接或间接持有发行人49.5642%的股份，且均担任中设股份董事、监事、高级管理人员或核心技术人员，具有一致的企业经营理念及存在共同的利益基础，且各方已签订一致行动协议，认定陈凤军、刘翔、廖芳龄、周晓慧、孙家骏、陈峻为发行人的控股股东、实际控制人、一致行动人。

该案例中，发行人认定众多的股东中的小部分参与经营管理的股东为共同实际控制人，认定股东持股比例接近50%，共同实际控制人存在同为经营管理人员的纽带，得到了审核认可。

（三）认定无实际控制人

在股权结构分散或均衡的情形下，如果股东既不愿意推举其中一人为实际控制人，也不愿意结成一致行动关系，将导致股东各行其是，任一股东都不具有控制公司的能力，由此，只能认定为公司不存在实际控制人。

不存在实际控制人意味着公司的经营方针和决策、组织机构运作及业务运营都可能处于随时改变的不稳定状态，甚至可能形成股东会、董事会难以作出有效决议的僵局，不利于投资预期。因此，对于认定无实际控制人应秉持谨慎的态度。

实践中，在我国3600多家上市公司中，不存在实际控制人的上市公司只不过几十家而已。

证监会在《证券期货法律适用意见第1号》中对发行人认定无实际控制人的情形提出了要求。根据该文件规定，发行人不存在拥有公司控制权的人或者公司控制权的归属难以判断的，如果符合以下情形，可视为公司控制权没有发生变更：

（1）发行人的股权及控制结构、经营管理层和主营业务在首发前3年内没有发生重大变化；

（2）发行人的股权及控制结构不影响公司治理有效性；

（3）发行人及其保荐人和律师能够提供证据充分证明。

可见，在认定无实际控制人的情形下，发行人需要对其最近3年内（由于该文件发布于2007年，创业板开设于2009年，创业板管理办法规定最近两年内实际控制人不能发生变更，因此申报创业板上市的企业的要求也应该相应调整为最近两年内）的段权架构、经营管理层、主营业务进行分析，以论证未发生重大变化。

此外，根据《证券期货法律适用意见第1号》的规定，相关股东采取股份锁定等有利于公司股权及控制结构稳定措施的，发行审核部门可将该等情形作为判断公司控制权没有发生变更的重要因素，因此，在实务中，即使认定发行人不存在实际控制人，也应该要求合计持股比例达到50%以上的股东比照实际控制人的要求进行股份锁定的承诺，以获得证监会的审核认可。

审核实践中，对于第一大股东持股接近30%，其他股东比例不高且较为分散，发行人认定无实际控制人的情形，证监会将审核关注发行人是否通过实际控制人认定而规避发行条件或监管。

案例：钜泉光电科技（上海）股份有限公司（未通过）【发行人股权分散，认定为无实际控制人】

发审会关注事项：招股说明书披露发行人股东众多且分散，无实际控制人。请发行人代表说明：认定发行人无实际控制人的理由和依据，是否存在潜在的重大权属纠纷，发行人在无实际控制人的情况下保证公司治理的完善和内控制度的健全且得到效执行的具体措施。

案例简析

根据发行人招股说明书，发行人共有30名股东，其中持股比例超过5%的共有4名，第一大股东钜泉香港持股比例为22.65%，第二大股东高华投资持股比例为11.67%，第三大股东东陞投资持股比例为10.76%，第四大股东炬力集成持股比例为8.75%，单独的任一股东均不具有持股比例的绝对优势。在股东中，蔡昕辰先生为蔡听廷先生之兄弟，分别各持有发行人0.58%的股份，曾暐哲先生为曾仁煌先生之侄子，分别各自持有发行人1.31%和

1.05%的股份，除此之外，其他各股东之间不存在关联关系。

该案例中，股权结构分散，且股东未形成一致行动关系，发审会关注认定合理性。

案例：杭州千岛湖鲟龙科技股份有限公司（未通过）【发行人股权分散，认定为无实际控制人】

> **发审会关注事项：**招股说明书披露，发行人不存在控股股东和实际控制人，公司股权结构较为分散。请发行人代表：（1）结合发行人历史和实际管理等情况分析说明认定不存在控股股东和实际控制人的合理性。（2）说明是否形成一致行动，是否存在共同控制。（3）说明公司治理结构的稳定性及对持续经营的影响。请保荐代表人说明核查过程、依据，并发表明确核查意见。

案例简析

根据发行人招股说明书，发行人无控股股东、实际控制人，原因和依据为：发行人共有16名股东，前4大股东威廉姆豪斯顿、红苹果投资、王斌和千发集团依次持有公司23.80%、11.60%、9.64%和8.47%的股份，合计持股53.51%，东海研究所中国水科院、新干线传媒和亿都创投持股5%以上，其余8名股东持股比例均低于5%，公司股权结构较为分散，不存在单独持股比例高于30%的股东，单个股东均无法单独对公司形成控股地位，在本次发行完成后，上述股东的持股比例将进一步稀释。股东之间不存在一致行动协议，任意单一股东无法控制发行人股东大会、董事会，无法决定对高级管理人员的任免。

该案例中，股权结构分散，且股东未形成一致行动关系，发审会关注认定合理性。

案例：603018 中设集团【股权结构分散，认定为无实际控制人】

案例简析

发行人招股说明书披露，发行人不存在控股股东、实际控制人，并以公司股权结构分散、发行人任何单一股东均无法控制股东大会或对股东大会决议产生实质性影响、公司任何单一股东均无法控制董事会、股东之间不存在一致行动安排或其他类似协议安排作为认定事实与理由。

该案例中，股权结构分散，且股东未形成一致行动关系，公司成功上市，说明认定无实际控制人会受到关注，但不属于发行上市的法律障碍。

（四）实际控制人认定的其他特殊情形

1. 国有资产划拨

《证券期货法律适用意见第 1 号》规定，国务院或者省级人民政府国有资产监督管理机构无偿划转直属国有控股企业的国有股权或者对该等企业进行重组等导致发行人控股股东发生变更的，如果符合以下情形，可视为公司控制权没有发生变更：

（1）有关国有股权无偿划转或者重组等属于国有资产监督管理的整体性调整，经国务院国有资产监督管理机构或者省级人民政府按照相关程序决策通过，且发行人能够提供有关决策或者批复文件；

（2）发行人与原控股股东不存在同业竞争或者大量的关联交易，不存在故意规避《首发办法》规定的其他发行条件的情形；

（3）有关国有股权无偿划转或者重组等对发行人的经营管理层、主营业务和独立性没有重大不利影响。

按照国有资产监督管理的整体性调整，国务院国有资产监督管理机构直属国有企业与地方国有企业之间无偿划转国有股权或者重组等导致发行人控股股东发生变更的，比照前款规定执行，但是应当经国务院国有资产监督管理机构批准并提交相关批复文件。

不属于前两款规定情形的国有股权无偿划转或者重组等导致发行人控股股东发生变更的，视为公司控制权发生变更。

2. 实际控制人死亡

“天有不测风云，人有旦夕祸福。”企业在准备上市的过程中，如果实际控制人不幸去世，其拥有的股权将被分割和继承，从而引起拟上市企业的股权结构发生变化。此种变化非因人的意愿而发生，证监会对于该种情形下实际控制人变化问题相对较为包容。根据审核实践，实际控制人为单名自然人或具有亲属关系的多名自然人，实际控制人去世导致股权变动，股份受让人为继承人通常不视为公司控制权发生变更。如果实际控制人为不具有亲属关系的多名自然人，实际控制人之一去世的，则需要结合股权结构、去世自然人在股东大会或董事会决策中的作用、对发行人持续经营的影响等因素综合判断实际控制人是否发生变更。

实践中，已经出现南京聚隆（300644）、光威复材（300699）、水星家纺（603365）等多个案例，在审核期间因实际控制人去世而发生股权继承，发行人认为公司控制权未发生变化的主张均得到了证监会的认可。

需要注意的是，发行人论证未因实际控制人去世而发生控制权变更时，不仅需要阐述股权控制架构是否发生重大变化，也应论述分割和承继股权的实际控制人在发行人任职和参与经营管理的情况，以及发行人在原实际控制人去世前后的业务经营是否稳定，是否受到不利影响。此外，股权分割和继承者往往不止一人，新的实际控制人通常为多名自然人，发行人需要对照是否符合证监会《证券期货法律适用意见第 1 号》关于认定多人为实际控制人的条件和要求。

案例：603365 水星家纺【实际控制人死亡，变更认定实际控制人股权继承人及其他近亲属为共同实际控制人】

发审会关注事项：请发行人代表进一步说明：(1)《招股说明书》(2017 年 9 月申报稿）将发行人实际控制人更正认定为谢秋花、李来斌、李裕陆、李裕高的原因、理由和依据；是否与 2016 年 4 月、2017 年 8 月披露的《招股说明书》关于实际控制人的问题存在实质性差异。(2) 结合报告期内发行人控股股东是否发生变更、发行人董事会和高级管理人员是否发生重大变化、李裕杰去世对发行人的持续经营和持续盈利能力是否产生重大不利影响等情况，说明报告期内发行人实际控制人是否发生变更，发行人是否符合《首次公开发行股票并上市管理办法》第十二条的规定。请保荐代表人发表核查意见，并就保荐机构、发行人律师对《招股说明书》关于实际控制人披露相关问题是否存在重大过错发表明确意见。

案例简析

水星家纺于2016年4月向证监会申报，当时的招股说明书认定实际控制人为单一自然人李裕杰。审核期间，李裕杰于2017年5月26日因意外摔伤去世。2017年8月，水星家纺更新招股说明书，认定分割和继承李裕杰股份的谢秋花、李来斌为实际控制人。2017年9月，水星家纺更新招股说明书，除了认定分割和继承李裕杰股份的谢秋花、李来斌为实际控制人之外，以《一致行动协议》认定原实际控制人李裕杰的兄弟李裕陆、李裕高为共同实际控制人。

该案例中，原实际控制人去世后，发行人认定原实际控制人的配偶和儿子为共同实际控制人，在发审会审核之前又增加原实际控制人的兄弟为共同实际控制人，尽管发审会对于这种认定上的变化予以关注，但最终接受这一论证，发行人得以成功上市，呈现出证监会包容的态度。

案例：300644 南京聚隆【实际控制人死亡，认定实际控制人股权继承人及其他签署一致行动协议的近亲属为共同实际控制人】

发审会关注事项：报告期内发行人第一大股东发生变更。2016年4月刘越及刘曙阳继承前第一大股东全部股份，刘越成为公司第一大股东；2016年9月，刘曙阳、刘越、吴劲松、严渝荫签订一致行动协议。请发行人代表：（1）结合发行人前第一大股东吴汾管理公司事务、对发行人的影响力及发行人2016年的股权变动情况，说明发行人是否符合最近两年内实际控制人没有发生变更的发行条件。（2）说明刘曙阳从2009年入职发行人后，一直到2016年才通过继承和入股南京聚赛特投资管理中心（有限合伙）间接持有发行人股份的原因及其合理性。请保荐代表人说明核查过程和依据，并发表明确核查意见。

案例简析

根据发行人招股说明书，吴汾原为发行人第一大股东，2016年4月29

日，吴汾去世。吴汾去世后，其持有的发行人股份按照遗嘱由其配偶刘曙阳及女儿刘越继承。刘曙阳、刘越继承股份后与严渝荫（吴汾之母）、吴劲松（严渝荫之子）签署一致行动协议。发行人据此认定刘曙阳、刘越、严渝荫、吴劲松为共同实际控制人，并主张公司实际控制权未发生变化。

该案例中，发行人原实际控制人的股份继承发生于上市申请之前，2014年吴汾患病之后，主要由刘曙阳对公司进行全面日常经营管理，并作为核心管理人员拟定、参与重大决策，以吴汾为首对公司长久以来的共同控制逐渐过渡为以刘曙阳为首对公司的共同控制，公司的经营决策方针、组织机构运作及业务运营管理未因吴汾逝世发生重大变化。发行人关于公司控制权未发生变化的说法得到证监会的认可。

招股说明书披露

2017 年 5 月 26 日，公司原实际控制人李裕杰因意外摔伤去世。李裕杰去世后，由于谢秋花、李来斌承接了李裕杰的股权和对发行人的控制权，因此，发行人实际应为谢秋花、李来斌、李裕陆、李裕高 4 人共同控制。

李裕杰生前持有公司 9.24% 的股份、持有公司控股股东水星控股 35.87% 的股权，李裕杰的配偶谢秋花持有公司 0.92% 的股份。根据《婚姻法》《继承法》相关规定：

（1）李裕杰生前持有的发行人 9.24% 股份和谢秋花持有的发行人 0.92% 股份系李裕杰、谢秋花的夫妻共有财产，前述合计 10.16% 的股份中的一半份额即 5.08% 的股份系谢秋花所有，剩余 5.08% 的股份：根据上海市奉贤公证处于 2017 年 7 月 31 日出具的公证书（2017）沪奉证字第 3660 号，李裕杰生前无遗嘱，亦未与他人签订遗赠扶养协议，李裕杰的第一顺序法定继承人中，李裕杰的父母均先于其去世，配偶谢秋花、长女李芳蕾、次女李丽君、三女李丽娜均以公证方式表示自愿放弃上述股份遗产的继承权，长子李来斌表示愿意继承上述股权遗产。因此，李裕杰生前持有的发行人 9.24% 股份遗产中，4.16% 的股份为其配偶谢秋花所有，剩余 5.08% 的股份遗产由长子李来斌继承。

（2）李裕杰生前持有控股股东水星控股 35.87% 的股权。上述股权是李裕杰与其配偶谢秋花的夫妻共有财产，其中一半的份额即 17.94% 的股权系谢秋花所有，剩余一半份额：根据上海市东方公证处于 2017 年 7 月 18 日出具的公证书（2017）沪东证字第 24558 号，李裕杰生前无遗嘱，亦未与他人签订遗赠扶养协议，李裕杰的第一顺序法定继承人中，李裕杰的父母均先于其去世，配偶谢秋花、长女李芳蕾、次女李丽君、三女李丽娜均以公证方式表示自愿放弃上述股份遗产的继承权，长子李来斌表示愿意继承上述股份遗产。因此，李裕杰生前持有的水星控股35.87%的股权中，17.94%的股权为其配偶谢秋花所有，剩余17.94%的股份遗产由长子李来斌继承。

2017年6月1日，公司聘任李来斌为常务副总裁；2017年6月16日，公司增选李来斌为董事，并由董事会选举、聘任李来斌担任公司副董事长；2017年6月23日，公司完成了前述股权变更，同时就增选董事事宜进行了工商备案。2017年7月19日，李来斌被增选为控股股东水星控股董事，并任董事长、法定代表人；2017年7月25日，公司控股股东水星控股就前述股东变更及增选董事事宜办理完毕工商变更登记手续。

本次发行人的股东变更以及发行人控股股东的股东变更由财产分割和继承引起，发行人的实际控制权并未发生变更。谢秋花、李来斌分别为李裕杰的妻子和儿子，根据夫妻关系的法律属性以及父子直系血亲关系的特性，李裕杰去世后，谢秋花、李来斌分别通过夫妻财产分割及遗产继承承接李裕杰全部股份，与李裕陆、李裕高一同是发行人的共同控制人。发行人的实际控制权未发生变更：

（1）发行人控股股东未发生变更

前述股权变更事宜办理完毕后，水星控股仍为发行人的控股股东，且持股比例仍为53.90%，控股股东未发生变更。此外，水星控股全体股东均已书面承诺自发行人股票上市之日起36个月内，保持各自在水星控股的股权比例不变。

因此，水星控股控制权在未来亦不会因李裕杰去世而发生重大变动，发行人控股股东未来亦保持稳定。

（2）发行人董事会和高级管理人员未发生重大变化

李裕杰去世后，发行人增选其儿子李来斌为公司董事，并由发行人董事会选举、聘任李来斌担任公司的副董事长、常务副总裁。除此以外，发行人董事、高级管理人员未发生其他变化。

（3）发行人上市以后股权结构仍能保持稳定

发行人目前持股结构中，除水星控股持股53.90%以外，李裕杰家族成员股东（李裕杰的配偶及配偶的兄弟、子女、兄弟姊妹及配偶）谢秋花、李来斌、李芳蕾、李丽君、李丽娜、李裕陆、李裕高、李裕奖、李裕党、李春兰、梅山标、谢作佳、谢作威合计持股比例为35.13%。该等股东已出具书面承诺：自承诺之日起至发行人首次发行上市之日起36个月内，不转让所持发行人股份。因此，结合水星控股的持股比例以及上述股东对股份锁定的承诺，发行人在首次发行上市后3年内，其目前主要股东的股份不会发生变更，发行人在上市后股权结构稳定。

（4）通过《一致行动协议》进一步加强李裕陆、李裕高对于发行人的共同控制地位

李裕陆和李裕高系李裕杰的兄弟、发行人的股东、董事兼高级管理人员，其中李裕陆和李裕高与谢秋花为叔嫂关系、李裕陆和李裕高与李来斌为叔侄关系。李裕陆持有发行人3.51%的股份、水星控股12.67%的股权，李裕高持有发行人3.04%的股份、水星控股10.76%的股权。李裕陆和李裕高时任发行人的董事兼高级管理人员，其中：李裕陆自发行人设立以来担任董事至今，并于2017年6月被选举为发行人的董事长，李裕高自发行人设立以来担任发行人董事至今；李裕陆自发行人设立以来担任发行人的总经理至今，李裕高自发行人设立以来担任发行人的副总经理至今。此外，李裕陆和李裕高自水星控股设立以来便担任董事至今。

李裕陆和李裕高分别与发行人实际控制权的代表谢秋花、李来斌签署了《一致行动协议》，约定"在处理需要由水星家纺股东大会或水星控股股东会作出决议的事项或行使其他股东权利时，各方均应采取一致的意思表示和行动"。因此，谢秋花、李来斌与李裕陆、李裕高签署《一致行动协议》，进一步加强了李裕陆、李裕高对发行人的共同控制地位。

（5）李裕杰去世对发行人的持续经营和持续盈利能力无重大不利影响

①未对发行人日常经营管理活动造成重大不利影响

李裕杰作为发行人的创始人之一，自发行人前身2000年12月成立时起担任发行人执行董事兼经理的职务。随着发行人业务经营逐渐成熟、企业规模逐渐扩大、管理持续完善，自2009年11月起，发行人前身改聘李裕陆担任总经理职务，自此李裕杰辞去经理职务，仅保留董事长一项职务，公司日常经营逐步移交总经理及各副总经理负责，至今为止公司的高管结构没有出现重大调整，公司的日常运营长期保持平稳。

水星电商是发行人报告期内业绩增长的重要动力，发行人于2010年设立了子公司水星电商，专门从事发行人线上业务的运营。李裕杰的长子李来斌于2009年参与水星电商的筹划和发展，并且其先后担任水星电商的副总经理、总经理一

职，全面负责水星电商的日常经营管理活动。水星电商拥有从产品研发、采购、销售到售后等一套完整独立的运营体系，李裕杰早在2009年便将相关业务交由长子李来斌独立管理，在李来斌及水星电商团队的努力之下，公司电商业务实现年年高速增长，天猫“双十一”屡创佳绩，2014年至2016年水星电商业务收入年复合增长率为33.62%，2017年上半年电商主营业务收入同比增幅达84.90%，其对发行人的整体业绩的贡献度日益增加，成为了发行人业绩增长的重要动力。

综上所述，李裕杰的去世对于发行人的日常业务的经营管理稳定性，包括处于高速增长期的电商业务，均无重大不利影响。

②未对发行人竞争优势造成重大不利影响

发行人从事床上用品行业十数年，已拥有了品牌优势、销售网络优势、高效整合的供应链优势以及研发优势等竞争优势。李裕杰去世不会对发行人上述竞争优势产生不利影响，不会对发行人市场地位产生重大不利影响。未来，发行人仍将加强品牌建设，继续提高现有品牌知名度；深化市场开发及渠道建设，优化销售网络布局；提高企业信息化水平，完善供应链体系；强化“产学研”合作，提升研发与创新能力。

③未对发行人经营模式及主要客户造成重大不利影响

发行人采取经销（总经销商加盟、直属加盟）、直营和网络销售为主，电视购物、国际贸易和团购为辅的销售模式。报告期内，发行人各主要销售渠道下客户较为稳定。发行人各主要经销商均与公司合作多年，保持了长期稳定的合作关系。李裕杰的去世不会对发行人目前较为成熟的经营模式和主要客户稳定性产生重大不利影响。

④未对发行人业务发展目标产生重大不利影响

发行人坚持“做行业价值链的整合者，确保综合实力在国内床上用品行业中处于前列”的总体目标，秉持“以品牌经营为中心，持续提升产品设计、技术开发、营销管理、渠道建设、双线融合和系统控制能力，引导资源实施聚集”的总体策略。发行人仍将延续相关业务，坚定公司发展目标，贯彻公司总体策略，不断巩固公司的行业地位。

⑤发行人2017年6－9月的收入和利润预计仍同比较快增长

李裕杰2017年5月份去世后，公司生产经营保持平稳，采购销售系统保持稳定，银行对公司授信及融资保持稳定，公司高层管理团队及中层骨干保持稳定，公司2017年上半年经审计实现收入同比增长28.15%，净利润同比增长

39.21%。2017年6－8月已实现收入和利润较2016年同期分别增长20%左右。

（6）发行人符合规定的关于主张多人共同拥有公司控制权的条件

发行人符合中国证监会《法律适用意见第1号》第三条规定的关于多人共同拥有公司控制权的条件：

①谢秋花、李来斌、李裕陆、李裕高均直接持有公司股份和/或间接支配公司股份的表决权。在发行人控股股东层面，李裕杰去世后，其所持水星控股的股权通过夫妻财产分割及遗产继承由其配偶谢秋花和长子李来斌分别持有17.94%，李裕陆和李裕高分别持有12.67%和10.76%股权，李来斌、谢秋花、李裕陆、李裕高均可通过水星控股间接支配发行人相应股份表决权。在发行人直接股东层面，李来斌、谢秋花、李裕陆、李裕高均直接持有发行人股份并行使相应的股份表决权。

②发行人公司治理结构健全、运行良好，多人共同拥有公司控制权的情况不影响发行人的规范运作。

发行人于2010年6月改制设立股份有限公司，并按照相关法律法规及《公司章程》的规定，建立、健全了公司的法人治理结构，具有股东大会、董事会、监事会、独立董事、董事会秘书和总裁、副总裁等健全的组织机构，并制定了相关议事规则与管理制度、工作细则等，各组织机构的人员及职责明确，目前公司董事会由9名董事组成，其中有3名独立董事，并且设立了董事会专门委员会，公司法人治理结构完善、各种组织机构运作顺畅、各项制度能得到有效执行。发行人公司治理结构健全、运行良好，多人共同拥有公司控制权的情况不影响发行人的规范运作。

③多人共同拥有公司控制权的情况，一般应当通过公司章程、协议或者其他安排予以明确，有关章程、协议及安排必须合法有效、权利义务清晰、责任明确，该情况在最近3年内且在首发后的可预期期限内是稳定、有效存在的，共同拥有控制权的多人没有出现重大变更。

谢秋花和李来斌为母子关系，2人通过夫妻财产分割及遗产继承延续了李裕杰对发行人的控制，该种安排既符合《公司法》《婚姻法》《继承法》等相关法律法规的规定，亦不违反发行人现行公司章程规定，也已经过发行人全体股东及董事、高管人员的认可和确认。该种安排符合《法律适用意见第1号》的相关规定。

李裕陆和李裕高（李裕杰的六弟和四弟）分别持有发行人3.51%和3.04%的股份，分别持有水星控股12.67%和10.76%的股权，另外李裕陆和李裕高一直为发行人的董事（李裕陆自2017年6月担任发行人董事长），且担任发行人总裁、副总裁职务，并同时担任水星控股的董事，李裕陆和李裕高对发行人经营管理实质具有重要影响。同时，谢秋花、李来斌通过与李裕陆、李裕高签订书面的《一致行动协议》，进一步确立了李裕陆、李裕高对发行人的共同控制关系。

同时，谢秋花、李来斌、李裕陆、李裕高为保证共同控制关系的稳定，已就所持股份出具书面锁定承诺，4人均承诺："自发行人股票上市之日起36个月内，不转让或者委托他人管理其直接或间接持有的公司本次发行前已持有的股份，也不由公司回购其直接或间接持有的公司本次发行前已发行的股份。在前述承诺锁定期满后，在担任发行人董事或高级管理人员期间，每年转让的股份不超过本人所持有发行人股份的25%；在离职后6个月内，不转让本人所持有的发行人股份。"

3. 实际控制人涉及委托持股

实际控制人认定中涉及股权代持情况的，发行人、股权代持的委托方和受托方应说明存在代持的原因，并提供股权代持协议、资金轨迹等支持性证据。对于存在代持关系但不影响发行条件的，发行人应在招股说明书中如实披露，保荐机构、发行人律师应出具明确的核查意见。如经查实，股东之间知晓代持关系的存在，且对代持关系没有异议、代持的股东之间没有纠纷和争议，则应将代持股份还原至实际持有人。以股东间存在代持关系为由，认定公司控制权未发生变动的，通常不予认可。对于以表决权让与协议、一致行动协议等方式认定实际控制人的，比照代持关系进行处理。

在实践中，审核主要关注委托代持是否违反法律法规的强制性规定，是否触及股东资格问题，以及股权代持解除后的运行时间是否满足发行人控制权稳定性的要求（主板、中小板3年，创业板2年）。

案例：河南蓝信科技股份有限公司（未通过）【实际控制人股权代持行为涉嫌违反事业单位及国有企业工作人员不得从事经营活动的规定】

发审会关注事项： 赵建州作为蓝信有限第一大股东，自蓝信有限成立至今，一直是蓝信有限及发行人的实际控制人。同时，2013 年 12 月以前，发行人的股权曾存在若干次代持安排。请发行人代表：（1）结合赵建州、张华是铁道部、郑州铁路局工作人员的情况，说明赵建州、张华委托他人持有发行人股权的真实原因及其合理性。（2）说明赵建州及张华作为国有单位工作人员，其持有发行人股权是否符合有关法律、法规及政策的规定，铁道部是否知悉并同意赵建州的投资行为。（3）结合公司业务的发展演变情况，说明发行人业务与赵建州、张华曾任职单位的相关性，赵建州、张华是否利用职务便利给予发行人利益便利，是否存在损害所任职单位利益的情形。（4）说明发行人核心技术的形成、发展过程，发行人现有各项专利权、软件著作权等核心技术的研发人员。（5）结合发行人历史上曾经存在的若干次代持情形，说明认定赵建州自蓝信有限成立至今，一直是蓝信有限及发行人实际控制人的理由是否充分，是否符合相关法律法规的规定，是否存在法律纠纷和潜在纠纷。（6）说明赵建州、张华于 2013 年 10 月对吕豪英、赵全奇、王洪良提起诉讼，要求恢复实质持股关系的原因及合理性。请保荐代表人说明核查方法、依据，并发表明确核查意见。

案例简析

发行人从事铁路系统动车组列控设备动态监测系统业务，赵建州、张华作为蓝信有限第一大股东和主要股东，同时为铁道部、郑州铁路局工作人员，长期委托他人代持发行人股权，直至报告期内才以诉讼方式还原真实股权结构，涉嫌违反事业单位及国有企业工作人员不得从事经营活动的规定。

案例：002928 华夏航空【实际控制人历史上涉及委托持股】

> **发审会关注事项：**请发行人代表说明：将股东的董事委派权委托行使和代持行为确认为实际控制是否符合法律法规规定和监管要求，最近 3 年实际控制人变动情况是否符合《首发办法》规定。

案例简析

发行人历史上存在委托代持，但代持行为未违反法律法规的强制性规定，且解除已满 3 年，不会影响实际控制人变更的认定，因此未构成发行上市的法律障碍。

实际控制人认定小结：

根据《公司法》、证监会有关规定以及审核实践，可以将单一最大股东持股比例分别为超过 50%、超过 30% 以及不足 30% 作为区间，结合是否存在近亲属关系、一致行动关系以及股权结构集中与否，进行如下区分认定：

单一最大股东直接持有或支配股权比例	是否存在持股比例较高或担任董事、高管的配偶、直系亲属股东	与其他股东是否结成一致行动关系	实际控制人认定
50% 以上	否	否	认定单一最大股东为实际控制人
	是	否	认定单一最大股东及其配偶、直系亲属为共同实际控制人
	是	是	认定单一最大股东及其配偶、直系亲属以及其他一致行动股东为共同实际控制人
30% －50%	否	否	如单一最大股东持股优势明显，认定其为实际控制人；如单一最大股东与其他主要股东持股比例接近，认定为无实际控制人
	是	否	认定单一最大股东及其配偶、直系亲属为共同实际控制人
	是	是	认定单一最大股东及其配偶、直系亲属以及其他一致行动股东为共同实际控制人

续表

单一最大股东直接持有或支配股权比例	是否存在持股比例较高或担任董事、高管的配偶、直系亲属股东	与其他股东是否结成一致行动关系	实际控制人认定
30%以下	否	否	如单一最大股东持股优势明显，认定其为实际控制人；如单一最大股东与其他主要股东持股比例接近，认定为无实际控制人
	是	否	认定单一最大股东及其配偶、直系亲属为共同实际控制人
	是	是	认定单一最大股东及其配偶、直系亲属以及其他一致行动股东为共同实际控制人

（五）实际控制人认定方面的法律法规及规范性文件

1.**《中华人民共和国公司法》**（1993年12月29日第八届全国人民代表大会常务委员会第五次会议通过　根据1999年12月25日第九届全国人民代表大会常务委员会第十三次会议《关于修改〈中华人民共和国公司法〉的决定》第一次修正　根据2004年8月28日第十届全国人民代表大会常务委员会第十一次会议《关于修改〈中华人民共和国公司法〉的决定》第二次修正　2005年10月27日第十届全国人民代表大会常务委员会第十八次会议修订　根据2013年12月28日第十二届全国人民代表大会常务委员会第六次会议通过《关于修改〈中华人民共和国海洋环境保护法〉等七部法律的决定》第三次修正　根据2018年10月26日第十三届全国人民代表大会常务委员会第六次会议《关于修改〈中华人民共和国公司法〉的决定》第四次修正）

第二百一十六条　本法下列用语的含义：

……

（二）控股股东，是指其出资额占有限责任公司资本总额百分之五十以上或者其持有的股份占股份有限公司股本总额百分之五十以上的股东；出资额或者持有股份的比例虽然不足百分之五十，但依其出资额或者持有的股份所享有的表决权已足以对股东会、股东大会的决议产生重大影响的股东。

（三）实际控制人，是指虽不是公司的股东，但通过投资关系、协议或者其他安排，能够实际支配公司行为的人。

……

2. **《上市公司收购管理办法》**（2006 年 5 月 17 日中国证券监督管理委员会第 180 次主席办公会议审议通过，根据 2008 年 8 月 27 日中国证券监督管理委员会《关于修改〈上市公司收购管理办法〉第六十三条的决定》、2012 年 2 月 14 日中国证券监督管理委员会《关于修改〈上市公司收购管理办法〉第六十二条及第六十三条的决定》、2014 年 10 月 23 日中国证券监督管理委员会令第 108 号中国证券监督管理委员会《关于修改〈上市公司收购管理办法〉的决定》修订）

第八十三条　本办法所称一致行动，是指投资者通过协议、其他安排，与其他投资者共同扩大其所能够支配的一个上市公司股份表决权数量的行为或者事实。

在上市公司的收购及相关股份权益变动活动中有一致行动情形的投资者，互为一致行动人。如无相反证据，投资者有下列情形之一的，为一致行动人：

（一）投资者之间有股权控制关系；

（二）投资者受同一主体控制；

（三）投资者的董事、监事或者高级管理人员中的主要成员，同时在另一个投资者担任董事、监事或者高级管理人员；

（四）投资者参股另一投资者，可以对参股公司的重大决策产生重大影响；

（五）银行以外的其他法人、其他组织和自然人为投资者取得相关股份提供融资安排；

（六）投资者之间存在合伙、合作、联营等其他经济利益关系；

（七）持有投资者 30% 以上股份的自然人，与投资者持有同一上市公司股份；

（八）在投资者任职的董事、监事及高级管理人员，与投资者持有同一上市公司股份；

（九）持有投资者 30% 以上股份的自然人和在投资者任职的董事、监事及高级管理人员，其父母、配偶、子女及其配偶、配偶的父母、兄弟姐妹及其配偶、配偶的兄弟姐妹及其配偶等亲属，与投资者持有同一上市公司股份；

（十）在上市公司任职的董事、监事、高级管理人员及其前项所述亲属同时持有本公司股份的，或者与其自己或者其前项所述亲属直接或者间接控制的企业同时持有本公司股份；

（十一）上市公司董事、监事、高级管理人员和员工与其所控制或者委托的法人或者其他组织持有本公司股份；

（十二）投资者之间具有其他关联关系。

一致行动人应当合并计算其所持有的股份。投资者计算其所持有的股份，应当包括登记在其名下的股份，也包括登记在其一致行动人名下的股份。

投资者认为其与他人不应被视为一致行动人的，可以向中国证监会提供相反证据。

第八十四条 有下列情形之一的，为拥有上市公司控制权：

（一）投资者为上市公司持股50%以上的控股股东；

（二）投资者可以实际支配上市公司股份表决权超过30%；

（三）投资者通过实际支配上市公司股份表决权能够决定公司董事会半数以上成员选任；

（四）投资者依其可实际支配的上市公司股份表决权足以对公司股东大会的决议产生重大影响；

（五）中国证监会认定的其他情形。

3. **《〈首次公开发行股票并上市管理办法〉第十二条"实际控制人没有发生变更"的理解和适用——证券期货法律适用意见第1号的通知》**（证监法律字〔2007〕15号）

近来，一些申请首次公开发行股票并上市的发行人及其保荐人和律师多次向我会咨询《首次公开发行股票并上市管理办法》（以下简称《首发办法》）第十二条发行人最近3年内"实际控制人没有发生变更"的理解和适用问题，例如，在公司最近3年内控股股东发生变更的情况下，如果主张多个共同控制公司的小股东没有发生变化，是否符合《首发办法》的上述规定；在公司股权比较分散（例如有些中小企业）、没有实际控制人，或者因国有资产重组导致公司控股股东发生变更等情况下，应该如何理解和适用《首发办法》的上述规定。经研究，我会认为：

一、从立法意图看，《首发办法》第十二条规定要求发行人最近3年内实际控制人没有发生变更，旨在以公司控制权的稳定为标准，判断公司是否具有持续发展、持续盈利的能力，以便投资者在对公司的持续发展和盈利能力拥有较为明确预期的情况下做出投资决策。由于公司控制权往往能够决定和实质影响公司的经营方针、决策和经营管理层的任免，一旦公司控制权发生变化，公司的经营方针和决策、组织机构运作及业务运营等都可能发生重大变化，给发行人的持续发展和持续盈利能力带来重大不确定性。

二、公司控制权是能够对股东大会的决议产生重大影响或者能够实际支配公司行为的权力，其渊源是对公司的直接或者间接的股权投资关系。因此，认定公司控制权的归属，既需要审查相应的股权投资关系，也需要根据个案的实际情况，综合对发行人股东大会、董事会决议的实质影响、对董事和高级管理人员的提名及任免所起的作用等因素进行分析判断。

三、发行人及其保荐人和律师主张多人共同拥有公司控制权的，应当符合以下条件：

（一）每人都必须直接持有公司股份和/或者间接支配公司股份的表决权；

（二）发行人公司治理结构健全、运行良好，多人共同拥有公司控制权的情况不影响发行人的规范运作；

（三）多人共同拥有公司控制权的情况，一般应当通过公司章程、协议或者其他安排予以明确，有关章程、协议及安排必须合法有效、权利义务清晰、责任明确，该情况在最近3年内且在首发后的可预期期限内是稳定、有效存在的，共同拥有公司控制权的多人没有出现重大变更；

（四）发行审核部门根据发行人的具体情况认为发行人应该符合的其他条件。

发行人及其保荐人和律师应当提供充分的事实和证据证明多人共同拥有公司控制权的真实性、合理性和稳定性，没有充分、有说服力的事实和证据证明的，其主张不予认可。相关股东采取股份锁定等有利于公司控制权稳定措施的，发行审核部门可将该等情形作为判断构成多人共同拥有公司控制权的重要因素。

如果发行人最近3年内持有、实际支配公司股份表决权比例最高的人发生变化，且变化前后的股东不属于同一实际控制人，视为公司控制权发生变更。

发行人最近3年内持有、实际支配公司股份表决权比例最高的人存在重大不确定性的，比照前款规定执行。

四、发行人不存在拥有公司控制权的人或者公司控制权的归属难以判断的，如果符合以下情形，可视为公司控制权没有发生变更：

（一）发行人的股权及控制结构、经营管理层和主营业务在首发前3年内没有发生重大变化；

（二）发行人的股权及控制结构不影响公司治理有效性；

（三）发行人及其保荐人和律师能够提供证据充分证明。

相关股东采取股份锁定等有利于公司股权及控制结构稳定措施的，发行审核部门可将该等情形作为判断公司控制权没有发生变更的重要因素。

五、因国有资产监督管理需要，国务院或者省级人民政府国有资产监督管理机构无偿划转直属国有控股企业的国有股权或者对该等企业进行重组等导致发行人控股股东发生变更的，如果符合以下情形，可视为公司控制权没有发生变更：

（一）有关国有股权无偿划转或者重组等属于国有资产监督管理的整体性调整，经国务院国有资产监督管理机构或者省级人民政府按照相关程序决策通过，且发行人能够提供有关决策或者批复文件；

（二）发行人与原控股股东不存在同业竞争或者大量的关联交易，不存在故意规避《首发办法》规定的其他发行条件的情形；

（三）有关国有股权无偿划转或者重组等对发行人的经营管理层、主营业务和独立性没有重大不利影响。

按照国有资产监督管理的整体性调整，国务院国有资产监督管理机构直属国有企业与地方国有企业之间无偿划转国有股权或者重组等导致发行人控股股东发生变更的，比照前款规定执行，但是应当经国务院国有资产监督管理机构批准并提交相关批复文件。

不属于前两款规定情形的国有股权无偿划转或者重组等导致发行人控股股东发生变更的，视为公司控制权发生变更。

六、发行人应当在招股说明书中披露公司控制权的归属、公司的股权及控制结构，并真实、准确、完整地披露公司控制权或者股权及控制结构可能存在的不稳定性及其对公司的生产、经营及盈利能力的潜在影响和风险。

七、律师和律师事务所就公司控制权的归属及其变动情况出具的法律意见书是发行审核部门判断发行人最近 3 年内“实际控制人没有发生变更”的重要依据。律师和律师事务所应当确保法律意见书的结论明确，依据适当、充分，法律分析清晰、合理，违反相关规定的，除依法采取相应的监管措施外，监管部门还将对法律意见书的签字律师和签字的律师事务所负责人此后出具的法律意见书给予重点关注。律师和律师事务所存在违法违规行为的，将依法追究其法律责任。

第三章　独立性

一、关于独立性的要求

实际控制人对于其控制的企业具有支配能力，如果实际控制人滥用这种支配能力在上市体系之内的企业与上市体系之外的企业间进行利益调节，会扭曲企业的经营成果，误导审核部门和投资者的判断，从而损害社会公众股东的利益。例如，在筹备上市过程中，实际控制人可能通过上市体系之外的企业配合、协作，向拟上市企业输送利益从而粉饰拟上市企业的业绩；在上市之后，实际控制人可能将本属于上市公司的利益转移至上市体系之外。

为了从源头避免人为调节利益的情形出现，证监会要求拟上市企业的资产、业务、机构、人员、财务必须与控股股东、实际控制人及其控制的企业之间保持独立。

《公开发行证券的公司信息披露内容与格式准则第 1 号——招股说明书(2015 年修订)》（以下简称《招股说明书准则》）第五十一条第一款规定："发行人应披露已达到发行监管对公司独立性的下列基本要求：（一）资产完整方面。生产型企业具备与生产经营有关的主要生产系统、辅助生产系统和配套设施，合法拥有与生产经营有关的主要土地、厂房、机器设备以及商标、专利、非专利技术的所有权或者使用权，具有独立的原料采购和产品销售系统；非生产型企业具备与经营有关的业务体系及主要相关资产；（二）人员独立方面。发行人的总经理、副总经理、财务负责人和董事会秘书等高级管理人员不在控股股东、实际控制人及其控制的其他企业中担任除董事、监事以外的其他职务，不在控股股东、实际控制人及其控制的其他企业领薪；发行人的财务人员不在控股股东、实际控制人及其控制的其他企业中兼职；（三）财务独立方面。发行人已建立独立的财务核算体系、能够独立作出财务决策、具有规范的财务会计制度和对分公司、子公司的财务管理制度；发行人未与控股股东、实际控制人及其控制的其他企业共用银行账户；（四）机构独立方面。发行人已建立健全内部经营管理机构、独立行使经营管理职权，与控股股东和实际控制人及其控制的其他企业间不存在机构混同的情形；（五）业务独立方面。发行人的业务独立于控股股东、实际控制人及其控制的其他企业，与控股股东、实际控制人及其控制的其他企业间不存在同业竞争或者显失公平的关联交易。”

《公开发行证券的公司信息披露内容与格式准则第 28 号——创业板公司招股说明书（2015 年修订）》（以下简称《创业板招股说明书准则》）对于发行人的独立性进行了相同的规定。

在上市审核中，拟上市企业的独立性问题通常以同业竞争和关联交易的方式呈现出来，审核人员主要通过审核是否存在同业竞争和关联交易来关注发行人在独立性方面是否存在缺陷，但也存在直接关注独立性问题的情形。

例如，中国证券监督管理委员会主板发行审核委员会于 2016 年 6 月 22 日召开的 2016 年第 97 次发审委会议否决了中国南航集团文化传媒股份有限公司的上市申请，发审会在审核时要求发行人代表结合发行人的航机媒体业务的渠道和载体，以及报告期内航空媒体资源经营收入、盈利和其他业务收入盈利情况，说明发行人的经营是否对南方航空以及其他关联航空公司存在重大依赖；中国证券监督管理委员会第十七届发行审核委员会于 2017 年 11 月 29 日召开 2017 年第 56 次发审委会议否决了重庆广电数字传媒股份有限公司的上市申请，发审会审核时注意到，发行人不直接拥有《信息网络传播视听节目许可证》，经重庆广播电视集团（总台）独家授权，发行人拥有重庆 IPTV 分平台牌照和重庆网络广播电视台牌照中有关经营性业务的运营权，发审会要求发行人说明其资产是否完整、业务是否独立，是否拥有独立的市场运营能力，是否对实际控制人构成重大依赖，发行人如果无法获得重庆广播电视集团的授权或独家授权，是否能够保证业务延续。

二、同业竞争

（一）同业竞争界定

《招股说明书准则》第五十二条、《创业板招股说明书准则》第五十条规定：

发行人应披露是否存在与控股股东、实际控制人及其控制的其他企业从事相同或相似业务的情况，对存在相同或相似业务的，发行人应对是否存在同业竞争作出合理解释。

根据该规定，对于同业竞争的界定需要从主体范围和业务范围两个角度去理解和把握。

1. 主体范围

（1）控股股东、实际控制人绝对禁止

根据《招投说明书准则》第五十二条、《创业板招股说明书准则》第五十条的规定，发行人应披露是否存在与控股股东、实际控制人及其控制的其他企业从事相同或相似业务的情况，对存在相同或相似业务的，发行人应对是否存在同业竞争作出合理解释。

控股股东、实际控制人及其控制的企业不得与发行人存在同业竞争的情形，即实际控制人为绝对禁止的同业竞争主体。

（2）控股股东、实际控制人的近亲属相对限制

由于我国社会“血浓于水”的亲情传统，与控股股东、实际控制人关系密切、拥有相竞争业务的亲属也可能存在实施利益输送的行为，不利于公司上市后的规范运作和监管，因此，证监会本着从严认定和尊重现实的原则，对于控股股东、实际控制人的亲属同业竞争问题按照关系亲疏程度进行区别对待。

根据证监会发行监管部于2011年11月形成的《证监会发行监管部关于同业竞争的研究纪要》（以下简称《研究纪要》），对于发行人控股股东、实际控制人的亲属同业竞争问题处理原则为：

1）原则上，发行人控股股东、实际控制人夫妻双方的直系亲属拥有的相竞争业务应认定为构成同业竞争。

2）对于发行人控股股东、实际控制人夫妻双方的其他亲属拥有的相竞争业务是否构成同业竞争，应从相关企业的历史沿革、资产、人员、业务和技术等方面的关系、客户和供应商、采购和销售渠道等方面进行个案分析判断，如相互独立，则可认为不构成同业竞争。

3）审核中应要求保荐机构对发行人控股股东、实际控制人夫妻双方的近亲属（具体范围按民法通则相关规定执行①，即配偶、父母、子女、兄弟姐妹、祖

① 现为参照《中华人民共和国民法总则》相关规定执行。

父母、外祖父母、孙子女、外孙子女）的对外投资情况进行核查，以判断是否存在拥有相竞争业务的情形。

4）对于利用其他亲属关系，或者以解除婚姻关系为由来规避同业竞争的，应从严掌握，要求在报告期内均不存在同业竞争，且相关企业之间完全独立规范运作，不存在混同的情形。

5）对于发行人的控股股东、实际控制人夫妻双方的亲属拥有与发行人密切相关的业务是否影响发行人的独立性及符合整体上市的要求，参照上述原则执行，即发行人的控股股东、实际控制人夫妻双方直系亲属拥有与发行人密切相关联的业务的，原则上认定为独立性存在缺陷；其他亲属拥有的，则按照第 2 条的规定进行个案分析判断。

证监会发行监管部于 2019 年 3 月发布的《首发业务若干问题解答》关于同业竞争的指引性规定基本上延续了《研究纪要》的内容，但对于实际控制人夫妻双方的其他近亲属同业竞争限制性规定有所放宽，主要变化之处在于包容相关企业与发行人在报告期内有较少的交易、资金往来及少量的供应商、销售渠道重叠。

根据证监会的《研究纪要》《首发业务若干问题解答》及审核实践，实际控制人夫妻双方直系亲属（包括配偶、父母、子女）拥有与发行人同类业务的，应认定为构成同业竞争；发行人控股股东、实际控制人的其他近亲属（即兄弟姐妹、祖父母、外祖父母、孙子女、外孙子女）及其控制的企业与发行人从事相同或相似业务的，原则上认定为构成同业竞争，但发行人能够充分证明与前述相关企业在历史沿革、资产、人员、业务、技术、财务等方面基本独立且报告期内较少交易或资金往来，销售渠道、主要客户及供应商较少重叠的除外。近几年上市的企业中，603605 珀莱雅、603630 拉芳家化、603685 晨丰科技、603709 中源家居、603757 大元泵业、002919 名臣健康均存在实际控制人近亲属经营相同或类似业务，但并未对发行人的发行上市形成障碍。

案例：603709 中源家居【审核关注实际控制人胞弟经营的业务】

发审会关注事项：居然雅竹为发行人实际控制人曹勇胞弟曹刚持股100%的关联方。请发行人代表说明：(1) 双方存在重叠客户、供应商的原因及合理性，报告期内居然雅竹是否存在为发行人分摊成本、承担费用或其他利益转移的情形。(2) 曹刚出具独立性承诺后不配合发行人提供财务资料、访谈和进一步承诺的原因及合理性，未来履行承诺是否可靠。(3) 2015年，发行人收回了曹勇、曹刚以及圣氏生物等长期挂账的款项，冲回了计提的坏账准备410万元，请说明长期挂账款项金额、形成过程以及计提坏账的原因，会计处理是否符合会计准则要求。请保荐代表人说明核查过程和依据，并发表明确核查意见。

案例简析

发行人实际控制人近亲属控制的企业与发行人存在类似业务的，发行人应从产品或服务的功能、用途和种类、国民经济行业分类、主要原材料、市场差别、客户及供应商重合性等多方面论证双方不存在同业竞争关系。

案例：603630 拉芳家化【审核关注实际控制人胞弟及其他近亲属经营的业务】

发审会关注事项：招股说明书披露，发行人实际控制人吴桂谦之弟吴桂标家庭控制的广东飘影、柏亚化妆品、孔凤春以及吴桂谦配偶郑清英的兄弟郑凯武持股的汕头凯嘉与发行人从事相同或相似业务。请发行人代表结合人员、技术、资产、客户等情况，进一步说明广东飘影、柏亚化妆品、孔凤春以及汕头凯嘉与发行人是否存在同业竞争，是否存在利益输送或其他协议安排，发行人是否符合《首次公开发行股票并上市管理办法》的相关规定。

案例简析

发行人实际控制人近亲属控制的企业与发行人从事相同或相似业务的，发行人应从人员、技术、资产、客户和销售渠道等角度论证互相独立，不构成同业竞争。

（3）持股5%以上的股东予以关注

证监会于2001年3月1日发布实施的《公开发行证券公司信息披露的编报规则第12号——公开发行证券的法律意见书和律师工作报告》（证监发〔2001〕37号）要求发行人律师须核查发行人是否存在持有发行人股份5%以上的关联方，如存在，需要说明发行人与关联方之间存在何种关联关系以及发行人与关联方之间是否存在同业竞争。在审核实践中，证监会对于持股5%以上的股东，特别是参与经营管理的股东或持股比例较高的股东，通常会关注是否与发行人存在同业竞争。

案例：上海通领汽车科技股份有限公司（未通过）【审核关注第一大股东经营的业务】

发审会关注事项：董事长项春潮持有发行人的股权比例为13.8597%，通过一致行动关系控制公司64.0774%的股权，第一大股东总经理江德生作为技术支持与经营管理者，持股比例为27.6460%。发行人认定项春潮为实际控制人，未将江德生认定为一致行动人、实际控制人。发行人第一大股东江德生控制的智达复合、金智达、天津金智达和广州金智达等企业均从事汽车内饰生产相关业务，与发行人业务近似。请发行人代表说明发行人与江德生控制的上述企业是否存在同业竞争或利益冲突等情况。

案例简析

该案例中，发行人的第一大股东未被认定为实际控制人，但其持股比例为27.6460%，持股比例较高，且参与经营管理，担任总经理职务，该股东对于发行人有重大影响，审核中对于其控制下的企业与发行人是否存在同业竞争予以了关注。

案例：603689 皖天然气【审核关注第二大股东经营的业务】

发审会关注事项：发行人控股股东安徽省能源集团有限公司与安徽地矿投资集团有限公司共同出资设立了安徽省页岩气开发有限公司从事页岩气等油气资源的勘探、开发和综合利用，并与发行人另一持股5%以上股东国投新集能源股份有限公司共同投资从事煤制天然气的开发和综合利用，发行人第二大股东港华安徽公司及其关联企业在安徽省境内从事燃气的生产、储存、输配与经营以及加气站的建设与经营等业务。请发行人代表进一步说明上述股东及其控制的企业与发行人是否存在同业竞争或业务竞争关系，是否可能存在损害发行人利益的情形，发行人及相关股东是否有合理的安排或措施有效避免损害发行人利益，相关的风险是否充分披露。请保荐代表人发表核查意见。

案例简析

根据发行人招股说明书，港华安徽公司持有发行人27.48%股权，为发行人的第二大股东，由于其业务与发行人相近，审核对其是否与发行人存在同业竞争予以了关注。发行人招股说明书中专门论证了港华安徽公司的关联企业在安徽省内从事城市燃气业务的关联企业与公司及其控股子公司在政府授权的特许经营区域范围内不存在实质性业务竞争关系。

2. 业务范围

根据《招股说明书准则》第五十二条、《创业板招股说明书准则》第五十条的规定，发行人与控股股东、实际控制人比对是否构成同业竞争的业务为相同或相似的业务。

相同或相似业务需要从严认定，根据《上市公司行业分类指引》《国民经济行业分类》划分的行业类别相同，或是处于同一产业链的上下游，就有同业的可能性，发行人不能简单以产品销售地域不同、产品的档次不同等认定不构成同业，应结合相关企业历史沿革、资产、人员、主营业务（包括但不限于产品服务的具体特点、技术、商标商号、客户、供应商等）等方面与发行人的关系，以及业务是否有替代性、竞争性，是否有利益冲突等确定是否同业。

如果有关企业的业务与发行人的业务具有替代性、竞争性或存在利益冲突，构成同业竞争；反之，则不构成现实的同业竞争。

案例：603041 美思德【审核关注发行人与实际控制人控制的其他业务是否存在同业竞争】

发审会关注事项： 请发行人代表结合《上市公司行业分类指引》及《国民经济行业分类》（GB/T4754－2011）的规定，以及公司的产品与广东德美精细化工股份有限公司（以下简称德美化工）的助剂产品及炼化产品在原材料、生产、销售、客户等方面的相同点及不同点，就发行人与发行人的实际控制人黄冠雄所控制上市公司德美化工之间是否存在同业竞争作进一步说明；对发行人与德美化工是否因为存在同业竞争而丧失相似业务的商业机会进行说明。

案例简析

发行人与实际控制人控制的其他企业同属化工行业的，发行人应从产品类型、产品功能、终端客户、所属行业等角度论证相互之间不存在相互替代或竞争关系。

案例：002930 宏川智慧【审核关注发行人与实际控制人控制的其他业务是否存在同业竞争】

发审会关注事项： 发行人关联方宏川供应链控制多家仓储综合服务与物流链管理服务公司，发行人报告其为宏川供应链等关联方提供仓储综合服务与物流链管理服务。请发行人代表人说明：宏川供应链的业务定位与发展规划及各关联方的经营情况，是否与发行人构成同业竞争或潜在同业竞争。

案例简析

实际控制人控制的其他企业与发行人存在上下游关系并发生持续性关联交易，审核关注是否构成同业竞争或潜在同业竞争。发行人从所处行业、业务内容、资产构成、盈利模式、市场差异、客户重合度等方面论证与实际控制人不存在同业竞争。

（二）同业竞争的消除

同业竞争属于上市审核中的重点问题，证监会从政策上引导、鼓励企业将相同、类似的业务合并后整体上市。证监会在2008 年5 月公告的《〈首次公开发行股票并上市管理办法〉第十二条发行人最近3 年内主营业务没有发生重大变化的适用意见——证券期货法律适用意见第3 号》中阐释：“发行人对同一公司控制权人下相同、类似或相关业务进行重组，多是企业集团为实现主营业务整体发行上市、降低管理成本、发挥业务协同优势、提高企业规模经济效应而实施的市场行为。从资本市场角度看，发行人在发行上市前，对同一公司控制权人下与发行人相同、类似或者相关的业务进行重组整合，有利于避免同业竞争、减少关联交易、优化公司治理、确保规范运作，对于提高上市公司质量，发挥资本市场优化资源配置功能，保护投资者特别是中小投资者的合法权益，促进资本市场健康稳定发展，具有积极作用。”

企业在筹备上市过程中要积极消除同业竞争，以符合上市要求。在实务中，可以按照业务交集程度及业务持有主体的不同区分处理：

（1）控股股东、实际控制人的相同、类似业务。控股股东、实际控制人的类似业务，尚可从客户群体、产品用途、技术应用、材料构成等方面论证与发行人不具有替代性、竞争性、利益冲突，从而解释为不构成同业竞争，但对于相同或同类业务，必须通过整合、剥离等方式予以解决，发行人不能以市场地、产品类型等差异将控股股东、实际控制人控制的企业认定为同业不竞争，从而不予消除。实践中，存在台资企业在A 股上市时以市场地分割解决发行人与实际控制人控制下的企业同业竞争的情形，但该解决方式只出现于为数不多的台资企业，具有特殊性，不具有普遍的参考意义。而且，通过案例比较，即便是台资企业，目前采取市场分割的方式也已经受到比较严格的限制，分割给上市体系之外的市场已经被压缩至最小的空间。

案例：601002 晋亿实业【以市场分割解决同业竞争问题】

招股说明书相关披露

本公司实际控制人先后在中国台湾地区、马来西亚和中国大陆分别设立了晋禾企业、晋纬控股和晋亿股份3家紧固件生产企业。本公司产品销售市场以中国大陆、美国、日本为主；晋纬控股产品销售市场以马来西亚等东南亚国家、欧洲为主；晋禾企业产品销售市场主要以美国、中国台湾地区及欧洲为主。本公司与晋禾企业在美洲市场存在交叉，本公司与晋纬控股、晋禾企业在欧洲市场存在交叉。为避免3家公司的同业竞争，基于各自的实际销售市场，3方共同签订了《避免同业竞争市场分割协议》及《避免同业竞争市场分割补充协议》，对3家企业紧固件产品的国际销售市场进行了划分。本公司独占中国大陆、韩国、日本、美洲市场，本公司销售除晋禾企业现有的高强度螺栓（钢结构大六角螺栓、TC 扭剪螺栓和内六角螺栓）外的紧固件产品；在欧洲、澳洲、非洲、亚洲部分市场，本公司销售螺栓、螺母须征得晋纬控股或晋禾企业的同意。因此，本公司存在产品国际市场交叉且部分销售区域受到限制或有条件限制的风险，若其他两家公司违反上述协议的约定，将对公司的经营业绩带来较大影响。

案例：603929 亚翔集成【以市场分割解决同业竞争问题】

招股说明书相关披露

本公司的控股股东为台湾亚翔，其主营业务包括土建施工、机电安装、洁净室工程服务业务，其中洁净室工程及机电安装工程服务业务与本公司相同。但基于以下原因，双方在实质上不存在同业竞争：协议安排避免潜在的同业竞争问题：根据亚翔集成和台湾亚翔2008年11月13日签署的《避免同业竞争协议》，台湾亚翔在中国台湾、越南、新加坡、马来西亚、印度独占地从事洁净室工程服务及机电安装工程服务，亚翔集成在上述区域之外的其他全部地区独占地从事洁净室工程服务及机电安装工程服务。

2012 年 4 月 6 日，为了进一步增强亚翔集成未来的持续发展能力，亚翔集成和台湾亚翔签署了《避免同业竞争协议之补充协议》，将印度市场划归亚翔集成独占地从事洁净室工程服务及机电安装工程服务。

2016 年 9 月 20 日，亚翔集成和台湾亚翔双方签署了《避免同业竞争协议之补充协议二》，根据协议规定，未来亚翔集成将独占从事越南、新加坡、马来西亚新增的洁净室工程服务及机电安装工程服务。

从晋亿实业与亚翔集成的案例对比中可以看出，尽管证监会仍接受了台资企业以市场分割解决同业竞争的问题，但上市较早的晋亿实业在上市体系之外保留了较大的市场区域，而近年上市的亚翔集成上市体系之外保留的市场区域在审核期间被压缩到了仅剩中国台湾地区。

由此可见，由于市场分割等协议方式并不能从根本上彻底解决同业竞争问题，一般的企业不应该将该方式作为解决同业竞争的考虑方案。

（2）控股股东、实际控制人的直系亲属持有与发行人相同或相关联业务的，必须进行整合。直系亲属之外的近亲属持有与发行人相同或相关联业务的，如果与发行人一体化经营后分开经营或业务关系特别紧密，原则上需要整合；如果亲属关系不紧密、业务关系不紧密、各方面都独立运作，可考虑不纳入发行主体。

（3）持有发行人 5% 以上股权的重要股东与发行人经营相同或相似业务的，如果与发行人有利益冲突或影响发行人的独立性，则需要解决；如果与发行人不存在利益冲突、未影响发行人独立性，则无须解决。

（三）消除同业竞争的方式

消除同业竞争，理论上存在两种处理方式：一种是将相关业务纳入上市体系之内，另一种是将相关业务剥离出上市体系。由于将相关业务纳入上市体系之内可以实现整体上市，促进发行人业务和资产的完整性与独立性，同时消除利益输送和调节的空间，而将相关业务剥离出上市体系存在着弱化发行人业务和资产的完整性以及剥离本身是否真实的隐忧，上市筹备中应优先考虑将相关业务纳入上市体系之内的方式解决同业竞争。判断相关业务应纳入还是剥离出上市主体，不能仅考虑该业务与其他业务的直接联系，还要考虑该业务与其他业务的间接联系，即使相关业务与其他业务只有间接联系，也应以纳入上市体系为优先考虑。

通常，可以通过股权转让、资产转让、清算注销、合并、分立等具体法律手段实现相关业务的纳入或剥离，采取不同的处理方式有着不同的注意事项：

（1）以股权转让方式将相关业务纳入上市体系。该种处理方式，是指相关经营主体的股东将其持有的股权转让给发行人或发行人下属企业，相关经营主体由此成为发行人的子公司或下属企业。该种处理方式下，相关业务完整地进入上市体系之内，可以彻底解决同业竞争问题，在审核中接受程度最高。同时，由于相关经营主体存续，仅仅发生股东变更，一般不会对外部业务产生影响。但该种方式对于相关经营主体的规范性要求较高，由于上市条件中有着发行人及其控股子公司提供最近 3 年及一期真实财务数据以及不存在重大违法违规行为的要求，相关经营主体的经营记录和历史数据应能够满足证监会对于发行人报告期内真实性和规范性的要求。

（2）以资产转让方式将相关业务纳入上市体系。该种处理方式，是指相关经营主体将其拥有的经营性资产转让给发行人。在相关业务有纳入上市体系的必要，但相关经营主体的经营记录和历史数据不能满足证监会对于发行人报告期内真实性和规范性要求的情形下，可以采用该种处理方式。在该种处理方式下，由于相关经营主体未进入上市体系，审核中将关注相关经营主体的经营性资产是否已完整地转让给发行人，是否具备后续同业竞争的能力。为此，决定采用该种方式时，应准备资产转让前后相关经营主体的主要财务数据及资产、人员构成，以证明经营性资产已完整地转让给发行人。同时，对于资产转让后的相关经营主体，应优先考虑注销，以消除审核部门对其后续具有同业竞争能力的担忧，如果确有必要存续，则应该修改经营范围和业务范围，以确定其与发行人具有完全不同的业务边界。此外，在考虑采用该种方式时，应注意相关业务是否具有资质要求，以确保相关业务从相关经营主体进入到发行人不存在资质障碍。

（3）以吸收合并的方式将相关业务纳入上市体系。该种处理方式下，相关经营主体的资产与业务全部由发行人承接，相关经营主体在合并后注销。该种方式在税务上被认为资产与负债仅在新老主体之间延续，与其他处理方式相比，税收成本最低。但与股权转让方式类似，该处理方式对于相关经营主体的历史规范性要求较高。

（4）以股权转让方式将相关业务剥离出上市体系。该种处理方式，是指发行人或其下属企业将持有的相关经营主体股权转让给实际控制人或其他非关联方。在将股权转让给发行人实际控制人的情形下，审核中将重点关注剥离的业务与发行人业务是否相同或类似，是否引起同业竞争或导致发行人独立性存在问题，股权转让之前相关经营主体是否存在违法违规行为。在股权转让给非关联方的情形下，审核中将重点关注股权转让的真实性，是否以简单的法律变更规避同业竞争要求。

（5）以资产转让方式将相关业务剥离出上市体系。该种处理方式，是指发行人或其下属企业将持有的相关经营性资产转让给实际控制人或其他非关联方。在将资产转让给发行人实际控制人的情形下，审核中将重点关注剥离的业务与发行人业务是否相同或类似，是否引起同业竞争或导致发行人独立性存在问题。在将资产转让给非关联方的情形下，审核中将重点关注资产转让的真实性，是否以虚假的资产转让规避同业竞争要求。

（6）存续分立。该种处理方式是指发行人由单一的主体分立为两个不同的主体，发行人和新设的主体各自承接原来的部分资产与负债，发行人瘦身后存续。由于该种方式改变了发行人的资产结构与业务结构，将影响发行人业绩计算的延续性，通常需要在分立完成后重新起算财务数据的报告期。

（7）清算注销。如果相关的经营主体业务规模较小或该等业务虽然与拟上市企业同类但不具有发展前景，没有纳入上市体系的必要，也不具有对外转让的价值和可行性，则可以停止经营，将该经营主体清算注销。

消除同业竞争具体方式的比较

重组方式	审核关注点	规范性要求	对业务影响	重组成本
以股权转让方式将相关业务纳入上市体系	接受度高	需要规范的经营记录和可靠、真实的历史数据	一般情形下对业务不产生影响	转让增值需要纳税
以资产转让方式将相关业务纳入上市体系	关注经营性资产是否已完整地转让给发行人，是否具备后续同业竞争的能力	一般情形下不需要可靠的历史数据	需要注意相关业务是否具有资质要求	转让增值需要纳税
以吸收合并的方式将相关业务纳入上市体系	接受度高	需要规范的经营记录和可靠、真实的历史数据	一般情形下对业务不产生影响	按承接资产的账面值入账，税收成本最低
以股权转让方式将相关业务剥离出上市体系	股权转让的真实性；是否引起同业竞争或导致发行人独立性存在问题	一般情形下不需要可靠的历史数据	一般情形下对业务不产生影响	转让增值需要纳税

续表

重组方式	审核关注点	规范性要求	对业务影响	重组成本
以资产转让方式将相关业务剥离出上市体系	资产转让的真实性；是否引起同业竞争或导致发行人独立性存在问题	不需要可靠的历史数据	需要注意相关业务是否具有资质要求	转让增值需要纳税
存续分立	资产结构与业务结构是否发生重大变化，需要重新计算业绩	一般情形下不需要可靠的历史数据	业务是否具有资质要求	按承接资产的账面值入账，税收成本最低
清算注销	注销的原因；注销之前是否存在违法违规情形	清算后的资产、人员去向一般需要注销时点的基本财务数据和经营数据	一般情形下对业务不产生影响	股东就清算所得纳税

案例：京博农化科技股份有限公司（被否）【审核关注关联方重组是否涉及权益纠纷】

发审会关注事项：根据申请文件，发行人主要经营资产来源于山东京博，山东京博历史上存在股权代持超过 200 人。请发行人代表说明：发行人前身收购山东京博相关经营性资产和业务时，发行人和山东京博的股权结构是否有重大差异，山东京博有无不同意上述资产转让的中小股东，其利益如何保证，是否存在争议和潜在争议，发行人目前股权结构是否存在代持安排。请保荐代表人说明核查过程及结论。

案例简析

本案中，原有经营主体历史沿革较为复杂，实际控制人以新设主体收购原经营主体经营性资产的方式进行重组，由于经营性资产的转移势必导致未来商业利益转移，发审会审核时关注新主体与老主体的股权结构是否有重大差异，是否因为股权结构不一致而损害原主体中小股东利益。案例启示：以资产转让方式解决同业竞争问题，需要关注资产转让方和受让方的股权结构以及履行的决策程序，避免重组行为损害第三方的合法权益。

案例：603655 朗博科技【审核关注关联方重组方式】

> **发审会关注事项：**请发行人代表说明2011年发行人收购常州思源和金坛密封的经营性资产和负债而不是整体收购的原因，相关会计处理是否符合企业会计准则的规定。

案例简析

发行人以资产收购的方式解决同业竞争，收购后将关联方注销或更改为投资类公司，审核关注未采用以股权转让的方式进行整体收购的原因。从发审会提出的问题可以看出，以股权方式进行整体收购应是发行人首选也是审核部门最能接受的重组方式。

案例：601206 海尔施（暂缓发行）【审核关注关联方重组方式】

> **发审会关注事项：**请保荐代表人补充说明：（1）2003年发行人受让宁波开发区中心医院（以下简称中心医院）后，2011年以不变价格转让给关联方，转让价格是否公允，是否损害发行人利益。（2）发行人将中心医院转让给关联方而不是无关联第三方的主要考虑，未来是否会进一步增加关联交易，是否会对发行人规范运作产生不利影响。

案例简析

发行人于2003年受让宁波开发区中心医院，2011年筹划上市时以原价格转让给股权结构与发行人相同的关联企业，发行人解释宁波开发区中心医院系非营利医疗机构，因此将其以原价剥离出上市体系。在资产剥离方式下，后续运作仍然受到关注。

案例：603069海汽集团【审核关注发行人向关联方剥离资产的合理性】

发审会关注事项： 请发行人代表进一步说明发行人2012年向关联方转让房地产业务和保障房建设项目、三亚火车站站前广场建设项目等非经营性资产以及计提用于支付员工合同补偿金的专项费用的原因，是否影响发行人的独立性。请保荐代表人发表核查意见。

案例简析

为优化经营业务结构，突出主营业务，发行人将公共交通业务、房地产业务、保障房建设项目等非经营性资产剥离给控股股东，在资产剥离方式下，剥离行为是否影响发行人的独立性将受到审核关注。

案例：重庆长江造型材料（集团）股份有限公司（已过会，未核发批文）【审核关注发行人反复转让同一资产的合理性】

发审会关注事项： 关于报告期内发行人收购凯米尔股权后又将其全部转让的行为，请发行人代表进一步说明：（1）向舒惠宗收购凯米尔股权的必要性、定价公允性，前后两次股权转让对凯米尔估值不一致的原因及合理性。（2）长江有限曾代职工持有凯米尔的股份，清理过程中是否存在纠纷和诉讼，清理结果是否符合规定。（3）发行人将凯米尔100%股权转让给实际控制人的必要性、合理性，是否履行了必要的决策程序，转让定价是否公允、评估方法是否恰当、款项是否收到，对发行人的业务发展是否会产生不利影响，是否符合《首发办法》“最近3年主要业务没有发生重大变化”的规定。（4）告知函回复称凯米尔已将智能装备事业部相关的资产、人员、财务等重新转回了发行人，该事项是否构成关联交易。请保荐代表人说明核查方式、核查过程及结论。

案例简析

关于发行人在报告期内收购凯米尔股权后又将其全部转让给实际控制人的行为，发行人解释凯米尔经营的中小功率柴油机业务经营业绩持续下滑，剥离该公司有利于优化业务机构，审核关注业务剥离的合理性及是否导致最近3年主营业务发生重大变化。案例启示：资产剥离方式下，需要关注发行人是否通过剥离亏损业务或低业绩业务而人为调节发行人的整体业绩。

案例：603127 昭衍新药【审核关注发行人以分立方式剥离资产的合理性】

发审会关注事项：请发行人代表进一步说明：（1）发行人前身昭衍有限的分立及舒泰神（北京）生物制药股份有限公司（以下简称舒泰神）通过分立取得相关资产的过程、程序，是否存在纠纷或潜在纠纷，是否损害发行人的权益。（2）发行人主营业务与舒泰神及发行人的实际控制人控制的其他企业的区别和联系，目前和历史上是否存在资产混同、人员共用、采购、销售渠道相同，商标、专利、技术等混用情形；是否存在同业竞争情形。（3）发行人所披露的相关信息与舒泰神曾披露的信息是否存在差异。（4）舒泰神的资产来源于发行人前身，且2014年至2016年舒泰神分别为发行人第二、一、三大客户，舒泰神与发行人未纳入同一上市主体的原因及其合理性；是否存在影响发行人资产完整性和独立性的实质性障碍。（5）发行人与舒泰神之间有关土地使用权及地上建筑物资产交易的价格是否公允，舒泰神是否履行法定程序并进行披露。请保荐代表人说明核查的过程、依据和结论。

案例简析

2008年6月18日，发行人前身昭衍有限按照业务划分的原则，采用存续分立的方式将公司分立为北京昭衍新药研究中心有限公司和昭衍（北京）药物科技有限公司，其中昭衍有限为存续公司，昭衍药物为新设公司。新设公司昭衍药物进入实际控制人控制的另外业务板块。由于分立行为较早，发生在报告期外，不会对发行人业绩计算产生影响，但发行人与实际控制人控制的其他企业在业务上存在上下游关系，需要从资产、人员、渠道、知识产权等各个方面关注业务之间是否具有相关性。

案例：300741 华宝股份【审核关注发行人与关联方重组的完整性】

发审会关注事项：关于发行人的业务，请发行人代表：（1）说明发行人与实际控制人及其控制的其他企业在香原料业务、电子烟业务方面是否存在同业竞争。（2）对比分析资产重组前后公司业务结构的变化情况，是否存在主营业务发生变化的情形。（3）结合公司的业务、资产及财务状况，说明重组过程中的定价依据及公允性，是否存在利益输送或其他利益安排的情形。（4）结合行业发展和市场需求量，说明发行人烟草用香精产销的占比，是否触及行业发展瓶颈，是否会对发行人持续盈利能力产生影响。（5）说明配方在发行人生产体系中的具体作用及重要程度，公司的保密制度及竞业禁止安排，发行人在生产流程中对相关技术的保密措施。（6）说明“华宝拉萨净土健康食品项目”特医食品项目研发及产品工艺优化进展，是否存在未能按照《特殊医学用途配方食品注册管理办法》规定完成产品注册的可能性，相关风险是否已充分披露。请保荐代表人说明核查过程和结论。

案例简析

本案中，实际控制人控制的企业众多，通过重组解决同业竞争，审核关注重组是否彻底，是否完全解决了同业竞争。

案例：002860 星帅尔【审核关注发行人收购关联方资产的公允性】

发审会关注事项：请发行人代表进一步说明 2013 年收购杭州华锦电子有限公司（以下简称华锦电子）51% 股权时采用净资产的账面价值作为可辨认净资产公允价值的原因和合理性，以此为依据确认商誉是否符合企业会计准则的规定，2015 年少数股东以华锦电子股权对星帅尔增资的定价依据和相关会计处理。请保荐代表人发表核查意见。

案例简析

本案中，发行人收购股权时，以净资产的账面价值作为交易价格，后进行追溯评估，收购价格高于追溯评估价格，高出的部分被确认为商誉，审核关注交易作价的合理性和公允性。案例启示：重组方式不仅应该合理，重组中涉及的交易价格也应该具有公允性。

案例：601966 玲珑轮胎【审核关注发行人收购关联方资产的公允性】

发审会关注事项：发行人 2015 年 6 月从控股股东玲珑集团有限公司收购山东玲珑机电有限公司 100% 的股权，收购价格为 6.71 亿元，评估溢价较高，前后两次评估报告关于是否适合采用收益法评估的认定不一致。请发行人代表结合山东玲珑机电有限公司产品主要向发行人销售以及两次评估和交易定价等情况，进一步说明前后两次评估报告关于是否适合采用收益法评估的认定不一致的原因和出具不同的评估报告的依据，对标的公司的评估假设与标的公司的实际情况是否相符，评估预测过程中是否充分考虑标的公司的独立市场化的经营能力，评估预测未来经营业绩的依据和可实现性，是否符合相关评估准则的规定和要求；上述股权收购的定价依据以及评估方法的适当性、交易作价的合理性和关联交易价格的公允性，上述交易的相关会计处理及对公司财务状况的影响，相关信息和风险揭示是否充分披露。请保荐代表人发表核查意见。

案例简析

在该案例中，按照收益法评估溢价收购控股股东控制的资产，控股股东对于收购后3年的经营业绩进行承诺，审核关注交易价格的公允性及评估方法的适当性。案例启示：在以评估价值作为重组定价依据时，需要关注评估方法。

案例：苏州宇邦新型材料股份有限公司（未通过）【审核关注关联方转让是否存在关联方非关联化的情形】

发审会关注事项： 报告期内发行人与实际控制人肖锋之配偶王歌曾控股的鑫腾电子交易额持续增加，占发行人材料采购总额比例同比上升，占鑫腾电子营业收入接近100%，鑫腾电子主营业务收入金额较大但持续微利。同时，常熟铭奇成立不久即成为发行人的前五大供应商，且其在报告期对发行人销售金额占比在90%左右。请发行人代表说明：（1）王歌转出鑫腾电子控股股权的原因、定价依据及合理性。（2）鑫腾电子在人员没有增加的情况下营业收入逐年大幅增加的原因，该公司持续微利的原因及商业合理性。（3）常熟铭奇成立不久即成为发行人主要供应商的合理性。（4）发行人及其关联方与两家公司是否存在委托持股情况，历任股东、董事、监事、高管与发行人及其控股股东、实际控制人、董事、监事、高管之间是否存在关联关系。（5）两家公司是否存在为发行人代垫费用、代为承担成本或转移定价、其他利益安排等利益输送情形。请保荐代表人说明核查方法和过程，并发表明确核查意见。

案例简析

报告期内发行人实际控制人配偶控制的企业与发行人存在业务往来，且关联方与发行人的交易构成关联方主要业务收入来源，后以股权转让方式转为非关联企业。此外，非关联方常熟铭奇成立不久即成为发行人主要供应商。由于业务密切，且存在关联方非关联化及成立不久即成为主要合作对象的异常行为，引起审核关注是否存在委托持股情况等利益安排行为在所难免。

案例：上海广联环境岩土工程股份有限公司（未通过）【审核关注关联方转让是否存在关联方非关联化的情形】

发审会关注事项：发行人于2015年12月将原子公司上海申帆股权转让给6名前员工，转让后发行人仍持续向上海申帆采购劳务，2016年以来上海申帆为公司前五大劳务供应商之一，且2017年1～6月为公司第一大劳务供应商。2016年9月发行人将子公司天津申佳的股权转让给前五大供应商之一天津建勘的股东，转让后未与其发生业务往来，2014～2016年度，天津建勘一直是占发行人采购劳务比例达20%以上的主要供应商，发行人业务占天津建勘2014～2016年度业务收入90%以上。此外，报告期内发行人多家主要供应商均于设立初期即承接发行人于当期或近期承接的相关业务。请发行人代表说明：（1）转让上海申帆及天津申佳股权的原因，是否存在除股权转让协议以外的补充协议或安排，相关信息披露是否真实、准确、完整。（2）2017年1～6月，发行人向天津建勘的采购金额及占比急剧下降，天津建勘向发行人销售占整体收入的比例也急剧下降的原因及合理性。（3）多家供应商于设立初期即承接发行人业务的原因及合理性。请保荐代表人说明核查方法、过程及依据并发表核查意见。

案例简析

本案中，发行人存在在报告期内将控股子公司转让给前员工后继续保持交易的情况，且报告期内发行人多家主要供应商均于设立初期即承接发行人于当期或近期承接的相关业务。审核关注是否存在除股权转让协议以外的补充协议或安排，多家供应商于设立初期即承接发行人业务的原因及合理性。

案例：浙江鸿禧能源股份有限公司（未通过）【审核关注是否存在关联方非关联化的情形】

发审会关注事项：关于关联方及关联交易，请发行人代表进一步说明：(1) 上海宇辉、上海锦归报告期内的生产经营情况，是否主要为发行人服务，其设立、生产经营的原因及合理性，与发行人交易的必要性、合理性及公允性，注销的原因及为何不将其收归发行人体系；嘉兴市高正高分子材料公司在业务、设备、技术等方面与发行人是否存在相同、相似或其他关联，租用发行人厂房是否存在与发行人生产混同的情形。(2) 实际控制人所控制企业大部分亏损的原因，关联方向发行人提供资金的来源，是否存在资金体外循环的情况。(3) 慈溪市宏宇电器、浙江虹兴电子是否为发行人关联方，其净资产较低，自产硅片主要提供给发行人，相关交易是否真实、合理且符合商业逻辑，定价是否公允。(4) 报告期内关联方及关联交易披露是否真实、准确、完整，是否存在关联方或主要供应商为发行人分摊成本、承担费用或其他利益转移的情形。请保荐代表人说明核查方式、核查过程及结论。

案例简析

本案中，关联企业与发行人有业务往来，后通过股权转让成为非关联企业，审核关注不将其纳入上市体系的原因，质疑是否存在关联方非关联化的行为。

案例：北京新时空科技股份有限公司（首发）（未通过）【审核关注是否存在关联方非关联化的情形】

发审会关注事项：报告期发行人存在向关联方北京友邦建安劳务分包有限公司采购外包劳务的情况；还存在从事与发行人相似、相近或同类业务的关联方，后分别通过股权转让、注销等方式消除关联方关系。请发行人代表说明：(1) 该等关联方是否实际由发行人或发行人的高级管理人员控制，相关的股权转让是否真实，是否存在代持行为。（2）有无通过该等公司替发行人承担或变相承担成本费用的情形。请保荐代表人说明核查过程、依据及明确核查意见。

案例简析

本案中的关联方股东为实际控制人近亲属或发行人高管及其近亲属，审核关注该等关联方是否实际由发行人或发行人的高级管理人员控制，相关的股权转让是否真实，是否存在代持行为。

案例：四川港通医疗设备集团股份有限公司（被否）【审核关注是否存在关联方非关联化的情形】

发审会关注事项：根据披露，四川深康气体有限公司（以下简称深康气体）成立于2015年5月，该公司股东蒲娟、樊秀珍均为发行人实际控制人控制的企业的员工，且蒲娟为发行人供应部经理的配偶。请发行人代表进一步说明：深康气体的设立目的，深康气体经营范围与发行人的经营范围是否存在交叉或重叠，是否存在业务竞争；深康气体的经营情况，深康气体与发行人在业务、技术、人员、资产、客户等方面是否存在交叉或重叠；深康气体实际出资情况及蒲娟、樊秀珍的出资来源，是否存在代持情况；实际控制人所控制的企业员工设立与发行人业务相关的企业的合理性；发行人与深康气体资金往来的原因、必要性和商业合理性，是否履行了有关审议程序，进行事后追认的原因及其真实性和合法合规性；是否存在与发行人及实际控制人相关的其他特殊利益安排。相关风险是否充分揭示及披露。请保荐代表人发表核查意见。

案例简析

本案中的关联方股东为实际控制人控制企业的员工，审核关注关联企业出资来源，是否存在股权代持情况。

案例：浙江春晖智能控制股份有限公司（未通过）【审核关注是否存在关联方非关联化的情形】

发审会关注事项：发行人实际控制人杨广宇兄弟杨晨广曾持有浙江春晖空调压缩机有限公司 47.14% 股份，后转让。请发行人代表说明：（1）杨晨广转让该公司的原因，是否曾与发行人存在同业竞争或关联交易。（2）该转让是否具有商业实质，是否存在代持或其他利益安排。请保荐代表人说明核查过程、依据，并发表明确核查意见。

案例简析

截至 2017 年 9 月 13 日的招股说明书显示，发行人实际控制人近亲属杨晨广持有浙江春晖空调压缩机有限公司 47.14% 股份，审核期间将所持股权予以转让，审核关注股权转让是否具有商业实质，是否存在代持或其他利益安排。案例启示：关联企业的处置应该尽早、主动解决，在审核关注下临时解决，有关联交易非关联化的嫌疑。

案例：温州康宁医院股份有限公司（未通过）【审核关注关联方转让的原因和真实性】

发审会关注事项：报告期内，发行人与关联方存在关联交易情况，同时注销或转让了部分关联方。请发行人代表说明：（1）是否存在关联方替发行人承担成本、费用以及其他向发行人输送利益的情形。（2）对外转让关联方的原因、转让对价及其公允性。（3）鼎晖维鑫、鼎晖维森股权转让与收购平阳长庚医院之间的商业逻辑关系，转让后原转让方是否仍对平阳长庚医院存在重大影响，发行人继续管理平阳长庚医院精神科、确认管理服务收入远大于其固定效益基准的合理性，是否存在关联交易非关联化的情形。（4）关联方注销的原因，生产经营和注销过程的合规性，是否存在因重大违法违规而注销的情况。请保荐代表人说明核查过程和方法，并发表明确核查意见。

案例简析

报告期内转让或注销多家关联企业的，审核关注原因和真实性。由于转让引起会计处理差异，涉嫌利用法律手段调节会计确认。

案例：珠海元盛电子科技股份有限公司（未通过）【审核关注关联方转让的真实性】

发审会关注事项： 富元电子系发行人实际控制人之一张宣东曾控制的企业，股权结构为张宣东持60%、艾赋醍持25%、杨梅持15%，主营业务属于PCB贴装以及组装等代加工业务。2017年7月，张宣东将所持富元电子60%股权转让予第三方，并辞去富元电子职务。请发行人代表说明：(1) 富元电子与发行人的采购客户和销售客户是否存在重叠，报告期内在人、财、物方面是否存在共同使用的情形。(2) 报告期内富元电子与发行人发生资金往来的原因和相应的内控制度。(3) 富元电子与发行人董事控制的企业能动科技资金往来的情形及其合理性。(4) 富元电子与发行人存在哪些现实和潜在的利益冲突，是否构建了相应的内控制度，如有，请说明关键控制点的设计及执行情况，并说明这些关键控制点防范了哪些风险。请保荐代表人说明张宣东将所持富元电子60%股权于近期转让予第三方真实性的核查过程，并说明该股权转让对张宣东本人和发行人的影响。

案例简析

临近发审会才以股权转让方式处置实际控制人控制的相似业务的关联企业，审核关注股权转让的真实性。

（四）重组对于发行人主营业务稳定性的影响

上市过程中，发行人主营业务需要保持相对稳定，《首次公开发行股票并上市管理办法》要求发行人最近 3 年内主营业务未发生重大变化，《首次公开发行股票并在创业板上市管理办法》要求发行人最近 2 年内主营业务未发生重大变化。

发行人与相关主体进行重组，有可能导致发行人主营业务发生变化。而重组行为是否实际上造成了发行人主营业务的重大变化，需要有一定的判断标准。根据证监会相关规定及审核政策，要依据被重组业务与发行人是否受同一控制分别进行判断。

1. 同一控制下重组的判断标准

证监会公告的《〈首次公开发行股票并上市管理办法〉第十二条发行人最近 3 年内主营业务没有发生重大变化的适用意见——证券期货法律适用意见第 3 号》（〔2008〕22 号）对于同一控制下业务重组的影响进行了如下规定：

发行人报告期内存在对同一公司控制权人下相同、类似或相关业务进行重组情况的，如同时符合下列条件，视为主营业务没有发生重大变化：（1）被重组方应当自报告期期初起即与发行人受同一公司控制权人控制，如果被重组方是在报告期内新设立的，应当自成立之日即与发行人受同一公司控制权人控制；（2）被重组进入发行人的业务与发行人重组前的业务具有相关性（相同、类似行业或同一产业链的上下游）。

发行人报告期内存在对同一公司控制权人下相同、类似或相关业务进行重组的，应关注重组对发行人资产总额、营业收入或利润总额的影响情况。发行人应根据影响情况按照以下要求执行：

（1）被重组方重组前一个会计年度末的资产总额或前一个会计年度的营业收入或利润总额达到或超过重组前发行人相应项目 100% 的，为便于投资者了解重组后的整体运营情况，发行人重组后运行一个会计年度后方可申请发行。

（2）被重组方重组前一个会计年度末的资产总额或前一个会计年度的营业收入或利润总额达到或超过重组前发行人相应项目 50%，但不超过 100% 的，保荐机构和发行人律师应按照相关法律法规对首次公开发行主体的要求，将被重组方纳入尽职调查范围并发表相关意见。发行申请文件还应按照《公开发行证券的公司信息披露内容与格式准则第 9 号——首次公开发行股票并上市申请文件》

（证监发行字〔2006〕6 号）附录第四章和第八章的要求，提交会计师关于被重组方的有关文件以及与财务会计资料相关的其他文件。

（3）被重组方重组前一个会计年度末的资产总额或前一个会计年度的营业收入或利润总额达到或超过重组前发行人相应项目 20% 的，申报财务报表至少须包含重组完成后的最近一期资产负债表。

2. 非同一控制下重组的判断标准

证监会未对非同一控制下的重组影响进行书面规定，但在审核实践中，以保荐代表人培训等方式传递出了审核导向。实务中，通常按以下原则判断非同一控制下业务重组行为是否会引起发行人主营业务发生重大变化：

（1）重组新增业务与发行人重组前业务具有高度相关性，被重组方重组前一个会计年度末的资产总额、资产净额或前一个会计年度的营业收入或利润总额，达到或超过重组前发行人相应项目 100% 的，则视为发行人主营业务发生重大变化。

（2）重组新增业务与发行人重组前业务具有高度相关性，被重组方重组前一个会计年度末的资产总额、资产净额或前一个会计年度的营业收入或利润总额达到或超过重组前发行人相应项目 50%，但不超过 100% 的，通常不视为发行人主营业务发生重大变化，但为了便于投资者了解重组后的整体运营情况，原则上发行人重组后运行满 12 个月后方可申请发行。

（3）重组新增业务与发行人重组前业务不具有高度相关性，被重组方重组前一个会计年度末的资产总额、资产净额或前一个会计年度的营业收入或利润总额，达到或超过重组前发行人相应项目 50% 的，则视为发行人主营业务发生重大变化。

通过上述宽严不同的衡量标准可见，同一控制权下发行人与相关主体对于相同、类似或者相关的业务进行重组整合，有利于避免同业竞争、减少关联交易、优化公司治理、提高上市公司质量，证监会对此持鼓励和肯定的态度；非同一控制权下发行人与相关主体进行重组整合，有拼凑上市的可能性，证监会对此持审慎的态度。

此外，12 个月内发生多次重组行为的，重组对发行人资产总额、资产净额、营业收入或利润总额的影响应累计计算。

重组影响的衡量标准

<table>
<tr><th rowspan="2">指标</th><th colspan="2">同一控制下</th><th colspan="2">非同一控制下</th></tr>
<tr><th>业务具有相关性</th><th>业务不具有相关性</th><th>业务具有相关性</th><th>业务不具有相关性</th></tr>
<tr><td>资产、收入、利润任一指标超过50%</td><td>不视为主营业务发生变化，将被重组方纳入尽职调查范围并发表相关意见</td><td>视为发行人主营业务发生重大变化，重新计算报告期</td><td>通常不视为发行人主营业务发生重大变化，原则上发行人重组后运行满 12 个月后方可申请发行</td><td>视为发行人主营业务发生重大变化，重新计算报告期</td></tr>
<tr><td>资产、收入、利润任一指标超过100%</td><td>发行人重组后运行一个会计年度后方可申请发行</td><td>视为发行人主营业务发生重大变化，重新计算报告期</td><td>视为发行人主营业务发生重大变化，重新计算报告期</td><td>视为发行人主营业务发生重大变化，重新计算报告期</td></tr>
</table>

案例：603607 京华激光【审核关注重组性质及幅度】

发审会关注事项： 请发行人代表进一步说明：（1）发行人将收购绍兴京华激光材料科技有限公司（以下简称京华科技）认定为同一控制下企业合并的理由和依据。（2）收购京华科技是否导致发行人报告期内主营业务发生重大变更。（3）收购京华科技的定价依据及其公允性，是否存在税务违规风险。请保荐代表人发表核查意见。

案例简析

发行人企业合并行为应按照《企业会计准则第 20 号——企业合并》相关规定处理。其中，同一控制下的企业合并，参与合并的企业在合并前后均受同一方或相同的多方最终控制且该控制并非暂时性的。

案例：002913 奥士康【审核关注重组性质及幅度】

发审会关注事项：对奥士康国际和奥士康科技承接奥士康集团的业务，请发行人和保荐代表人进一步说明：（1）奥士康科技仅两名工作人员，系业务人员和售后服务人员，奥士康国际没有员工，人员及组织架构安排是否合法合理，能否支撑其业务规模。（2）发行人对奥士康科技及奥士康国际管控制度的落实情况，如何保证奥士康国际运行有效，内控到位。（3）两种不同海外销售模式下业务及收入的真实性如何确认及核查的情况。

案例简析

发行人以股权收购将关联企业纳入上市体系，解决同业竞争问题，收入超过100%的，需要运行一个完整会计年度。

三、关联方及关联交易

关联交易和同业竞争都可能导致利益输送行为的发生，但相比于同业竞争的利益对立与冲突，关联交易具有一定的互利性，因此，证监会对于同业竞争和关联交易的态度是有所区别的：同业竞争不具有存在的逻辑基础，要求绝对消除；关联交易尽可能消除或减少，但确有必要存在的关联交易可以接受。

《首发管理办法》第二十五条规定："发行人应完整披露关联方关系并按重要性原则恰当披露关联交易。关联交易价格公允，不存在通过关联交易操纵利润的情形。"

（一）关联方认定

1. 关联方认定依据

《招股说明书准则》第五十四条规定："发行人应根据《公司法》和《企业会计准则》的相关规定披露关联方、关联关系和关联交易。"

《创业板招股说明书准则》第五十二条规定："发行人应根据《公司法》和《企业会计准则》的相关规定披露关联方、关联关系和关联交易。"

因此，发行人认定关联方的直接依据为《公司法》和《企业会计准则》。

由于发行人一旦成功上市即成为在证券交易所挂牌交易的上市公司，需要遵守关于中国证监会及上市地证券交易所有关上市公司信息披露的规则要求，上市实践中，审核部门通常也会要求同时遵循《上市公司信息披露管理办法》（证监会令第40号）以及上市地证券交易所《股票上市规则》的规定对关联方进行认定与披露。

2. 关联方认定具体标准

《公司法》《企业会计准则》《上市公司信息披露管理办法》以及证券交易所《股票上市规则》对于关联方的定义及列举具体如下：

公司法	《企业会计准则》	《上市公司信息披露管理办法》	《上交所股票上市规则》《深交所股票上市规则》
第二百一十六条规定：本法下列用语的含义：……（四）关联关系，是指公司控股股东、实际控制人、董事、监事、高级管理人员与其直接或者间接控制的企业之间的关系，以及可能导致公司利益转移的其他关系。但是，国家控股的企业之间不仅因为同受国家控股而具有关联关系。	《企业会计准则第36号——关联方披露》第三条第一款规定：一方控制、共同控制另一方或对另一方施加重大影响，以及两方或两方以上同受一方控制、共同控制或重大影响的，构成关联方。 《企业会计准则第36号——关联方披露》第四条规定：下列各方构成企业的关联方：（一）母公司。（二）子公司。（三）受同一母公司控制的其他企业。（四）对该企业实施共同控制的投资方。（五）对该企业施加重大影响的投资方。（六）该企业的合营企业。	第七十一条规定：本办法下列用语的含义：……具有以下情形之一的法人，为上市公司的关联法人：1. 直接或者间接地控制上市公司的法人；2. 由前项所述法人直接或者间接控制的除上市公司及其控股子公司以外的法人；3. 关联自然人直接或者间接控制的、或者担任董事、高级管理人员的，除上市公司及其控股子公司以外的法人；4. 持有上市公司5%以上股份的法人或者一致行动人；5. 在过去12个月内或者根据相关协议安排在未来12月内，存在上述情形之一的；6. 中国证监会、证券交易所或者上市公司根	具有以下情形之一的法人或其他组织，为上市公司的关联法人：（一）直接或者间接控制上市公司的法人或其他组织；（二）由上述第（一）项直接或者间接控制的除上市公司及其控股子公司以外的法人或其他组织；（三）由上市公司的关联自然人直接或者间接控制的，或者由关联自然人担任董事、高级管理人员的除上市公司及其控股子公司以外的法人或其他组织；（四）持有上市公司5%以上股份的法人或其他组织；（五）中国证监会、本所或者上市公司根

续 表

公司法	《企业会计准则》	《上市公司信息披露管理办法》	《上交所股票上市规则》《深交所股票上市规则》
	（七）该企业的联营企业。（八）该企业的主要投资者个人及与其关系密切的家庭成员。（九）该企业或其母公司的关键管理人员及与其关系密切的家庭成员。（十）该企业主要投资者个人、关键管理人员或与其关系密切的家庭成员控制、共同控制或施加重大影响的其他企业。	据实质重于形式的原则认定的其他与上市公司有特殊关系，可能或者已经造成上市公司对其利益倾斜的法人。 具有以下情形之一的自然人，为上市公司的关联自然人：1. 直接或者间接持有上市公司5%以上股份的自然人；2. 上市公司董事、监事及高级管理人员；3. 直接或者间接地控制上市公司的法人的董事、监事及高级管理人员；4. 上述第1、2项所述人士的关系密切的家庭成员，包括配偶、父母、年满18周岁的子女及其配偶、兄弟姐妹及其配偶，配偶的父母、兄弟姐妹，子女配偶的父母；5. 在过去12个月内或者根据相关协议安排在未来12个月内，存在上述情形之一的；6. 中国证监会、证券交易所或者上市公司根据实质重于形式的原则认定的其他与上市公司有特殊关系，可能或者已经造成上市公司对其利益倾斜的自然人。	据实质重于形式原则认定的其他与上市公司有特殊关系，可能导致上市公司利益对其倾斜的法人或其他组织。 具有以下情形之一的自然人，为上市公司的关联自然人：（一）直接或间接持有上市公司5%以上股份的自然人；（二）上市公司董事、监事和高级管理人员；（三）上市公司关联法人的董事、监事和高级管理人员；（四）本条第（一）项和第（二）项所述人士的关系密切的家庭成员，包括配偶、年满18周岁的子女及其配偶、父母及配偶的父母、兄弟姐妹及其配偶、配偶的兄弟姐妹、子女配偶的父母；（五）中国证监会、本所或者上市公司根据实质重于形式原则认定的其他与上市公司有特殊关系，可能导致上市公司利益对其倾斜的自然人。

根据上述引述的具体标准可见，关联方认定主要基于投资、任职及亲属3种关系，由于各个认定依据粗疏不一，定义和列举的情形也不尽一致，造成实务中

律师、会计师、券商之间在关联方认定上存在差异，但在同一项目中应统一认定口径，避免信息披露方面存在实质性差异。

案例：河南蓝信科技股份有限公司（未通过）【审核关注未将关联方的关联方与发行人之间交易认定为关联交易的合理性】

> **发审会关注事项：** 南车华盛持有发行人 8.28% 的股份，中车集团为南车华盛的第一大出资人。2016 年、2017 年 1 ~ 6 月中车唐山机车车辆有限公司为当期第一大供应商。请发行人代表说明：(1) 南车华盛的内部治理、运营管理机制，以及南车华盛对发行人的出资情况、决策机制及发行人的公司治理情况，中车集团对蓝信科技是否具有重要影响作用，中车集团是否为发行人的关联方。(2) 未将中车唐山认定为关联方的依据和理由，是否符合相关规定的要求。(3) 发行人关于关联方及关联交易的披露是否适当、完整。请保荐代表人说明核查方法、依据，并发表明确核查意见。

案例简析

根据发行人招股说明书，发行人认定持有其 8.28% 股份的南车华盛为关联方，未认定与南车华盛具有关联关系的中车唐山机车车辆有限公司为发行人的关联方，因此也未认定发行人与中车唐山机车车辆有限公司之间的交易为关联交易。从有利于审核部门和投资者了解交易实质的角度，该案例中，将中车唐山机车车辆有限公司按照《股票上市规则》实质重于形式的原则认定为关联方，或者虽不认定为关联方，但将发行人与中车唐山机车车辆有限公司之间的交易比照关联交易披露其价格公允性为妥。

案例：深圳中天精装股份有限公司（未通过）【审核关注未将特定客户认定为关联方的合理性】

> **发审会关注事项：** 万科地产为发行人第一大客户，发行人股东之一万丰资产唯一股东为万科企业资产管理中心，万科地产员工代表大会对该中心的

宗旨及理事会人选有最终决定权。请发行人代表说明：（1）根据实质重于形式原则，万科地产是否为关联方，发行人是否构成对关联方存在重大依赖的情形。（2）万丰资产未来的减持计划，是否对发行人持续盈利能力产生重大不利影响。请保荐代表人说明核查方法、依据，并发表明确核查意见。

案例简析

第一大客户的关联方对发行人投资入股，业务往来未作为关联交易，审核关注是否应根据实质重于形式原则认定为关联方。招股说明书披露，保荐机构认为，根据相关法律法规，万科地产不构成发行人的关联方，但为使投资者更好地了解发行人报告期内业务经营情况，特在此披露发行人报告期内与万科地产的交易情况。该案例中，为符合监管意图，审核期间发行人将与股东存在联系的主要客户之间的交易比照关联交易进行披露。

案例：重庆顺博铝合金股份有限公司（未通过）【审核关注是否存在关联交易非关联化的情形】

发审会关注事项：发行人 2014、2015 年第一大供应商重庆志德再生资源利用有限公司（以下简称重庆志德），由发行人前员工和第三方自然人于 2014 年共同出资设立，2017 年停止了与发行人的购销交易。2016 年、2017 年第一大供应商变更为葛洲坝环嘉（大连）再生资源有限公司（以下简称葛洲坝环嘉），该公司于 2015 年 6 月成立，且个人股东占比 45%。请发行人代表：（1）说明重庆志德、葛洲坝环嘉不属于关联方的理由，是否完整披露关联方关系、恰当披露关联交易；发行人或其关联方与重庆志德股东之间是否存在股权代持关系，发行人或其关联方是否实际控制重庆志德。（2）发行人前员工在重庆志德出资比例仅为 10%，另一自然人股东持股比例为 90%，说明由该前员工担任重庆志德的法定代表人、执行董事、经理的原因及合理性。（3）根据申请资料，发行人的上游行业属于卖方市场，但重庆志德与发行人主要通过应付款方式结算，与其他供应商主要通过预付款方式进行结算，存在差异，并且重庆志德的业务毛利率不足1%，请补充说明前述情况的原因和合理性。(4) 说明重庆志德2014年设立后即与发行人开展大规模交易的原因；葛洲坝环嘉成立后立即成为发行人第一大供应商的原因及合理性；重庆志德的供应商与葛洲坝环嘉的供应商是否存在重合；葛洲坝环嘉异地供货的实物流转情况及合理性。(5) 说明发行人是否存在通过重庆志德和葛洲坝环嘉增加增值税抵扣情况，上游废铝回收行业主要供应商纳税的规范性，如存在不规范情况，是否会导致发行人大幅增加税收成本或引发相关税收风险。请保荐代表人说明核查程序并发表核查意见。

案例简析

本案中，发行人第一大供应商由发行人前员工和第三方自然人设立，审核关注发行人未认定为关联方的理由，是否存在股权代持关系。

案例：300741 华宝股份【将具有紧密业务往来的企业认定为关联方】

发审会关注事项：发行人重要客户如云南中烟、广东中烟等作为少数股东与发行人共同成立公司，且发行人向前述重要子公司的少数股东及其关联方（云南中烟、广东中烟等）销售商品和提供服务，报告期内占同期营业收入的比重分别为42.48%、36.31%和37.36%。请发行人代表：(1) 说明前述重要子公司成立的背景与原因；结合第三方价格，说明相关关联交易的定价依据及公允性，是否对特定客户如云南中烟和广东中烟存在重大依赖，是否存在被替代的风险；说明报告期内相关订单的获取方式，主要业务合同是否需履行公开招投标程序，是否存在应招标未招标的情形，是否存在法律纠纷以及合同无效或被撤销的风险，是否存在商业贿赂、不正当利益交换或不正当竞争的情形。(2) 说明发行人商标、商号是否存在与关联方共用或授权关联方使用的情况，是否存在潜在风险。请保荐代表人说明核查过程和结论。

案例简析

招股说明书披露，根据《公司法》《企业会计准则》《深圳证券交易所创业板股票上市规则（2014年修订）》等相关规定，重要子公司的少数股东及其关联方并不属于上述法律、法规规定范围内的关联方，但公司出于谨慎性角度，将持有重要子公司10%以上股权，且与发行人及子公司发生交易的主要股东及其受同一省级中烟公司控制的公司认定为本公司的关联方并作为关联交易披露。该案例出于谨慎考虑，将具有紧密业务往来的企业认定为关联方，符合监管意图。

案例：002865 钧达股份【比照关联方的规定对特定交易进行披露】

发审会关注事项：请发行人代表结合关联方苏州市建宁金属制品有限公司（以下简称苏州建宁）生产的产品主要供应发行人的情况，进一步说明报告期内发行人与苏州建宁持续发生五金件采购关联交易的原因，对发行人业务独立性和资产完整性的影响，关联交易定价的公允性，减少和规范关联交易的措施，相关信息和风险是否充分披露。

案例简析

发行人与实际控制人亲属控制的企业存在采购关系，比照关联交易，承诺降低并最终停止关联交易，审核关注是否影响业务独立性。招股说明书披露，苏州建宁由发行人实际控制人杨氏家族成员杨仁元之外甥苏建林投资设立，根据《公司法》《企业会计准则第36号——关联方披露》等相关法律、法规和规范性文件的规定，苏州建宁不属于直接认定的发行人的关联方，但考虑到其与发行人存在特殊关系，可能会造成利益转移，因此比照关联方的规定进行披露。

通过上述案例可知，实务中对于关联方的认定依据不只《公司法》《企业会计准则》，《上市公司信息披露规则》以及证券交易所制定的《股票上市规则》

也为普遍采用的认定依据。发行人及中介机构应本着从严认定的原则认定关联方及关联交易，对于与发行人的股东具有某种股权联系的供应商、客户，应该按照实质重于形式的原则将其认定为关联方，或虽不认定为关联方，但将发行人与其产生的交易比照关联交易进行披露。

（二）关联交易注意事项

1. 拟上市企业应该通过重组、停止交易等方式减少关联交易，对于重组后发生的关联交易，应具有必要性和合理性的基础

尽管证监会对于发行人与关联方发生交易有一定的接受度，但毕竟关联交易具有利益输送的可能性，同时，比例较高的经常性关联交易意味着发行人可能缺乏独立性，因此，拟上市企业应以重组、停止交易等方式尽可能降低乃至消除关联交易。

根据《首发业务若干问题解答》关于关联交易的指引性规定，控股股东、实际控制人与发行人存在关联交易，且关联交易对应的收入、成本费用或利润总额占发行人相应指标的比例较高（通常为30%）的，发行人应结合相关关联方的财务状况和经营情况、关联交易产生的收入、利润总额合理性等，充分说明并披露关联交易是否影响发行人的经营独立性，是否构成对控股股东或实际控制人的依赖，是否存在通过关联交易调节发行人收入利润或成本费用、对发行人利益输送的情形。此外，发行人还应披露未来减少与控股股东、实际控制人发生关联交易的具体措施。

对于必要性和合理性的论证，应该从业务现实角度进行定性和定量分析。例如，交易内容是否涉及核心产品或服务的提供，是否具有可替代性，关联方是否主要为发行人进行配套生产或服务。例如，如果关联方的产品主要销售给发行人之外的客户，销售给发行人的比例较低，该关联交易的合理性相对较高；而如果关联方的产品主要销售给发行人，则关联交易的合理性相对较低。

采用停止交易的方式降低关联交易，应关注替代解决措施，相关业务是否因此停止或由非关联方替代供应。采用重组方式消除或降低关联交易，需要注意的事项参见本书同业竞争章节。

案例：珠海元盛电子科技股份有限公司（未通过）【审核关注关联交易必要性及业务独立性】

发审会关注事项：发行人报告期内存在数量较多、金额及占比较高、延续时间较长的众多关联方采购、关联方销售以及关联方采购和销售的情形。请发行人代表：(1) 结合新新科技2014年毛利率为47.81%，远高于其他客户毛利率的情形，说明对各个关联方销售和采购定价的公允性，并逐项与第三方采购及销售价格进行比较分析，对关联方销售毛利率与第三方毛利率逐项进行分析对比。(2) 说明与艾赋醍、新新科技、深圳勤本电子、新加坡元盛之间关联交易的公允性和必要性，发行人通过以上关联方而非直接将产品销售至最终客户的原因及合理性。(3) 说明与中山立顺、艾赋醍、珠海亿浩模具、华烁科技、金湾区全升、金湾区同升、珠海比昂、珠海众汇通、珠海市柏康之间关联采购的公允性和必要性。(4) 说明艾赋醍解除与发行人关联关系的过程，认定关联关系得以解除的依据及合理性，以及解除关联关系前后与发行人的交易情况，是否存在关联交易非关联化的情形。(5) 说明并披露关联方租赁的公允性和必要性。(6) 说明发行人与关联方之间借款的公允性和必要性。请保荐代表人发表核查意见。

案例简析

发行人报告期内与众多关联企业发生采购和销售交易，审核关注关联交易必要性及业务独立性。招股说明书披露，发行人销售给新新科技的产品主要为汽车电子用FPC，最终客户为香港精电、NEC、励进。香港精电等原系新新科技开发的客户，2015年10月之前发行人未直接对香港精电销售。因此，通过新新科技间接实现对香港精电的销售在特定时期下符合发行人战略，具有一定的必要性和合理性。

案例：赣州腾远钴业新材料股份有限公司（未通过）【审核关注关联交易必要性及业务独立性】

发审会关注事项：报告期内，发行人存在较多的关联方及关联交易，其中持股5%以上的股东厦门钨业既是客户又是供应商。请发行人代表说明：（1）厦门钨业既是客户又是供应商的原因、合理性，关联交易定价是否公允。（2）关联交易金额逐年上升的原因。（3）上述关联交易是否影响发行人的业务独立性，发行人的业务和盈利来源是否存在依赖于关联方的情形。

案例简析

因主要客户对发行人增资成为关联方，销售和采购合作成为关联交易，审核关注价格公允性及业务独立性。招股说明书披露：自2013年起，发行人就与厦门钨业建立了长期稳定的合作关系，成为厦门钨业钴盐类产品的重要供应商。同时，由于厦门钨业采购稳定，厦门钨业也成为发行人长期合作的优质客户。随着能源新材料产品需求的不断增加，为进一步稳定钴金属供给，保障能源新材料业务发展对钴金属的需求，厦门钨业于2015年12月以货币出资11800万元对发行人前身腾远有限进行了增资，增资后持有腾远有限15%的股权。综上，上述增资入股事项有利于促进双方的业务合作，对于双方的业务发展而言均具有必要性、合理性。

案例：603728 鸣志电器【审核关注关联交易必要性及业务独立性】

发审会关注事项：请发行人代表进一步说明发行人向关联方上海鸣志电工股份有限公司、上海博纳鸿志精密轴承制造有限公司持续采购产品的必要性和公允性，关联交易的定价机制，是否影响发行人业务独立性和资产完整性，未来规范和减少关联交易的措施。请保荐代表人发表核查意见。

请发行人代表进一步说明发行人及其子公司许可其关联方上海鸣志电工股份有限公司使用部分商标的具体约定和履行情况，上述关联交易的决策程序、定价依据，关联交易是否公允、合理。请保荐代表人发表核查意见。

案例简析

发行人与关联方存在持续性采购，审核关注必要性和公允性，是否影响发行人业务独立性和资产完整性。招股说明书披露，公司生产控制电机需要各种规格的线束，所需线束均通过外购方式获得。鸣志电工为专业线束的生产商，能根据公司的各项技术指标要求定制各种规格的线束产品，且供货速度快、与公司长期合作、沟通好，因此，公司向其采购线束产品。

案例：603722 阿科力【审核关注关联交易必要性及业务独立性】

发审会关注事项：请发行人代表进一步说明：（1）报告期内发行人向关联方无锡杰特尔化工配套产品有限公司（以下简称杰特尔公司）采购控制聚醚胺质量重要原料的精制剂的原因和合理性，精制剂制造技术是否为发行人的核心技术及其依据。（2）委外生产的技术保密措施及其有效性和责任划分，未来是否有可行的减少或解决关联交易的应对措施。（3）发行人委托杰特尔公司生产定制精制剂是否提供技术资金支持，发行人是否拥有完整的生产工艺技术，相应的生产工艺技术是否存在知识产权纠纷，公司将精制剂委托给杰特尔公司定制生产是否影响发行人生产独立性及资产完整性，发行人的主营业务是否存在对关联方的重大依赖。（4）杰特尔公司生产的精制剂是否全部销售给发行人，销售给其他客户的价格与销售给发行人的价格是否一致，发行人向其他供应商采购的价格是否与向杰特尔公司采购的价格一致。（5）发行人与关联方交易的定价机制、定价依据和未来定价调整安排，是否存在其他补偿和利益安排，是否存在潜在纠纷，是否存在应披露未披露事项。请保荐代表人说明核查方法、程序、依据和结论。

案例简析

发行人向关联企业采购，起到供应商隔离墙的作用，审核关注交易必要性及价格公允性。招股说明书披露：公司向杰特尔采购的精制剂，是一种常见的无机盐类。公司将精制剂应用到聚醚胺的生产过程中，用以去除聚醚胺生产中的杂质和提高透明度、光泽度和纯度等质量指标，是发行人摸索出的一种技术诀窍，不属于发行人的核心技术，该诀窍也未申请专利。公司通过向杰特尔采购精制剂，达到供应商隔离墙的作用，降低发行人聚醚胺相关技术诀窍泄密的可能性。

案例：002849 威星智能【审核关注关联交易合理性及业务独立性】

> **发审会关注事项：**请发行人代表进一步说明，发行人与中国燃气的关联交易占比较高且增长较快的原因，关联交易的合理性和定价公允性；结合报告期内关联交易的增长情况，分析说明发行人与中国燃气的关联交易的未来趋势；中国燃气参股发行人，是否会导致发行人在产品销售上进一步依赖中国燃气，进而导致关联交易占比将来进一步攀升，从而对发行人的业务独立性构成不利影响，相关风险揭示是否充分。请保荐代表人发表核查意见。

案例简析

发行人原客户通过增资成为发行人第二大股东，此后关联销售金额及占比均呈上升趋势，审核关注关联销售合理性及定价公允性，是否影响业务独立性。招股说明书披露：在中国燃气成为发行人的关联方之前，作为发行人的重要客户之一，发行人与中国燃气存在多年的合作关系。但除了中国燃气外，发行人和华润燃气、港华燃气、昆仑燃气也保持了稳定的合作关系。中国燃气战略投资发行人并未影响发行人对其他燃气集团的销售。如 2016 年下半年，华润燃气集团开始执行联合集中采购。2016 年 11 月，发行人成功通过华润燃气集团的评审，入围华润燃气集团的联合集中采购目录，并签署了为期3年的合作协议，预计未来几年发行人对华润燃气集团的销售收入将大幅增长。报告期内发行人来自于非中国燃气客户的销售额分别为20328.23万元、22920.29万元和28145.99万元，呈持续增长趋势。发行人对中国燃气的关联销售不具有重大依赖性。

通过上述案例可知，尽管审核中对于发生关联交易的合理性和必要性都予以关注，但对于不同情形的关联交易有着不同的偏重，对于关联方形成在先、发生交易在后的情形，关注的重点为发行人独立性是否受到影响；对于交易在先、交易主体因投资入股而成为关联方的情形，关注的重点为交易的持续性是否与交易主体投资持股相关。

2. 对于确有必要发生的关联交易，交易价格应该公允

对于具有合理性和必要性基础的关联交易，中介机构及发行人应结合可比市场公允价格、第三方市场价格、关联方与其他交易方的价格等，说明关联交易的公允性，是否存在对发行人或关联方利益输送。

在发行人或关联方销售的产品为标准产品情形下，一般可以通过关联交易价格与公开市场价格、关联方与非关联方之间的价格进行比较，如价格差异较小，可以认为价格公允。

在发行人或关联方销售的产品为非标准产品或是个性化定制的情形下，可能缺乏价格的比较基础，在此情况下可以转而分析论证发行人与关联方的定价依据是否合理，例如，在成本加成定价的情形下，关联方与非关联方加计的利润率是否接近，如较为接近可视为公允。

案例：珠海元盛电子科技股份有限公司（未通过）【审核关注发行人与关联方之间定价公允性】

发审会关注事项：发行人报告期内存在数量较多、金额及占比较高、延续时间较长的众多关联方采购、关联方销售以及关联方采购和销售的情形。请发行人代表：（1）结合新新科技2014年毛利率为47.81%、远高于其他客户毛利率的情形，说明对各个关联方销售和采购定价的公允性，并逐项与第三方采购及销售价格进行比较分析，对关联方销售毛利率与第三方毛利率逐项进行分析对比。（2）说明与艾赋醍、新新科技、深圳勤本电子、新加坡元

盛之间关联交易的公允性和必要性，发行人通过以上关联方而非直接将产品销售至最终客户的原因及合理性。(3) 说明与中山立顺、艾赋醍、珠海亿浩模具、华烁科技、金湾区全升、金湾区同升、珠海比昂、珠海众汇通、珠海市柏康之间关联采购的公允性和必要性。(4) 说明艾赋醍解除与发行人关联关系的过程，认定关联关系得以解除的依据及合理性，以及解除关联关系前后与发行人的交易情况，是否存在关联交易非关联化的情形。(5) 说明并披露关联方租赁的公允性和必要性。(6) 说明发行人与关联方之间借款的公允性和必要性。请保荐代表人发表核查意见。

案例简析

发行人对关联方的销售毛利率远高于其他客户的毛利率，涉嫌关联方通过定价向发行人输送利益。

案例：嘉必优生物技术（武汉）股份有限公司（未通过）【审核关注发行人与关联方之间定价公允性】

发审会关注事项： 报告期内，嘉吉曾是发行人的关联方且是发行人的经销商、供应商。报告期内，发行人向嘉吉的销售额分别为 2178.00 万元、3014.71 万元和 3122.23 万元，占发行人当期经销收入的比例分别为 62.92%、66.10%和 59.36%。报告期内，发行人向嘉吉销售的主要产品包含 ARA 油剂、粉剂和少量 DHA 粉剂。请发行人代表：(1) 结合发行人对嘉吉的销售价格与向无关联第三方销售同类产品价格相对较高，其中 2016 年 AOG 产品高出第三方 23%～72%，APG10 产品高出第三方 54%～125% 的情况，说明原因及合理性。(2) 以 2016 年度向嘉吉公司销售 AOG、APG10 产品为例，说明存在较大价格区间的原因。(3) 说明不同客户间销售价格差异较大的原因。请保荐代表人发表核查意见。

案例简析

发行人对关联方的销售价格远高于其他客户的价格，涉嫌关联方通过定价向发行人输送利益。

案例：广东天元实业集团股份有限公司（未通过）【审核关注发行人与关联方之间定价公允性】

发审会关注事项： 2015 年至 2016 年，韵达货运实际控制人的母亲陈美香及德邦投资分别认购发行人增资发行的股份。请发行人代表说明：(1) 上述增资入股后向韵达货运及德邦物流销售产品的综合毛利率持续下降，且 2017 年 1 ~ 9 月显著低于同期向全部客户销售综合毛利率的原因。(2) 向韵达货运及德邦物流销售价格的定价政策及其公允性，陈美香及德邦投资增资入股时是否存在与业务合作相关的协议。(3) 2016 年、2017 年 1 ~ 9 月，同一标准的标签产品向韵达货运与百世物流销售单价差异较大的原因及合理性。请保荐代表人说明核查的方法、过程，并发表明确核查意见。

案例简析

发行人客户的关联方对发行人投资入股，审核关注交易价格公允性。招股说明书披露：德邦物流的全资子公司德邦投资持有公司 2.45% 的股份，德邦物流及德邦投资对公司的生产经营、财务政策均无重大影响，报告期内，公司向德邦物流销售产品与其他客户的产品定价策略一致，同类产品同一规格型号的产品售价基本一致，不存在重大差异，其定价公允。

3. 不得通过委托持股等利益安排进行关联交易非关联化

监管部门对于关联交易的关注主要在于防范发行人与关联方以交易的方式进行利益输送，拟上市企业在上市筹备中应切实响应监管部门的关切，最大化地消除或降低关联交易，压缩输送利益的空间，而不能以委托持股等方式进行表面化处理。上市实务中，对于发行人报告期内注销、转出的关联方，证监会将重点关注非关联化的真实性、合法性和合理性，清算方式下将关注相应的资产人员是否已清理完毕，转让给第三方的将关注是否真实、公允、合理，是否存在掩盖历史的违法违规行为，是否存在后续交易。此外，审核中也会关注标的股权或业务对发行人报告期内经营业绩的影响，是否涉嫌业绩操纵。

案例：603228 景旺电子【审核关注是否存在通过股权转让将关联交易非关联化的情形】

发审会关注事项：2014 年，发行人原控股股东景旺企业集团有限公司（以下简称景旺集团）将其持有的与发行人存在同业竞争和关联交易的侨锋电路板有限公司（以下简称侨锋电路）55% 股权转让给张丽莲，公司与侨锋电路的交易模式由销售商品的形式转为侨锋电路向公司介绍客户并收取相应的佣金。请发行人代表进一步说明：(1) 股权转让前后侨锋电路的经营情况；景旺集团将其持有的侨锋电路 55% 股权转让给张丽莲的价格及定价依据；伍大名和张丽莲夫妇持有侨锋电路全部股权后，却将客户转移至发行人名下，并将其子公司佛山市三水侨锋电路板有限公司生产设备全部出售并不再从事印制电路板生产和销售的原因及其真实性，是否存在通过股权转让将关联交易非关联化的情形，是否存在其他利益安排。(2) 报告期内公司与其他代理商介绍的客户进行交易的情况、支付佣金的水平，并对比同行业上市公司销售佣金的情况，说明与侨锋电路交易的合理性、公允性。请保荐代表人发表核查意见。

案例简析

发行人将控股子公司股权转让给控股子公司的其他股东，转让后有业务往来，审核关注是否存在通过股权转让将关联交易非关联化的情形。招股说明书披露：景旺集团于 2007 年购买取得侨锋电路板有限公司 55% 股权，另一股东伍大名持有侨锋电路 45% 股权。景旺集团收购侨锋电路股权后，侨锋电路生产经营仍由伍大名负责，景旺集团委派财务经理。由于景旺集团并未实际控制侨锋电路的生产经营，同时为了解决与景旺电子的同业竞争，景旺集团于 2014 年 1 月将其持有侨锋电路 55% 的股权全部转让给伍大名的配偶张丽莲，自此，伍大名和张丽莲夫妇合计持有侨锋电路全部股权。侨锋电路将客户介绍给发行人并将生产设备出售不再从事电路板生产是真实、合理的，公司不存在通过股权转让将关联交易非关联化的情形，也不存在其他利益安排。

案例：300716 国立科技【审核关注是否存在通过股权转让将关联交易非关联化的情形】

发审会关注事项：招股说明书披露肇庆汇塑系实际控制人杨娜控制的公司，肇庆汇合、和展化工系实际控制人杨娜兄弟杨锋控制的公司，3 家公司的主营业务与发行人存在同业竞争。2014 年 1～4 月这 3 家公司先后转让给了赵志锋。请发行人代表说明：发行人及其实际控制人与赵志锋是否存在关联关系；3 家公司均转让给赵志锋的原因；肇庆汇塑转让后仍与发行人存在较多交易的原因，以及在 2016 年 12 月又分别以 819.39 万元和 566.44 万元的价格受让肇庆汇塑、肇庆汇合房产的原因和合理性；发行人是否有回购这几家公司的计划或安排。请保荐代表人发表核查意见。

案例简析

实际控制人及其近亲属控制的关联企业转让给非关联自然人，股权转让真实性受关注。

案例：603386 广东骏亚【审核关注是否存在通过股权转让将关联交易非关联化的情形】

发审会关注事项：请发行人代表进一步说明：（1）发行人控股股东转让深圳万基隆电子科技有限公司（以下简称万基隆电子）股权而不是纳入发行人的原因及商业合理性，是否存在关联交易非关联化情形，程序是否合法合规。（2）报告期内发行人与万基隆电子是否存在同业竞争，万基隆电子的收入、资产和利润情况及其对发行人独立性和资产完整性的影响，是否构成业务重组，会计处理是否符合会计准则的规定。(3) 万基隆电子是否存在重大违法违规行为，股权转让和资产转让协议的具体约定情况，是否存在争议或潜在的纠纷，发行人的环保是否符合相关法律法规的要求。(4) 股权受让方在万基隆电子已出售 PCB 业务相关机器设备并转移订单的情况下收购万基隆电子的目的和原因及合理性，收购价格及定价依据，目前的经营情况。请保荐代表人说明对上述问题的核查方法、过程和依据。

案例简析

控股股东将其控制的同类业务关联企业转让给无关联第三方，审核关注不纳入上市体系的原因及商业合理性，是否存在关联交易非关联化情形。控股股东骏亚企业转让万基隆电子股权，而不是纳入发行人合并范围的原因：(1) 万基隆电子环评批复批准的废水排放量规模较小，不符合骏亚电子从事大批量线路板生产的长期发展规划；(2) 骏亚电子计划大力发展江西基地，合并万基隆电子的必要性不高；(3) 万基隆电子相关资源是支持江西基地前期迅速发展的关键因素；(4) 深圳地区 PCB 企业运营成本较高，大批量线路板制造优势较低。

案例：603356 华菱精工【审核关注是否存在通过股权转让将关联交易非关联化的情形】

发审会关注事项：报告期内发行人关联交易较多，多家关联方转为非关联方或注销。请发行人代表说明：2013 年以来由关联方转为非关联方或注销的相关公司的经营状况和业绩，关联方转为非关联方后继续与发行人发生业务往来的原因；华晟金属、华友运输主要为发行人服务，未将其纳入发行人体系是否影响发行人的独立性和资产完整性；华晟金属、华友运输合规经营的情况，与发行人解除关联关系是否存在规避影响发行人发行上市障碍的情形。

案例简析

报告期内多家关联企业以股权转让方式转为非关联企业后继续业务往来，审核关注转让真实性。招股说明书披露：报告期内，发行人与2013年以来解除关联关系的广州奥隆、华晟金属、徐州常润、华友运输、广州鹏烨等企业继续业务往来，主要系基于业务发展及公司经营需要，公司从相关企业采购，主要系因为相关企业在采购发生的时间节点提供给公司的服务或商品符合发行人的资质和质量要求，相关交易具有合理性，且交易价格公允。发行人拥有独立、完整的产供销系统，业务独立，资产完整，对华晟金属、华友运输等并不构成重大依赖。

四、同业竞争和关联交易方面的法律法规及规范性文件

（一）关于关联方认定方面的法律法规及规范性文件

1. **《中华人民共和国公司法》**（根据2018年10月26日第十三届全国人民代表大会常务委员会第六次会议《关于修改〈中华人民共和国公司法〉的决定》第四次修正）

第二百一十六条　本法下列用语的含义：

（一）高级管理人员，是指公司的经理、副经理、财务负责人，上市公司董事会秘书和公司章程规定的其他人员。

（二）控股股东，是指其出资额占有限责任公司资本总额百分之五十以上或者其持有的股份占股份有限公司股本总额百分之五十以上的股东；出资额或者持有股份的比例虽然不足百分之五十，但依其出资额或者持有的股份所享有的表决权已足以对股东会、股东大会的决议产生重大影响的股东。

（三）实际控制人，是指虽不是公司的股东，但通过投资关系、协议或者其他安排，能够实际支配公司行为的人。

（四）关联关系，是指公司控股股东、实际控制人、董事、监事、高级管理人员与其直接或者间接控制的企业之间的关系，以及可能导致公司利益转移的其他关系。但是，国家控股的企业之间不仅因为同受国家控股而具有关联关系。

2.《企业会计准则第36号——关联方披露》（财政部于2006年2月15日以财政部令第33号发布，自2007年1月1日起施行）

第一章 总则

第一条 为了规范关联方及其交易的信息披露，根据《企业会计准则——基本准则》，制定本准则。

第二条 企业财务报表中应当披露所有关联方关系及其交易的相关信息。对外提供合并财务报表的，对于已经包括在合并范围内各企业之间的交易不予披露，但应当披露与合并范围外各关联方的关系及其交易。

第二章 关联方

第三条 一方控制、共同控制另一方或对另一方施加重大影响，以及两方或两方以上同受一方控制、共同控制或重大影响的，构成关联方。

控制，是指有权决定一个企业的财务和经营政策，并能据以从该企业的经营活动中获取利益。

共同控制，是指按照合同约定对某项经济活动所共有的控制，仅在与该项经济活动相关的重要财务和经营决策需要分享控制权的投资方一致同意时存在。

重大影响，是指对一个企业的财务和经营政策有参与决策的权力，但并不能够控制或者与其他方一起共同控制这些政策的制定。

第四条 下列各方构成企业的关联方：

（一）该企业的母公司。

（二）该企业的子公司。

（三）与该企业受同一母公司控制的其他企业。

（四）对该企业实施共同控制的投资方。

（五）对该企业施加重大影响的投资方。

（六）该企业的合营企业。

（七）该企业的联营企业。

（八）该企业的主要投资者个人及与其关系密切的家庭成员。主要投资者个人，是指能够控制、共同控制一个企业或者对一个企业施加重大影响的个人投资者。

（九）该企业或其母公司的关键管理人员及与其关系密切的家庭成员。关键管理人员，是指有权力并负责计划、指挥和控制企业活动的人员。与主要投资者个人或关键管理人员关系密切的家庭成员，是指在处理与企业的交易时可能影响该个人或受该个人影响的家庭成员。

（十）该企业主要投资者个人、关键管理人员或与其关系密切的家庭成员控制、共同控制或施加重大影响的其他企业。

第五条 仅与企业存在下列关系的各方，不构成企业的关联方：

（一）与该企业发生日常往来的资金提供者、公用事业部门、政府部门和机构。

（二）与该企业发生大量交易而存在经济依存关系的单个客户、供应商、特许商、经销商或代理商。

（三）与该企业共同控制合营企业的合营者。

第六条 仅仅同受国家控制而不存在其他关联方关系的企业，不构成关联方。

第三章 关联方交易

第七条 关联方交易，是指关联方之间转移资源、劳务或义务的行为，而不论是否收取价款。

第八条 关联方交易的类型通常包括下列各项：

（一）购买或销售商品。

（二）购买或销售商品以外的其他资产。

（三）提供或接受劳务。

（四）担保。

（五）提供资金（贷款或股权投资）。

（六）租赁。

（七）代理。

（八）研究与开发项目的转移。

（九）许可协议。

（十）代表企业或由企业代表另一方进行债务结算。

（十一）关键管理人员薪酬。

第四章 披露

第九条 企业无论是否发生关联方交易，均应当在附注中披露与母公司和子公司有关的下列信息：

（一）母公司和子公司的名称。

母公司不是该企业最终控制方的，还应当披露最终控制方名称。

母公司和最终控制方均不对外提供财务报表的，还应当披露母公司之上与其最相近的对外提供财务报表的母公司名称。

（二）母公司和子公司的业务性质、注册地、注册资本（或实收资本、股本）及其变化。

（三）母公司对该企业或者该企业对子公司的持股比例和表决权比例。

第十条 企业与关联方发生关联方交易的，应当在附注中披露该关联方关系的性质、交易类型及交易要素。交易要素至少应当包括：

（一）交易的金额。

（二）未结算项目的金额、条款和条件，以及有关提供或取得担

保的信息。

（三）未结算应收项目的坏账准备金额。

（四）定价政策。

第十一条 关联方交易应当分别关联方以及交易类型予以披露。

类型相似的关联方交易，在不影响财务报表阅读者正确理解关联方交易对财务报表影响的情况下，可以合并披露。

第十二条 企业只有在提供确凿证据的情况下，才能披露关联方交易是公平交易。

3. **《上市公司信息披露管理办法》**（中国证券监督管理委员会2007年令第40号）

第七十一条 本办法下列用语的含义：

……

（三）上市公司的关联交易，是指上市公司或者其控股子公司与上市公司关联人之间发生的转移资源或者义务的事项。

关联人包括关联法人和关联自然人。

具有以下情形之一的法人，为上市公司的关联法人：

1. 直接或者间接地控制上市公司的法人；

2. 由前项所述法人直接或者间接控制的除上市公司及其控股子公司以外的法人；

3. 关联自然人直接或者间接控制的、或者担任董事、高级管理人员的，除上市公司及其控股子公司以外的法人；

4. 持有上市公司5%以上股份的法人或者一致行动人；

5. 在过去12个月内或者根据相关协议安排在未来12月内，存在上述情形之

一的；

6. 中国证监会、证券交易所或者上市公司根据实质重于形式的原则认定的其他与上市公司有特殊关系，可能或者已经造成上市公司对其利益倾斜的法人。

具有以下情形之一的自然人，为上市公司的关联自然人：

1. 直接或者间接持有上市公司5%以上股份的自然人；

2. 上市公司董事、监事及高级管理人员；

3. 直接或者间接地控制上市公司的法人的董事、监事及高级管理人员；

4. 上述第1、2项所述人士的关系密切的家庭成员，包括配偶、父母、年满18周岁的子女及其配偶、兄弟姐妹及其配偶，配偶的父母、兄弟姐妹，子女配偶的父母；

5. 在过去12个月内或者根据相关协议安排在未来12个月内，存在上述情形之一的；

6. 中国证监会、证券交易所或者上市公司根据实质重于形式的原则认定的其他与上市公司有特殊关系，可能或者已经造成上市公司对其利益倾斜的自然人。

4. **《上海证券交易所股票上市规则》**（1998年1月实施　2000年5月第一次修订　2001年6月第二次修订　2002年2月第三次修订　2004年12月第四次修订　2006年5月第五次修订　2008年9月第六次修订　2012年7月第七次修订　2013年12月第八次修订　2014年10月第九次修订　2018年4月第十次修订　2018年6月第十一次修订　2018年11月第十二次修订）

第十章　关联交易

第一节　关联交易和关联人

10.1.1　上市公司的关联交易，是指上市公司或者其控股子公司与上市公司关联人之间发生的转移资源或者义务的事项，包括以下交易：

（一）第9.1条规定的交易事项；

（二）购买原材料、燃料、动力；

（三）销售产品、商品；

（四）提供或者接受劳务；

（五）委托或者受托销售；

（六）在关联人财务公司存贷款；

（七）与关联人共同投资；

（八）其他通过约定可能引致资源或者义务转移的事项。

10.1.2 上市公司的关联人包括关联法人和关联自然人。

10.1.3 具有以下情形之一的法人或其他组织，为上市公司的关联法人：

（一）直接或者间接控制上市公司的法人或其他组织；

（二）由上述第（一）项直接或者间接控制的除上市公司及其控股子公司以外的法人或其他组织；

（三）由第10.1.5条所列上市公司的关联自然人直接或者间接控制的，或者由关联自然人担任董事、高级管理人员的除上市公司及其控股子公司以外的法人或其他组织；

（四）持有上市公司5%以上股份的法人或其他组织；

（五）中国证监会、本所或者上市公司根据实质重于形式原则认定的其他与上市公司有特殊关系，可能导致上市公司利益对其倾斜的法人或其他组织。

10.1.4 上市公司与前条第（二）项所列法人受同一国有资产管理机构控制的，不因此而形成关联关系，但该法人的法定代表人、总经理或者半数以上的董事兼任上市公司董事、监事或者高级管理人员的除外。

10.1.5 具有以下情形之一的自然人，为上市公司的关联自然人：

（一）直接或间接持有上市公司5%以上股份的自然人；

（二）上市公司董事、监事和高级管理人员；

（三）第10.1.3条第（一）项所列关联法人的董事、监事和高级管理人员；

（四）本条第（一）项和第（二）项所述人士的关系密切的家庭成员，包括配偶、年满18周岁的子女及其配偶、父母及配偶的父母、兄弟姐妹及其配偶、配偶的兄弟姐妹、子女配偶的父母；

（五）中国证监会、本所或者上市公司根据实质重于形式原则认定的其他与上市公司有特殊关系，可能导致上市公司利益对其倾斜的自然人。

10.1.6 具有以下情形之一的法人或其他组织或者自然人，视同上市公司的关联人：

（一）根据与上市公司或者其关联人签署的协议或者作出的安排，在协议或者安排生效后，或在未来12个月内，将具有第10.1.3条或者第10.1.5条规定的情形之一；

（二）过去12个月内，曾经具有第10.1.3条或者第10.1.5条规定的情形之一。

……

5.《深圳证券交易所股票上市规则》（1998 年 1 月实施　2000 年 5 月第一次修订　2001 年 5 月第二次修订　2002 年 2 月第三次修订　2004 年 12 月第四次修订　2006 年 5 月第五次修订　2008 年 9 月第六次修订　2012 年 7 月第七次修订　2014 年 10 月第八次修订　2018 年 4 月第九次修订　2018 年 6 月第十次修订　2018 年 11 月第十一次修订）

第十章　关联交易

第一节　关联交易及关联人

10.1.1　上市公司的关联交易，是指上市公司或者其控股子公司与上市公司关联人之间发生的转移资源或者义务的事项，包括：

（一）本规则第 9.1 条规定的交易事项；

（二）购买原材料、燃料、动力；

（三）销售产品、商品；

（四）提供或者接受劳务；

（五）委托或者受托销售；

（六）关联双方共同投资；

（七）其他通过约定可能造成资源或者义务转移的事项。

10.1.2　上市公司的关联人包括关联法人和关联自然人。

10.1.3　具有下列情形之一的法人或者其他组织，为上市公司的关联法人：

（一）直接或者间接地控制上市公司的法人或者其他组织；

（二）由前项所述法人直接或者间接控制的除上市公司及其控股子公司以外的法人或者其他组织；

（三）由本规则第 10.1.5 条所列上市公司的关联自然人直接或者间接控制的，或者担任董事、高级管理人员的，除上市公司及其控股子公司以外的法人或者其他组织；

（四）持有上市公司 5% 以上股份的法人或者其他组织及其一致行动人；

（五）中国证监会、本所或者上市公司根据实质重于形式的原则认定的其他与上市公司有特殊关系，可能或者已经造成上市公司对其利益倾斜的法人或者其他组织。

10.1.4　上市公司与本规则第 10.1.3 条第（二）项所列法人受同一国有资产管理机构控制而形成第 10.1.3 条第（二）项所述情形的，不因此构成关联关系，但该法人的董事长、总经理或者半数以上的董事属于本规则第 10.1.5 条第

（二）项所列情形者除外。

10.1.5 具有下列情形之一的自然人，为上市公司的关联自然人：

（一）直接或者间接持有上市公司5%以上股份的自然人；

（二）上市公司董事、监事及高级管理人员；

（三）本规则第10.1.3条第（一）项所列法人的董事、监事及高级管理人员；

（四）本条第（一）项、第（二）项所述人士的关系密切的家庭成员，包括配偶、父母及配偶的父母、兄弟姐妹及其配偶、年满十八周岁的子女及其配偶、配偶的兄弟姐妹和子女配偶的父母；

（五）中国证监会、本所或者上市公司根据实质重于形式的原则认定的其他与上市公司有特殊关系，可能造成上市公司对其利益倾斜的自然人。

10.1.6 具有下列情形之一的法人或者自然人，视同为上市公司的关联人：

（一）因与上市公司或者其关联人签署协议或者作出安排，在协议或者安排生效后，或者在未来十二个月内，具有本规则第10.1.3条或者第10.1.5条规定情形之一的；

（二）过去十二个月内，曾经具有本规则第10.1.3条或者第10.1.5条规定情形之一的。

……

6.**《深圳证券交易所创业板股票上市规则》**（2009年7月实施 2012年4月第一次修订；2014年10月第二次修订；2018年4月第三次修订；2018年11月第四次修订）

第十章 关联交易

第一节 关联交易及关联人

10.1.1 上市公司的关联交易，是指上市公司或者其控股子公司与上市公司关联人之间发生的转移资源或者义务的事项，包括：

（一）本规则9.1条规定的交易事项；

（二）购买原材料、燃料、动力；

（三）销售产品、商品；

（四）提供或者接受劳务；

（五）委托或者受托销售；

（六）关联双方共同投资；

（七）其他通过约定可能造成资源或者义务转移的事项。

10.1.2 上市公司的关联人包括关联法人和关联自然人。

10.1.3 具有下列情形之一的法人或者其他组织，为上市公司的关联法人：

（一）直接或者间接控制上市公司的法人或者其他组织；

（二）由前项所述法人直接或者间接控制的除上市公司及其控股子公司以外的法人或者其他组织；

（三）由本规则10.1.5条所列上市公司的关联自然人直接或者间接控制的，或者担任董事、高级管理人员的，除上市公司及其控股子公司以外的法人或者其他组织；

（四）持有上市公司5%以上股份的法人或者一致行动人；

（五）中国证监会、本所或者上市公司根据实质重于形式的原则认定的其他与上市公司有特殊关系，可能造成上市公司对其利益倾斜的法人或者其他组织。

10.1.4 上市公司与本规则10.1.3条第（二）项所列法人受同一国有资产管理机构控制而形成10.1.3条第（二）项所述情形的，不因此构成关联关系，但该法人的董事长、经理或者半数以上的董事属于本规则10.1.5条第（二）项所列情形者除外。

10.1.5 具有下列情形之一的自然人，为上市公司的关联自然人：

（一）直接或者间接持有上市公司5%以上股份的自然人；

（二）上市公司董事、监事及高级管理人员；

（三）直接或者间接控制上市公司的法人或者其他组织的董事、监事及高级管理人员；

（四）本条第（一）项至第（三）项所述人士的关系密切的家庭成员，包括配偶、父母、配偶的父母、兄弟姐妹及其配偶、年满十八周岁的子女及其配偶、配偶的兄弟姐妹和子女配偶的父母；

（五）中国证监会、本所或者上市公司根据实质重于形式的原则认定的其他与上市公司有特殊关系，可能造成上市公司对其利益倾斜的自然人。

10.1.6 具有下列情形之一的法人或者自然人，视同为上市公司的关联人：

（一）因与上市公司或者其关联人签署协议或者作出安排，在协议或者安排生效后，或者在未来十二个月内，具有本规则10.1.3条或者10.1.5条规定情形之一的；

（二）过去十二个月内，曾经具有10.1.3条或者10.1.5条规定情形之一的。

……

（二）业务重组方面的规范性文件

《〈首次公开发行股票并上市管理办法〉第十二条发行人最近3年内主营业务没有发生重大变化的适用意见——证券期货法律适用意见第3号》（2008年5月19日 中国证券监督管理委员会公告〔2008〕22号）

《首次公开发行股票并上市管理办法》（证监会令第32号，以下简称《首发办法》）第十二条要求，发行人最近3年内主营业务没有发生重大变化。近来，一些申请首次公开发行股票并上市的公司（以下简称发行人）最近3年（以下简称报告期）内存在对同一公司控制权人下相同、类似或相关业务进行重组的情况，不少发行人咨询该情况是否符合《首发办法》的上述要求。经研究，我会认为：

一、发行人对同一公司控制权人下相同、类似或相关业务进行重组，多是企业集团为实现主营业务整体发行上市、降低管理成本、发挥业务协同优势、提高企业规模经济效应而实施的市场行为。从资本市场角度看，发行人在发行上市前，对同一公司控制权人下与发行人相同、类似或者相关的业务进行重组整合，有利于避免同业竞争、减少关联交易、优化公司治理、确保规范运作，对于提高上市公司质量，发挥资本市场优化资源配置功能，保护投资者特别是中小投资者的合法权益，促进资本市场健康稳定发展，具有积极作用。

二、发行人报告期内存在对同一公司控制权人下相同、类似或相关业务进行重组情况的，如同时符合下列条件，视为主营业务没有发生重大变化：

（一）被重组方应当自报告期期初起即与发行人受同一公司控制权人控制，如果被重组方是在报告期内新设立的，应当自成立之日即与发行人受同一公司控制权人控制；

（二）被重组进入发行人的业务与发行人重组前的业务具有相关性（相同、类似行业或同一产业链的上下游）。

重组方式遵循市场化原则，包括但不限于以下方式：

（一）发行人收购被重组方股权；

（二）发行人收购被重组方的经营性资产；

（三）公司控制权人以被重组方股权或经营性资产对发行人进行增资；

（四）发行人吸收合并被重组方。

三、发行人报告期内存在对同一公司控制权人下相同、类似或相关业务进行重组的，应关注重组对发行人资产总额、营业收入或利润总额的影响情况。发行人应根据影响情况按照以下要求执行：

（一）被重组方重组前一个会计年度末的资产总额或前一个会计年度的营业收入或利润总额达到或超过重组前发行人相应项目100%的，为便于投资者了解重组后的整体运营情况，发行人重组后运行一个会计年度后方可申请发行。

（二）被重组方重组前一个会计年度末的资产总额或前一个会计年度的营业收入或利润总额达到或超过重组前发行人相应项目50%，但不超过100%的，保荐机构和发行人律师应按照相关法律法规对首次公开发行主体的要求，将被重组方纳入尽职调查范围并发表相关意见。发行申请文件还应按照《公开发行证券的公司信息披露内容与格式准则第9号——首次公开发行股票并上市申请文件》（证监发行字［2006］6号）附录第四章和第八章的要求，提交会计师关于被重组方的有关文件以及与财务会计资料相关的其他文件。

（三）被重组方重组前一个会计年度末的资产总额或前一个会计年度的营业收入或利润总额达到或超过重组前发行人相应项目20%的，申报财务报表至少须包含重组完成后的最近一期资产负债表。

四、被重组方重组前一会计年度与重组前发行人存在关联交易的，资产总额、营业收入或利润总额按照扣除该等交易后的口径计算。

五、发行人提交首发申请文件前一个会计年度或一期内发生多次重组行为的，重组对发行人资产总额、营业收入或利润总额的影响应累计计算。

六、重组属于《企业会计准则第20号——企业合并》中同一控制下的企业合并事项的，被重组方合并前的净损益应计入非经常性损益，并在申报财务报表中单独列示。

重组属于同一公司控制权人下的非企业合并事项，但被重组方重组前一个会计年度末的资产总额或前一个会计年度的营业收入或利润总额达到或超过重组前发行人相应项目20%的，在编制发行人最近3年及一期备考利润表时，应假定重组后的公司架构在申报报表期初即已存在，并由申报会计师出具意见。

第四章　股权演变

首发上市中，要求发行人股权演变真实、合法，股东出资规范到位，股权结构清晰、稳定，该等要求在首发管理办法中作为发行条件进行了规定，具体条款如下：

条件要求	《首发管理办法》	《创业板首发管理办法》
股权演变真实、合法	第八条第一款规定：发行人应当是依法设立且合法存续的股份有限公司。	第十一条规定：发行人申请首次公开发行股票应当符合下列条件：（一）发行人是依法设立且持续经营三年以上的股份有限公司。……
股东出资规范、到位	第十条规定：发行人的注册资本已足额缴纳，发起人或者股东用作出资的资产的财产权转移手续已办理完毕，发行人的主要资产不存在重大权属纠纷。	第十二条规定：发行人的注册资本已足额缴纳，发起人或者股东用作出资的资产的财产权转移手续已办理完毕。发行人的主要资产不存在重大权属纠纷。
股权结构清晰、稳定	第十三条规定：发行人的股权清晰，控股股东和受控股股东、实际控制人支配的股东持有的发行人股份不存在重大权属纠纷。	第十五条规定：发行人的股权清晰，控股股东和受控股股东、实际控制人支配的股东所持发行人的股份不存在重大权属纠纷。

此外，《招股说明书准则》与《创业板招股说明书准则》对于发行人的股本与股东信息披露要求进行了规定：

《招股说明书准则》第三十五条规定：发行人应披露发起人、持有发行人5%以上股份的主要股东及实际控制人的基本情况，主要包括：（一）发起人、持有发行人5%以上股份的主要股东及实际控制人如为法人，应披露成立时间、注册资本、实收资本、注册地和主要生产经营地、股东构成、主营业务、最近一年及一期的总资产、净资产、净利润，并标明有关财务数据是否经过审计及审计机构名称；如为自然人，则应披露国籍、是否拥有永久境外居留权、身份证号码、住所；……

《创业板招股说明书准则》第三十五条规定：发行人应披露持有发行人5%以上股份的主要股东及实际控制人的基本情况，主要包括：（一）持有发行人5%以上股份的主要股东及实际控制人为法人的，应披露成立时间、注册资本、实收资本、注册地和主要生产经营地、股东构成、主营业务及其与发行人主营业务的关系；为自然人的，应披露国籍、是否拥有永久境外居留权、身份证号码；为合伙企业的，应披露合伙人构成、出资比例及合伙企业的实际控制人。……

《创业板招股说明书准则》第三十六条规定：发行人应披露有关股本的情况，主要包括：……（五）最近一年发行人新增股东的持股数量及变化情况、取得股份的时间、价格和定价依据。属于战略投资者的，应予注明并说明具体的战略关系。新增股东为法人的，应披露其主要股东及实际控制人；为自然人的，应披露国籍、拥有永久境外居留权情况（如有）、身份证号码；为合伙企业的，应披露其普通合伙人及实际控制人、有限合伙人（如有）的情况。……

实务中，为了判断发行人是否符合发行上市的主体资格要求以及满足股东及股权的信息披露要求，保荐机构和律师需要对发行人及其控股子公司的历史沿革进行全面的核查和梳理。在横向上，需要对发行人及其前身设立至上市申报之前的每一次出资、股权转让、增资、减资、合并、分立等股权变动的程序进行核查，以确定股权变动是否真实、合法。在纵向上，需要对发行人的股东进行穿透核查，即在发行人股东为法人或合伙企业的情况下，往上核查该法人股东的股东或合伙企业的合伙人，直至追溯至自然人、国有资产实际控制人、集体企业实际控制人。

股权变动合法性的判断依据，不仅适用《公司法》的相关规定，同时需要根据企业特性适用其他法律、法规和规范性文件的规定，例如，涉及国有产权需要符合《企业国有资产法》等国有资产管理相关规定；涉及集体产权需要符合《乡村集体所有制企业条例》《城镇集体所有制企业条例》等集体企业管理相关规定；涉及外国投资者需要符合《中外合资企业法》《中外合作企业法》《外商独资企业法》《关于外国投资者并购境内企业的规定》等外资管理相关规定。

对于发行人历史上股权演变存在的瑕疵，发行人在筹备上市过程中要采取切实有效措施予以补救，例如，发行人股东存在未全面履行出资义务、抽逃出资等情形的，股东应补缴出资；股东出资未履行评估、验资等程序的，聘请具有证券从业资格的评估机构、验资机构进行追溯评估、验资；对于国有企业改制过程中法律依据不明确、相关程序存在瑕疵或与有关法律法规存在明显冲突，原则上发行人应取得有权部门（通常为省级国资管理部门或省级人民政府）就改制程序的合法性、是否造成国有资产流失出具的确认意见；对于集体企业改制过程中法律依据不明确、相关程序存在瑕疵或与有关法律法规存在明显冲突，原则上发行人应取得有权部门（通常为省级政府）就改制程序的合法性、是否造成集体资产流失等事项出具的确认意见；对于历史上存在挂靠集体组织经营的企业，应取得相应部门的确认意见。

在上市实践中，审核部门逐渐转向了“重未来、轻历史”的审核理念，涉及金额较小、主观恶意小、不构成重大违法违规情形且已采取有效措施补救的股权演变不规范行为一般不会成为发行上市的法律障碍，但如果涉及金额较大、存在恶意隐瞒、提供虚假文件或者对股东权益有重大影响、构成重大违法违规情形的重大瑕疵事项可能会成为发行上市的法律障碍。

以下为拟上市企业在股权演变方面受到审核重点关注且容易出现问题的事项：

一、股东资格及身份

《公司法》未对公司的股东资格进行规定，但根据其他法律法规的相关规定，有些主体因其身份特殊而不能成为公司股东。此外，有些主体受限于劳动纪律、竞业禁止等意定性的因素，不适合成为股东。

综合现有法律法规的相关规定，以下主体被禁止或限制从事商业活动或营利性活动：

1. 公务员。《中华人民共和国公务员法》第五十九条规定：公务员应当遵守纪律，不得有下列行为：……（十六）违反有关规定从事或者参与营利性活动，在企业或者其他营利性组织中兼任职务；……第一百零七条第一款规定：公务员辞去公职或者退休的，原系领导成员、县处级以上领导职务的公务员在离职三年内，其他公务员在离职两年内，不得到与原工作业务直接相关的企业或者其他营利性组织任职，不得从事与原工作业务直接相关的营利性活动。

2. 现役军人。《中国人民解放军内务条令（试行）》（军令〔2018〕58 号）第一百零五条规定：军人不得经商，不得从事本职以外的其他职业和网络营销、传销、有偿中介活动，不得参与以营利为目的的文艺演出、商业广告、企业形象代言和教学活动，不得利用工作时间和办公设备从事证券期货交易、购买彩票，不得擅自提供军人肖像用于制作商品。

3. 党政机关的干部和职工。《关于严禁党政机关和党政干部经商、办企业的决定》（中发〔1984〕27 号）规定，乡（含乡）以上党政机关在职干部（包括退居二线的干部），一律不得以独资或合股、兼职取酬、搭干股分红等方式经商、办企业；也不允许利用职权为其家属、亲友所办的企业谋取利益。《关于进一步制止党政机关和党政干部经商、办企业的规定》（中发〔1986〕6 号）规定，党政机关，包括各级党委机关和国家权力机关、行政机关、审判机关、检察机关以及隶属这些机关编制序列的事业单位，一律不准经商、办企业。凡上述机关的干部、职工，包括退居二线的干部，除中央书记处、国务院特殊批准的以外，一律不准在各类企业中担任职务。

4. 工会、共青团、妇联等群众组织的干部和职工。《关于进一步制止党政机关和党政干部经商、办企业的规定》（中发〔1986〕6 号）规定，本规定适用于工会、共青团、妇联、文联、科协和各种协会、学会等群众组织，以及这些组织的干部和职工。

5. 县以上党和国家机关退（离）休干部。县以上党和国家机关退（离）休干部。《中共中央办公厅、国务院办公厅关于县以上党和国家机关退（离）休干部经商办企业问题的若干规定》（中办发〔1988〕11 号）规定，县级以上党和国家机关退的（离）休干部，不得兴办商业性企业。

6. 事业单位的干部和职工。对于隶属于党政机关编制序列的事业单位的干部和职工受《关于进一步制止党政机关和党政干部经商、办企业的规定》（中发〔1986〕6 号）规定，不得经商办企业；对于行政机关任命的事业单位工作人员，法律、法规授权的具有公共事务管理职能的事业单位中不参照公务员管理的工作人员，根据《事业单位工作人员处分暂行规定》第十八条第（六）项规定不得从事营利性活动。

7. 处级以上领导干部配偶、子女。《关于进一步制止党政机关和党政干部经商、办企业的规定》（中发〔1986〕6 号）规定，领导干部（含工会、共青团、妇联、文联、科协和各种协会、学会等群众组织的干部）的子女、配偶，在党政机关及所属编制序列的事业单位工作的，一律不得离职经商、办企业；不在党政机关及所属编制序列的事业单位工作的，不准利用领导干部的影响和关系经商、办企业，非法牟利。

8. 国企领导人及其配偶、子女。《国有企业领导人员廉洁从业若干规定》（中办发〔2009〕26 号）第五条规定，国有企业领导人员不得有利用职权谋取私利以及损害本企业利益的下列行为：（一）个人从事营利性经营活动和有偿中介活动，或者在本企业的同类经营企业、关联企业和与本企业有业务关系的企业投资入股；……第六条规定，国有企业领导人员的配偶、子女及其他特定关系人，不得在本企业的关联企业、与本企业有业务关系的企业投资入股。

9. 事业单位干部的配偶、子女。对于隶属于党政机关编制序列的事业单位的干部受《关于进一步制止党政机关和党政干部经商、办企业的规定》（中发〔1986〕6 号）的约束，其子女、配偶，在党政机关及所属编制序列的事业单位工作的，一律不得离职经商、办企业；不在党政机关及所属编制序列的事业单位工作的，不准利用领导干部的影响和关系经商、办企业，非法牟利。

10. 行政、事业单位。《财政部关于进一步规范和加强行政事业单位国有资产管理的指导意见》（财资〔2015〕90 号）规定，除法律另有规定外，各级行政单位不得利用国有资产对外担保，不得以任何形式利用占有、使用的国有资产进行对外投资。除国家另有规定外，各级事业单位不得利用财政资金对外投资，不得买卖期货、股票，不得购买各种企业债券、各类投资基金和其他任何形式的金融衍生品或进行任何形式的金融风险投资，不得在国外贷款债务尚未清偿前利用该贷款形成的资产进行对外投资等。事业单位对外投资必须严格履行审批程序，加强风险管控等。利用非货币性资产进行对外投资的，应当严格履行资产评估程序，法律另有规定的，从其规定。

由于上述主体被禁止或限制从事商业活动和营利性活动，其成为公司股东的资格相应受限。

除了法定的禁止和限制外，单位劳动纪律、合同义务等意定性因素也可能对股东资格产生影响，例如，教师、银行工作人员和国有企业普通员工，法律并没有禁止或限制其从事经营活动，但其所在单位如果以劳动纪律方式禁止或限制其从事经营活动，也将导致该等人员不适合成为股东。再如，有些企业为了避免关键和核心的员工离职后与本企业产生同业竞争，与员工签署竞业禁止合约，则该员工在竞业限制期限内不能在具有竞争性的其他企业任职或投资入股。

此外，投资入股可能隐匿着利益输送，证监会因此在审核中对于股东入股的背景和原因保持关注，对于股东及其关联方与发行人存在业务往来的情形以及上市申报前突击入股的情形，审核中更是予以特别的关注。《创业板招股说明书格式准则》专门针对突击入股的情形提出核查和信息披露要求，该准则第三十六条规定，发行人应披露有关股本的情况，主要包括：……（五）最近一年发行人新增股东的持股数量及变化情况、取得股份的时间、价格和定价依据。属于战略投资者的，应予注明并说明具体的战略关系。新增股东为法人的，应披露其主要股东及实际控制人；为自然人的，应披露国籍、拥有永久境外居留权情况（如有）、身份证号码；为合伙企业的，应披露其普通合伙人及实际控制人、有限合伙人（如有）的情况；……主板、中小板招股说明书格式准则虽未进行类似规定，但在上市审核中，实际上以与创业板同等的要求执行。

在上市筹备过程中，保荐机构、律师等中介机构应对拟上市企业的现有股东及历史上出现的股东进行梳理，核查是否存在股东资格问题以及投资入股是否存在利益输送，如果现有股东存在资格问题，应该通过股权转让、去除特殊身份等合法方式予以消除；对于历史上过往股东存在资格问题，需要关注法律后果是否对发行人的合法存续产生影响，尽可能获得有权部门的确认；对于不具有合理商业逻辑或不合常理的投资入股行为，需要谨慎对待，核实是否存在委托持股等利益安排；对于相关主体及其关联方投资入股前后与发行人存在业务往来的，需要核实业务往来的交易价格是否公允，是否以业务往来上的利益让渡换取投资入股。

一般而言，情节轻微、未严重违反法律、法规及政策性规定以及未严重损害第三方权益并得到解决的股东资格问题不会构成发行上市的法律障碍，严重违反法律、法规及政策性规定以及严重损害第三方权益的股东资格问题可能会构成发行上市的法律障碍。

案例：河南蓝信科技股份有限公司（未通过）【审核关注发行人实际控制人国有单位工作人员身份对其持股合规性的影响】

发审会关注事项：赵建州作为蓝信有限第一大股东，自蓝信有限成立至今，一直是蓝信有限及发行人的实际控制人。同时，2013年12月以前，发行人的股权曾存在若干次代持安排。请发行人代表：(1) 结合赵建州、张华是铁道部、郑州铁路局工作人员的情况，说明赵建州、张华委托他人持有发行人股权的真实原因及其合理性。(2) 说明赵建州及张华作为国有单位工作人员，其持有发行人股权是否符合有关法律、法规及政策的规定，铁道部是否知悉并同意赵建州的投资行为。(3) 结合公司业务的发展演变情况，说明发行人业务与赵建州、张华曾任职单位的相关性，赵建州、张华是否利用职务便利给予发行人利益便利，是否存在损害所任职单位利益的情形。(4) 说明发行人核心技术的形成、发展过程，发行人现有各项专利权、软件著作权等核心技术的研发人员。(5) 结合发行人历史上曾经存在的若干次代持情形，说明认定赵建州自蓝信有限成立至今，一直是蓝信有限及发行人实际控制人的理由是否充分，是否符合相关法律法规的规定，是否存在法律纠纷和潜在纠纷。(6) 说明赵建州、张华于2013年10月对吕豪英、赵全奇、王洪良提起诉讼，要求恢复实质持股关系的原因及合理性。请保荐代表人说明核查方法、依据，并发表明确核查意见。

案例简析

事业单位、国有企业员工经商、办企业可能违反廉洁和纪律规定，如果在外从事的经营性活动与其任职单位或职责有一定的相关性，更是涉嫌利用职务便利谋取或转移利益。该案例中，赵建州、张华作为公司第一大股东和主要股东，同时为铁道部、郑州铁路局工作人员，长期委托他人代持发行人股权，直至报告期内才以诉讼方式还原真实股权结构，涉嫌违反事业单位及国有企业工作人员的廉洁和纪律性规定。此外，发行人从事铁路系统动车组列控设备动态监测系统业务，与实际控制人的任职单位具有一定的相关性，涉嫌利用职务便利转移利益。综合而言，情形较为严重，发审会予以特别关注也属情理之中。

案例：深圳市宇驰检测技术股份有限公司（未通过）【审核质疑实际控制人持股真实性】

发审会关注事项：发行人多名董事、高管、员工曾在宇星科技任职。控股股东和实际控制人何雁2000年9月至申报日一直在贵州省遵义市国土资源勘测规划院工作。请发行人代表说明：(1) 发行人股东是否存在股份代持或信托持股的情形。(2) 资产、技术、业务是否有来自宇星科技的情形，是否存在纠纷或潜在纠纷；发行人及股东、客户和供应商与宇星科技是否存在关联关系。(3) 曾任职于宇星科技的人员是否存在竞业限制，何姝等自宇星科技离职后未履行竞业禁止义务是否存在纠纷或潜在纠纷。(4) 赛宝伦、深圳绿恩、格瑞斯特、华正明与宇星科技及其股东是否存在关联关系，报告期发行人与上述4家公司之间交易的公允性、必要性。(5) 2014年12月，刘洋向何姝低价转让发行人股份的真实原因，是否存在委托持股、信托持股或其他利益安排。(6) 何雁、何姝是否签署一致行动协议，保持控制权稳定性的措施及冲突解决机制，何雁作为发行人股东的适格性。请保荐代表人说明核查依据、过程并发表明确核查意见。

案例简析

本案中，发行人实际控制人上市申报之前一直在事业单位工作，有违常理；多名董事、高管、员工来自于同行业企业，是否受到前单位的竞业限制成为关注点。发行人股东的适格性、股权结构的真实性受到质疑。

案例：300631 久吾高科【审核关注在大学任教的股东是否转移所在院校的研究成果】

发审会关注事项：发行人多名自然人股东为南京工业大学教师，请发行人代表说明上述股东的情况，研究领域，发行人的研发投入情况，发行人从事的研究领域是否与南京工业大学、股东中高校教师的研究领域有关。

案例简析

该案例中，发行人多名自然人股东为南京工业大学教师，发行人与南京工业大学有多项技术合作，审核关注发行人技术是否来源于南京工业大学，是否不公允使用南京工业大学研究成果。大学教师投资入股成为公司股东没有法律上的限制，但需要关注其是否利用科研、教学的便利和成果不正当地向其投资入股的企业输送利益。对于发行人存在教师股东的情形，保荐机构和律师应该通过核查教师的工作职责、学术论文、研究课题、职务发明等方面并将其与发行人的技术领域进行对比，以求证发行人的技术与教师股东的职务之间是否存在相关性，如果存在相关性，需要进一步论证发行人技术来源是否合法合规，是否存在教师股东利用职务向发行人输送利益的情形。

案例：300656 民德电子【发行人多项专利技术由自然人股东提供，该等专利技术形成于自然人股东在深圳大学任职期间，关注是否涉及职务发明】

发审会关注事项：黄强作为发行人股东，并未在发行人处任职，其作为发明人的多个专利权由发行人享有，但黄强未领取报酬。（1）请发行人代表说明股东黄强提供专利服务是否构成关联交易。（2）发行人认为黄强作为公司主要股东之一，已切实分享了公司因技术突破、专利积累、产品创新带来的价值提升，请发行人代表说明其他未在发行人处任职领薪的股东是否享有同等的价值提升，黄强作为股东无偿提供专利服务的关联交易是否履行相关的决议，定价是否公允，发行人的内控制度是否能够有效执行。（3）发行人拥有的专利权中发明人涉及黄强的专利共有 9 项，系黄强担任深圳大学教师期间的研发成果。请发行人代表说明黄强作为发明人的专利权由发行人享用的合理性，并说明是否满足发行监管对公司独立性的要求。

案例简析

本案中，招股说明书披露，发行人现有各项专利权、软件著作权、集成电路布图设计等核心技术的发明人或主要研发人员中，许文焕于 2005 年 4 月至 2012 年 3 月期间在深圳大学任职，黄强于 2004 年 4 月至 2012 年期间在深圳大学任职，除此之外，公司核心技术形成、发展过程中，相关核心技术的发明人或主要研发人员均专职在公司工作。就许文焕、黄强作为研发人员获得的知识产权，深圳大学出具了《关于许文焕在深圳大学任职期间所获部分专利为非职务发明的确认函》《关于黄强在深圳大学任职期间所获部分专利为非职务发明的确认函》，确认：“（1）许文焕和黄强未有使用深圳大学的物质技术条件（包括但不限于：资金、设备、零部件、原材料或不对外公开的技术资料等）来进行并完成该等发明创造；（2）许文焕和黄强未有利用深圳大学或者国家拨付的科研项目资金为该等专利的形成进行研究活动；（3）该等专利不属于许文焕和黄强在深圳大学就职期间及离职 1 年内（许文焕：2005 年 4 月至 2013 年 3 月；黄强：2004 年至 2013 年）的职务发明；（4）深圳大学对该等专利不享有专利申请权及专利权，以后亦不会主张相应权利。”公司核心技术形成过程中相关发明人或主要研发人员不存在使用第三方物质条件的情形，也不存在完成第三方工作任务的情形，公司完整拥有各项知识产权的所有权，权利状况清晰、明确，不存在权属纠纷或潜在纠纷风险。公司核心技术形成过程中相关发明人或主要研发人员中许文焕、易仰卿、罗源熊、倪赞春、黄强、宋红军、林嘉顺未与曾任职单位签署竞业禁止协议或保密协议，白榛、李拓、谭睿、冯然、李瑞兵、张紫锋自高校毕业后即加入公司工作。

对于发行人存在教师股东的情形，审核时主要关切教师是否利用职务便利将所在院校的利益不正当地向发行人进行输送，如果发行人能够获得教师所在院校出具的认可证明，将大大降低审核压力，有利于审核认可。

二、“三类股东”审核政策

部分在全国股份转让系统挂牌的公司通过非公开发行等方式引入了契约性基金、信托计划、资产管理计划股东（通常“三类股东”），鉴于“三类股东”具有一定的特殊性，可能存在层层嵌套和高杠杆，以及股东身份不透明、无法穿透等问题，证监会在发行审核过程中予以重点关注。由于证监会审核政策不明确，存在“三类股东”的新三板挂牌公司在刚开始申报时出于谨慎采取清理的办法解决“三类股东”的核查和合法性问题。

考虑到“三类股东”问题不仅涉及首发上市监管政策，还涉及新三板发展问题，证监会对“三类股东”问题的处理非常慎重，经反复研究论证，终于明确了新三板挂牌企业申请首发上市时存在“三类股东”的监管政策，并于 2018

年 1 月 12 日以新闻发布会的形式公布了监管政策。根据新闻发布会的发布内容，“三类股东”的监管政策具体为：一是基于证券法、公司法和 IPO 办法的基本要求，公司的稳定性与控股股东与实际控制人的明确性是基本条件，为保证拟上市公司的稳定性、确保控股股东履行诚信义务，要求公司控股股东、实际控制人、第一大股东不得为“三类股东”；二是鉴于目前管理部门对资管业务正在规范过程中，为确保“三类股东”依法设立并规范运作，要求其已经纳入金融监管部门有效监管；三是为从源头上防范利益输送行为，防控潜在风险，从严监管高杠杆结构化产品和层层嵌套的投资主体，要求存在上述情形的发行人提出符合监管要求的整改计划，并对“三类股东”做穿透式披露，同时要求中介机构对发行人及其利益相关人是否直接或间接在“三类股东”中持有权益进行核查；四是为确保能够符合现行锁定期和减持规则，要求“三类股东”对其存续期作出合理安排。

证监会发行监管部《首发业务若干问题解答》关于“三类股东”的指引性规定为：

（1）中介机构应核查确认公司控股股东、实际控制人、第一大股东不属于“三类股东”。

（2）中介机构应核查确认发行人的“三类股东”依法设立并有效存续，已纳入国家金融监管部门有效监管，并已按照规定履行审批、备案或报告程序，其管理人也已依法注册登记。

（3）发行人应根据《关于规范金融机构资产管理业务的指导意见》（银发〔2018〕106 号）披露“三类股东”相关过渡期安排，以及相关事项对发行人持续经营的影响。中介机构应当对前述事项核查并发表明确意见。

（4）发行人应当按照首发信息披露准则的要求对“三类股东”进行信息披露。中介机构应对控股股东、实际控制人、董事、监事、高级管理人员及其近亲属，本次发行的中介机构及其签字人员是否直接或间接在“三类股东”中持有权益进行核查并发表明确意见。

（5）中介机构应核查确认“三类股东”已作出合理安排，可确保符合现行锁定期和减持规则要求。

在监管政策和审核政策明确后，已有广东文灿压铸股份有限公司、青岛海容商用冷链股份有限公司、浙江捷昌线性驱动科技股份有限公司等多家在未对“三类股东”清理的情况下通过了证监会审核并成功上市。

案例：603348 文灿股份【股东中存在资产管理计划及契约型私募基金】

发审会关注事项： 发行人存在3类股东。请发行人代表说明相关股东是否符合资产管理相关规定，其信息披露是否符合相关规定。请保荐代表人说明核查方法、程序，并发表核查意见。

案例简析

该案例中，发行人在招股说明书中介绍了3类股东的名称、类型、管理人、备案登记情况，并将追溯至自然人的投资人情况作为招股说明书附件。

根据发行人的招股说明书，发行人的6名股东属于资产管理计划、4名股东属于契约型私募基金，此外，公司股东信业盛韬的有限合伙人东方汇智资产管理有限公司的出资来源为东方汇智－泰复2号为资产管理计划。

保荐机构、发行人律师经核查后认为：

1. 发行人的3类股东已纳入国家金融监管部门有效监管，均依法设立并有效存续，且已按照规定履行审批、备案或报告程序，其管理人均已依法注册登记。

2. 发行人3类股东不存在《指导意见》限制的杠杆、分级、嵌套情形。

3. 发行人3类股东及其投资人与发行人的控股股东及实际控制人、主要股东、董事、监事、高级管理人员及其近亲属、本次发行上市中介机构及其签字人员不存在关联关系；发行人的控股股东及实际控制人、主要股东、董事、监事、高级管理人员及其近亲属、本次发行上市中介机构及其签字人员未直接或间接在3类股东中持有权益。

4. 发行人3类股东的存续期、续期安排符合锁定期、减持规则的相关要求，管理人已承诺自发行人上市之日1年内不转让发行人的股票，并在股票锁定期满后按照监管机构的减持规则进行减持。

案例：603187 海容冷链【股东中存在资产管理计划】

发审会关注事项：发行人股权结构中存在资管计划、信托计划和基金产品 3 类股东。请发行人代表说明现有 3 类股东是否符合现行金融监管的有关要求。请保荐代表人说明 3 类股东的穿透核查与披露情况，并发表明确的核查意见。

案例简析

该案例中，发行人在新三板挂牌期间，于 2015 年 5 月通过非公开发行股票引入 10 名外部投资者，其中部分投资者为三类股东。具体为：

国寿安保基金－银河证券－国寿安保－国保新三板 2 号资产管理计划参与认购本次非公开发行 1400000 股，截至本招股说明书出具之日，持有发行人 1385000 股。国寿安保基金－银河证券－国寿安保－国保新三板 2 号资产管理计划由国寿安保基金管理有限公司担任资产管理人。国寿安保基金管理有限公司成立于 2013 年 10 月 29 日，目前持有上海市工商行政管理局核发的《企业法人营业执照》（注册号：100000400012364）；企业类型：有限责任公司（中外合资）；住所：上海市虹口区丰镇路 806 号 3 幢 306 号；法定代表人：王军辉；注册资本为 58800.00 万元人民币；营业期限：2013 年 10 月 29 日至不约定期限；经营范围：基金募集、基金销售、资产管理和中国证监会许可的其他业务（依法须经批准的项目，经相关部门批准后方可开展经营活动）。国寿安保基金－银河证券－国寿安保－国保新三板 2 号资产管理计划已于 2015 年 3 月 31 日取得中国证监会资产管理计划财产备案。该资产管理计划符合新三板合格投资者要求。

中建投信托有限责任公司－中建投－新三板投资基金集合信托计划 1 号（鼎锋资产）参与认购本次非公开发行 450000 股，截至本招股说明书签署之日，持有发行人 450000 股。中建投信托有限责任公司－中建投－新三板投资基金集合信托计划 1 号（鼎锋资产）由深圳鼎锋明道资产管理有限公司担任管理人。深圳鼎锋明道资产管理有限公司成立于 2013 年 8 月 15 日，目前持有深圳市市场监督管理局核发的《企业法人营业执照》（注册号：440301107782209）；企业类型：有限责任公司（法人独资）；住所：深圳市前海深港合作区前湾一路鲤鱼门街1号前海深港合作区管理局综合办公楼A栋201室（入驻深圳市前海商务秘书有限公司）；法定代表人：陈正旭；注册资本：1000万元人民币；营业期限：2013年8月15日至永续经营；经营范围：资产管理、投资管理（不得从事信托、金融资产管理、证券资产管理等业务）（以上各项涉及法律、行政法规、国务院决定禁止的项目除外，限制的项目须取得许可后方可经营）。已于2015年3月10日取得中国证券投资基金业协会《私募投资基金备案证明》（备案编码：S27655）。该信托计划符合新三板合格投资者要求。

九泰基金－工商银行－九泰基金－新三板分级2号资产管理计划参与认购本次非公开发行400000股，截至本招股说明书签署之日，持有发行人360000股。九泰基金－工商银行－九泰基金－新三板分级2号资产管理计划由九泰基金管理有限公司担任管理人。九泰基金管理有限公司成立于2014年7月3日，目前持有北京市工商行政管理局丰台分局核发的《营业执照》（统一信用代码：91110000306414003X）；企业类型：其他有限责任公司；住所：北京市丰台区丽泽路18号院1号楼801－16室；法定代表人为王学明；注册资本：20000万人民币；营业期限：2014年7月3日至长期；经营范围：基金募集、基金销售、特定客户资产管理、资产管理和中国证监会许可的其他业务。（企业依法自主选择经营项目，开展经营活动；依法须经批准的项目，经相关部门批准后依批准的内容开展经营活动；不得从事本市产业政策禁止和限制类项目的经营活动）。九泰基金－工商银行－九泰基金－新三板分级2号资产管理计划已于2015年2月13日取得中国证监会资产管理计划财产备案。该资产管理计划符合新三板合格投资者要求。

经核查发行人相关股东签署的调查表及确认承诺等相关文件，2015年发行人通过非公开定向发行股票引入的10名投资者中，国寿安保基金－银河证券－国寿安保－国保新三板2号资产管理计划、宁波鼎锋明道投资管理合伙企业（有限合伙）－鼎锋明道新三板汇泰基金、中建投信托有限责任公司－中建投－新三板投资基金集合信托计划1号（鼎锋资产）、九泰基金－工商银行－九泰基金－新三板分级2号资产管理计划的资金来源均为向合格投资者募集资金，上述资金来源均合法、合规。

根据本次非公开发行股票引入的投资者与发行人签署的《认购协议》、该等投资者签署确认的核查表及相关承诺等文件，各新股东与发行人之间不存在对赌协议等特殊协议或安排。另外，发行人及其实际控制人邵伟、全体发起人股东已出具《承诺函》，确认发行人不存在对赌协议等特殊协议或安排。

案例：603583 捷昌驱动【股东中存在资产管理计划】

发审会关注事项：发行人原股权结构中存在资管计划股东、信托计划股东和契约型私募基金产品股东（以下简称“三类股东”）。请发行人代表说明现有股东是否符合相关监管要求。请保荐代表人说明对三类股东进行穿透核查和披露情况，并发表明确的核查意见。

案例简析

该案例中，发行人在新三板挂牌期间，于 2016 年 3 月通过非公开发行股票引入外部投资者，其中投资者嘉实新三板 2 号资产管理计划、万家共赢东兴磚璞新三板专项资产管理计划、万家共赢三板 2 号资产管理计划、中建投—新三板投资基金集合信托计划 1 号、九泰基金 – 新三板 16 号资产管理计划、九泰基金 – 东北证券新三板 20 号资产管理计划、九泰基金 – 新三板 23 号资产管理计划、九泰基金 – 新三板 6 号资产管理计划、九泰基金 – 新三板 32 号资产管理计划、九泰基金 – 新三板 4 号资产管理计划、九泰基金 – 中信建投 – 新三板 1 号资产管理计划为三类股东。

三、出资瑕疵情形

股东足额出资既是股东应履行的重要义务，也为企业发行上市条件之一，《首发管理办法》《创业板首发管理办法》均规定：发行人的注册资本已足额缴纳，发起人或者股东用作出资的资产的财产权转移手续已办理完毕，发行人的主要资产不存在重大权属纠纷。

实践中，由于各种原因，企业可能存在出资不规范的行为，常见的情形如：

1. 出资不及时。根据《中外合资经营企业法》《中外合作经营企业法》《外资企业法》等涉外法律的规定，外商投资企业可以在取得营业执照之后缴纳出资，《公司法》在2005年修订后对内资企业的出资规定也进行了宽松化，允许分期出资。实践中，有的企业在获得营业执照之后，后续未按照章程规定的期限出资。

2. 出资方式不符合规定。2013年修订的《公司法》取消了不同方式出资的比例限制，2013年之前的《公司法》对于不同方式的出资有着限制性规定，例如，2005年修订版的《公司法》规定全体股东的货币出资金额不得低于有限责任公司注册资本的30%；2005年之前的《公司法》则规定以工业产权、非专利技术作价出资的金额不得超过有限责任公司注册资本的20%（国家对采用高新技术成果有特别规定的除外）。实践中，有的企业无形资产出资、非货币出资的比例超过了法定比例。

3. 非货币出资未办理产权转移手续。根据《公司法》的规定，股东以货币出资的，应当将货币出资足额存入公司在银行开设的账户；以非货币财产出资的，应当依法办理其财产权的转移手续。实践中，有的公司股东以专利、土地使用权、房屋所有权等出资，却未办理权属变更登记。

4. 用于出资的资产权属不清晰。有的公司股东以实物或非专利技术出资，但无法提供完整的原始凭证，从而无法证明资产的权属。

5. 非货币出资作价虚高。有的公司股东以无形资产出资，实际上该无形资产对于接受投资的企业不具有使用价值，或者虽有一定的使用价值，但内在价值与评估作价存在显著差异。

6. 未履行必要的评估、验资程序。根据《公司法》的规定，对作为出资的非货币财产应当评估作价，核实财产，不得高估或者低估作价。此外，2013年之前的《公司法》规定股东缴纳出资后，必须经依法设立的验资机构验资并出具证明。实践中，有的企业在股东出资后未履行评估和验资手续。

7. 抽逃出资。根据《公司法》的规定，公司成立后，股东不得抽逃出资。实践中，有的公司股东在出资后以借款等名义将出资额抽回。

8. 虚假出资。常见情形如：以提供虚假的银行进账单、验资报告等文件骗取注册登记，实际并未出资；委托其他企业或个人代办营业执照，受托方在营业执照办取后将代垫资金转出，股东实际上并未出资；将企业的资金转出用以股东出资或将企业自身的知识产权用于股东增资。

企业在筹备上市过程中，对于股东存在未全面履行出资义务、抽逃出资等情形，或在出资方式、比例、程序等方面存在瑕疵的，应当在上市申报前依法采取补缴出资、补充履行相关程序等措施进行补救，并尽可能获得有权机关以及守约方股东的确认。

审核部门对发行人历史上的出资瑕疵总体上较为包容，未实质性损害其他人合法权益的出资瑕疵一般不会影响发行人上市，但存在恶意隐瞒、提供虚假文件或者对股东权益有重大影响的重大出资瑕疵事项仍可能成为发行上市的法律障碍。

案例：002677 浙江美大【发行人控股股东历史上存在虚高出资的行为】

案例简析

根据发行人律师出具的《补充法律意见书（二）》，发行人浙江美大的控股股东美大集团历史上存在虚高出资的情形，具体为：

1997 年 3 月，美大集团根据海计经企（1997）145 号、海体改工（1997）13 号《关于同意浙江美大集团有限公司按〈公司法〉完善的批复》，按《公司法》要求对其股东及出资进行规范。

根据海计经企（1997）145 号、海体改工（1997）13 号文，美大集团的实收资本 5731.1 万元中，海宁市谈桥乡资产经营公司以原海宁市耀明电器总厂存量资产投入，折合人民币 3534.3 万元，占 61.7%；美大集团职工劳动保障基金协会以原海宁市耀明电器总厂存量资产投入，折合人民币 2196.8 万元，占 38.3%。

2000 年 12 月，谈桥乡资产经营公司和美大集团职工劳动保障基金协会股权转让给夏志生等 7 位自然人时，美大集团委托海宁正明会计师事务所有限公司对美大集团资产进行了评估，根据该事务所出具的海正所评（2000）第 173 号《浙江美大集团有限公司资产评估报告书》确认，美大集团的实收资本为

1645.86 万元，与美大集团规范登记时的注册资本相差人民币 40852404.8 元。

经美大集团自查，造成上述差异的主要原因是美大集团 1997 年规范登记时为符合〔1992〕浙计经企第 1489 号《浙江省省批企业集团管理暂行办法》第二条第一款规定的省批企业集团“生产性企业集团的核心企业，实有资金应在 5000 万元以上”的要求，谈桥乡资产经营公司和美大集团职工劳动保障基金协会用以作价出资的原浙江省海宁市耀明电器总厂净资产中的房产、土地使用权存在价值被高估的情形。

为夯实公司资本、符合公司法的规定，2010 年 7 月 20 日，美大集团通过股东会决议，决定由全体股东夏志生、夏鼎、夏兰、鲍逸鸿、王培飞、徐建龙、马菊萍、钟传良、徐红 9 人以货币方式向美大集团补充出资 40852404.8 元。海宁正健会计师事务所有限公司于 2010 年 8 月 27 日出具海正健会验字（2010）第 581 号《验资报告》，美大集团已收到全体股东缴纳的货币资金合计人民币 40852404.8 元。

2011 年 10 月 14 日，海宁市工商行政管理局出具《证明》，确认美大集团成立以来，不存在因公司登记事宜受到工商行政管理部门处罚的情形。美大集团及美大集团现任股东对上述出资不足不存在责任，且公司现任股东已主动纠正。该局将不会就此对美大集团及其现任股东作出处罚。

该案例中，发行人的控股股东历史上存在非货币出资高估作价的出资瑕疵，后由存续股东补足出资，并由登记机关确认不会对此进行处罚。与一般案例不同的是，该案例出资瑕疵的主体为发行人控股股东，并非发行人自身，发行人历次出资均为货币资金，已由股东足额缴纳，发行人股权演变未因此受影响。尽管涉及金额较大，最终还是获得审核通过。

案例：300330 华虹计通【发行人历史上存在以自有资产评估增值出资的情形】

案例简析

根据发行人律师出具的《补充法律意见书（一）》，发行人历史上存在以自有资产评估增值出资的情形，具体为：

1998 年 12 月 8 日，上海华虹微电子有限公司、申腾信息、浦交投资、公交科研所、天星信息及自然人股东代表楼生琳签订《关于计通公司无形资产溢价计算的补充协议》，约定计通公司的无形资产以注册资本100万元人民币为基础上溢90万元，即在新合资公司实际投入为190万元人民币。无形资产部分经会计事务所评估后注入新合资公司的注册资本中，其实际数额不影响协议溢价，但不到协议溢价，差额部分另外协商办法补差。

根据上海浦东资产评估事务所出具的浦评估〔1999〕014号资产评估报告及上海市资产评审中心出具的沪评审〔1999〕128号确认通知，该无形资产评估值为131.46万元。

在本次增资中，该无形资产的处置完全根据《关于计通公司无形资产溢价计算的补充协议》的约定进行，即该无形资产归计通智能卡老股东享有，并作价90万元作为老股东的新增投入，具体出资金额为申腾信息15万元、浦交投资9万元、公交科研所6万元、28名实际自然人股东60万元并按各自原出资比例分配。

2011年1月31日，作为当时华虹计通有限控股股东申腾信息的主管部门，上海科学院出具沪科院〔2011〕4号《关于同意上海华虹计通智能卡系统有限公司增资事项的批复》，同意确认华虹计通有限1999年增资的相关事项。

本次增资中，无形资产的出资系根据各方签订的《关于计通公司无形资产溢价计算的补充协议》的约定，以计通智能卡研发经营过程中形成的账外无形资产作价90万元，其实质是对于该增资前由原公司形成作为应该由老股东享有的资产，并在本次增资中予以体现。但在实际操作过程中，该无形资产的作价未能以新股东溢价增资的方式予以实现，而是由计通智能卡原有股东将当时属于计通智能卡的账外无形资产进行评估，协议作价90万元作为计通智能卡原有股东对华虹计通有限的增资的行为，其实质导致了注册资本不实。

华虹计通有限现有全体股东在2010年5月28日作出临时股东会决议，自愿按持股比例以2009年度分红获得的红利补足上述90万元出资，并由立信事务所于2010年7月7日出具了信会师报字（2010）第24817号《关于上海华虹计通智能卡系统有限公司注册资本、实收资本的复核报告》，确认截至2010年7月7日，华虹计通有限各股东出资均已到位。华虹计通有限于2010年8月3日在长宁工商局办理完毕相应的出资方式变更的工商登记手续。

该案例中，涉及的出资额为90万元，占发行人增资后注册资本的6.923%，数额较小，并已于出资后5年内摊销完毕，未对发行人生产经营产生实质影响，在发行人变更设立为股份公司之前已由存续股东补足出资，客观上未损害发行人债权人的利益，不属于情节严重的出资瑕疵，因此未成为发行人上市的法律障碍。

四、委托持股情形

1. 委托持股的法律效力

《公司法》（2013年修订版）第三十二条第三款规定，公司应当将股东的姓名或者名称向公司登记机关登记；登记事项发生变更的，应当办理变更登记。未经登记或者变更登记的，不得对抗第三人。

《最高人民法院关于适用〈中华人民共和国公司法〉若干问题的规定（三）》（法释〔2014〕2号）第二十四条第一款、第二款规定，有限责任公司的实际出资人与名义出资人订立合同，约定由实际出资人出资并享有投资权益，以名义出资人为名义股东，实际出资人与名义股东对该合同效力发生争议的，如无合同法第五十二条规定的情形，人民法院应当认定该合同有效。前款规定的实际出资人与名义股东因投资权益的归属发生争议，实际出资人以其实际履行了出资义务为由向名义股东主张权利的，人民法院应予支持。名义股东以公司股东名册记载、公司登记机关登记为由否认实际出资人权利的，人民法院不予支持。

《合同法》第五十二条规定："有下列情形之一的，合同无效：（一）一方以欺诈、胁迫的手段订立合同，损害国家利益；（二）恶意串通，损害国家、集体或者第三人利益；（三）以合法形式掩盖非法目的；（四）损害社会公共利益；（五）违反法律、行政法规的强制性规定。"

综合《公司法》《最高人民法院关于适用〈中华人民共和国公司法〉若干问题的规定（三）》《合同法》的相关规定，在委托持股的情形下，如果名义出资人与实际出资人之间的股权代持行为未违反法律、行政法规的强制性规定，则股权代持行为有效，但法律效力只及于委托方与受托方，不能对抗其他第三方；如果名义出资人与实际出资人之间的股权代持行为违反法律、行政法规的强制性规定，则股权代持行为无效。

2. 首发上市中委托持股的处置

委托持股容易引起纠纷，易于隐藏利益输送和违法行为，同时，股权的失真不利于上市后的监管，因此，证监会不允许拟上市企业存在委托持股。拟上市企业存在委托持股的，需要在上市申报前清理，解除委托关系，还原至真实的股权结构。清理过程应该合法、合理，避免形成纠纷和潜在风险，并在招股说明书中进行披露。《招股说明书准则》第三十八条规定，发行人曾存在工会持股、职工持股会持股、信托持股、委托持股或股东数量超过二百人的，应详细披露有关股份的形成原因及演变情况；进行过清理的，应当说明是否存在潜在问题和风险隐患，以及有关责任的承担主体等。

上市审核中，审核人员主要关注委托持股形成的原因和背景，是否存在违反法律法规的情形，委托持股是否得到还原或清理，还原与清理过程是否存在纠纷或潜在纠纷。发行人及其保荐机构、律师应该提前核实相关情况，包括向股权委托方和受托方求证是否存在纠纷争议，以便对委托持股的情况进行充分的披露和说明。

一般而言，如果实际出资人本身具有投资入股的股东资格，委托持股未严重违反其他法律、行政法规的规定，例如，仅为压缩股东人数而产生股权代持，股权代持清理后不会构成发行上市的实质性障碍；如果委托持股主要是为了规避或已经严重违反了其他法律、行政法规的强制性规定，如公务员、国有企业员工为了规避廉洁和纪律规定而委托持股，实际控制人为了控制多家企业在招投标活动中围标而委托持股，由于严重违反了其他法律的规定，委托持股情形可能构成上市的法律障碍。

需要注意的是，委托持股具有隐秘性，如果委托持股的当事人刻意隐瞒，发行人的中介机构未必能获得充分的证据进行认定。但是，对于一些明显有违常理的持股行为，即便未浮现出事实，审核部门也会怀疑存在委托持股，从而对上市审核造成不利影响。因此，发行人对于存在的委托持股应该积极地清理，而不是予以掩盖。

案例：河南蓝信科技股份有限公司（未通过）【实际控制人为国有单位人员，长期委托他人持有发行人股权】

发审会关注事项：赵建州作为蓝信有限第一大股东，自蓝信有限成立至今，一直是蓝信有限及发行人的实际控制人。同时，2013年12月以前，发行人的股权曾存在若干次代持安排。请发行人代表：（1）结合赵建州、张华是铁道部、郑州铁路局工作人员的情况，说明赵建州、张华委托他人持有发行人股权的真实原因及其合理性。（2）说明赵建州及张华作为国有单位工作人员，其持有发行人股权是否符合有关法律、法规及政策的规定，铁道部是否知悉并同意赵建州的投资行为。（3）结合公司业务的发展演变情况，说明发行人业务与赵建州、张华曾任职单位的相关性，赵建州、张华是否利用职务便利给予发行人利益便利，是否存在损害所任职单位利益的情形。（4）说明发行人核心技术的形成、发展过程，发行人现有各项专利权、软件著作权等核心技术的研发人员。（5）结合发行人历史上曾经存在的若干次代持情形，说明认定赵建州自蓝信有限成立至今，一直是蓝信有限及发行人实际控制人的理由是否充分，是否符合相关法律法规的规定，是否存在法律纠纷和潜在纠纷。（6）说明赵建州、张华于2013年10月对吕豪英、赵全奇、王洪良提起诉讼，要求恢复实质持股关系的原因及合理性。请保荐代表人说明核查方法、依据，并发表明确核查意见。

招股说明书披露

发行人历史上工商登记的自然人股东持有的股权存在代持安排。截至2013年10月，吕豪英所持蓝信有限600万元出资额为代赵建州持有；赵全奇所持蓝信有限100万元出资额为代赵建州持有；赵全奇所持蓝信有限200万元出资额为代张华持有；王洪良所持蓝信有限100万元出资额为代赵建州持有。

由于对代持恢复事项协商不一致，赵建州、张华于2013年10月提起司法诉讼，要求恢复实质持股关系。经法院调解，各方于2013年11月就代持恢复事项达成调解合意，具体情况如下：

张华与赵全奇于2011年3月31日签署《代持协议》约定，张华委托赵全奇代持蓝信有限 17.1% 股权（对应 200 万元出资额），张华系实际出资人及实益股东，享有作为股东的一切权利及义务。

赵建州与赵全奇于 2011 年 3 月 31 日签署《代持协议》约定，赵建州委托赵全奇代持蓝信有限 8.6% 股权（对应 100 万元出资额），赵建州系实际出资人及实益股东，享有作为股东的一切权利及义务。

赵建州与王洪良于 2011 年 3 月 31 日签署《代持协议》约定，赵建州委托王洪良代持蓝信有限 8.6% 股权（对应 100 万元出资额），赵建州系实际出资人及实益股东，享有作为股东的一切权利及义务。

赵建州与吕豪英于 2011 年 3 月 31 日签署《代持协议》约定，赵建州委托吕豪英代持蓝信有限 51.4% 股权（对应 600 万元出资额），赵建州系实际出资人及实益股东，享有作为股东的一切权利及义务。

河南省登封市人民法院于 2013 年 11 月 6 日出具（2013）登民一初字第 2752 号《民事调解书》，赵全奇所持有的蓝信有限 17.1% 股权（对应 200 万元出资额）的实际出资人为张华，赵全奇将其代持的上述股权回转给实益股东张华，同时张华应向赵全奇支付 4 万元费用。

河南省登封市人民法院于 2013 年 11 月 6 日出具（2013）登民一初字第 2753 号《民事调解书》，赵全奇所持有的蓝信有限 8.6% 股权（对应 100 万元出资额）的实际出资人为赵建州，赵全奇将其代持的 100 万元出资额回转给实益股东赵建州，同时赵建州应向赵全奇支付 2 万元费用。

河南省郑州高新技术产业开发区人民法院于 2013 年 11 月 12 日出具（2013）开民初字第 6726 号《民事调解书》、（2013）开民初字第 6727 号《民事调解书》，吕豪英所持有的蓝信有限 51.4% 股权（对应 600 万元出资额）的实际出资人为赵建州、王洪良所持有的蓝信有限 8.6% 股权（对应 100 万元出资额）的实际出资人为赵建州，吕豪英将其代持的 600 万元出资额回转给实益股东赵建州，王洪良将其代持的 100 万元出资额回转给实益股东赵建州；同时赵建州应向吕豪英支付 8 万元费用、应向王洪良支付 2 万元费用。

蓝信有限于 2013 年 11 月 28 日召开董事会作出决议，同意根据司法调解结果，将公司股权结构恢复至实际出资情况。同日，蓝信有限取得郑州高新区管委会核发的《关于同意河南蓝信科技有限公司投资人变更的批复》（郑开管文〔2013〕281 号）的同意批复，并取得换发的《中华人民共和国台港澳侨投资企业批准证书》（商外资豫府郑高字〔2011〕0008 号）。

蓝信有限于2013年12月20日完成了上述工商变更登记，取得郑州市工商行政管理局核发的《企业法人营业执照》，注册号410000100018537。登记股东由吕豪英、赵全奇、王洪良、SFML变更为赵建州、张华、SFML。

案例简析

该案例中，发行人实际控制人涉嫌以委托持股方式规避法律的强制性规定，委托方与受托方以诉讼的方式非无争议地解决委托持股问题，已对上市审核造成了不利影响。

案例：广东百合医疗科技股份有限公司（未通过）【实际控制人在发行人设立后长期委托他人持有股权】

发审会关注事项：请发行人代表说明发行人1999年设立时，黄凯表兄马立勋代黄凯持有发行人控股权的具体原因及其合理性，黄凯是否存在当时不适合担任发行人股东的情形；黄凯自发行人设立至2010年期间长期未在发行人处任职且未参与发行人业务经营，而认定黄凯为发行人实际控制人的合理性。（2）请发行人代表说明黄凯向发行人的累积出资（包括历次出资、增资及股权受让）的资金以及向发行人提供借款的资金（以下简称“上述资金”）的具体来源是否合法合规。（3）反馈意见显示，黄凯上述资金大部分来自于华晨经贸、益安贸易、宏路贸易3家企业。请发行人代表说明3企业2013~2015年实现的营业收入及净利润很低，而此前累计实现的营业收入及利润总额很高的具体原因及其合理性、真实性，华晨经贸、益安贸易的盈利水平较高而停止营业准备注销的具体原因及其合理性、真实性，宏路贸易的收入水平及盈利水平大幅下滑的具体原因及其合理性、真实性；请发行人代表结合上述情况，说明黄凯上述资金大部分来自于3家企业的真实合法性。请保荐代表人说明对上述问题的核查过程并发表核查意见。

案例简析

自 1999 年设立至 2011 年还原，发行人长达十多年的时间存在股权代持，且涉及实际控制人。根据证监会审核反馈意见，2011 年 5 月马立勋将代黄凯持有的 474 万股以 1 元/股价格转给黄凯而非无偿转让。由于实际控制人长期委托持股，同时其控制的其他企业经营数据被审核人员认为异常，委托持股对上市造成了不利影响。

案例：国金黄金股份有限公司（未通过）【发行人实际控制人长期委托员工代持关联方股权】

发审会关注事项：报告期内发行人员工代实际控制人廖斐鸣持有十余家企业，这些企业主要从事或拟从事工艺品、艺术品相关业务，且多数在 2016 年下半年才注销。请发行人代表说明：（1）有关企业的注册原因、在注册后的业务开展情况、是否存在债务纠纷、是否存在代发行人支付费用的情形、是否与发行人存在同业竞争。（2）实际控制人要求发行人员工代持股份是否履行了必要的内部程序。请保荐代表人说明：（1）对前述注销企业所履行的具体核查程序、核查方法。（2）发行人内部控制制度是否健全且被有效执行，发行人是否达到发行监管对公司独立性的基本要求，是否符合《首发管理办法》第十七条、第四十二条相关规定，并明确发表核查意见。

案例简析

本案中，发行人 2016 年 6 月向证监会申报，实际控制人委托发行人员工持有的企业在 2016 年下半年注销，长期存在委托持股，有规范性不足的嫌疑。

案例：上海广联环境岩土工程股份有限公司（未通过）【发行人历史上因持股人数较多而存在股权代持的情形】

发审会关注事项：发行人历史上存在股权多次转让，实际出资额与工商登记不一致以及股权代持情形。请发行人代表说明：（1）股权转让和清理是否履行了完备的法律程序，是否符合股权清晰的发行条件。（2）发行人是否针对可能存在的涉及股权问题的潜在法律纠纷制定切实可行的应对措施，实际控制人有无做出相关责任承担的承诺。请保荐代表人说明核查方法、过程及依据并发表核查意见。

案例简析

从 1997 年设立时即存在职工持股会代员工持股、部分经营者代经营者群体持股、个人股东代其他个人股东持股的情形，直至 2009 年清理规范。审核主要关注清理过程是否完备、合法。

案例：300630 普利制药【发行人历史上存在股权代持情形】

发审会关注事项：发行人 1996 年增资时，华海药业增资的 525 万元为替范敏华代持。请发行人代表说明：（1）代持增资是否签订协议及其主要内容。（2）华海药业的代持是否获得相应授权或批准。（3）2000 年华海药业转让 75% 股权时，作价是否公允。（4）该项代持与华海药业 2001 年招股说明书披露内容不一致的原因。（5）由华海药业代持的范敏华增资的资金来源。请保荐代表人说明对上述事项及范敏华出资真实性、合法性的核查过程并发表核查意见。

案例简析

发行人初始设立时为中外合资企业，由于当时法律不允许境内自然人持股，范敏华（发行人的实际控制人）委托作为中方股东的华海药业增资，后按照华海药业出资额及形成的债权将真实股权及增资形成的股权全部转让给范敏华控制的其他企业。由于行为较早，主观恶意小，委托持股未对发行人上市造成影响。

案例：深圳市宇驰检测技术股份有限公司（未通过）【发行人实际控制人涉嫌股权代持】

发审会关注事项：发行人多名董事、高管、员工曾在宇星科技任职。控股股东和实际控制人何雁 2000 年 9 月至申报日一直在贵州省遵义市国土资源勘测规划院工作。请发行人代表说明：(1) 发行人股东是否存在股份代持或信托持股的情形。(2) 资产、技术、业务是否有来自宇星科技的情形，是否存在纠纷或潜在纠纷；发行人及股东、客户和供应商与宇星科技是否存在关联关系。(3) 曾任职于宇星科技的人员是否存在竞业限制，何姝等自宇星科技离职后未履行竞业禁止义务是否存在纠纷或潜在纠纷。(4) 赛宝伦、深圳绿恩、格瑞斯特、华正明与宇星科技及其股东是否存在关联关系，报告期发行人与上述 4 家公司之间交易的公允性、必要性。(5) 2014 年 12 月，刘洋向何姝低价转让发行人股份的真实原因，是否存在委托持股、信托持股或其他利益安排。(6) 何雁、何姝是否签署一致行动协议，保持控制权稳定性的措施及冲突解决机制，何雁作为发行人股东的适格性。请保荐代表人说明核查依据、过程并发表明确核查意见。

案例简析

发行人实际控制人上市申报之前一直在事业单位工作，有违常理，涉嫌股权代持。

五、股权纠纷

发行人的控制权清晰并保持相对稳定为发行上市的重要条件，《首发管理办法》第十三条及《创业板首发管理办法》第十五条均规定，发行人的股权清晰，控股股东和受控股股东、实际控制人支配的股东持有的发行人股份不存在重大权属纠纷。

在控股股东和受控股股东、实际控制人支配的股东所持有的股权被其他人提起诉讼或仲裁主张权利的情况下，如果涉诉股权比例较高，一旦败诉可能导致发行人实际控制权发生变化，则会构成发行上市的法律障碍，如果涉诉股权比例较低，即使败诉也不会影响到实际控制人的控制权，则原则上不会构成发行上市的法律障碍。

在上市实务中，对于上市筹备阶段形成的控股股东、实际控制人股权争议和纠纷，保荐人、发行人律师应该对案情进行核实后判断是否属于重大的权属纠纷，以确定是否满足申报条件，如果属于对实际控制权产生影响的重大纠纷，由于不符合控制权稳定的上市条件，在结果明朗之前不宜申报；如果涉诉股权比例较低、金额较小，不会影响实际控制权，可以按照实际情况进行申报。对于上市申报之后形成的控股股东、实际控制人股权争议和纠纷，保荐人、发行人律师需要对股权纠纷的形成原因、进展进行核查和披露，并论证是否构成发行上市的法律障碍。

由于股权纠纷的诉讼、仲裁结果难以预料，审核部门通常等到争议事项的结果明朗才安排发审会审核，因此，诉讼、仲裁的存在既可能影响审核结果，也可能影响上市审核进展，争议的解决有利于尽早消除不确定性影响，从而缩短审核等待时间。

案例：300717 华信新材【审核期间控股股东过往股东对发行人实际控制人提起股权诉讼】

发审会关注事项：报告期发行人控股股东新沂市金卡基材有限公司原股东朱大胜、宋明、庄严、彭叶茂、李冠达、林新生6人（合计持有发行人控股股东设立时6%股权）对其股权转让给实际控制人李振斌等相关事项存在疑义。请发行人代表说明：（1）2011 年上述股东股权转让的价格以原始实际货币缴纳额定价的原因，是否公允，同批次股权转让价格差异很大的原因，实际控制人是否存在侵害其他股东利益的情形。（2）股东之间诉讼的最新进展情况，是否影响发行人股权的稳定。请保荐代表人发表核查意见。

案例简析

2016 年 6 月，华信新材向证监会申报。2017 年 4 月，发行人控股股东原少数股东彭叶茂等人起诉实际控制人李振斌，要求撤销其与李振斌签订的股东出资转让协议并返还股权（涉及控股股东设立时 6% 股权）。2017 年 5 月 5 日，新沂市人民法院作出一审判决，驳回原告的诉讼请求。彭叶茂、庄严、朱大胜、李冠达、林新生 5 人不服上述一审判决，分别向徐州市中级人民法院提起上诉。2017 年 6 月 28 日，江苏省徐州市中级人民法院对彭叶茂、庄严、朱大胜、李冠达、林新生 5 人分别诉李振斌股权转让纠纷案件作出二审判决，驳回上诉，维持原判决。2017 年 9 月 20 日，华信新材获得证监会发审会审核通过。2017 年 11 月 6 日，华信新材在创业板上市。该案例中，争议股权占发行人控股股东股权比例较低，不构成重大争议；此外，发审会召开之前，诉讼已审理终结，一审驳回原告诉讼请求，二审维持原判决，影响发行人股权清晰稳定的因素已经消除，因此最终未对发行人上市造成障碍。

案例：603056 德邦股份【审核期间实际控制人因发行人之外的关联企业事项而被提起诉讼】

发审会关注事项：请发行人代表说明：（1）发行人股东是否存在代持情形，是否股权明晰，是否存在法律纠纷或潜在的法律纠纷。（2）结合与原广东德邦股东易炜诉讼事项，明确说明相关司法鉴定、法院判决结果及发行人二审撤诉的原因，相关股权转让及资产转让是否存在其他潜在纠纷。请保荐代表人说明核查过程和依据，并明确发表核查意见。

案例简析

因与广东德邦（已于2011年注销）有纠纷，自然人易炜于2013年3月向广州市白云区人民法院提交《民事起诉书》，要求被告崔维星及崔维刚作为广东德邦股东赔偿原告因其在广东德邦的权益受到损害而造成的相关损失，共计11.25万元，广州市白云区人民法院受理此案（案号：（2013）穗云法民二初字第581号）。后因管辖权异议，该案件被移送至广州市花都区人民法院审理（案号：（2014）穗花法民二初字第593号）。2016年3月7日，广州市花都区人民法院出具《民事判决书》（（2014）穗花法民二初字第593号），对该起诉讼作出一审判决，内容如下：（1）崔维星、崔维刚于判决发生法律效力之日起10日内向原告易炜赔偿投资款损失10000元，并支付利息（利息的计算方式：以10000元为本金从2011年6月23日起按照中国人民银行同期贷款利率计算至付清之日止）；（2）驳回易炜其他诉讼请求。一审判决作出后，被告崔维星、崔维刚向广州市中级人民法院提起上诉；原告易炜在收到判决书之日起15日内未提起上诉。2016年11月16日，崔维星、崔维刚向上诉法院申请撤回上诉。2016年11月21日，广东省广州市花都区人民法院出具《裁判文书生效证明》（（2014）穗花法民二初字第593号），证明易炜诉被告崔维刚、崔维星，第三人朱辉英、易延海与公司有关的纠纷一案，已经审理终结，作出判决，该民事判决书已于2016年11月16日发生法律效力。2016年12月19日，崔维星依据判决结果向易炜的账户支付了案款共计21204元，其中包括投资赔偿款10000元，利息3720.43元，案件受理费284元和鉴定费7200元。

发行人于诉讼期间的2015年6月申报上市，2017年12月，上市审核获得发审会审核通过。前述诉讼指向实际控制人曾经控制的关联企业，与发行人无关，此外，涉及诉讼赔偿金额较小，在发审会审核之前诉讼已作出生效判决并已执行完毕。因此，该诉讼未对发行人上市造成障碍。

案例：002899 英派斯【审核期间发行人存在股权之诉，在证监会发审会之前一审宣判】

发审会关注事项： 请发行人代表进一步说明：（1）苏光朋诉发行人、有瑞实业股份有限公司（以下简称台湾有瑞）、海南江恒实业投资有限公司（以下简称海南江恒）股权转让纠纷一案发生的原因、诉求、进展情况，是否影响台湾有瑞与海南江恒之间股权转让的有效性和发行人股权的确定性。（2）张爱国女士遗赠、朱瑜明加赠及收购获赠发行人权益、台湾有瑞转让发行人股权是否合法合规，是否存在诉讼或纠纷；发行人是否存在其他股权诉讼或纠纷事项。（3）上述事项是否影响发行人股权清晰，是否构成本次发行上市的障碍，相关信息和风险是否已充分披露。请保荐代表人发表核查意见。

案例简析

2016 年 6 月，英派斯向证监会申报。2016 年 9 月，苏光朋向即墨市人民法院提起诉讼。由于即墨市人民法院不具有涉外案件管辖权，本案被移送至青岛市中级人民法院审理。2017 年 3 月 7 日，本案开庭审理，原告苏光朋变更诉讼请求为：（1）原告拥有被告 3 青岛英派斯健康科技股份有限公司 3.83% 股权；（2）被告 1 与被告 2 于 2011 年 12 月 20 日签订的《股权转让协议》及相应股权转让行为无效；（3）将股权变更至原告或原告指定的第三方公司名下（经法庭当庭询问，原告苏光朋确定为变更至原告名下）；（4）3 被告承担本案诉讼费。2017 年 5 月 9 日，青岛市中级人民法院对案件出具了一审判决（2017）鲁 02 民初 352 号《民事判决书》：驳回原告苏光朋的诉讼请求。2017 年 6 月 15 日，原告苏光朋向山东省高级人民法院提出上诉。2017 年 8 月 9 日，英派斯获得证监会发审会审核通过。2017 年 9 月 15 日，英派斯在中小板上市。在英派斯上市时，山东省高级人民法院尚未对该案作出判决。

案例：300743 天地数码【外部股东对发行人发行上市的议案投出反对票】

发审会关注事项： 金投智汇、钱江创投在发行人2016年6月1日召开的2016年第二次临时股东大会上就与本次发行上市的相关议案投反对票且未出具与本次发行有关的承诺，后于2017年2月25日在发行人2017年第二次临时股东大会上就相关上市议案投赞成票，并出具了与本次发行上市相关的全部承诺。请发行人代表说明，金投智汇、钱江创投2016年投反对票的原因，后来发生上述变化的过程，发行人及实际控制人是否对金投智汇、钱江创投作出补偿或其他特殊安排，是否与金投智汇、钱江创投存在与本次发行上市相关且尚未披露的协议，相关事项是否已在历次招股说明书更新中予以及时、充分披露，发行人实际控制人是否承诺，如有相关事项未予充分披露对发行人及中小投资者造成的影响和损失承担责任。请保荐代表人说明核查过程、核查依据，并发表核查意见。

案例简析

发行人于2016年6月召开临时股东大会审议上市相关议案后向证监会申报，在该次会议上，持有3.6202%股权的金投智汇与持有2%股权的钱江创投均投了反对票。2017年2月，发行人召开2017年第二次临时股东大会，金投智汇、钱江创投均在该次会议上投了赞成票。

根据发行人招股说明书，金投智汇、钱江创投在发行人2016年6月1日召开的2016年第二次临时股东大会上就与本次发行上市的相关议案投反对票的原因系双方就上市路径选择、中介机构选聘、董事提名选举存在分歧。天地数码首次公开发行股票并在创业板上市申请获得证监会受理后，公司与金投智汇、钱江创投进行了多次沟通，鉴于2016年下半年以来市场环境及监管政策均发生了较大的变化，IPO审核速度加快，并购重组审核趋紧，且天地数码经营业绩出现了较快增长，规模不断扩大，因此金投智汇、钱江创投认为天地数码在创业板申请上市符合现有监管政策及公司实际情况，在当前市场环境下，有利于发行人尽早进入资本市场，加快发行人发展速度。钱江创投、金投智汇与发行人已就上市路径选择、中介机构选聘、董事提名选举达成一致。为此，金投智汇、钱江创投经过审慎决策后支持天地数码在创业板上市，并在 2017 年 2 月 25 日发行人召开的 2017 年第二次临时股东大会上就相关上市议案投赞成票。

2017 年 11 月，发行人上市获发审会审核通过。

六、对赌协议

伴随着资本市场的繁荣发展，我国的私募股权投资也得到了长足发展，大量的投资机构参与到拟上市企业的股权投资中。根据证监会的统计数据，2017 年有 215 家 IPO 企业曾得到股权和创投基金支持，占当年全部 IPO 企业的 61%。

为了实现股权增值的投资目的，降低投资风险，投资机构在对企业进行投资时，往往要求与企业及其控股股东、实际控制人形成旨在保障投资机构利益的特别条款，例如，企业在规定的时间内未成功上市，投资机构有权要求企业及其控股股东、实际控制人按照既定的价格回购股权；又如，企业未能完成设定的利润目标，企业及其控股股东、实际控制人有义务以现金或股权的方式对投资机构进行补偿。这些指向未来的协议安排是否会发生具有不确定性，通常被形象地称为对赌协议。

虽然外部投资者与企业及其控股股东、实际控制人之间的特别条款由双方协商形成，系双方的真实意思表示，司法实践中也给予一定程度的保护，但由于股权回购、一票否决制等特别条款的存在会对公司股权结构稳定性及公司治理造成不利影响，证监会在《首发业务若干问题解答》发布之前的审核实践中不接受拟上市企业存在对赌条款。

在 2019 年 3 月 25 日发布的《首发业务若干问题解答》中，证监会对于对赌协议采取了有条件接受的态度。《首发业务若干问题解答》指引性规定：投资机构在投资发行人时约定对赌协议等类似安排的，原则上要求发行人在申报前清理，但同时满足以下要求的可以不清理：一是发行人不作为对赌协议当事人；二是对赌协议不存在可能导致公司控制权变化的约定；三是对赌协议不与市值挂钩；四是对赌协议不存在严重影响发行人持续经营能力或者其他严重影响投资者权益的情形。保荐人及发行人律师应当就对赌协议是否符合上述要求发表明确核查意见。

企业在上市筹备过程中，如果存在将发行人作为当事人的对赌协议，应该在上市申报之前予以终止，或对对赌协议进行调整，将发行人排除在当事人之外。由于终止或调整对赌协议实质性地触及了投资机构的核心利益，需要获得投资机构的配合和理解，有时甚至需要付出利益对投资机构进行补偿以换取对赌协议的解除，补偿方式可以自由多样，但不应该再次形成利益上的不确定性。

在《首发业务若干问题解答》发布之前，证监会审核时关注点主要为对赌协议是否履行完毕，如未履行完毕，是否提前予以终止，履行或终止对赌协议是否形成法律纠纷或潜在纠纷。由于《首发业务若干问题解答》发布之后理论上存在可接受的对赌协议，可以预料证监会对于对赌协议是否属于可存续的情形将予以实质性的审核判断。

在对赌协议履行完毕或提前终止并且未因此形成法律纠纷的情形下，发行人如实披露对赌协议的形成及终止过程即可，一般情形下不会影响上市。

案例：603903 中持股份【对赌方在发行人申报之前约定对赌协议附条件终止，在审核期间转为无条件终止】

发审会关注事项：请发行人代表结合历次对赌协议签署和相关条款约定情况进一步说明：（1）对赌协议的权利义务条款、违约责任以及对赌条款触发生效情形等约定情况，发行人及其相关股东和实际控制人是否存在触发对赌条款的违约情形。（2）发行人历史沿革中是否还存在未披露的含有对赌条款的相关增资及股权转让协议，目前是否存在相关对赌协议的承诺和/或其他利益安排。（3）发行人与2015年2月引进的新股东之间是否签署终止对赌条款的协议或《声明》及其主要内容，前述对赌条款的终止方式是否合法有效。（4）发行人关于对赌协议终止的说明与相关对赌股东关于附条件终止对赌协议的声明存在不一致的原因和依据，是否为附条件的终止，对赌协议是否均已清理完成，是否对发行人的股权结构产生不利影响，发行人目前的股权结构是否清晰、稳定，是否存在潜在的争议或纠纷，是否存在应披露而未披露的情形。请保荐代表人发表核查意见。

案例简析

发行人于2011年4月、2013年5月、2013年12月和2015年2月在引进外部机构投资者的过程中约定了若在限定时间内上市不成功的回购条款。2015年1月，投资者作出附条件声明，同意自声明出具之日起终止在《股份认购及增资协议》中影响公司上市的特有权利，并在公司首次公开发行被撤回、失效、否决、未被受理时自动恢复。2015年4月，发行人向证监会申报。2017年1月13日，发行人股东签署协议无条件终止对赌条款。2017年1月20日，发行人获得证监会发审会审核通过。由于发行人为中外合作企业，审核关注解除协议的生效条件是否需要履行外部程序。该案例中，对赌协议由附条件终止转为无条件终止，反映出证监会要求彻底终止的监管意图。

案例：300605 恒锋信息【对赌方在发行人申报之前约定对赌协议中止，在审核期间转为无条件终止】

发审会关注事项：报告期内发行人及其实际控制人与上海榕辉、福建新一代和中比基金3家机构签订对赌协议，约定有诸如股权回购、价值调整/业绩承诺及投资补偿、优先购买（出售）权/共同出售权、反稀释和重大决策权等对赌条款。这些协议由于首发申报材料被中国证监会受理后中止执行，但并未终止。请发行人代表说明这些协议在2016年11月29日签约终止的情况。请保荐代表人说明核查过程并发表核查意见。

案例简析

2013年、2014年发行人引进外部投资者时签署补充协议约定对赌条款，2015年4月签署协议约定在申报证监会对赌条款中止，如核准上市，终止执行，如未核准或撤回材料，恢复执行。2015年6月，发行人向证监会申报上市。2016年11月，发行人股东重新签署协议，约定对赌条款无条件终止。2016年12月，获得证监会审核通过。该案例中，对赌协议由附条件终止转为无条件终止，反映出证监会要求彻底终止的监管意图。

案例：603991 至正股份【解除对赌协议】

发审会关注事项：发行人的对赌协议的具体情况及其合法有效性，是否存在触发对赌条款的违约情形，目前存在的相关对赌协议是否已经全部终止，发行人历史沿革中是否还存在未披露的含有对赌条款的相关增资及股权转让协议，是否存在影响发行人股权结构稳定性的因素或问题，是否存在应披露未披露事项，相关信息是否充分、真实、准确披露。

案例简析

发行人先后两次引进外部投资者时签署对赌协议，2009 年引进股东时约定 3 年内未能完成上市进行回购，后按对赌协议进行了回购；2014 年引进外部投资者签署了补充协议，约定对赌条款。2015 年 4 月，发行人向证监会申报，申报时的招股说明书未提及对赌协议事项。2017 年 1 月，获得证监会发审会审核通过。在更新的招股说明书中披露了签署对赌协议情况并说明已经解除。该案例存在对赌协议履行及解除的双重情形。

案例：603136 天目湖【以支付现金补偿的形式解除对赌协议】

发审会关注事项：请发行人代表进一步说明：（1）孟广才等 6 名自然人股东与中国－比利时直接股权投资基金（以下简称中比基金）达成的利益补偿相关协议是否合法有效，是否可能导致发行人股权发生重大变化，是否存在潜在纠纷。（2）发行人 2013 年为孟广才等 6 名自然人股东提供借款用于向中比基金支付股权受让款是否履行了完备的审批决策程序，是否损害了发行人的利益，发行人与资金管理相关的内部控制制度是否健全有效。（3）孟广才等 6 名自然人股东支付给中比基金 3600 万元补偿款的资金来源及其合法性，是否存在占用发行人资金的情形。请保荐代表人发表核查意见。

案例简析

发行人引进外部投资者中比基金形成对赌条款：如在成交日后 3 年内由于公司经营业绩不符合上市要求，或由于政策原因，或因遭受相关政府部门处罚而未能在中国境内或境外证券交易市场上市，增资方有权要求公司或公司原股东以现金形式收购其所持有的股权。因触及对赌情形，中比基金股权由股东回购，但在回购时约定了中比基金再投资权利：自中比基金收到本协议项下全部股份转让价款之日起60 个月内，如果天目湖旅游或原股东拟采取下列任一行动或将发生下列任一情形的，则中比基金有权按照本协议第 5.2 款规定对天目湖旅游或相关方再次投资。为了终止中比基金再投资权利，股东与中比基金先后签署了补充协议，由股东对中比基金进行现金补偿，初始约定较高金额但包含上市成功作为条件，后经协议，调低金额在上市前支付完毕。该案例中，发行人与投资机构多次变换补偿方式，直至转为以确定的金额在上市前支付完毕的方式才为证监会最终接受。

中国 PE 对赌第一案

当年苏州工业园区海富投资有限公司与甘肃世恒有色资源再利用有限公司及其股东之间的增资纠纷案，被视为中国 PE 对赌第一案，该案自 2009 年 12 月 30 日由兰州市中级人民法院立案受理，历经一审、二审、提审，随着 2012 年 11 月 7 日最高人民法院作出提审判决，终于尘埃落定。最高人民法院对该案最终的核心判决为：投资者与目标公司本身之间的补偿条款如果使投资者可以取得相对固定的收益，则该收益会脱离目标公司的经营业绩，直接或间接地损害公司利益和公司债权人利益，故应认定无效；但目标公司股东对投资者的补偿承诺不违反法律法规的禁止性规定，是有效的。在合同约定的补偿条件成立的情况下，根据合同当事人意思自治、诚实信用的原则，引资者应信守承诺，投资者应当得到约定的补偿。

最高人民法院
民事判决书

（2012）民提字第11号

申请再审人（一审被告、二审被上诉人）：甘肃世恒有色资源再利用有限公司。住所地：甘肃省定西市安定区凤翔镇友谊村。

法定代表人：陆波，该公司总经理。

委托代理人：孙赓，甘肃德合律师事务所律师。

申请再审人（一审被告、二审被上诉人）：香港迪亚有限公司。住所地：香港特别行政区尖沙咀九龙广东道7号新电信中心705室。

法定代表人：陆波，该公司总经理。

委托代理人：孙赓，甘肃德合律师事务所律师。

被申请人（一审原告、二审上诉人）：苏州工业园区海富投资有限公司。住所地：江苏省苏州工业园区唯亭镇星澄路9号青剑湖商业广场B-216号。

法定代表人：张亦斌，该公司执行董事。

委托代理人：计静怡，北京市法大律师事务所律师。

委托代理人：涂海涛，北京市法大律师事务所律师。

一审被告、二审被上诉人：陆波，女，汉族，1963年1月24日出生，住上海市杨浦区，现住甘肃省定西市安定区。

委托代理人：孙赓，甘肃德合律师事务所律师。

申请再审人甘肃世恒有色资源再利用有限公司（以下简称世恒公司）、香港迪亚有限公司（以下简称迪亚公司）为与被申请人苏州工业园区海富投资有限公司（以下简称海富公司）、陆波增资纠纷一案，不服甘肃省高级人民法院（2011）甘民二终字第96号民事判决，向本院申请再审。本院以（2011）民申字第1522号民事裁定书决定提审本案，并依法组成合议庭于2012年4月10日公开开庭进行了审理。世恒公司、迪亚公司、陆波的委托代理人孙赓，海富公司的委托代理人计静怡到庭参加了诉讼，本案现已审理终结。

2009年12月30日，海富公司诉至兰州市中级人民法院，请求判令世恒公司、迪亚公司和陆波向其支付协议补偿款1998.2095万元并承担本案诉讼费及其他费用。

甘肃省兰州市中级人民法院一审查明：2007年11月1日前，甘肃众星锌业有限公司（以下简称众星公司）、海富公司、迪亚公司、陆波共同签订一份《甘肃众星锌业有限公司增资协议书》（以下简称《增资协议书》），约定：众星公司注册资本为384万美元，迪亚公司占投资的100%。各方同意海富公司以现金2000万元人民币对众星公司进行增资，占众星公司增资后注册资本的3.85%，迪亚公司占96.15%。依据协议内容，迪亚公司与海富公司签订合营企业合同及修订公司章程，并于合营企业合同及修订后的章程批准之日起10日内一次性将认缴的增资款汇入众星公司指定的账户。合营企业合同及修订后的章程，在报经政府主管部门批准后生效。海富公司在履行出资义务时，陆波承诺于2007年12月31日之前将四川省峨边县五渡牛岗铅锌矿过户至众星公司名下。募集的资金主要用于以下项目：（1）收购甘肃省境内的一个年产能大于1.5万吨的锌冶炼厂；（2）开发四川省峨边县牛岗矿山；（3）投入500万元用于循环冶炼技术研究。第七条特别约定第一项：本协议签订后，众星公司应尽快成立“公司改制上市工作小组”，着手筹备安排公司改制上市的前期准备工作，工作小组成员由股东代表和主要经营管理人员组成。协议各方应在条件具备时将公司改组成规范的股份有限公司，并争取在境内证券交易所发行上市。第二项业绩目标约定：众星公司2008年净利润不低于3000万元人民币。如果众星公司2008年实际净利润完不成3000万元，海富公司有权要求众星公司予以补偿，如果众星公司未能履行补偿义务，海富公司有权要求迪亚公司履行补偿义务。补偿金额＝（1－2008年实际净利润/3000万元）×本次投资金额。第四项股权回购约定：如果至2010年10月20日，由于众星公司的原因造成无法完成上市，则海富公司有权在任一时刻要求迪亚公司回购届时海富公司持有之众星公司的全部股权，迪亚公司应自收到海富公司书面通知之日起180日内按以下约定回购金额向海富公司一次性支付全部价款。若自2008年1月1日起，众星公司的净资产年化收益率超过10%，则迪亚公司回购金额为海富公司所持众星公司股份对应的所有者权益账面价值；若自2008年1月1日起，众星公司的净资产年化收益率低于10%，则迪亚公司回购金额为（海富公司的原始投资金额－补偿金额）×（10%×投资天数/360）。此外，还规定了信息披露约定、违约责任等，还约定该协议自各方授权代表签字并加盖了公章，与协议文首注明之签署日期生效。协议未作规定或约定不详之事宜，应参照经修改后的众星公司章程及股东间的投资合同（若有）办理。

2007年11月1日，海富公司、迪亚公司签订《中外合资经营甘肃众星锌业有限公司合同》（以下简称《合资经营合同》），有关约定为：众星公司增资扩股将注册资本增加至399.38万美元，海富公司决定受让部分股权，将众星公司由外资企业变更为中外合资经营企业。在合资公司的设立部分约定，合资各方以其各自认缴的合资公司注册资本出资额或者提供的合资条件为限对合资公司承担责任。海富公司出资15.38万美元，占注册资本的3.85%；迪亚公司出资384万美元，占注册资本的96.15%。海富公司应于本合同生效后10日内一次性向合资公司缴付人民币2000万元，超过其认缴的合资公司注册资本的部分，计入合资公司资本公积金。在第六十八条、第六十九条关于合资公司利润分配部分约定：合资公司依法缴纳所得税和提取各项基金后的利润，按合资方各持股比例进行分配。合资公司上一个会计年度亏损未弥补前不得分配利润。上一个会计年度未分配的利润，可并入本会计年度利润分配。还规定了合资公司合资期限、解散和清算事宜。还特别约定：合资公司完成变更后，应尽快成立"公司改制上市工作小组"，着手筹备安排公司改制上市的前期准备工作，工作小组成员由股东代表和主要经营管理人员组成。合资公司应在条件具备时改组成立为股份有限公司，并争取在境内证券交易所发行上市。如果至2010年10月20日，由于合资公司自身的原因造成无法完成上市，则海富公司有权在任一时刻要求迪亚公司回购届时海富公司持有的合资公司的全部股权。合同于审批机关批准之日起生效。《中外合资经营甘肃众星锌业有限公司章程》（以下简称《公司章程》）第六十二条、第六十三条与《合资经营合同》第六十八条、第六十九条内容相同。之后，海富公司依约于2007年11月2日缴存众星公司银行账户人民币2000万元，其中新增注册资本114.7717万元，资本公积金1885.2283万元。2008年2月29日，甘肃省商务厅甘商外资字〔2008〕79号文件《关于甘肃众星锌业有限公司增资及股权变更的批复》同意增资及股权变更，并批准"投资双方于2007年11月1日签订的增资协议、合资企业合营合同和章程从即日起生效"。随后，众星公司依据该批复办理了相应的工商变更登记。2009年6月，众星公司依据该批复办理了相应的工商变更登记。2009年6月，众星公司经甘肃省商务厅批准，到工商部门办理了名称及经营范围变更登记手续，名称变更为甘肃世恒有色资源再利用有限公司。另据二商年检报告登记记载，众星公司2008年度生产经营利润总额26858.13元，净利润26858.13元。

一审法院认为，根据双方的诉辩意见，案件的争议焦点为：(1)《增资协议书》第七条第二项内容是否具有法律效力；(2)如果有效，世恒公司、迪亚公司、陆波应否承担补偿责任。

经审查，《增资协议书》系双方真实意思表示，但第七条第二项内容即世恒公司 2008 年实际净利润完不成 3000 万元，海富公司有权要求世恒公司补偿的约定，不符合《中华人民共和国中外合资经营企业法》第八条关于企业利润根据合营各方注册资本的比例进行分配的规定，同时，该条规定与《公司章程》的有关条款不一致，也损害公司利益及公司债权人的利益，不符合《中华人民共和国公司法》第二十条第一款的规定。因此，根据《中华人民共和国合同法》第五十二条第五项的规定，该条由世恒公司对海富公司承担补偿责任的约定违反了法律、行政法规的强制性规定，该约定无效，故海富公司依据该条款要求世恒公司承担补偿责任的诉请，依法不能支持。由于海富公司要求世恒公司承担补偿责任的约定无效，因此，海富公司要求世恒公司承担补偿责任失去了前提依据。同时，《增资协议书》第七条第二项内容与《合资经营合同》中相关约定内容不一致，依据《中华人民共和国中外合资经营企业法实施条例》第十条第二款的规定，应以《合资经营合同》内容为准，故海富公司要求迪亚公司承担补偿责任的依据不足，依法不予支持。陆波虽是世恒公司的法定代表人，但其在世恒公司的行为代表的是公司行为利益，并且《增资协议书》第七条第二项内容中，并没有关于由陆波个人承担补偿义务的约定，故海富公司要求陆波个人承担补偿责任的诉请无合同及法律依据，依法应予驳回。至于陆波未按照承诺在 2007 年 12 月 31 日之前将四川省峨边县五渡牛岗铅锌矿过户至世恒公司名下，涉及对世恒公司及其股东的违约问题，不能成为本案陆波承担补偿责任的理由。

综上，一审法院认为海富公司的诉请依法不能支持，世恒公司、迪亚公司、陆波不承担补偿责任的抗辩理由成立。依照《中华人民共和国合同法》第五十二条第五项，《中华人民共和国公司法》第六条第二款、第二十条第一款，《中华人民共和国中外合资经营企业法》第二条第一款、第二款、第三条，《中华人民共和国中外合资经营企业法实施条例》第十条第二款之规定，该院于 2010 年 12 月 31 日作出（2010）兰法民三初字第 71 号民事判决，驳回海富公司的全部诉讼请求。

海富公司不服一审判决，向甘肃省高级人民法院提起上诉。

二审查明的事实与一审一致。

二审法院认为：当事人争议的焦点为《增资协议书》第七条第二项是否具有法律效力。本案中，海富公司与世恒公司、迪亚公司、陆波 4 方签订的协议书虽名为《增资协议书》，但纵观该协议书全部内容，海富公司支付 2000 万元的目的并非仅享有世恒公司 3.85% 的股权（计 15.38 万美元，折合人民币 114.771 万元），期望世恒公司经股份制改造并成功上市后，获取增值的股权价值才是其缔结协议书并出资的核心目的。基于上述投资目的，海富公司等 4 方当事人在《增资协议书》第七条第二项就业绩目标进行了约定，即“世恒公司 2008 年净利润不低于 3000 万元，海富公司有权要求世恒公司予以补偿，如果世恒公司未能履行补偿义务，海富公司有权要求迪亚公司履行补偿义务。补偿金额 =（1 – 2008 年实际净利润/3000 万元）× 本次投资金额”。4 方当事人就世恒公司 2008 年净利润不低于 3000 万元人民币的约定，仅是对目标企业盈利能力提出要求，并未涉及具体分配事宜；且约定利润如实现，世恒公司及其股东均能依据《中华人民共和国公司法》《合资经营合同》《公司章程》等相关规定获得各自相应的收益，也有助于债权人利益的实现，故并不违反法律规定。而 4 方当事人就世恒公司 2008 年实际净利润完不成 3000 万元，海富公司有权要求世恒公司及迪亚公司以一定方式予以补偿的约定，则违反了投资领域风险共担的原则，使得海富公司作为投资者不论世恒公司经营业绩如何，均能取得约定收益而不承担任何风险。参照最高人民法院《关于审理联营合同纠纷案件若干问题的解答》第四条第二项关于“企业法人、事业法人作为联营一方向联营体投资，但不参加共同经营，也不承担联营的风险责任，不论盈亏均按期收回本息，或者按期收取固定利润的，是明为联营，实为借贷，违反了有关金融法规，应当确认合同无效”之规定，《增资协议书》第七条第二项部分该约定内容，因违反《中华人民共和国合同法》第五十二条第五项之规定应认定无效。海富公司除已计入世恒公司注册资本的 114.771 万元外，其余 1885.2283 万元资金性质应属名为投资，实为借贷。虽然世恒公司与迪亚公司的补偿承诺亦归于无效，但海富公司基于对其承诺的合理依赖而缔约，故世恒公司、迪亚公司对无效的法律后果应负主要过错责任。根据《中华人民共和国合同法》第五十八条之规定，世恒公司与迪亚公司应共同返还海富公司 1885.2283 万元及占用期间的利息，因海富公司对于无效的法律后果亦有一定过错，如按同期银行贷款利率支付利息不能体现其应承担的过错责任，故世恒公司与迪亚公司应按同期银行定期存款利率计付利息。

因陆波个人并未就《增资协议书》第七条第二项所涉补偿问题向海富公司作出过承诺，且其是否于 2007 年 12 月 31 日之前将四川省峨边县五渡牛岗铅锌矿过户至世恒公司名下与本案不属同一法律关系，故海富公司要求陆波承担补偿责任的诉请无事实及法律依据，依法不予支持。

关于世恒公司、迪亚公司、陆波在答辩中称《增资协议书》已被之后由海富公司与迪亚公司签订的《合资经营合同》取代，《增资协议书》第七条第二项对各方已不具有法律约束力的主张。因《增资协议书》与《合资经营合同》缔约主体不同，各自约定的权利义务也不一致，且2008年2月29日，在甘肃省商务厅甘商外资字〔2008〕79号《关于甘肃众星锌业有限公司增资及股权变更的批复》中第二条中明确载明“投资双方2001年11月1日签订的增资协议、合资企业合营合同和章程从即日起生效”。故其抗辩主张不予支持。该院认为一审判决认定部分事实不清，导致部分适用法律不当，应予纠正。依照《中华人民共和国民事诉讼法》第一百五十三条第二项、第三项、第一百五十八条之规定，该院判决：(1) 撤销兰州市中级人民法院（2010）兰法民三初字第71号民事判决；(2) 世恒公司、迪亚公司于判决生效后30日内共同返还海富公司1885.2283万元及利息（自2007年11月3日起至付清之日止按照中国人民银行同期银行定期存款利率计算）。世恒公司、迪亚公司不服甘肃省高级人民法院（2011）甘民二终字第96号民事判决，向本院申请再审，请求裁定再审，撤销二审判决，维持一审判决。理由是：(1) 海富公司的诉讼请求是要求世恒公司、迪亚公司和陆波支付利润补偿款19982095元，没有请求将计入合资公司资本金的18852283元及利息返还。因此二审判决判令世恒公司、迪亚公司共同返还18852283元及利息超出了海富公司的诉讼请求和上诉请求，程序违法。同时，18852283元及利息已超过2200万元，明显超出诉讼标的。(2) 二审判决将海富公司缴付并计入合资公司资本公积金的18852283元认定为“名为投资实为借贷”，没有证据证明，也违反法律规定。(3) 二审判决参照最高人民法院《关于审理联营合同纠纷案件若干问题的解答》，适用法律错误。海富公司与迪亚公司、世恒公司之间不存在联营关系。(4)《合资经营合同》第九十七条约定：该合同取代双方就上述交易事宜做出的任何口头或书面的协议、合同、陈述和谅解。所以《增资协议书》对各方已不具有约束力。迪亚公司并未依照《增资协议书》第7.2条或《合资经营合同》取得任何款项，判令迪亚公司承担共同返还本息的责任没有事实根据。

海富公司答辩称：(1)《增资协议书》是4方当事人为达到上市目的而签订的融资及股份制改造一揽子协议书，不是《合资经营合同》所能容纳得了的。(2) 二审法院判令世恒公司和迪亚公司返还的是股本金之外的有特别用途的溢价款，不涉及抽逃出资问题。(3) 陆波在《增资协议书》中只代表其个人，是合同当事人的个人行为，因其违反《增资协议书》的约定应承担补偿责任。(4) 陆波的行为涉嫌刑事犯罪，其采取虚报注册资本的手段诱使海富公司误信其公司的经济实力，骗取海富公司资金。请求调取证据查证事实或将此案移交公安机关侦查。

本院审查查明的事实与一、二审查明的事实一致。

本院认为：2009 年 12 月，海富公司向一审法院提起诉讼时的诉讼请求是请求判令世恒公司、迪亚公司、陆波向其支付协议补偿款 19982095 元并承担本案诉讼费用及其他费用，没有请求返还投资款。因此二审判决判令世恒公司、迪亚公司共同返还投资款及利息超出了海富公司的诉讼请求，是错误的。

海富公司作为企业法人，向世恒公司投资后与迪亚公司合资经营，故世恒公司为合资企业。世恒公司、海富公司、迪亚公司、陆波在《增资协议书》中约定，如果世恒公司实际净利润低于 3000 万元，则海富公司有权从世恒公司处获得补偿，并约定了计算公式。这一约定使得海富公司的投资可以取得相对固定的收益，该收益脱离了世恒公司的经营业绩，损害了公司利益和公司债权人利益，一审法院、二审法院根据《中华人民共和国公司法》第二十条和《中华人民共和国中外合资经营企业法》第八条的规定认定《增资协议书》中的这部分条款无效是正确的。但二审法院认定海富公司 18852283 元的投资名为联营实为借贷，并判决世恒公司和迪亚公司向海富公司返还该笔投资款，没有法律依据，本院予以纠正。

《增资协议书》中并无由陆波对海富公司进行补偿的约定，海富公司请求陆波进行补偿，没有合同依据。此外，海富公司称陆波涉嫌犯罪，没有证据证明，本院对该主张亦不予支持。

但是，在《增资协议书》中，迪亚公司对于海富公司的补偿承诺并不损害公司及公司债权人的利益，不违反法律法规的禁止性规定，是当事人的真实意思表示，是有效的。迪亚公司对海富公司承诺了众星公司 2008 年的净利润目标并约定了补偿金额的计算方法。在众星公司 2008 年的利润未达到约定目标的情况下，迪亚公司应当依约应海富公司的请求对其进行补偿。迪亚公司对海富公司请求的补偿金额及计算方法没有提出异议，本院予以确认。

根据海富公司的诉讼请求及本案《增资协议书》中部分条款无效的事实，本院依照《中华人民共和国合同法》第六十条、《中华人民共和国民事诉讼法》第一百五十三条第一款第二项、第一百八十六条的规定，判决如下：

1. 撤销甘肃省高级人民法院（2011）甘民二终字第 96 号民事判决。

2. 本判决生效后30日内，迪亚公司向海富公司支付协议补偿款19982095元。如未按本判决指定的期间履行给付义务，则按《中华人民共和国民事诉讼法》第二百二十九条的规定，加倍支付延迟履行期间的债务利息。

3. 驳回海富公司的其他诉讼请求。

一审案件受理费155612.3元、财产保全费5000元、法院邮寄费700元、二审案件受理费155612.3元，合计316924.6元，均由迪亚公司负担。

本判决为终审判决。

审　判　长　陆效龙
审　判　员　杨兴业
代理审判员　杨弘磊
二〇一二年十一月七日
书　记　员　许英林

七、员工股权激励

对于企业来说，让员工以较低的价格入股可以在不增加现金支出以及税务成本的情况下起到激励员工的作用，从而保持经营管理层和核心员工的稳定性，对于员工来说，一旦公司成功上市，持有的股权将获得很大的增值，因此股权激励可以达到双赢的效果，有利于强化企业和员工的共同利益基础，为越来越多的企业所接受。

员工股权激励已成为上市实践中常见的情形，为此，证监会在《创业板招股说明书准则》中规定了股权激励的披露要求：发行人应披露正在执行的对其董事、监事、高级管理人员、其他核心人员、员工实行的股权激励（如员工持股计划、限制性股票、股票期权）及其他制度安排和执行情况。

按照《企业会计准则第11号——股份支付》的规定，企业为获取职工和供应商、客户等相关方提供服务而授予权益工具或承担以权益工具为基础确定的负债的交易，在编制申报会计报表时应进行处理。确认股份支付费用时，对增资或受让的股份立即授予或转让完成且没有明确约定服务期等限制条件的，原则上应当一次性计入发生当期，并作为偶发事项计入非经常性损益。对设定服务期等限制条件的股份支付，股份支付费用可采用恰当的方法在服务期内进行分摊，并计入经常性损益。

因此，报告期内实施过员工股权激励的拟上市企业需要披露员工股权激励的实施情况，如激励对象及其所任职务、认缴份额及其资金来源，构成股份支付的，需要按照规定进行会计处理。

在上市实践中，对于拟上市企业的员工股权激励应注意如下事项：

1. 股权激励的真实性与合理性。股权激励的授予方一般是发行人或其控股股东、实际控制人，激励对象为发行人及其控股子公司的员工。保荐人、发行人律师在核查时需要关注发行人是否存在假借股权激励实施利益输送的行为。在核查时注意激励对象获得的激励份额是否与其入职时间、岗位层级相匹配，与其他激励对象之间是否存在不合理的差异；激励对象是否已实际支付了股权款，是否存在由发行人或其控股股东、实际控制人及其关联方支付款项的情形。

2. 是否构成股份支付。一般情形下，报告期内以明显低于公允价的价格增资或受让股权的方式成为股东且具有员工身份，即符合股权激励的特征，应该按照股份支付处理，但如果确有充分证据表明股份获取与提供服务无关而是与其他交易实质相关，则可以将该种情形排除在股权激励之外，相应地不按照股份支付进行会计处理，例如：解决股份代持等规范措施导致股份变动，家族内部财产分割、继承、赠与等非交易行为导致股权变动，资产重组、业务并购、持股方式转换、向原股东同比例配售新股等导致股权变动等一般无须作为股份支付处理。

3. 公允价的确定依据。在按照股份支付进行会计处理时，公允价值的确定极其重要。在确定公允价值时，可合理考虑入股时间阶段、业绩基础与变动预期、市场环境变化、行业特点及市盈率与市净率等因素的影响；可优先参考熟悉情况并按公平原则自愿交易的各方最近达成的入股价格或相似股权价格确定公允价值，如近期合理的外部投资者入股价；也可采用恰当的估值技术确定公允价值，但要避免采取有争议的、结果显失公平的估值技术或公允价值确定方法，如明显增长预期下按照成本法评估的每股净资产价值或账面净资产。

上市审核中，审核人员主要关注发行人的员工股权激励是否存在不真实、不合理的情形，以及股份支付的会计处理是否符合《企业会计准则》的规定。

值得注意的是，近年来证监会对于股份支付的把握有扩大化倾向，证监会发行监管部在《首发业务若干问题解答》中扩大了股份支付的两种适用情形：(1) 对于报告期前的股份支付事项，如对期初未分配利润造成重大影响，也应考虑是否适用《企业会计准则第 11 号——股份支付》。（2）对于为发行人提供服务的实际控制人/老股东以低于股份公允价值的价格增资入股事宜，如果根据增资协议，并非所有股东均有权按各自原持股比例获得新增股份，对于实际控制人/老股东超过其原持股比例而获得的新增股份，应属于股份支付；如果增资协议约定，所有股东均有权按各自原持股比例获得新增股份，但股东之间转让新增股份受让权且构成集团内股份支付，导致实际控制人/老股东超过其原持股比例获得的新增股份，也属于股份支付。

因此，对于筹备上市的企业，不仅需要考虑员工持股计划引起的股份支付，也要考虑股东未按照持股比例进行增资引起的股份支付，据此评估股份支付对于发行人财务数据的影响。

案例：龙利得包装印刷股份有限公司（未通过）【审核关注股权激励真实性】

发审会关注事项：2017 年 2 月，无锡浚源将其于 2016 年下半年认购的 140 万股按照成本价 3.3 元/股转让给了吴献忠。请发行人代表说明：（1）无锡浚源向吴献忠转让股份的原因及合理性，无锡浚源的股东或出资人是否与吴献忠存在关联关系；该转让是否损害了无锡浚源股东的利益，是否存在股权纠纷或潜在的纠纷。（2）作为对吴献忠的股权激励，未由发行人、控股股东授予股份是否具有合理性，是否存在发行人及其控股股东与无锡浚源及其关联方的其他利益安排，股份支付公允价值的确定是否合理。请保荐代表人说明核查的方法、过程，并发表明确核查意见。

案例简析

激励股权非由发行人及其控股股东授予，而是来自于其他股东，真实性、合理性存疑。

案例：山东玻纤集团股份有限公司（未通过）【审核关注员工入股不做股份支付的合理性】

发审会关注事项：发行人股东鼎顺创投是公司员工的持股平台，2013年、2015年两次对发行人增资。请发行人代表进一步分析说明不做股份支付的原因，是否符合相关法律法规的规定；原先形成股权代持的原因和清理情况，是否仍存在代持情况，是否存在潜在的法律纠纷。董事、监事、高级管理人员出资鼎顺创投的资金来源是否由发行人或关联方提供融资或担保，与董事、监事、高级管理人员收入是否匹配。请保荐代表人说明核查依据及过程，并发表明确意见。

案例简析

发行人存在员工入股的情形，但未做股份支付，合理性存疑。

案例：稳健医疗用品股份有限公司（未通过）【审核关注未选取外部投资者入股价格而是另行评估作为股份支付公允价的合理性】

发审会关注事项：2014年7月1日、2014年7月28日，发行人员工持股平台通过增资和受让发行人控股股东稳健集团有限公司股份实施员工激励，增资和转让对应每注册资本价格分别为4.69元和4.68元，2014年11月红杉信远增资价格为16.79元，前后两次转让价格差异悬殊。发行人按照每股评估单价4.91元为基础确认股份支付费用。请发行人代表进一步说明前后两次转让价格差异巨大的主要原因和商业合理性，并说明与该等相关的股份支付费用的确认是否合理。请保荐代表人说明核查方法、核查过程和依据，并发表核查意见。

案例简析

发行人 2014 年 7 月实施员工持股的价格为 4.69 元，2014 年 11 月引进外部投资者增资价格为 16.79 元，价格悬殊，发行人按照评估价 4.91 元作为基础确认股份支付费用，有做低股份支付的嫌疑，公允价值选取的合理性存疑。

案例：300620 光库科技【审核期间将股份支付的公允价由评估值更改为相近时点外部投资者增资入股价格】

发审会关注事项：报告期内发行人针对员工实施了股权激励，股份支付公允价值依据 2014 年 12 月 31 日经评估的发行人股权价值确定。2015 年 5 月 8 日，光库科技股本由 6000 万元增加至 6600 万元，新增股本由新股东江苏万鑫和深圳奥特能以货币资金认缴，此次新增股份的价格为每股 3.18 元。请发行人代表结合前述增资的情况进一步说明股份支付公允价值的确认依据。

案例简析

本案中，发行人申报时以评估值作为股份支付公允价值，后更改为以外部投资者增资入股价格作为股份支付公允价值，发行人初次选取的供应价值合理性存疑。

案例：603659 璞泰来【股份支付的公允价以评估确定，第一次评估值偏低，后追溯评估，调高公允价】

发审会关注事项：请发行人代表进一步说明：（1）2015 年 8 月公司进行股份支付会计处理时公允价格的确定依据、收益法相关参数指标具体情况以及合理性和公允性。（2）对 2015 年 8 月股份支付进行差错更正的理由和依据，对会计报表的影响，履行的批准程序，相关的内部控制制度及其有效执行情况。请保荐代表人发表核查意见。

案例简析

2015年8月实施员工激励，当时公司价值评估为23599万元，据此按照股份支付处理确认管理费用242.63万元。2016年6月，申报证监会。2017年7月，发行人委托其他评估机构追溯评估，当时公司价值评估为105892.84万元，据此按照股份支付处理确认管理费用2796万元。2017年8月，发行人过会。说明：（1）股权激励发生时评估值过低，未得到证监会认可；（2）将同期增资的创始人股东排除在股权激励之外得到认可。

案例：603233大参林【因重组而导致股权转让，未按照股份支付处理】

> **请发行人代表进一步说明：**（1）公司2015年7月收购顺德大参林、江门大参林和漯河大参林等子公司少数股东股权价格的公允性。（2）公司实际控制人以每股1.9元的价格将3064.752万股股份转让给刘景荣、黄卫、宋茗、明晓晖、陈杰等自然人，股份转让价格是否公允，对刘景荣和陈杰的股权转让是否需要按照股份支付处理，是否符合《企业会计准则》的规定。（3）上述两次交易是否为一揽子交易以及交易目的、交易实质，是否需要按照税法规定计缴相关个人所得税，实际控制人是否具有税收违法风险。请保荐代表人发表核查意见。

案例简析

发行人收购控股子公司小股东的股权，同时向小股东转让发行人股份，收购和转让的价格均参照净资产，与换取服务的股权激励性质不同，不用按照股份支付处理。

案例：300726 宏达电子【审核关注股权激励的纳税问题】

发审会关注事项：2015 年 12 月 7 日，株洲宏瑞、株洲宏明、天津宏湘等股东向公司增资，每股价格 2.85 元；2015 年 12 月 17 日，天津宏津等股东向公司增资，每股价格 5.85 元。公司在 2015 年、2016 年确认了与股份支付相关的费用，但在进行所得税汇算清缴时没有做纳税调整。请发行人代表说明股份支付及其纳税调整情况。请保荐代表人说明核查意见。

案例简析

发行人报告期内实施股权激励并按股份支付确认管理费用，在所得税汇算清缴时没有进行纳税调整，存在补缴纳税的税务风险。

有关股权激励的财务与税务规定：

1. **《企业会计准则第 11 号—股份支付》**（财政部于 2006 年 2 月 15 日以财政部令第 33 号发布，自 2007 年 1 月 1 日起施行）

企业会计准则第 11 号——股份支付

第一章　总则

第一条　为了规范股份支付的确认、计量和相关信息的披露，根据《企业会计准则——基本准则》，制定本准则。

第二条　股份支付，是指企业为获取职工和其他方提供服务而授予权益工具或者承担以权益工具为基础确定的负债的交易。

股份支付分为以权益结算的股份支付和以现金结算的股份支付。

以权益结算的股份支付，是指企业为获取服务以股份或其他权益工具作为对价进行结算的交易。

以现金结算的股份支付，是指企业为获取服务承担以股份或其他权益工具为基础计算确定的交付现金或其他资产义务的交易。

本准则所指的权益工具是企业自身权益工具。

第三条　下列各项适用其他相关会计准则：

（一）企业合并中发行权益工具取得其他企业净资产的交易，适用《企业会计准则第 20 号——企业合并》。

（二）以权益工具作为对价取得其他金融工具等交易，适用《企业会计准则第 22 号——金融工具确认和计量》。

第二章　以权益结算的股份支付

第四条　以权益结算的股份支付换取职工提供服务的，应当以授予职工权益工具的公允价值计量。

权益工具的公允价值，应当按照《企业会计准则第 22 号——金融工具确认和计量》确定。

第五条　授予后立即可行权的换取职工服务的以权益结算的股份支付，应当在授予日按照权益工具的公允价值计入相关成本或费用，相应增加资本公积。

授予日，是指股份支付协议获得批准的日期。

第六条　完成等待期内的服务或达到规定业绩条件才可行权的换取职工服务的以权益结算的股份支付，在等待期内的每个资产负债表日，应当以对可行权权益工具数量的最佳估计为基础，按照权益工具授予日的公允价值，将当期取得的服务计入相关成本或费用和资本公积。

在资产负债表日，后续信息表明可行权权益工具的数量与以前估计不同的，应当进行调整，并在可行权日调整至实际可行权的权益工具数量。

等待期，是指可行权条件得到满足的期间。

对于可行权条件为规定服务期间的股份支付，等待期为授予日至可行权日的期间；对于可行权条件为规定业绩的股份支付，应当在授予日根据最可能的业绩结果预计等待期的长度。

可行权日，是指可行权条件得到满足、职工和其他方具有从企业取得权益工具或现金的权利的日期。

第七条　企业在可行权日之后不再对已确认的相关成本或费用和所有者权益总额进行调整。

第八条　以权益结算的股份支付换取其他方服务的，应当分别下列情况处理：

（一）其他方服务的公允价值能够可靠计量的，应当按照其他方服务在取得日的公允价值，计入相关成本或费用，相应增加所有者权益。

（二）其他方服务的公允价值不能可靠计量但权益工具公允价值能够可靠计量的，应当按照权益工具在服务取得日的公允价值，计入相关成本或费用，相应增加所有者权益。

第九条 在行权日，企业根据实际行权的权益工具数量，计算确定应转入实收资本或股本的金额，将其转入实收资本或股本。

行权日，是指职工和其他方行使权利、获取现金或权益工具的日期。

第三章　以现金结算的股份支付

第十条 以现金结算的股份支付，应当按照企业承担的以股份或其他权益工具为基础计算确定的负债的公允价值计量。

第十一条 授予后立即可行权的以现金结算的股份支付，应当在授予日以企业承担负债的公允价值计入相关成本或费用，相应增加负债。

第十二条 完成等待期内的服务或达到规定业绩条件以后才可行权的以现金结算的股份支付，在等待期内的每个资产负债表日，应当以对可行权情况的最佳估计为基础，按照企业承担负债的公允价值金额，将当期取得的服务计入成本或费用和相应的负债。

在资产负债表日，后续信息表明企业当期承担债务的公允价值与以前估计不同的，应当进行调整，并在可行权日调整至实际可行权水平。

第十三条 企业应当在相关负债结算前的每个资产负债表日以及结算日，对负债的公允价值重新计量，其变动计入当期损益。

第四章　披露

第十四条 企业应当在附注中披露与股份支付有关的下列信息：

（一）当期授予、行权和失效的各项权益工具总额。

（二）期末发行在外的股份期权或其他权益工具行权价格的范围和合同剩余期限。

（三）当期行权的股份期权或其他权益工具以其行权日价格计算的加权平均价格。

（四）权益工具公允价值的确定方法。

企业对性质相似的股份支付信息可以合并披露。

第十五条 企业应当在附注中披露股份支付交易对当期财务状况和经营成果的影响，至少包括下列信息：

（一）当期因以权益结算的股份支付而确认的费用总额。

（二）当期因以现金结算的股份支付而确认的费用总额。

（三）当期以股份支付换取的职工服务总额及其他方服务总额。

2.《财政部、国家税务总局关于完善股权激励和技术入股有关所得税政策的通知》（2016年9月20日 财税〔2016〕101号）

各省、自治区、直辖市、计划单列市财政厅（局）、国家税务局、地方税务局，新疆生产建设兵团财务局：

为支持国家大众创业、万众创新战略的实施，促进我国经济结构转型升级，经国务院批准，现就完善股权激励和技术入股有关所得税政策通知如下：

一、对符合条件的非上市公司股票期权、股权期权、限制性股票和股权奖励实行递延纳税政策

（一）非上市公司授予本公司员工的股票期权、股权期权、限制性股票和股权奖励，符合规定条件的，经向主管税务机关备案，可实行递延纳税政策，即员工在取得股权激励时可暂不纳税，递延至转让该股权时纳税；股权转让时，按照股权转让收入减除股权取得成本以及合理税费后的差额，适用"财产转让所得"项目，按照20%的税率计算缴纳个人所得税。

股权转让时，股票（权）期权取得成本按行权价确定，限制性股票取得成本按实际出资额确定，股权奖励取得成本为零。

（二）享受递延纳税政策的非上市公司股权激励（包括股票期权、股权期权、限制性股票和股权奖励，下同）须同时满足以下条件：

1. 属于境内居民企业的股权激励计划。

2. 股权激励计划经公司董事会、股东（大）会审议通过。未设股东（大）会的国有单位，经上级主管部门审核批准。股权激励计划应列明激励目的、对象、标的、有效期、各类价格的确定方法、激励对象获取权益的条件、程序等。

3. 激励标的应为境内居民企业的本公司股权。股权奖励的标的可以是技术成果投资入股到其他境内居民企业所取得的股权。激励标的股票（权）包括通过增发、大股东直接让渡以及法律法规允许的其他合理方式授予激励对象的股票（权）。

4. 激励对象应为公司董事会或股东（大）会决定的技术骨干和高级管理人员，激励对象人数累计不得超过本公司最近6个月在职职工平均人数的30%。

5. 股票（权）期权自授予日起应持有满3年，且自行权日起持有满1年；限制性股票自授予日起应持有满3年，且解禁后持有满1年；股权奖励自获得奖励之日起应持有满3年。上述时间条件须在股权激励计划中列明。

6. 股票（权）期权自授予日至行权日的时间不得超过10年。

7. 实施股权奖励的公司及其奖励股权标的公司所属行业均不属于《股权奖励税收优惠政策限制性行业目录》范围（见附件）。公司所属行业按公司上一纳税年度主营业务收入占比最高的行业确定。

（三）本通知所称股票（权）期权是指公司给予激励对象在一定期限内以事先约定的价格购买本公司股票（权）的权利；所称限制性股票是指公司按照预先确定的条件授予激励对象一定数量的本公司股权，激励对象只有工作年限或业绩目标符合股权激励计划规定条件的才可以处置该股权；所称股权奖励是指企业无偿授予激励对象一定份额的股权或一定数量的股份。

（四）股权激励计划所列内容不同时满足第一条第（二）款规定的全部条件，或递延纳税期间公司情况发生变化，不再符合第一条第（二）款第4至6项条件的，不得享受递延纳税优惠，应按规定计算缴纳个人所得税。

二、对上市公司股票期权、限制性股票和股权奖励适当延长纳税期限

（一）上市公司授予个人的股票期权、限制性股票和股权奖励，经向主管税务机关备案，个人可自股票期权行权、限制性股票解禁或取得股权奖励之日起，在不超过12个月的期限内缴纳个人所得税。《财政部　国家税务总局关于上市公司高管人员股票期权所得缴纳个人所得税有关问题的通知》（财税〔2009〕40号）自本通知施行之日起废止。

（二）上市公司股票期权、限制性股票应纳税款的计算，继续按照《财政部　国家税务总局关于个人股票期权所得征收个人所得税问题的通知》（财税〔2005〕35号）、《财政部　国家税务总局关于股票增值权所得和限制性股票所得征收个人所得税有关问题的通知》（财税〔2009〕5号）、《国家税务总局关于股权激励有关个人所得税问题的通知》（国税函〔2009〕461号）等相关规定执行。股权奖励应纳税款的计算比照上述规定执行。

三、对技术成果投资入股实施选择性税收优惠政策

（一）企业或个人以技术成果投资入股到境内居民企业，被投资企业支付的对价全部为股票（权）的，企业或个人可选择继续按现行有关税收政策执行，也可选择适用递延纳税优惠政策。

选择技术成果投资入股递延纳税政策的，经向主管税务机关备案，投资入股当期可暂不纳税，允许递延至转让股权时，按股权转让收入减去技术成果原值和合理税费后的差额计算缴纳所得税。

（二）企业或个人选择适用上述任一项政策，均允许被投资企业按技术成果投资入股时的评估值入账并在企业所得税前摊销扣除。

（三）技术成果是指专利技术（含国防专利）、计算机软件著作权、集成电路布图设计专有权、植物新品种权、生物医药新品种，以及科技部、财政部、国家税务总局确定的其他技术成果。

（四）技术成果投资入股，是指纳税人将技术成果所有权让渡给被投资企业、取得该企业股票（权）的行为。

四、相关政策

（一）个人从任职受雇企业以低于公平市场价格取得股票（权）的，凡不符合递延纳税条件，应在获得股票（权）时，对实际出资额低于公平市场价格的差额，按照"工资、薪金所得"项目，参照《财政部　国家税务总局关于个人股票期权所得征收个人所得税问题的通知》（财税〔2005〕35号）有关规定计算缴纳个人所得税。

（二）个人因股权激励、技术成果投资入股取得股权后，非上市公司在境内上市的，处置递延纳税的股权时，按照现行限售股有关征税规定执行。

（三）个人转让股权时，视同享受递延纳税优惠政策的股权优先转让。递延纳税的股权成本按照加权平均法计算，不与其他方式取得的股权成本合并计算。

（四）持有递延纳税的股权期间，因该股权产生的转增股本收入，以及以该递延纳税的股权再进行非货币性资产投资的，应在当期缴纳税款。

（五）全国中小企业股份转让系统挂牌公司按照本通知第一条规定执行。

适用本通知第二条规定的上市公司是指其股票在上海证券交易所、深圳证券交易所上市交易的股份有限公司。

五、配套管理措施

（一）对股权激励或技术成果投资入股选择适用递延纳税政策的，企业应在规定期限内到主管税务机关办理备案手续。未办理备案手续的，不得享受本通知规定的递延纳税优惠政策。

（二）企业实施股权激励或个人以技术成果投资入股，以实施股权激励或取得技术成果的企业为个人所得税扣缴义务人。递延纳税期间，扣缴义务人应在每个纳税年度终了后向主管税务机关报告递延纳税有关情况。

（三）工商部门应将企业股权变更信息及时与税务部门共享，暂不具备联网实时共享信息条件的，工商部门应在股权变更登记3个工作日内将信息与税务部门共享。

六、本通知自2016年9月1日起施行。

中关村国家自主创新示范区2016年1月1日至8月31日之间发生的尚未纳税的股权奖励事项，符合本通知规定的相关条件的，可按本通知有关政策执行。

3. **《国家税务总局关于股权激励和技术入股所得税征管问题的公告》**（2016年9月28日 国家税务总局公告2016年第62号）

为贯彻落实《财政部 国家税务总局关于完善股权激励和技术入股有关所得税政策的通知》（财税〔2016〕101号，以下简称《通知》），现就股权激励和技术入股有关所得税征管问题公告如下：

一、关于个人所得税征管问题

（一）非上市公司实施符合条件的股权激励，本公司最近6个月在职职工平均人数，按照股票（权）期权行权、限制性股票解禁、股权奖励获得之上月起前6个月"工资薪金所得"项目全员全额扣缴明细申报的平均人数确定。

（二）递延纳税期间，非上市公司情况发生变化，不再同时符合《通知》第一条第（二）款第4至6项条件的，应于情况发生变化之次月15日内，按《通知》第四条第（一）款规定计算缴纳个人所得税。

（三）员工以在一个公历月份中取得的股票（权）形式工资薪金所得为一次。员工取得符合条件、实行递延纳税政策的股权激励，与不符合递延纳税条件的股权激励分别计算。

员工在一个纳税年度中多次取得不符合递延纳税条件的股票（权）形式工资薪金所得的，参照《国家税务总局关于个人股票期权所得缴纳个人所得税有关问题的补充通知》（国税函〔2006〕902号）第七条规定执行。

（四）《通知》所称公平市场价格按以下方法确定：

1. 上市公司股票的公平市场价格，按照取得股票当日的收盘价确定。取得股票当日为非交易日的，按照上一个交易日收盘价确定。

2. 非上市公司股票（权）的公平市场价格，依次按照净资产法、类比法和其他合理方法确定。净资产法按照取得股票（权）的上年末净资产确定。

（五）企业备案具体按以下规定执行：

1. 非上市公司实施符合条件的股权激励，个人选择递延纳税的，非上市公司应于股票（权）期权行权、限制性股票解禁、股权奖励获得之次月15日内，向主管税务机关报送《非上市公司股权激励个人所得税递延纳税备案表》（附件1）、股权激励计划、董事会或股东大会决议、激励对象任职或从事技术工作情况说明等。实施股权奖励的企业同时报送本企业及其奖励股权标的企业上一纳税年度主营业务收入构成情况说明。

2. 上市公司实施股权激励，个人选择在不超过12个月期限内缴税的，上市公司应自股票期权行权、限制性股票解禁、股权奖励获得之次月15日内，向主管税务机关报送《上市公司股权激励个人所得税延期纳税备案表》（附件2）。上市公司初次办理股权激励备案时，还应一并向主管税务机关报送股权激励计划、董事会或股东大会决议。

3. 个人以技术成果投资入股境内公司并选择递延纳税的，被投资公司应于取得技术成果并支付股权之次月15日内，向主管税务机关报送《技术成果投资入股个人所得税递延纳税备案表》（附件3）、技术成果相关证书或证明材料、技术成果投资入股协议、技术成果评估报告等资料。

（六）个人因非上市公司实施股权激励或以技术成果投资入股取得的股票（权），实行递延纳税期间，扣缴义务人应于每个纳税年度终了后30日内，向主管税务机关报送《个人所得税递延纳税情况年度报告表》（附件4）。

（七）递延纳税股票（权）转让、办理纳税申报时，扣缴义务人、个人应向主管税务机关一并报送能够证明股票（权）转让价格、递延纳税股票（权）原值、合理税费的有关资料，具体包括转让协议、评估报告和相关票据等。资料不全或无法充分证明有关情况，造成计税依据偏低，又无正当理由的，主管税务机关可依据税收征管法有关规定进行核定。

二、关于企业所得税征管问题

（一）选择适用《通知》中递延纳税政策的，应当为实行查账征收的居民企业以技术成果所有权投资。

（二）企业适用递延纳税政策的，应在投资完成后首次预缴申报时，将相关内容填入《技术成果投资入股企业所得税递延纳税备案表》（附件5）。

（三）企业接受技术成果投资入股，技术成果评估值明显不合理的，主管税务机关有权进行调整。

三、实施时间

本公告自2016年9月1日起实施。中关村国家自主创新示范区2016年1月1日至8月31日之间发生的尚未纳税的股权奖励事项，按《通知》有关政策执行的，可按本公告有关规定办理相关税收事宜。《国家税务总局关于3项个人所得税事项取消审批实施后续管理的公告》（国家税务总局公告2016年第5号）第二条第（一）项同时废止。

特此公告。

附件：1.《非上市公司股权激励个人所得税递延纳税备案表》及填报说明（略）

2.《上市公司股权激励个人所得税延期纳税备案表》及填报说明（略）

3.《技术成果投资入股个人所得税递延纳税备案表》及填报说明（略）

4.《个人所得税递延纳税情况年度报告表》及填报说明（略）

5.《技术成果投资入股企业所得税递延纳税备案表》及填报说明（略）

4.《财政部、国家税务总局关于个人股票期权所得征收个人所得税问题的通知》（2005年3月28日　财税〔2005〕35号）

各省、自治区、直辖市、计划单列市财政厅（局）、地方税务局：

为适应企业（包括内资企业、外商投资企业和外国企业在中国境内设立的机构场所）薪酬制度改革，加强个人所得税征管，现对企业员工（包括在中国境内有住所和无住所的个人）参与企业股票期权计划而取得的所得征收个人所得税问题通知如下：

一、关于员工股票期权所得征税问题

实施股票期权计划企业授予该企业员工的股票期权所得，应按《中华人民共和国个人所得税法》及其实施条例有关规定征收个人所得税。

企业员工股票期权（以下简称股票期权）是指上市公司按照规定的程序授予本公司及其控股企业员工的一项权利，该权利允许被授权员工在未来时间内以某一特定价格购买本公司一定数量的股票。

上述“某一特定价格”被称为“授予价”或“施权价”，即根据股票期权计划可以购买股票的价格，一般为股票期权授予日的市场价格或该价格的折扣价格，也可以是按照事先设定的计算方法约定的价格：“授予日”，也称“授权日”，是指公司授予员工上述权利的日期：“行权”，也称“执行”，是指员工根据股票期权计划选择购买股票的过程；员工行使上述权利的当日为“行权日”，也称“购买日”。

二、关于股票期权所得性质的确认及其具体征税规定

（一）员工接受实施股票期权计划企业授予的股票期权时，除另有规定外，一般不作为应税所得征税。

（二）员工行权时，其从企业取得股票的实际购买价（施权价）低于购买日公平市场价（指该股票当日的收盘价，下同）的差额，是因员工在企业的表现和业绩情况而取得的与任职、受雇有关的所得，应按“工资、薪金所得”适用的规定计算缴纳个人所得税。

对因特殊情况，员工在行权日之前将股票期权转让的，以股票期权的转让净收入，作为工资薪金所得征收个人所得税。

员工行权日所在期间的工资薪金所得，应按下列公式计算工资薪金应纳税所得额：

股票期权形式的工资薪金应纳税所得额 =（行权股票的每股市场价 − 员工取得该股票期权支付的每股施权价）×股票数量

（三）员工将行权后的股票再转让时获得的高于购买日公平市场价的差额，是因个人在证券二级市场上转让股票等有价证券而获得的所得，应按照“财产转让所得”适用的征免规定计算缴纳个人所得税。

（四）员工因拥有股权而参与企业税后利润分配取得的所得，应按照“利息、股息、红利所得”适用的规定计算缴纳个人所得税。

三、关于工资薪金所得境内外来源划分

按照《国家税务局关于在中国境内无住所个人以有价证券形式取得工资薪金所得确定纳税义务有关问题的通知》（国税函［2000］190号）有关规定，需对员工因参加企业股票期权计划而取得的工资薪金所得确定境内或境外来源的，应按照该员工据以取得上述工资薪金所得的境内、外工作期间月份数比例计算划分。

四、关于应纳税款的计算

（一）认购股票所得（行权所得）的税款计算。员工因参加股票期权计划而从中国境内取得的所得，按本通知规定应按工资薪金所得计算纳税的，对该股票期权形式的工资薪金所得可区别于所在月份的其他工资薪金所得，单独按下列公式计算当月应纳税款：

应纳税额 =（股票期权形式的工资薪金应纳税所得额/规定月份数×适用税率 − 速算扣除数）×规定月份数

上款公式中的规定月份数，是指员工取得来源于中国境内的股票期权形式工资薪金所得的境内工作期间月份数，长于12个月的，按12个月计算；上款公式中的适用税率和速算扣除数，以股票期权形式的工资薪金应纳税所得额除以规定月份数后的商数，对照《国家税务总局关于印发<征收个人所得税若干问题>的通知》（国税发［1994］089 号）所附税率表确定。

（二）转让股票（销售）取得所得的税款计算。对于员工转让股票等有价证券取得的所得，应按现行税法和政策规定征免个人所得税。即：个人将行权后的境内上市公司股票再行转让而取得的所得，暂不征收个人所得税；个人转让境外上市公司的股票而取得的所得，应按税法的规定计算应纳税所得额和应纳税额，依法缴纳税款。

（三）参与税后利润分配取得所得的税款计算。员工因拥有股权参与税后利润分配而取得的股息、红利所得，除依照有关规定可以免税或减税的外，应全额按规定税率计算纳税。

五、关于征收管理

（一）扣缴义务人。实施股票期权计划的境内企业为个人所得税的扣缴义务人，应按税法规定履行代扣代缴个人所得税的义务。

（二）自行申报纳税。员工从两处或两处以上取得股票期权形式的工资薪金所得和没有扣缴义务人的，该个人应在个人所得税法规定的纳税申报期限内自行申报缴纳税款。

（三）报送有关资料。实施股票期权计划的境内企业，应在股票期权计划实施之前，将企业的股票期权计划或招生方案、股票期权协议书、授权通知书等资料报送主管税务机关；应在员工行权之前，将股票期权行权通知书和行权调整通知书等资料报送主管税务机关。

扣缴义务人和自行申报纳税的个人在申报纳税或代扣代缴税款时，应在税法规定的纳税申报期限内，将个人接受或转让的股票期权以及认购的股票情况（包括种类、数量、施权价格、行权价格、市场价格、转让价格等）报送主管税务机关。

（四）处罚。实施股票期权计划的企业和因股票期权计划而取得应税所得的自行申报员工，未按规定报送上述有关报表和资料，未履行申报纳税义务或者扣缴税款义务的，按《中华人民共和国税收征收管理法》及其实施细则的有关规定进行处理。

六、关于执行时间

本通知自 2005 年 7 月 1 日起执行。《国家税务总局关于个人认购股票等有价证券而从雇主取得折扣或补贴收入有关征收个人所得税问题的通知》（国税发〔1998〕9号）的规定与本通知不一致的，按本通知规定执行。

八、境外控制架构

1. 境外架构情形

我国部分企业股权结构中存在外资股，即部分或全部的股东为注册于境外的法人。按照境外架构搭建目的及实际控制人的不同，可以区分为以下几种情形：

（1）境外架构的实际控制人为中国国籍（不含港澳台地区）的自然人，设立境外架构的目的在于以外方股东身份进行投资，以获得中国境内税收、土地等方面的优惠政策，或利用境外主体进行避税。

（2）境外架构的实际控制人为中国国籍（不含港澳台地区）的自然人，设立境外架构的目的在于实现境外融资，包括境外私募融资及在境外资本市场公募融资。

（3）境外架构的实际控制人为拥有其他国家或地区国籍的自然人（含中国港澳台地区）。

2. 境外架构的审核政策

对于发行人存在境外架构的情形，证监会目前的审核政策为：

（1）对于控股股东设立在国际避税地区且持股层次复杂的，要求中介机构对其设置此类架构的理由、持股的真实性、是否存在委托持股、信托持股、是否有各种影响控股权的约定、股东的出资来源等问题进行实质性核查。

（2）对于境外控股股东的实际控制人是中国国籍（港澳台除外）的，需要将控股权转回境内。

（3）对于境外控股股东的实际控制人是拥有其他国家或地区国籍的自然人（含中国港澳台地区）的，无须将控股权转至中国境内，但境外架构应该简洁清晰，便于核查及后续监管。

3. 境外架构审核重点

根据上市审核实践，证监会对发行人存在或历史上曾存在境外架构的，通常会关注以下事项：

（1）境内自然人境外投资是否办理相应的外汇审批手续，外汇来源及流转是否合法合规。

（2）发行人控股股东、实际控制人及其控制的企业境外经营的合法合规性。

（3）发行人境外红筹及上市架构的搭建、重组、发行人分离出境外上市架构的具体过程及在税务、汇率、商务等方面的合法合规性，上述过程中涉及的相关税费是否已依法缴纳。

（4）境外融资平台历次融资的合法合规性、具体金额及使用情况。

（5）境外红筹架构中的境内经营实体是否实际开展业务及其合法合规性、与发行人在业务方面的关系。

（6）发行人境外投资者具体情况及其合法合规性，相关股东变化情况，是否构成实际控制人变更，以及取得股权及之后股权转让或股权回购的过程及合法合规性，交易价格及定价依据，是否存在股份代持、信托持股、一致行动关系或其他利益安排，协议控制具体安排及涉及的相关利益主体，协议约定内容及执行情况，境外投资者签订的相关投资协议中的对赌、优先股、决策和退出机制等限制性条款是否已有效、合法的解除，境外主体是否仍拥有发行人业务相关资产，相关资产是否已完整转会至发行人。

（7）发行人分拆或私有化境外上市架构的程序是否受到上市地交易所的确认及其合法合规性，境外上市主体及实际控制人在境外上市过程中的合法合规性，是否符合境外法律法规的规定，是否曾受到上市地的监管措施或纪律处分。

实践中，对于含有境外控制架构但未在境外上市融资的企业，审核标准与其他企业并无实质性差异，但对于已在境外上市后通过分拆、私有化等方式回归 A 股上市的企业，面临着较大的政策不确定性。

证监会曾于 2016 年 5 月 6 日的新闻发布会上，以答记者问的形式传递出红筹回归的审核政策，问：有传言说证监会将暂缓在海外上市的红筹企业回到国内上市，请问是否属实，对此有何评价？答：我会已注意到相关舆情。按照现行法律法规，近 3 年已有 5 家在海外上市的红筹企业实现退市后，通过并购重组回到 A 股市场上市。市场对此提出了一些质疑，认为这类企业回归 A 股市场有较大的特殊性，境内外市场的明显价差、壳资源炒作等现象应当予以高度关注。证监会注意到市场的这些反映，正对这类企业通过 IPO、并购重组回归 A 股市场可能引起的影响进行深入分析研究。

近些年除了分众传媒借壳七喜控股、巨人网络借壳世纪游轮、360 借壳江南嘉捷等少数公司以资产重组的方式回归国内资本市场外，鲜有其他境外上市公司以 IPO 或资产重组的方式回归国内资本市场，相反，近几年有较多的回归失败的案例出现，例如，稳健医疗用品股份有限公司从美国纳斯达克私有化退市，三达膜环境技术股份有限公司新加坡证券交易所主板要约退市，上海龙旗科技股份有限公司系由新加坡上市公司龙旗控股将手机业务分拆而来，天津立中集团股份有限公司为新加坡退市上市公司新加坡立中全资子公司，广东格林精密部件股份有限公司从法兰克福交易所摘牌退市，该等企业均在私有化退市或分拆出境外上市体系后申请回归国内上市，却最终在证监会发审会上被否决。

然而，在密集的否决后，2018 年 7 月 24 日同一天召开的第十七届发行审核委员会 2018 年第 108 次发审委会议、第 109 次发审委会议分别审核通过了从纽交所退市的深圳迈瑞生物医疗电子股份有限公司，从新加坡证券交易所退市的宁波兴瑞电子科技股份有限公司的上市申请。因此，对于已在境外上市的企业回归 A 股具有较强的政策性，但证券监管部门究竟持欢迎还是谨慎的态度并不明确。

案例：300626 华瑞股份【审核关注境外资金来源】

发审会关注事项：2003 年 12 月，孙瑞良以其香港籍朋友白剑波及陈成斌安排提供的 10 万英镑资金在英国投资成立了 SUNICO（当时名称为“HARY-EE INTERNATIONAL LIMITED”）。2004 年至 2007 年间，在白剑波及陈成斌的借款安排下，SUNICO 在境外获得了对宁波胜克出资所需的 1000 万美元注册资本并分批缴付至宁波胜克。请发行人代表说明孙瑞良偿还境外借款的资金来源及途径，是否存在重大违法违规及尚未了结的债权债务情况。请保荐代表人发表核查意见。

案例简析

本案中，审核关注境外资金来源，披露设立境外主体及对境内投资的资金来源于香港籍朋友的借款，已经归还。受限于我国资本跨境流动的管制，从境外借款，几乎是面临审核中境外资金来源的标准答案。

案例：603895 天永智能【审核关注境外资金来源】

发审会关注事项：请发行人代表说明：（1）荣俊林及前妻李玉梅对新加坡天永的出资来源、新加坡天永对天永有限的出资来源。（2）荣俊林及李玉梅取得新加坡永久居留权的具体时间，作为中国公民的荣俊林及李玉梅设立新加坡天永是否需要履行境外投资审批及外汇登记，新加坡天永投资天永有限（包括 2010 年 9 月增资至 100 万美元）是否需要办理返程投资审批及外汇登记备案，是否存在潜在的法律风险。（3）从天永有限设立到变更为内资企业的期间，天永有限是否向新加坡天永进行了现金分红及派息，是否存在违反国家外汇管理相关规定并被处罚的情况。请保荐代表人说明核查过程并明确发表核查意见。

案例简析

实际控制人夫妇委派至新加坡工作并取得当地永久居留权，通过新加坡经营主体对发行人进行投资，资金来源于在新加坡工作及经营所得，论述不属于汇发〔2005〕75 号、汇发〔2014〕37 号规定的特殊目的公司，无须履行外汇登记手续。境外经营所得，构成中国居民的合法境外资金来源。

案例：603289 泰瑞机器【审核关注境外股权的真实性】

发审会关注事项：请发行人代表进一步说明：BVI 公司作为公司股东及转让控股权的背景情况，是否存在股权代持情况，与公司实际控制人、董监高本次发行的中介机构及其签字人员是否存在关联关系或利益安排协议；发行人、公司控股股东及实际控制人与公司其他股东之间是否存在对赌协议。请保荐代表人发表核查意见。

案例简析

发行人设立于2006年8月，设立时TEDERIC BVI为控股股东，持股比例为58%，TEDERIC BVI系由中国台湾籍人士李志杰投资设立，注册于英属维尔京群岛的外资企业。2010年4月，TEDERIC BVI将部分股权转让给郑建国控制的泰德瑞克，泰德瑞克成为发行人的控股股东，郑建国成为发行人的实际控制人，TEDERIC BVI退居为二股东。该种情形不属于75号文所定义的返程投资，但控股权形成和调整的真实性存疑。

案例：603335 迪生力【审核期间将控股权转回境内】

发审会关注事项： 请发行人代表进一步说明：(1) 华鸿国际与力鸿投资之间股权转让的商业合理性和合规性，价款支付安排及实际支付情况，未支付转让价款是否影响股权转让效力，是否影响发行人股权清晰，是否存在潜在纠纷。(2) 该股权转让是否违反美国和中国相关法律的规定，是否已依照美国和中国法律履行相应程序并缴纳税费，是否合法合规。请保荐代表人发表核查意见。

案例简析

发行人于2015年6月向证监会申报，实际控制人保留中国国籍，拥有美国永久居留权。原控股股东华鸿国际为注册于美国的企业，持有发行人股权比例为38%，2017年3月（上发审会前两个月）将所持发行人股份全部转让给注册于中国境内的力鸿投资，华鸿国际和力鸿投资同属实际控制人控制的企业，股权结构一致，股权转让款约定5年内支付完毕。2017年5月获得证监会发审会审核通过。该案例实证，实际控制人为中国国籍自然人的，控股权必须回到中国境内。

案例：联德精密材料（中国）股份有限公司（未通过）【审核关注发行人股东外汇违规情形】

发审会关注事项：请发行人代表：（1）发行人董事长徐启峰和董事 CHAN KIM SENG MAURICE 目前分别担任联德控股股份有限公司（Lemtech Holdings）董事长兼总经理和副董事长兼业务总监；截至 2016 年 10 月底，Lemtech Holdings 与 Global Solution 停止了除徐启峰、CHAN KIM SENG MAURICE 外发行人所有员工薪酬的发放，徐启峰、CHAN KIM SENG MAURICE 在发行人处领薪，说明徐启峰、CHAN KIM SENG MAURICE 是否在 Lemtech Holdings 与 Global Solution 领薪，如是，招股说明书相关披露是否真实、准确、完整，是否符合《首次公开发行股票并上市管理办法》相关规定。(2) 发行人在叶航、谈勇、蔡文龙、李配宇未按规定办理相关外汇登记事项前曾多次向境外股东进行利润分配，说明前述情形是否违反《国家外汇管理局关于境内居民通过境外特殊目的公司融资及返程投资外汇管理有关问题的通知》第六条、第十二条等当时有效的相关外汇管理法律法规的规定。请保荐代表人说明核查方法、依据，并发表明确核查意见。

案例简析

本案中，境内自然人因在境外投资前未办理外汇登记而受到当地外汇管理局处罚。

案例：300735 光弘科技【实际控制人为中国香港居民，控股股东设立并存续于香港】

发审会关注事项：发行人控股股东光弘投资注册在香港。请发行人代表说明：(1) 实际控制人唐建兴境外身份取得的时间和具体情况。(2) 股权架构的形成原因和过程。(3) 各股东以及进科投资各股东之间是否存在关联关系。(4) 各股东以及进科投资主要股东的背景，报告期内与发行人及客户是否重叠，是否存在资金往来。请保荐代表人说明核查程序、核查过程，并发表明确核查意见。

案例简析

本案中，实际控制人为境内自然人，1983 年取得香港居民身份证并注销中国国籍，其后通过香港设立的主体投资发行人，上市前后香港公司的控股股东身份延续。该案例证实，实际控制人拥有境外国籍（含中国港澳台地区）的，控股权可以保留在境外。

案例：广东格林精密部件股份有限公司（未通过）【从法兰克福交易所摘牌】

发审会关注事项：关于发行人历史沿革，请发行人代表说明：(1) 发行人境外架构的搭建、挂牌、摘牌、回归等过程中，涉及的资金跨境流动是否合法合规，是否符合我国外商投资、外汇出入境的相关规定。(2) 大中华精密自法兰克福交易所初级板块摘牌事宜，以及大中华精密将丰骏投资转让给吴宝发和吴宝玉、大中华精密特别股东大会启动公司注销清算程序，是否获得 42 名非回归股东的同意，是否合法合规，是否存在纠纷或潜在法律风险。(3) 西安亿仕登、乐清超然、上海楚熠、HQH、王云川通过无偿受让丰骏投资所持发行人股份成为发行人股东的合法合规性。请保荐代表人说明核查方法、过程，并发表明确核查意见。

案例简析

本案中，发行人从法兰克福交易所摘牌回归，审核关注境外架构搭建、挂牌、摘牌、回归等过程合法合规性。

案例：天津立中集团股份有限公司（未通过）【从新加坡交易所退市】

发审会关注事项：新加坡立中 2005 年 10 月境外上市、2015 年 11 月境外退市，新加坡立中将其持有的保定车轮 25% 股权等转让给立中有限，以零对价将立中有限 75% 股权转让给天津企管、25% 股权转让给香港臧氏。请发行人代表说明，上述行为是否符合境外投资、返程投资、外汇管理等方面的有关规定，是否取得有关主管部门的核准或备案，是否履行了各项法律程序，所涉各方主体相关资金的来源是否合法，所涉各方主体是否履行了缴纳所得税的义务。请保荐代表人说明核查方法、过程、依据，并发表明确核查意见。

案例简析

发行人前身立中有限原为新加坡立中全资子公司，新加坡立中于 2005 年 10 月在新加坡交易所上市。2015 年 11 月，新加坡立中以要约支付现金及股份置换的方式完成退市。发行人于 2017 年 5 月向证监会申报。实际控制人就境外投资办理了外汇登记，境外架构拆除过程中的非居民企业股权转让零对价，但依国税总局规定按照 10% 税率缴纳了所得税。

案例：稳健医疗用品股份有限公司（未通过）【从美国 NASDAQ 退市】

发审会关注事项：根据申请文件，发行人实际控制人李建全控制稳健医疗用品股份有限公司（Winner Medical Group Inc.）在美国场外柜台交易系统（OTCBB）挂牌，并逐步转板至纽约证券交易所（NYSE Amex LLC）和纳斯达克（NASDAQ Globle Market）交易，实现 Winner Medical Group Inc. 在美国上市、发行人间接上市融资目的。2012 年 7 月，发行人开始私有化并退市。2016 年 3 月申报 A 股 IPO。请发行人代表进一步说明：（1）Winner Medical Group Inc. 在美国终止上市及私有化交易中，发行人的实际控制人用于收购股权的资金来源，是否存在使用境内资金支付私有化费用的情形，是否取得外汇管理部门的批准，是否符合我国有关税收、外资、外汇管理等方面的法律法规规章，是否存在违法违规情形。（2）发行人在美国间接上市，后通过私有化退市并申报 A 股 IPO 的具体原因及其商业合理性；是否符合我国相关监管部门当前的最新监管政策和监管要求。（3）招股说明书称发行人实际控制人 2009 年创建了全棉时代 PurCotton 品牌，并于同年 10 月转板 NYSE Amex，请发行人代表说明业务转型的具体时间和转型的过程。请保荐代表人说明核查方法、核查过程和依据，并发表核查意见。

案例简析

发行人原为 Winner Medical Group Inc. 子公司，Winner Medical Group Inc. 于 2005 年进入美国资本市场，2012 年以新设主体与上市主体进行合并的方式实现退市，以现金方式向公众股东支付了退市对价。退市后，原股东提出诉讼，后和解。

案例：300760 迈瑞医疗【从美国纽交所退市回归】

发审会关注事项：2006 年 9 月迈瑞国际的 ADS 在纽交所上市，2015 年对迈瑞国际实施私有化，2016 年 3 月迈瑞国际从纽交所下市。请发行人代表说明：（1）私有化资金偿还情况、税务缴纳、私有化相关法律程序等是否合法合规。（2）私有化过程异议股东与迈瑞国际的争议内容、《和解协议》的主要内容。（3）迈瑞国际在美上市期间是否存在违法违规行为，是否因此受到处罚或交易所谴责。（4）发行人是否已按《公司法》要求建立相关内部控制制度并有效执行。请保荐代表人说明核查依据、过程并发表明确核查意见。

案例简析

境外退市过程必须合法合规，退市过程中形成的纠纷争议需要合理解决。

关于中国个人居民在境外设立企业并以此作为主体对国内进行投资最重要最直接的外汇管理法规主要为《关于境内居民通过境外特殊目的公司融资及返程投资外汇管理有关问题的通知》（通常称为 75 号文）、《国家外汇管理局关于境内居民通过特殊目的公司境外投融资及返程投资外汇管理有关问题的通知》（通常称为 37 号文），两份文件主要规定了居民个人所设立境外公司是否构成特殊目的公司的定义以及外汇登记、补登记、变更登记事宜。75 号文于 2005 年公告实施，于 2014 年被 37 号文所取代。

1. **《关于境内居民通过境外特殊目的公司融资及返程投资外汇管理有关问题的通知》**（2005 年 10 月 21 日　汇发〔2005〕75 号）

国家外汇管理局各省、自治区、直辖市分局、外汇管理部，深圳、大连、青岛、厦门、宁波市分局：

为鼓励、支持和引导非公有制经济发展，进一步完善创业投资政策支持体系，规范境内居民通过境外特殊目的公司从事投融资活动所涉及的跨境资本交易，根据《中华人民共和国外汇管理条例》、《境外投资外汇管理办法》、《外国投资者并购境内企业暂行规定》，现就境内居民通过境外特殊目的公司开展股权融资及返程投资涉及外汇管理的有关问题通知如下：

一、本通知所称“特殊目的公司”，是指境内居民法人或境内居民自然人以其持有的境内企业资产或权益在境外进行股权融资（包括可转换债融资）为目的而直接设立或间接控制的境外企业。

本通知所称“返程投资”，是指境内居民通过特殊目的公司对境内开展的直接投资活动，包括但不限于以下方式：购买或置换境内企业中方股权、在境内设立外商投资企业及通过该企业购买或协议控制境内资产、协议购买境内资产及以该项资产投资设立外商投资企业、向境内企业增资。

本通知所称“境内居民法人”，是指在中国境内依法设立的企业事业法人以及其他经济组织；“境内居民自然人”是指持有中华人民共和国居民身份证或护照等合法身份证件的自然人，或者虽无中国境内合法身份但因经济利益关系在中国境内习惯性居住的自然人。

本通知所称“控制”，是指境内居民通过收购、信托、代持、投票权、回购、可转换债券等方式取得特殊目的公司或境内企业的经营权、收益权或者决策权。

二、境内居民设立或控制境外特殊目的公司之前，应持以下材料向所在地外汇分局、外汇管理部（以下简称“外汇局”）申请办理境外投资外汇登记手续：

（一）书面申请（应详细说明境内企业基本情况、境外特殊目的公司的股权结构以及境外融资安排）；

（二）境内居民法人的境内登记注册文件，境内居民自然人需提供身份证明；

（三）境外融资商业计划书；

（四）境内居民法人的外汇资金（资产）来源核准批复和境外投资主管部门的批准文件；

（五）境内居民法人填写的《境外投资外汇登记证》，境内居民自然人填写的《境内居民个人境外投资外汇登记表》（附表）；

（六）其他真实性证明材料。

外汇局对上述材料审核无误后，应在《境外投资外汇登记证》或《境内居民个人境外投资外汇登记表》上加盖资本项目外汇业务专用章。

三、境内居民将其拥有的境内企业的资产或股权注入特殊目的公司，或在向特殊目的公司注入资产或股权后进行境外股权融资，应就其持有特殊目的公司的净资产权益及其变动状况办理境外投资外汇登记变更手续，办理时应提供以下材料：

（一）书面申请（详细说明境内企业与特殊目的公司的股东与股权变更过程、境内企业与特殊目的公司资产或股权的定价方式）；

（二）境内居民法人填写的《境外投资外汇登记证》，境内居民自然人填写的《境内居民个人境外投资外汇登记表》；

（三）外商投资主管部门对返程投资的核准、备案文件；

（四）涉及国有资产的，须提供国有资产管理部门对境内企业资产或股权价值的确认文件；

（五）特殊目的公司的境外注册、登记、营业执照等证明文件；

（六）其他真实性证明材料。

四、特殊目的公司完成境外融资后，境内居民可以根据商业计划书或招股说明书载明的资金使用计划，将应在境内安排使用的资金调回境内。

五、特殊目的公司使用境外融资所得资金返程投资或向境内企业提供股东贷款及其他债务资金，相关境内企业应按照现行利用外资、外债管理法律、法规办理有关外汇管理手续。外汇局为相关境内企业办理外商投资企业设立登记及变更登记、外债登记、或者为特殊目的公司办理转股收汇外资外汇登记时，应审核《境外投资外汇登记证》或《境内居民个人境外投资外汇登记表》。

六、境内居民按规定办理境外投资外汇登记及变更手续后，可向特殊目的公司支付利润、红利、清算、转股、减资等款项。

境内居民从特殊目的公司获得的利润、红利及资本变动外汇收入应于获得之日起180日内调回境内，利润或红利可以进入经常项目外汇账户或者结汇，资本变动外汇收入经外汇局核准，可以开立资本项目专用账户保留，也可经外汇局核准后结汇。

七、特殊目的公司发生增资或减资、股权转让或置换、合并或分立、长期股权或债权投资、对外担保等重大资本变更事项且不涉及返程投资的，境内居民应于重大事项发生之日起30日内向外汇局申请办理境外投资外汇登记变更或备案手续。

八、本通知实施前，境内居民已在境外设立或控制特殊目的公司并已完成返程投资，但未按规定办理境外投资外汇登记的，应按照本通知规定于2006年3月31日前到所在地外汇局补办境外投资外汇登记。境内居民补办境外投资外汇登记后，外汇局可为相关境内企业办理外资、外债外汇登记手续。

九、境内创业投资企业可参照本通知在境外设立特殊目的公司并从事创业投资活动。

十、上述同一管理事项涉及多个境内居民的，相关境内居民应出具委托书并委托其中1至2个境内居民办理相关外汇管理手续。

十一、本通知未尽事宜，按照现行外商投资和境外投资相关外汇管理法规办理。

十二、境内居民违反本规定构成逃汇及其他外汇管理违规行为的，外汇局应按照《中华人民共和国外汇管理条例》及有关规定进行处罚。

十三、本通知自2005年11月1日起实施。《关于完善外资并购外汇管理有关问题的通知》（汇发［2005］11号）和《关于境内居民个人境外投资登记和外资并购外汇登记有关问题的通知》（汇发［2005］29号）同时停止执行。

特此通知。

2.《国家外汇管理局关于境内居民通过特殊目的公司境外投融资及返程投资外汇管理有关问题的通知》（2014 年 7 月 4 日　汇发〔2014〕37 号）

国家外汇管理局各省、自治区、直辖市分局、外汇管理部，深圳、大连、青岛、厦门、宁波市分局；各中资外汇指定银行：

为充分发挥市场在资源配置中的决定性作用，支持国家“走出去”战略的实施，充分利用国际国内两种资源、两个市场，进一步简化和便利境内居民通过特殊目的公司从事投融资活动所涉及的跨境资本交易，切实服务实体经济发展，有序提高跨境资本和金融交易可兑换程度，根据《中华人民共和国外汇管理条例》等规定，现就境内居民通过特殊目的公司境外投融资及返程投资外汇管理有关问题通知如下：

一、本通知所称“特殊目的公司”，是指境内居民（含境内机构和境内居民个人）以投融资为目的，以其合法持有的境内企业资产或权益，或者以其合法持有的境外资产或权益，在境外直接设立或间接控制的境外企业。

本通知所称“返程投资”，是指境内居民直接或间接通过特殊目的公司对境内开展的直接投资活动，即通过新设、并购等方式在境内设立外商投资企业或项目（以下简称外商投资企业），并取得所有权、控制权、经营管理权等权益的行为。

本通知所称“境内机构”，是指中国境内依法设立的企业事业法人以及其他经济组织；“境内居民个人”是指持有中国境内居民身份证、军人身份证件、武装警察身份证件的中国公民，以及虽无中国境内合法身份证件、但因经济利益关系在中国境内习惯性居住的境外个人。

本通知所称“控制”，是指境内居民通过收购、信托、代持、投票权、回购、可转换债券等方式取得特殊目的公司的经营权、收益权或者决策权。

二、国家外汇管理局及其分支机构（以下简称外汇局）对境内居民设立特殊目的公司实行登记管理。境内居民个人设立的特殊目的公司登记及相关外汇管理，按本通知执行。境内机构设立的特殊目的公司登记及相关外汇管理，按现行规定和本通知执行。

三、境内居民以境内外合法资产或权益向特殊目的公司出资前，应向外汇局申请办理境外投资外汇登记手续。境内居民以境内合法资产或权益出资的，应向注册地外汇局或者境内企业资产或权益所在地外汇局申请办理登记；境内居民以境外合法资产或权益出资的，应向注册地外汇局或者户籍所在地外汇局申请办理登记。

境内居民个人应提交以下真实性证明材料办理境外投资外汇登记手续：

（一）书面申请与《境内居民个人境外投资外汇登记表》。

（二）个人身份证明文件。

（三）特殊目的公司登记注册文件及股东或实际控制人证明文件（如股东名册、认缴人名册等）。

（四）境内外企业权力机构同意境外投融资的决议书（企业尚未设立的，提供权益所有人同意境外投融资的书面说明）。

（五）境内居民个人直接或间接持有的拟境外投融资境内企业资产或权益，或者合法持有境外资产或权益的证明文件。

（六）在前述材料不能充分说明交易的真实性或申请材料之间的一致性时，要求提供的补充材料。

境内机构按《国家外汇管理局关于发布〈境内机构境外直接投资外汇管理规定〉的通知》（汇发〔2009〕30 号）等相关规定办理境外投资外汇登记手续。

境内居民办理境外投资外汇登记后，方可办理后续业务。

四、境内居民及其设立的特殊目的公司，不得危害我国国家主权、安全和社会公共利益；不得违反我国法律法规；不得损害我国与有关国家（地区）关系；不得违反我国对外缔结的国际条约；不得涉及我国禁止出口的技术或产品。

境外特殊目的公司登记不具有证明其投融资行为已符合行业主管部门合法合规的效力。

五、已登记境外特殊目的公司发生境内居民个人股东、名称、经营期限等基本信息变更，或发生境内居民个人增资、减资、股权转让或置换、合并或分立等重要事项变更后，应及时到外汇局办理境外投资外汇变更登记手续。

境内居民境外投资外汇变更登记完成后，方可办理后续业务（含利润、红利汇回）。

六、非上市特殊目的公司以本企业股权或期权等为标的，对其直接或间接控制的境内企业的董事、监事、高级管理人员及其他与公司具有雇佣或劳动关系的员工进行权益激励的，相关境内居民个人在行权前可提交以下材料到外汇局申请办理特殊目的公司外汇登记手续：

（一）书面申请与《境内居民个人境外投资外汇登记表》。

（二）已登记的特殊目的公司的境外投资外汇业务登记凭证。

（三）相关境内企业出具的个人与其雇佣或劳动关系证明材料。

（四）特殊目的公司或其实际控制人出具的能够证明所涉权益激励真实性的证明材料。

（五）在前述材料不能充分说明交易的真实性或申请材料之间的一致性时，要求提供的补充材料。

境内居民个人参与境外上市公司股权激励计划按相关外汇管理规定办理。

七、特殊目的公司完成境外融资后，融资资金如调回境内使用的，应遵守中国外商投资和外债管理等相关规定。返程投资设立的外商投资企业应按照现行外商直接投资外汇管理规定办理相关外汇登记手续，并应如实披露股东的实际控制人等有关信息。

八、境内居民从特殊目的公司获得的利润、红利调回境内的，应按照经常项目外汇管理规定办理；资本变动外汇收入调回境内的，应按照资本项目外汇管理规定办理。

九、因转股、破产、解散、清算、经营期满、身份变更等原因造成境内居民不再持有已登记的特殊目的公司权益的，或者不再属于需要办理特殊目的公司登记的，应提交相关真实性证明材料及时到外汇局办理变更或注销登记手续。

十、境内居民直接或间接控制的境内企业，可在真实、合理需求的基础上按现行规定向其已登记的特殊目的公司放款。

十一、境内居民可在真实、合理需求的基础上购汇汇出资金用于特殊目的公司设立、股份回购或退市等。

十二、本通知实施前，境内居民以境内外合法资产或权益已向特殊目的公司出资但未按规定办理境外投资外汇登记的，境内居民应向外汇局出具说明函说明理由。外汇局根据合法性、合理性等原则办理补登记，对涉嫌违反外汇管理规定的，依法进行行政处罚。

十三、境内居民与境外特殊目的公司之间的跨境收支，应按现行规定办理国际收支统计申报。

十四、外汇局定期分析境内居民通过特殊目的公司境外投融资及返程投资整体情况，密切关注其对国际收支的影响，并加强对境内居民通过特殊目的公司境外投融资及返程投资的事中、事后监管。

十五、境内居民或其直接、间接控制的境内企业通过虚假或构造交易汇出资金用于特殊目的公司，外汇局根据《中华人民共和国外汇管理条例》第三十九条进行处罚。

境内居民未按规定办理相关外汇登记、未如实披露返程投资企业实际控制人信息、存在虚假承诺等行为，外汇局根据《中华人民共和国外汇管理条例》第四十八条第（五）项进行处罚。

在境内居民未按规定办理相关外汇登记、未如实披露返程投资企业实际控制人信息或虚假承诺的情况下，若发生资金流出，外汇局根据《中华人民共和国外汇管理条例》第三十九条进行处罚；若发生资金流入或结汇，根据《中华人民共和国外汇管理条例》第四十一条进行处罚。

境内居民与特殊目的公司相关跨境收支未按规定办理国际收支统计申报的，外汇局根据《中华人民共和国外汇管理条例》第四十八条第（一）项进行处罚。

十六、本通知自发布之日起实施。《国家外汇管理局关于境内居民通过境外特殊目的公司融资及返程投资外汇管理有关问题的通知》（汇发〔2005〕75 号）同时废止。之前相关规定与本通知内容不一致的，以本通知为准。

国家外汇管理局各分局、外汇管理部接到本通知后，应及时转发辖内中心支局、支局、城市商业银行、农村商业银行、外资银行、农村合作银行；各中资银行接到通知后，应及时转发所辖各分支机构。执行中如遇问题，请及时向国家外汇管理局资本项目管理司反馈。

九、涉及国有资产与集体资产

国有资产与集体资产产权性质特殊，涉及社会公共利益和集体利益，国有资产和集体资产的变动需要严格遵循管理和监督规定，以国有资产与集体资产投资形成的股权变动相应地也要履行特别的程序。

1. 涉及国有资产

由于国有企业的重要历史地位，我国关于国有资产管理的法律体系建立得相对完备。2003 年 5 月，国务院颁布《企业国有资产监督管理暂行条例》（以下简称“《暂行条例》”），同年 12 月，国务院国资委联同财政部颁布了《企业国有产权转让管理暂行办法》（以下简称“《暂行办法》”），在很长时期内，《暂行条例》和《暂行办法》构成了国有资产管理和监督的基础性规定。2008 年 10 月，中华人民共和国第十一届全国人民代表大会常务委员会第五次会议审议通过《中华人民共和国企业国有资产法》（以下简称“《企业国有资产法》”），关于国有资产管理的法律层级和内容健全性都得到了进一步的提升，《企业国有资产法》替代《暂行条例》《暂行办法》成为新的基础性规定。

对于拟上市企业股权演变中存在过国有股权的情形，保荐人和发行人律师应该关注国有股权的形成及历次变动是否履行了必要的审批、备案、评估、进场交易、公开挂牌等程序，是否符合国有资产管理方面的法律法规，是否存在国有资产利益受损或资产流失的情形。如果国有股权演变过程中法律依据不明确、相关程序存在瑕疵或与有关法律法规存在明显冲突，原则上发行人应取得省级以上国资管理部门或省级以上人民政府就变动程序的合法性、是否造成国有资产流失出具的确认意见，并在招股说明书中披露相关文件的主要内容。

2. 涉及集体资产

相比于国有资产从法律到部门规章及地方性规定的完备，集体企业的管理规定相对粗疏，除了《中华人民共和国城镇集体所有制企业条例》《中华人民共和国乡村集体所有制企业条例》的原则性规定外，关于集体资产的规定更多是由农业部等部委的规章及地方性规定构成。

对于集体企业改制而来的拟上市企业，保荐人和发行人律师应该关注改制过程是否履行了审批、评估等必要的程序，是否符合集体资产管理方面的法律法规及地方性规定，是否存在集体资产利益受损或资产流失的情形。如果改制过程中法律依据不明确，相关程序存在瑕疵或与有关法律法规存在明显冲突，原则上发行人应取得由省级人民政府就改制程序的合法性、是否造成集体资产流失等事项出具的确认意见，并在招股说明书中披露相关文件的主要内容。对历史上存在挂靠集体组织经营的企业，应取得相应有权部门的确认意见。

如果拟上市企业国有资产、集体资产变动的程序存在瑕疵，但未实质上损害国有或集体的利益，通常经有权部门确认后不会构成发行上市的法律障碍，但如果未能获得有权部门的确认或实质上造成了国有或集体的利益，可能构成发行上市的法律障碍。

案例：柳州欧维姆机械股份有限公司（被否）【发行人历史上国有股权变动存在瑕疵】

发审会关注事项：根据申请文件，2002 年 12 月柳州市工业控股公司（国有）将发行人前身股权转让景丰投资。2003 年 3 月经景丰投资控股股东华强集团（本次转让时企业性质为国有）同意，景丰投资将所持欧维姆有限540万元出资以84万元的价格转让给时任欧维姆有限董事长，将所持欧维姆有限180万元出资以28万元的价格转让给时任副董事长，将所持欧维姆有限180万元出资以28万元的价格转让给时任总经理。上述转让未经相关国有资产管理部门确认。2014年上述总经理配偶将上述受让的欧维姆合计180万股以810万元价格转让给柳工集团。请保荐代表人对上述转让的合规性、合理性发表明确结论性意见。

案例简析

从公开的反馈意见看，发行人问题主要集中在两个方面：（1）发行人2002年改制为有限公司后的多次股权变动未履行国有资产评估、备案或国有资产交易程序。广西国资委就发行人2002年10月至2014年1月的国有产权变动事项出具了确认批复，批复载明“不因自治区国有资产监督管理机构的审核确认而转移其他有关部门和企业所应承担的法律责任”。（2）景丰投资将部分出资以低于出资额的价格转让给3名欧维姆有限管理人员，其后，王柳平、陈谦分别将所持股权转让给各自配偶。

该案例中，发行人涉嫌违反有关国有企业领导人员持股的规定及利益输送，尽管省国资委进行了确认，但批复带有保留意见，未能有效消除法律风险。

案例：深圳清溢光电股份有限公司（被否）【审核关注发行人历史上国有股权变动的合规性】

发审会关注事项：请发行人代表进一步说明国有股东清华液晶技术工程中心将发行人前身的股权转让给发行人实际控制人家族控制的香港苏锡企业履行的相关国资监督管理审批程序，是否合法有效，是否存在股权纠纷，是否存在国有资产流失的情形。请保荐代表人就股权转让履行程序的完备性、股权转让的合法性、股权是否存在纠纷发表核查意见。

案例简析

发行人设立于1997年12月，当时作为股东之一的北京清华液晶技术工程中心持股比例为17%，该中心为清华大学、中国节能投资公司、北京市高技术创业服务中心共同设立的全民所有制联营企业。1999年7月，北京清华液晶技术工程中心将所持发行人股权予以转让，转让价格为出资原始价格，由于历年亏损，当时的净资产低于注册资本。该次股权转让，已进行资产评估并由清华大学国有资产管理办公室批准，但缺乏转让方股东中国节能投资公司、北京市高技术创业服务中心履行审批程序的资料与事实。对于北京高技术创业服务中心，因相关经办人员已经离岗且相关股权资料丢失，无法了解相关国资部门批复情况，对于中国节能环保集团公司，因时间久远等原因而无法获准接受保荐机构及发行人律师的访谈。

该案例中，虽然国有资产变动时间较早，变动过程中股权转让方履行审批程序，但股权转让方的股东是否履行必要的程序未能得到求证，未能完全消除法律风险。

案例：603079 圣达生物【发行人历史上国有股权变动存在瑕疵】

发审会关注事项：请发行人代表进一步说明：（1）中国科招高技术公司将所持发行人前身圣达药业有限公司（以下简称圣达有限）30%股权转让给发行人控股股东浙江圣达集团有限公司（以下简称圣达集团），是否履行了中国科招高技术公司的董事会、股东会决策程序；是否按照国资管理规定履行相应的评估、挂牌公开转让和审批等法定程序。（2）中国科招高技术公司将所持圣达有限450万股权平价转让给圣达集团的原因和合理性；是否存在侵犯国有利益的情形。（3）上述股权转让是否符合《企业国有资产监督管理暂行条例》等法律法规的相关规定。（4）发行人股权是否清晰，控股股东和受控股股东、实际控制人支配的股东持有的发行人股份是否存在重大权属纠纷。请保荐代表人说明核查方法、程序、依据和结论。

案例简析

发行人于 2015 年 11 月申报证监会。历史上国有股东以原始出资额平价退出，未履行评估、挂牌公开转让等国有资产管理手续，2017 年 3 月至 6 月由企业所在地市级、省级政府书面确认不存在国有资产流失，原国有资产主管部门招商局集团确认股权转让的事实，但并未就合规性进行定性确认。2017 年 7 月获得证监会发审会审核通过。

案例：002873 新天药业【审核关注发行人历史上国有股权及集体股权变动的合规性】

> **发审会关注事项：**请发行人代表进一步说明发行人的原国有股东肉联厂、集体股东供销机械厂转让其所持新天有限（发行人前身）的股权所履行的程序和审批情况，是否符合当时有效的国有资产管理及集体资产管理的法律法规和规章规则的规定。请保荐代表人说明对前述事项的核查情况。

案例简析

发行人国有股东肉联厂转让股权时履行了评估、审批程序，集体所有制股东供销机械厂转让股权当时没有履行审批程序，后由实际控制人省供销社联合社进行事后确认。

案例：002879 长缆科技【发行人由集体企业改制设立】

> **发审会关注事项：**请发行人代表进一步说明发行人的前身相关集体资产量化过程、董事会持股的成因及资金来源、历次股权变动所履行的审批程序，俞正元取得发行人的股权并成为控股股东的过程和合法性，是否存在侵犯公司及其他股东权益的行为。请保荐代表人说明对前述事项的核查程序、依据和结论。

案例简析

长沙电缆附件有限公司前身为长沙电缆附件厂，设立于1958年，为集体所有制企业。1997年12月，经过资产评估、方案审批、产权界定与量化之后，改制设立为有限责任公司，形成了没有落实到个人的集体股与落实到个人的个人股并存的股东结构，并以工会持股（后转为董事会持股）、个人委托持股的方式解决实际股东持股问题。直至2011年改制为股份公司之前，才以股权转让的方式还原为真实的持股结构。

案例：300699 光威复材【发行人控股股东由集体企业改制设立】

发审会关注事项：光威集团成立时，光威渔具集团将部分受益股量化给陈光威等806名职工。截至2013年12月，光威集团工商登记股东24人，实际权益持有人316人。2013年12月调整了光威集团、发行人以及其他关联企业的股权结构，其中41人继续作为光威集团的股东；275人作为员工持股平台合伙企业的合伙人，其中112人通过员工持股平台拓展合伙、光威合伙、光辉合伙持有发行人股份。请发行人代表说明退出股东获得的对价支付情况。请保荐代表人说明对支付对价公允性的核查情况。

案例简析

发行人控股股东光威集团前身光威渔具集团为集体所有制企业，以职工量化及购买的方式改制为员工持股的有限公司，2015年7月由山东省政府对改制事项予以确认。

案例：603730 岱美股份【发行人控股股东由集体企业改制设立】

发审会关注事项：请发行人代表进一步说明：(1) 发行人控股股东浙江舟山岱美投资有限公司（以下简称岱美投资）1996 年进行集体产权改制时留存 145.22 万股集体股分配和最终量化至个人股东的过程及所履行的程序，分配和量化过程是否合法合规，是否存在诉讼或纠纷。(2) 岱美投资实际权益所有人的变动情况、变动原因，解除股份代持的过程及所履行的程序，清理过程是否合法合规，股份代持是否已彻底解除，是否存在诉讼或纠纷。(3) 相关信息和风险是否已充分披露。请保荐代表人发表核查意见并说明核查过程和依据。

案例简析

发行人控股股东浙江舟山岱美投资有限公司前身泡沫总厂为镇办集体企业，后改制为职工持股的有限公司。2012 年，浙江省政府出文对改制予以确认。

案例：603389 亚振家居【发行人控股子公司历史上为挂靠集体企业】

发审会关注事项：请发行人代表进一步说明：(1) 上海亚振家具有限公司改制、集体资产全部量化到自然人高伟是否符合当时有效的法律法规，是否履行了相应的法律程序，是否存在纠纷或潜在纠纷。(2) 结合香港亚振实业有限公司（以下简称香港亚振）签订的受托文件，核查说明委托汇款的受托方，历次增资的实际出资人，增资资金来源，是否合法合规；出资借款的归还情况，是否存在纠纷或潜在纠纷。(3) 香港亚振增资江苏亚振家具有限公司事项是否符合有关法律规定，是否存在出资瑕疵，是否存在纠纷或潜在纠纷。请保荐代表人发表核查意见。

案例简析

发行人子公司上海亚振的前身上海亚振家具厂1992年7月设立登记时为挂靠集体企业，名义出资人为挂靠单位顾路乡财政所，实际出资人应为法定代表人高伟，挂靠期间均未收取挂靠费。2000年，经过镇政府、镇国有资产管理办公室审批及评估程序，改制为实际控制人持股的有限公司。2015年，浦东新区人民政府对于改制事项予以确认。

十、资产来源于上市公司

在资产来源于上市公司的情形下，可能会造成同一资产重复上市获得监管套利，也可能转移优质资产从而损害上市公司及公众股东的利益，因此，证监会对于资产来源于上市公司的上市申请较为谨慎。

对于拟上市企业部分资产来自于境内上市公司的情形，证监会不予全盘否定，但给予谨慎审核，从多个角度关注是否存在损害上市公司及社会公众股东的情况，主要包括：

（1）上市公司资产进入发行人时的背景、所履行的决策程序、审批程序与信息披露情况，是否符合法律法规、公司章程以及证监会和证券交易所有关上市公司监管和信息披露要求；发行人受让相关资产时履行的决策程序是否符合法律法规、公司章程的有关规定，是否存在争议或潜在纠纷。

（2）实际控制人、发行人及关联方的董事、监事和高级管理人员在上市公司及其控制公司的历史任职情况及合法合规性，是否存在违反竞业禁止义务的情形；上述资产转让时，受让方的董事、监事和高级管理人员在上市公司的任职情况，与上市公司及其董事、监事和高级管理人员是否存在关联关系。如存在关联关系，在相关决策程序履行过程中，上述关联人员是否回避表决或采取保护非关联股东利益的有效措施。

（3）资产转让完成后，发行人及其关联方与上市公司之间是否就上述转让资产存在纠纷或诉讼。

（4）发行人及其关联方的董事、监事、高级管理人员以及上市公司在转让上述资产时是否存在损害上市公司及其中小投资者合法利益的情形。

境外上市公司分拆子公司在境内上市，证监会审核中关注是否符合境外上市地的相关监管规定。

对于拟上市企业曾经为上市公司控股子公司的情形，证监会审核中的主要关注点为：

（1）上市公司转出发行人股份是否履行了必要的法律程序，是否存在违法违规行为，是否损害上市公司及社会公众股东的利益。

（2）上市公司公开发行股票所募集的资金是否投向发行人业务。

（3）发行人与上市公司之间是否存在同业竞争，发行人业务、资产、人员、财务、机构与上市公司是否独立。

（4）发行人与上市公司股东、实际控制人之间是否存在一致行动关系和关联关系。

（5）上市公司及其下属企业董事、监事、高级管理人员是否拥有发行人控制权。

根据证监会审核政策及已经出现的案例，来源于上市公司的资产上市存在两个禁区，即拟上市公司不得为上市公司的控股子公司，且不得存在使用上市公司募集资金的情形。

目前出现的涉及上市公司资产的案例均为上市公司对外转让控股子公司的股权，从控股退居为参股，甚至完全退出持股，转出的子公司在新的实际控制人的控制和运作下申请上市，例如：300548 博创科技，原控股股东为上市公司天通股份，后天通股份转让股权后退居第二大股东；002912 中新赛克，原控股股东为上市公司中兴通讯，后中兴通讯将所持有的股权全部予以转让后退出。

此外，证监会于 2004 年 7 月发布的《关于规范境内上市公司所属企业到境外上市有关问题的通知》（证监发〔2004〕67 号）尽管规定的是境内上市公司分拆子公司到境外上市的要求，但由于传达出证监会对于涉及上市公司分拆上市的监管思路，对于理解证监会关于拟上市企业资产来源于上市公司的审核政策具有参照意义。根据《关于规范境内上市公司所属企业到境外上市有关问题的通知》，上市公司所属企业申请到境外上市（上市公司有控制权的所属企业到境外证券市场公开发行股票并上市的行为），上市公司应当符合下列条件：

（1）上市公司在最近 3 年连续盈利。

（2）上市公司最近 3 个会计年度内发行股份及募集资金投向的业务和资产不得作为对所属企业的出资申请境外上市。

（3）上市公司最近一个会计年度合并报表中按权益享有的所属企业的净利

润不得超过上市公司合并报表净利润的50%。

（4）上市公司最近一个会计年度合并报表中按权益享有的所属企业净资产不得超过上市公司合并报表净资产的30%。

（5）上市公司与所属企业不存在同业竞争，且资产、财务独立，经理人员不存在交叉任职。

（6）上市公司及所属企业董事、高级管理人员及其关联人员持有所属企业的股份，不得超过所属企业到境外上市前总股本的10%。

（7）上市公司不存在资金、资产被具有实际控制权的个人、法人或其他组织及其关联人占用的情形，或其他损害公司利益的重大关联交易。

（8）上市公司最近3年无重大违法违规行为。

案例：300548 博创科技【发行人曾为上市公司子公司】

发审会关注事项：发行人原为上市公司天通股份持有50%股份的公司。天通股份分别于2008年4月和2011年12月将所持发行人700万元出资额和400万元的股份转让。目前天通股份持有发行人17.74%的股份，为发行人第二大股东。2011年6月1日，福信投资以每股12元将其所持有的发行人股份转让给力合创赢；2011年12月，天通股份以每股9.5元的价格将其所持有的发行人股份转让给禹杉投资和双阳投资。天通股份转让发行人股权的价格低于半年前的价格。(1) 请保荐人代表说明，天通股份转让发行人股权的价格低于半年前的价格，是否损害了天通股份及其中小投资者合法权益。(2) 2008年4月上市公司天通股份将其持有的发行人17.5%（700万元）的出资份额转让给天力工贸。2011年12月，天通股份将其持有的发行人4.52%（280万股）和1.94%（120万股）的股权分别转让给禹杉投资和双阳投资。请保荐代表人对是否依法履行相应程序和信息披露义务，是否存在权属纠纷，上市公司天通股份和东方通信是否将募集资金用于发行人说明其核查过程及核查结论。

案例简析

发行人于2003年7月设立时，曾为上市公司天通股份的控股子公司，天通股份持有发行人2000万的出资额，占比为50%。之后，天通股份分别于

2008 年 4 月和 2011 年 12 月将所持发行人 700 万元出资额和 400 万元的股份转让，天通股份退居第二大股东。发行人于 2014 年 6 月申报证监会，于 2016 年 4 月获得证监会审核通过。

该案例中，保荐人和发行人律师核查的重点为：(1) 天通股份转出发行人股份不存在违法违规行为，未侵害天通股份利益，并按审批权限履行了董事会、股东大会批准程序。(2) 天通股份公开发行股票所募集的资金未投向发行人业务。(3) 发行人与天通股份之间不存在同业竞争，发行人业务、资产、人员、财务、机构与天通股份独立。(4) 发行人与天通股份股东、实际控制人之间不存在一致行动关系，除天通股份实际控制人因投资关系担任发行人董事外，发行人及股东与天通股份不存在任何关联关系。(5) 天通股份及其下属企业董事、监事、高级管理人员不拥有发行人控制权。因此，天通股份作为上市公司且曾经作为发行人控股股东的情形，不构成发行人本次发行上市的障碍。

案例：002912 中新赛克【发行人曾为上市公司子公司】

发审会关注事项：请发行人代表进一步说明：(1) 2012 年，中兴通讯将发行人前身中兴特种控股权转让给深创投的具体原因及其商业合理性；中兴通讯出售上述控股权履行的决策程序、审批程序及信息披露情况；是否符合法律法规规章、公司章程及证监会、证券交易所有关上市公司监管和信息披露要求，是否损害中小投资者合法权益。(2) 确定中兴特种转让价格的决策过程、依据、程序，当时是否聘请评估机构进行过评估；独立董事是否针对该事项发表专项独立意见；结合中兴特种转让当时最近 3 年的盈利能力、发展前景、同行业公司的估值等因素，说明上述转让价格的合理性和公允性，是否涉嫌贱卖上市公司资产。(3) 中兴通讯董事、高管是否与发行人存在关联关系或者其他利益安排，是否通过委托持股、信托持股等方式在发行人中拥有权益。(4) 发行人总经理等高管曾在中兴通讯任职，发行人本次发行上市是否属于分拆上市或者变相分拆上市；是否损害了中兴通讯及其投资者尤其是公众投资者的合法权益，是否对发行人本次发行上市构成障碍。(5) 发行人使用中兴通讯专利和软件著作权生产产品所产生销售收入的占比情况；中兴通讯对于发行人的知识产权许可由无偿许可转为有偿许可，且未明确约定许可使用的专利和软件著作权，上述情况对于发行人持续盈利能力的影响。请保荐代表人说明核查的方法、过程、依据和结论。

案例简析

发行人原为上市公司中兴通讯控股子公司，中兴通讯于 2012 年 10 月将所持有的 68% 股权全部予以转让后退出。发行人于 2016 年 6 月申报证监会，2017 年 8 月过会。

该案例中，保荐人和发行人律师核查的重点为：中兴通讯向深创投出售的中兴特种控股权并非由中兴通讯以募集资金形成，股权转让行为按照相关法律法规及中兴通讯《公司章程》的规定履行了董事会、监事会审议程序并进行了公告。中兴通讯的股权转让行为按照相关法律法规及其《公司章程》的规定履行了必要的审议批准手续，独立董事发表了不存在损害公司及股东利益的情况的独立意见，并按照证监会、证券交易所的要求履行了信息披露义务，符合当时法律法规、中兴通讯《公司章程》及证监会、证券交易所有关上市公司监管和信息披露的要求，不存在损害中小投资者合法权益的情形。发行人本次发行上市不构成中兴通讯分拆上市或者变相分拆上市，不存在损害中兴通讯及其投资者尤其是公众投资者的合法权益的情形。

案例：河南润弘制药股份有限公司（未通过）【发行人曾为上市公司子公司】

发审会关注事项：请发行人代表进一步说明：（1）2010 年 1 月，河南羚锐制药股份有限公司（以下简称河南羚锐制药）将其子公司郑州羚锐制药有限公司（以下简称郑州羚锐，系发行人前身）49% 的股份一次性转让给中青港联（北京）投资公司（以下简称中青港联）的原因及其商业合理性；河南羚锐制药出售上述股权履行的决策程序、审批程序及信息披露情况；是否符合法律法规规章和交易所规则及公司章程的规定。(2) 确定郑州羚锐转让价格为 1.80 元/股的依据和程序，转让定价是否合理、公允。(3) 河南羚锐制药将郑州羚锐股份转让给中青港联时，未聘请评估机构对拟转让股份进行评估、独立董事未针对上述股份转让价格是否公允发表独立意见，上述股份转让事项未提交河南羚锐制药股东大会审议的具体原因及其合理性、合规性；上述股权转让是否存在纠纷、潜在纠纷和法律风险。(4) 河南羚锐制药的控股股东、实际控制人、董事、监事、高管与发行人是否存在关联关系或者其他利益安排，是否通过委托持股、信托持股等方式在发行人中拥有权益。(5) 发行人原系上市公司河南羚锐制药子公司，发行人总经理、财务总监、董事会秘书等主要高管曾在河南羚锐制药任职，发行人本次发行上市是否属于分拆上市或者变相分拆上市；是否损害了河南羚锐制药及其投资者尤其是公众投资者的合法权益。请保荐代表人对前述事项说明核查方法、程序、依据和结论。

案例简析

上市公司羚锐制药及其子公司羚锐投资合计持有发行人多数股权，羚锐制药及其子公司羚锐投资于 2010 年 2 月转让全部股权后退出。发行人于 2015 年 8 月申报证监会，于 2017 年 3 月上会被否。

案例：300741 华宝股份【发行人为香港上市公司体系内的控股子公司，系香港上市公司分拆资产在 A 股上市】

发审会关注事项：朱林瑶通过 Mogul 等 6 家 BVI 公司[①]间接控制华宝国际 73.6% 股权，华宝国际通过下属 4 个层级控制发行人。请发行人代表说明：(1) 实际控制人频繁增减持华宝国际的原因。(2) 设置多层控制结构的合理性和必要性，各层级持股的真实性，是否存在委托、信托持股，是否存在各种影响控制权的约定或其他安排，是否符合首发办法关于股权清晰的要求。(3) 如何保障发行人各层级股东变动的信息披露能满足真实、准确、完整、及时的要求。请保荐代表人说明核查过程和结论。

① 英属维尔京群岛是世界上发展最快的海外离岸投资中心之一，在此注册的公司被称作 BVI 公司。

案例简析

发行人为香港上市公司华宝国际体系之内的控股公司，按照香港上市公司分拆上市的规定履行程序。

证监会未制定境内上市公司分拆上市的规定，但早在2004年即制定了境内上市公司所属企业到境外上市的规定，该规定对于曾经为境内上市公司子公司的企业申请境内上市具有一定的参照意义。

《关于规范境内上市公司所属企业到境外上市有关问题的通知》（2004年7月21日 证监发〔2004〕67号）

根据《公司法》、《证券法》、《国务院关于股份有限公司境外募集股份及上市的特别规定》等法律、行政法规的规定，现就规范境内上市公司（以下简称“上市公司”）所属企业到境外上市有关问题通知如下：

一、上市公司所属企业到境外上市，是指上市公司有控制权的所属企业（以下简称“所属企业”）到境外证券市场公开发行股票并上市的行为。

二、所属企业申请到境外上市，上市公司应当符合下列条件：

（一）上市公司在最近三年连续盈利。

（二）上市公司最近三个会计年度内发行股份及募集资金投向的业务和资产不得作为对所属企业的出资申请境外上市。

（三）上市公司最近一个会计年度合并报表中按权益享有的所属企业的净利润不得超过上市公司合并报表净利润的50%。

（四）上市公司最近一个会计年度合并报表中按权益享有的所属企业净资产不得超过上市公司合并报表净资产的30%。

（五）上市公司与所属企业不存在同业竞争，且资产、财务独立，经理人员不存在交叉任职。

（六）上市公司及所属企业董事、高级管理人员及其关联人员持有所属企业的股份，不得超过所属企业到境外上市前总股本的10%。

（七）上市公司不存在资金、资产被具有实际控制权的个人、法人或其他组织及其关联人占用的情形，或其他损害公司利益的重大关联交易。

（八）上市公司最近三年无重大违法违规行为。

三、所属企业到境外上市事项，上市公司应当按照本通知的要求，依法就下列事项做出决议：

（一）董事会应当就所属企业到境外上市是否符合本通知、所属企业到境外上市方案、上市公司维持独立上市地位承诺及持续盈利能力的说明与前景做出决议，并提请股东大会批准。

（二）股东大会应当就董事会提案中有关所属企业境外上市方案、上市公司维持独立上市地位及持续盈利能力的说明与前景进行逐项审议并表决。

（三）上市公司董事、高级管理人员在所属企业安排持股计划的，独立董事应当就该事项向流通股（社会公众股）股东征集投票权，该事项独立表决并须获得出席股东大会的流通股（社会公众股）股东所持表决权的半数以上通过。

四、上市公司应当聘请经中国证监会注册登记并列入保荐机构名单的证券经营机构担任其维持持续上市地位的财务顾问（以下简称“财务顾问”）。财务顾问承担以下职责：

（一）财务顾问应当按照本通知，对上市公司所属企业到境外上市申请文件进行尽职调查、审慎核查，出具财务顾问报告，承诺有充分理由确信上市公司申请文件不存在虚假记载、误导性陈述或者重大遗漏，确信上市公司在所属企业到境外上市后仍然具备独立的持续上市地位、保留的核心资产与业务具有持续经营能力。

（二）财务顾问应当在所属企业到境外上市当年剩余时间及其后一个完整会计年度，持续督导上市公司维持独立上市地位，并承担下列工作：

1. 持续关注上市公司核心资产与业务的独立经营状况、持续经营能力等情况；

2. 针对所属企业发生的对上市公司权益有重要影响的资产、财务状况变化，以及其他影响上市公司股票价格的重要信息，督导上市公司依法履行信息披露义务；

3. 财务顾问应当自持续督导工作结束后十个工作日内向中国证监会、证券交易所报送“持续上市总结报告书”。

五、所属企业到境外上市，上市公司应当在下述事件发生后次日履行信息披露义务：

（一）所属企业到境外上市的董事会、股东大会决议。

（二）所属企业向中国证监会提交的境外上市申请获得受理。

（三）所属企业获准境外发行上市。

（四）上市公司应当及时向境内投资者披露所属企业向境外投资者披露的任何可能引起股价异常波动的重大事件。上市公司应当在年度报告的重大事项中就所属企业业务发展情况予以说明。

六、财务顾问应当参照《证券发行上市保荐制度暂行办法》的规定，遵守法律、行政法规、中国证监会的规定和行业规范，诚实守信，勤勉尽责，尽职出具相关财务顾问报告，持续督导上市公司维持独立上市地位。中国证监会比照《证券发行上市保荐制度暂行办法》对财务顾问执业情况实施监管。

七、上市公司所属企业申请到境外上市，应当按照中国证监会的要求编制并报送申请文件及相关材料。中国证监会对上市公司所属企业到境外上市申请实施行政许可。

八、同时发行境内上市内资股和境内上市外资股的上市公司不适用本通知。

第五章　规范性

上市公司诚信、规范经营，不仅是社会期望，也是法律基本要求。为了从源头上提高规范意识和水平，证监会将规范运作设置为企业发行上市的重要条件，并根据相关性，将规范性分解为针对发行人、经营管理层、控股股东与实际控制人等各主体的具体要求。

《首发管理办法》《创业板首发管理办法》

关于发行人应具备的规范性规定如下

规范性要求	《首发管理办法》规定	《创业板首发管理办法》规定
业务合法合规	第十一条：发行人的生产经营符合法律、行政法规和公司章程的规定，符合国家产业政策。	第十三条：发行人应当主要经营一种业务，其生产经营活动符合法律、行政法规和公司章程的规定，符合国家产业政策及环境保护政策。
内部控制与治理	第十四条：发行人已经依法建立健全股东大会、董事会、监事会、独立董事、董事会秘书制度，相关机构和人员能够依法履行职责。	第十六条第一款：发行人具有完善的公司治理结构，依法建立健全股东大会、董事会、监事会以及独立董事、董事会秘书、审计委员会制度，相关机构和人员能够依法履行职责。
	第十七条：发行人的内部控制制度健全且被有效执行，能够合理保证财务报告的可靠性、生产经营的合法性、营运的效率与效果。 第二十二条：发行人的内部控制在所有重大方面是有效的，并由注册会计师出具了无保留结论的内部控制鉴证报告。	第十八条：发行人内部控制制度健全且被有效执行，能够合理保证公司运行效率、合法合规和财务报告的可靠性，并由注册会计师出具无保留结论的内部控制鉴证报告。

续 表

规范性要求	《首发管理办法》规定	《创业板首发管理办法》规定
经营管理层诚信守法	第十六条：发行人的董事、监事和高级管理人员符合法律、行政法规和规章规定的任职资格，且不得有下列情形：（一）被中国证监会采取证券市场禁入措施尚在禁入期的；（二）最近36个月内受到中国证监会行政处罚，或者最近12个月内受到证券交易所公开谴责；（三）因涉嫌犯罪被司法机关立案侦查或者涉嫌违法违规被中国证监会立案调查，尚未有明确结论意见。	第十九条：发行人的董事、监事和高级管理人员应当忠实、勤勉，具备法律、行政法规和规章规定的资格，且不存在下列情形：（一）被中国证监会采取证券市场禁入措施尚在禁入期的；（二）最近三年内受到中国证监会行政处罚，或者最近一年内受到证券交易所公开谴责的；（三）因涉嫌犯罪被司法机关立案侦查或者涉嫌违法违规被中国证监会立案调查，尚未有明确结论意见的。
发行人诚信守法	第十八条：发行人不得有下列情形：（一）最近36个月内未经法定机关核准，擅自公开或者变相公开发行过证券；或者有关违法行为虽然发生在36个月前，但目前仍处于持续状态；（二）最近36个月内违反工商、税收、土地、环保、海关以及其他法律、行政法规，受到行政处罚，且情节严重；（三）最近36个月内曾向中国证监会提出发行申请，但报送的发行申请文件有虚假记载、误导性陈述或重大遗漏；或者不符合发行条件以欺骗手段骗取发行核准；或者以不正当手段干扰中国证监会及其发行审核委员会审核工作；或者伪造、变造发行人或其董事、监事、高级管理人员的签字、盖章；（四）本次报送的发行申请文件有虚假记载、误导性陈述或者重大遗漏；（五）涉嫌犯罪被司法机关立案侦查，尚未有明确结论意见 （六）严重损害投资者合法权益和社会公共利益的其他情形。	第二十条第一款：发行人及其控股股东、实际控制人最近三年内不存在损害投资者合法权益和社会公共利益的重大违法行为。
控股股东、实际控制人诚信守法		第二十条第一款：发行人及其控股股东、实际控制人最近三年内不存在损害投资者合法权益和社会公共利益的重大违法行为。

《首发管理办法》《创业板首发管理办法》对于发行人规范性的具体规定略有不同，但在审核实践中主板、中小板、创业板按照同样的标准和要求执行，例如，《首发管理办法》未对发行人控股股东、实际控制人的诚信守法作出规定，但实际上主板、中小板也要求发行人控股股东、实际控制人最近 3 年内不存在损害投资者合法权益和社会公共利益的重大违法行为。

企业及其控股股东、实际控制人在筹备上市过程中，应该提高规范意识，对内建立完善的内部控制制度，对外遵守各项法律法规及政策，避免因不规范行为而受到法律制裁。对于已经存在的不规范行为，应该予以纠正，消除影响。

上市审核中，对于发行人存在不规范情形的，审核部门将重点关注不规范行为形成的原因、主观恶性、持续时间、情节严重性、经营和业务影响、法律后果等因素进行综合判断，通常主观恶性小、情节和法律后果轻微的不规范行为纠正之后或影响消除之后不会构成上市的法律障碍，而主观恶性大、情节和法律后果严重的不规范情形可能构成上市的法律障碍。

上市实务中，常见的规范性问题主要有发行人业务不合规，发行人及其控股股东、实际控制人因违法违规受到行政处罚，发行人违规融资。

一、业务合规性

根据《首发管理办法》《创业板首发管理办法》的规定，发行人的生产经营应该符合法律、行政法规和公司章程的规定，符合国家产业政策。

企业经营活动涉及方方面面，需要遵循的法律法规也方方面面，企业的生产经营合规性应该涵盖经营活动的全过程，包括：

1. 符合经营主体的资格要求。一般的行业不存在资格要求，取得营业执照之后即可开业经营，但有些行业由于涉及生命健康、公共安全、财产安全、文化传播等社会公共利益，存在行业准入要求，经营主体在从事业务之前需要取得行业主管部门的许可或备案，相应地需要符合行业管理性规定。发行人所处的行业如有经营资质要求的，发行人应相应取得经营资质。

2. 产品或业务符合监管要求。有的行业不仅对经营主体有准入资格的要求，对于企业所生产的具体产品或提供的服务也存在监管要求，例如，医药产品的生产，不仅经营主体需要取得《药品生产许可证》，新研制的药品必须获得药品证书才能对外销售。发行人所生产的产品或提供的服务如存在许可或备案要求的，发行人应在生产产品或提供服务之前先行办理许可或备案。

3. 业务活动符合法律法规的要求。发行人的研发、采购、生产、销售、结算等各项具体的业务活动均应符合法律法规的要求。

4. 符合监管部门的日常管理要求。无论处于何种行业，从事经营活动的企业均要办理工商、税务、社保等登记，并符合日常管理要求。

在上市实践中，常见的发行人业务合规性方面的情形如下：

（一）经营资质问题

发行人从事的业务应取得经营资质而未取得，或者在取得经营资质之前即已开始业务活动，将导致发行人的业务活动缺乏合规性。在此情形下，需要根据未取得经营资质的持续时间、对整体业务影响大小、危害后果严重性及是否得到纠正等因素综合判断，如果情节轻微，仅对部分业务或某一时段业务产生影响，并由行业主管部门确认不属于重大违法违规行为，通常不会对上市造成障碍；如果情节严重、对整体业务产生影响、影响难以消除，涉嫌重大违法违规，将构成上市的法律障碍。

案例：赣州腾远钴业新材料股份有限公司（未通过）【发行人存在未取得资质证书的情形】

发审会关注事项：报告期内，发行人存在未取得《危险化学品登记证》和《安全生产许可证》而从事生产、储存和销售氯化钴和硫酸钴产品的行为，以及未取得环境影响评价审批即进行项目建设的行为。请发行人代表说明：（1）发行人年产19550t动力电池用高性能硫酸钴及500t碳酸锂正极前驱体材料技改扩能项目完成安全条件论证、安全评价批复、开工、试生产、安全设施竣工验收、项目正式投产时间，是否符合《建设项目安全设施“三同时”监督管理办法》的规定。（2）上述事项形成的原因及补救措施。（3）上述行为是否符合我国安全生产和环境保护方面的法律、法规及规范性文件的相关规定，是否属于重大违法违规行为，是否构成本次发行的实质法律障碍。（4）上述事项在历次申报的招股说明书中是否如实披露。请保荐代表人说明核查方法、依据，并发表明确核查意见。

案例简析

因监管法律变化，发行人主要产品由原来不作为危险化学品管理转为危险化学品进行管理，发行人未能根据新的监管要求及时办理经营许可证，造成报告期内的部分收入来源于无证经营。

案例：嘉必优生物技术（武汉）股份有限公司（被否）【审核关注是否已经取得必要的经营资质】

发审会关注事项：申报材料显示，发行人主要生产食品添加剂花生四烯酸（ARA）和二十二碳烯酸（DHA），但是，发行人自 2016 年 9 月 21 日后即未能获得授予公司整体的食品生产许可或食品添加剂生产许可。在招股说明书中，已有的两张以发行人江夏分公司和葛店分公司名义取得的食品生产许可证（证书编号分别为 SC20142011500025 和 SC20142070500020，有效期分别自 2016 年 11 月 4 日和 8 月 26 日开始）既被作为发行人拥有的企业生产资质列示，又被作为发行人拥有的产品认证资质列示。请发行人代表说明：（1）招股说明书将前述两张尾号分别为 025 和 020 的食品生产许可证视为发行人取得的企业生产资质的做法是否与《食品生产许可管理办法》第四条“食品生产许可实行一企一证”的规定相违。（2）发行人是否因无证生产食品添加剂而违反《食品安全法》等法律法规。请保荐代表人对前述事项发表核查意见。

案例简析

发行人持有的许可证为食品经营许可证和食品流通许可证，食品生产许可证由分公司持有，涉嫌违反《食品生产许可管理办法》第四条“食品生产许可实行一企一证”的规定。

案例：成都尼毕鲁科技股份有限公司（未通过）【发行人存在取得经营资质前从事经营活动的行为】

发审会关注事项： 发行人所处网游行业受多个主管部门监管，报告期存在未取得互联网出版许可证而从事游戏出版发行，未取得《增值电信业务经营许可证》从事网络游戏运营的行为。请发行人代表：（1）结合境内主管部门的政策及变化情况，说明报告期从事的网络游戏研发、运营、发行等各项业务是否均已取得必要资质，是否存在证照或审批手续不完备的情形下开展相关业务的情况。（2）说明报告期运行的各款游戏是否均履行了必要的审批或备案程序，各款游戏的上线时间及完成审批或备案的时间是否一致，是否存在违反《网络出版服务管理规定》《互联网出版管理暂行规定》《网络游戏管理暂行办法》等相关规定的情形。（3）说明以上事项对发行人可能产生的影响及潜在风险，相关内部控制制度是否健全有效，并能保证公司合法合规经营。（4）说明上述行为是否属于重大违法违规行为，是否构成本次发行的实质法律障碍。（5）说明以上事项在历次申报的招股说明书中是否如实披露，是否符合《首发管理办法》相关规定。请保荐代表人对上述事项说明核查过程、依据并发表明确意见。

案例简析

发行人持有中华人民共和国新闻出版广电总局颁发的新出网证（川）字032号《互联网出版许可证》，有效期为2015年6月5日至2019年12月31日。由于发行人于2015年4月申报，说明发行人申报后才取得《互联网出版许可证》，报告期内未取得该经营证书。

案例：仲景大厨房股份有限公司（被否）【审核关注是否已经取得必要的经营资质】

发审会关注事项：申请文件显示，发行人的主要产品为香菇食品和香辛食品配料，需要采购的物料包括香菇原料、香辛料原料和工业产品，发行人已获得的生产许可证不包括食品添加剂生产许可证。申请文件称，香辛食品配料为香辛料调味品，具有“风味物质数据化、产品浓度高，风味与天然风味基本一致，无有害残留、安全卫生”的特点。报告期内各年，香辛食品配料的销售收入分别为17610.63万元、20248.84万元、24445.13万元。《食品安全法》规定“食品添加剂，指为改善食品品质和色、香、味以及为防腐、保鲜和加工工艺的需要而加入食品中的人工合成或者天然物质，包括营养强化剂”。就发行人在没有取得食品添加剂生产许可证的情况下生产前述香辛食品配料一事，请保荐代表人说明发行人是否违反了《食品安全法》。

案例简析

发行人未取得食品添加剂生产许可证的情况下生产香辛食品配料，涉嫌违反《食品安全法》。

案例：重庆长江造型材料（集团）股份有限公司（已过会，未上市）【涉嫌未取得经营资质即从事经营活动的情形】

发审会关注事项：发行人报告期内存在边办理采矿证边开采的行为。请发行人代表进一步说明：（1）边办理采矿证边开采的行为是否合法合规，是否构成重大违法行为；通辽市科左后旗国土资源局出具《证明》不会实施行政处罚，其是否为发行人开采行为的有权监管部门。（2）长江材料与科左后旗政府签订的是《年产50万吨硅砂深加工项目投资合同书》，但取得的《采矿许可证》准许的年开采规模却是14.4万吨。请说明差异原因及对公司的影响。（3）历年开采量是否存在超过准许的开采规模的情况，是否合法合规，未来是否存在无法取得《采矿许可证》或《采矿许可证》准许的生产规模持续下降的情况。（4）一旦准许开采规模持续下降或无法取得《采矿许可证》，市场中是否存在替代原材料，是否会对生产经营和业绩产生重大不利影响。本次募投项目运营后，对应的原材料是否有足够保障。请保荐代表人说明核查方式、核查过程及结论。

案例简析

报告期内存在子公司未取得采矿证而进行开采的行为，涉嫌违反矿产资源法，当地国土资源局为发行人出具不会实施行政处罚的证明，发审会关注其是否为有权机关。

（二）供应商资质问题

上市审核中不仅关注发行人自身的经营资质问题，也会关注发行人主要供应商的资质问题，审核逻辑在于：（1）主要供应商因经营资质问题而存在法律风险，可能对于发行人业务经营的稳定性和持续性构成重大不利影响；（2）发行人可能通过与不具有经营资质的供应商交易转嫁违法成本，从而获得监管套利。

发行人的供应体系存在严重的合法性问题，也会影响到上市审核时的合法性判断。因此，企业在筹备上市时，不仅应确保自身规范，还应注意包括供应商在内的供应体系的规范。

案例：龙岩卓越新能源股份有限公司（未通过）【审核关注采购环节的合规性】

发审会关注事项：报告期发行人国内废油脂供应商以个体为主，且废油脂采购地范围较广。根据《关于加强地沟油整治和餐厨废弃物管理的意见》（国办发〔2010〕36号），餐厨废弃物收运单位应当具备相应资格并获得相关许可或备案。请发行人代表说明：（1）国内供应商中不具备餐厨废弃物收运相应资格未获得相关许可备案的家数，发行人对其采购数量和金额占比。(2) 建立并有效执行废油脂采购、质量检测、技术指导、服务管理、结算付款等方面内控制度的情况。(3) 业务规模是否受主要原材料供应的限制，是否影响持续发展。请保荐代表人说明核查方法、过程，并发表明确核查意见。

案例简析

发行人原材料为地沟油加工而成的废油脂，供应商主要为不具有资质的个人供应商，供应环节不符合专门性管理规定的要求，供应体系存在合法性问题。

案例：北京新时空科技股份有限公司（未通过）【审核关注供应商合规性】

发审会关注事项： 报告期发行人存在向无劳务分包资质单位采购劳务的情形，2015年前10名劳务分包单位中，向无劳务分包资质单位的采购金额占比为50.84%。报告期发行人项目分布各地，但主要劳务分包商为北京企业。请发行人代表说明：(1) 发行人项目分布在各地，但主要劳务分包商为北京企业的原因及合理性，是否存在实为自身员工而由劳务分包企业代为开票的情况，该等北京的劳务分包商与发行人及其关联方是否存在关联关系。(2) 劳务分包是否存在行政处罚风险，该等情形是否构成发行人本次发行上市的法律障碍。请保荐代表人说明核查过程、依据及明确核查意见。

案例简析

发行人报告期内存在向无劳务资质的单位采购劳务的情况，于申报当年规范、整改完毕。

（三）应当履行招投标程序而未履行

《中华人民共和国招标投标法》第三条规定："在中华人民共和国境内进行下列工程建设项目包括项目的勘察、设计、施工、监理以及与工程建设有关的重要设备、材料等的采购，必须进行招标：（一）大型基础设施、公用事业等关系社会公共利益、公众安全的项目；（二）全部或者部分使用国有资金投资或者国家融资的项目；（三）使用国际组织或者外国政府贷款、援助资金的项目。前款所列项目的具体范围和规模标准，由国务院发展计划部门会同国务院有关部门制订，报国务院批准。法律或者国务院对必须进行招标的其他项目的范围有规定的，依照其规定。"

《中华人民共和国政府采购法》第二条第一款、第二款规定，在中华人民共和国境内进行的政府采购适用本法。本法所称政府采购，是指各级国家机关、事业单位和团体组织，使用财政性资金采购依法制定的集中采购目录以内的或者采购限额标准以上的货物、工程和服务的行为。

在经济活动中，一般性的采购活动中采购方可以完全自主地按照自己的意愿进行采购，包括确定具体的供应商并与之协商采购价格，但对于一些特别的采购活动，根据我国《招标投标法》《政府采购法》等法律法规的规定，需要履行招投标程序，以营造公开、公平、公正的市场环境，从而优化资源配置，提高采购质量效益。

上市审核中，审核人员经常关注发行人业务取得方式是否应该适用招投标程序，对于应履行而未履行招投标程序的情形，尽管主要责任在采购方，但由于导致业务缺乏合法性基础，情形严重也会对发行人上市造成影响。

企业在筹备上市过程中，应对业务承揽方式进行梳理，对于报告期内存在少量应履行而未履行招投标程序的业务，需要做好说明和确认工作；对于应履行而未履行招投标程序的业务比重较大的，应考虑在规范运行后开始计算报告期。

案例：厦门新立基股份有限公司（未通过）【审核关注项目承揽是否需要履行招投标程序】

发审会关注事项： 发行人报告期内非投标项目收入占比均超过50%，其中，应招标未履行招投标程序获取的业务收入总体呈上升趋势。请发行人代表说明：(1) 非投标项目是否均不适用《招标投标法》。(2) 非投标项目的区域分布，是否与实际控制人存在关联关系。(3) 在当前经济法律环境下，结合客户构成、业务类型、销售区域、产品定价，应招标未履行招投标程序获取的业务收入逐期上升的原因及合理性。(4) 相关合同是否存在被认定无效的风险及对发行人业绩的影响，是否存在法律纠纷和行政处罚的风险。请保荐代表人说明核查方法、过程、依据并发表核查意见。

案例简析

发行人存在依照《中华人民共和国招标投标法》等法律法规的规定应当招投标而未经过招投标程序获取业务的情形，承接业务存在不符合规定的情形，相关合同存在被认定无效的风险。

根据招股说明书披露，发行人通过招投标方式获取业务的销售金额占公司销售收入的比例不高，主要原因有：(1) 在发行人业务构成中，仅符合条件的道路沥青供应业务需要履行招投标程序，道路沥青贸易业务无须履行招投标程序。(2) 在部分市政道路建设项目中，施工方按照招投标文件的要求进行沥青采购，发行人作为供货方与施工方签署长期合作协议，按施工方的要求在指定时间指定地点向施工方供应沥青，发行人作为供货方未直接参与该项工程的招投标程序。(3) 因采购方其他原因未履行招投标程序。

发行人论述，鉴于以下理由，发行人存在的应当招投标而未经过招投标程序获取业务的情形不会对公司的经营活动造成重大不利影响：

(1) 根据《中华人民共和国招标投标法》的规定，相关业务是否需要履行招标程序以及如何履行招标程序，应由招标方决定，公司作为货物销售方，无法主动要求购买方履行招投标程序，上述业务未履行招标程序并非由公司原因导致，因此，若因未履行招投标程序而受到行政处罚，则该行政处罚的对象应为购买方。

(2) 参照《最高人民法院关于审理建设工程施工合同纠纷案件适用法律问题的解释》第二条规定："建设工程施工合同无效，但建设工程经竣工验收合格，承包人请求参照合同约定支付工程价款的，应予支持。"因此，即使该等合同被认定为无效，只要公司提供的货物不存在质量瑕疵，则公司仍可根据实际交付货物追索相应款项，不会对公司的生产经营造成重大不利影响。截至目前，公司与购买方从未因相关业务未经过招投标程序而产生任何纠纷。

（3）公司控股股东、控股股东的控股股东就公司未经过招投标程序获取业务承诺如下："就发行人报告期内履行的合同，如因交易对方未依照《招标投标法》等法律法规的规定履行招投标程序而导致合同无效，进而导致发行人被任何相关方以任何方式提出有关合法权利要求，或发行人受到相关行政处罚等，本公司将全额承担由此给发行人造成的任何损失或相关费用且自愿放弃向发行人追偿的权利。"

案例：北京新时空科技股份有限公司（未通过）【发行人承接业务存在需要履行招投标程序而未履行的情形】

发审会关注事项：报告期发行人存在应履行而未履行招投标程序签订的合同，2017 年第四季度 2 个应当履行招投标程序的项目无中标文件，部分项目在中标前存在发生项目成本的情况。请发行人代表说明：（1）项目取得是否符合法律法规的相关要求，是否存在因招投标行为被处罚的情形。（2）应当履行招投标程序的工程施工项目仅提供招投标文件，无中标文件的原因及合理性。（3）未履行招投标程序项目是否存在无效风险，发行人是否会遭受相关损失。请保荐代表人说明核查过程、依据及明确核查意见。

案例简析

审核关注存在应履行未履行招投标程序签订的合同。

案例：三达膜环境技术股份有限公司（未通过）【审核关注项目承揽是否需要履行招投标程序】

发审会关注事项：发行人通过 BOT[①]、TOT[②] 和委托运营方式在全国多

① BOT：是英文 Build－Operate－Transfer 的缩写。即建设—经营—转让。
② TOT：是英文 Transfer－Operate－Transfer 的缩写，即移交—经营—移交。

个地区已投资和运营了 28 座市政污水处理厂。请发行人代表说明：（1）上述项目的取得方式是否合法合规。（2）报告期内由当地县级以上人民政府授权地方住建局与发行人签署特许经营权协议且未履行招标程序的合法性。（3）发行人及其下属 15 家子公司应取得而未取得排污许可证及排污许可证过期的情况，以及相关法律风险。（4）2017年 6 月 30 日 BOT、TOT 项目特许经营权 10 亿元的形成过程、依据、会计处理方式、占净资产的比例，并在招股说明书中作出特别风险提示。请保荐代表人说明核查方法、过程、依据并发表核查意见。

案例简析

审核关注项目所在地人民政府授权地方住建局与发行人签署特许经营权协议且未履行招标程序的合法性。

案例：300649 杭州园林【发行人承接业务存在需要履行招投标程序而未履行的情形】

发审会关注事项：根据申请文件，报告期内，客户未履行招投标程序或获得上级主管部门批准但发行人无法取得证明材料的项目收入分别为 2402.18 万元、1461.35 万元、1176.02 万元，占当期营业收入的比重为 21.20%、13.51%、10.12%。请发行人代表说明：（1）过往存在招标程序瑕疵但已履行完毕的业务合同，相关款项的回收期及回收情况，是否存在后续无法回收款项等情形。（2）正在履行合同及在手订单存在招标程序瑕疵的比例及发行人是否就合同履行相关风险做出充分信息披露。（3）客户未履行招投标程序或获得上级主管部门批准，发行人是否需承担相应责任，发行人是否涉及不正当竞争或其他不规范事项。

案例简析

审核关注客户未履行招投标程序或获得上级主管部门批准，发行人是否需承担相应责任，发行人是否涉及不正当竞争或其他不规范事项。

（四）业务模式合法性

拟上市企业经营活动不仅需要采购、销售等各个具体交易环节合法合规，还需要业务模式的实质上具有合法性基础，不存在以合法形式规避非法目的的情形。

企业筹备上市过程中，中介机构不仅应该关注发行人采购、研发、生产、销售等各个单项活动的合法合规性，也应该判断其整体业务活动是否符合法律规定，特别是一些比较特殊或新颖的业务模式，更应该论证交易实质的合法合规性，避免因为交易实质缺乏合法性基础而对上市造成障碍。2011 年轰动一时的“达芬奇家居事件”即是一起典型的以合法形式规避法律监管的案例。当年，已处于上市辅导期的达芬奇家居股份有限公司被央视报道存在产品质量问题及虚假宣传问题，根据媒体报道，达芬奇家居股份有限公司的主要供应商位于广东省东莞市，供应商把生产的家具交付给达芬奇公司之后，达芬奇公司将这些家具从深圳口岸出港，运往意大利，再从意大利运回上海，从上海报关进港回到国内，透过这种“二进二出”技巧，这些东莞产家具就有了全套的进口手续，成为达芬奇公司所说的 100% 意大利原装、“国际超级品牌”家具。达芬奇公司的上市计划因这一事件的曝光而夭折。

案例：鑫广绿环再生资源股份有限公司（暂缓发行）【审核关注业务模式是否规避法律规定】

发审会关注事项：关于铜陵项目，（1）请发行人代表说明铜陵鑫广托管铜陵项目是否属于“变相转让”或“出租”危险废物经营许可证，与本次托管相关的协议是否合法有效。（2）发行人回复材料称：“2017 年 1 月 1 日起至项目移交日的收益参照移交后的分配原则进行分配。”据招股说明书，拟托管的铜陵项目 2017 年 1 ~6 月实现净利润 1767.67 万元（未经审计），请发行人代表说明该事项对公司财务报表的影响，以及铜陵项目的财务处理是否符合《企业会计准则》的相关要求，说明招股说明书是否进行充分的更新披露。

案例简析

审核关注受托经营方式是否属于“变相转让”或“出租”危险废物经营许可证。

案例：603676 卫信康【审核关注业务模式是否规避法律规定】

发审会关注事项： 请发行人代表进一步说明：(1) 在“两票制”实施地区，发行人向山西普德药业有限公司（以下简称普德药业）收取专利/技术使用费、商标/品牌使用费、市场管理及推广服务费的具体协议约定，报告期内收取相关费用的情况，报告期各期收费标准是否一致；该等约定与我国现有的药品管理规定是否存在冲突或违背情形；该等模式在“两票制”下的合法性、稳定性，发行人的合法权益是否能得到充分保障，是否存在经营模式发生重大变动的可能，是否取得有权部门的认可。(2) 发行人与普德药业的业务合作是否符合我国相关法律法规及行业监管部门的规定，是否符合行业特点，发行人是否对普德药业存在重大依赖。(3) 选择普德药业作为主要产品独家生产合作方的原因，发行人对普德药业若无法按照发行人的要求完成订单的具体应对措施及可行性，发行人药品自主申报及生产的进展情况。(4)“普德药业分立、合并、控股权变更等事项不影响双方的合作”的依据及可行性，山西仟源医药集团股份有限公司（以下简称仟源医药）向哈尔滨誉衡药业股份有限公司购买普德药业100%股权的最新进展情况，普德药业被仟源医药收购后是否存在与发行人终止合作的风险及其依据。(5) 发行人向普德药业采购药品的定价机制及具体的价格调节机制，发行人向普德药业采购药品价格的公允性，是否存在其他利益安排。(6) 相关信息及风险是否充分披露。请保荐代表人发表核查意见。

案例简析

在“两票制”政策实施省份，由于从生产企业到流通企业只能开一次发票，发行人与普德药业原有关于合作产品的购销关系不再继续。发行人与普德药业就“两票制”政策下的业务运行达成一致，发行人将通过收取专利/技术使用费、商标/品牌使用费用以及市场管理及推广服务费用，获取相关收益。审核关注该种合作方式是否符合法律规定及其商业风险。

案例：上海雅运纺织化工股份有限公司（已过会，尚未发行）

发审会关注事项：发行人采用“核心自产、优势外包”模式，报告期内外包采购占采购总金额比重分别为64.76%、64.97%和62.29%，外包采购经发行人验收入库后统一贴牌包装后进行销售。请发行人代表说明：(1) 发行人主要采用外包生产方式的原因及合理性，是否存在对外协加工商的重大依赖，是否影响发行人的业务独立性，是否对发行人的核心竞争力产生不利影响。(2) 主要外包企业在环境保护、劳动用工、纳税等方面是否符合法律法规，是否受到重大处罚，发行人是否采用外包方式规避环境保护、劳动用工等方面的责任。请保荐代表人发表核查意见。

案例简析

审核关注发行人是否以外包方式规避环境保护、劳动用工等方面的责任。

二、重大违法行为

《首发管理办法》第十八条规定：“发行人不得有下列情形：……（二）最近36个月内违反工商、税收、土地、环保、海关以及其他法律、行政法规，受到行政处罚，且情节严重；……”

《创业板首发管理办法》第二十条第一款规定，发行人及其控股股东、实际控制人最近三年内不存在损害投资者合法权益和社会公共利益的重大违法行为。

《首发管理办法》与《创业板首发管理办法》的规定略有不同，但在上市实践中主板、中小板与创业板的审核标准保持一致，即主板、中小板上市的发行人比照创业板的要求，发行人控股股东、实际控制人最近3年内不得存在损害投资者合法权益和社会公共利益的重大违法行为；创业板上市的发行人比照主板、中小板的要求，不得违反《首发管理办法》中列举的工商、税收、土地、环保、海关部门的法律法规。

根据《首发管理办法》及《创业板首发管理办法》，在发行人及其控股股东、实际控制人存在违法行为的情形下，是否符合上市条件，主要在于判断违法行为是否属于重大违法行为，如果属于重大违法行为，则不符合上市条件，从而构成上市的法律障碍；如果不属于重大违法行为，则符合上市条件，从而不构成上市的法律障碍。

根据审核政策与实践，重大违法行为的认定标准为：

1. 违法行为受到刑事处罚的，原则上应认定为重大违法行为。

2. 被处以罚款以上行政处罚的行为，原则上视为重大违法行为，除非作出行政处罚的实施机关依法认定为不属于重大违法行为或者中介机构核查论证被处罚的行为显著轻微、罚款数额显著较小以及根据相关规定明显不属于重大违法行为。

3. 被处以罚款以上行政处罚的行为，如果导致严重环境污染、重大人员伤亡、社会影响恶劣等情形，无论是否取得处罚机关的专项说明，均应认定为重大违法行为。

4. 违法行为不仅是指违反《首发管理办法》列举的工商、税收、土地、环保、海关方面的法律法规，也包括发行人被其他有权部门实施行政处罚且情节严重的情形。

5. 发行人合并报表范围内的各级子公司，若对发行人主营业务收入或净利润不具有重要影响（占比不超过 5%），其违法行为可不视为发行人本身存在相关情形，但其违法行为导致严重环境污染、重大人员伤亡或社会影响恶劣的除外。

6. 最近 3 年重大违法行为的起算时点，从刑罚执行完毕或行政处罚决定作出之日起计算。

在实务中，作出处罚的行政机关对违法行为进行认定通常比中介机构的论证更有说服力，因此，存在行政处罚的情形下，应该尽可能取得有权机关对违法行为的界定。需要注意的是，无论行政机关作出不属于重大违法行为的认定，还是中介机构作出不属于重大违法行为的论证，均应该具有确凿的依据，不能与法律规定存在明显的冲突，否则，即便有权机关对违法行为进行界定，审核中也未必能被采信。

案例：力合科技（湖南）股份有限公司（被否）【发行人涉及商业贿赂】

发审会关注事项：请发行人代表进一步说明：(1) 报告期内，发行人存在因涉嫌单位行贿被司法机关立案和部分高管、员工涉及多起商业贿赂案件的情形，发行人有关销售、投标、资金费用管理等方面的内部控制制度是否健全且被有效执行，是否能够合理保证生产经营的合法性。(2) 报告期内发行人销售费用中的业务招待费占营业收入的比例高于同行业可比上市公司的具体原因，高管和员工有关业务招待费等费用报销是否真实、合理，是否存在商业贿赂情形。(3) 结合订单获取方式、流程，补充说明相关内部控制制度能否有效防范商业贿赂风险；案发后，采取的主要整改措施。(4) 发行人及其员工是否还存在其他涉及商业贿赂的案件；发行人相关信息披露是否准确、完整，相关风险揭示是否充分。(5) 衡阳市雁峰区人民检察院对发行人立案的具体情况，发行人未披露相关情况的具体原因。(6) 发行人在其历次提交的《招股说明书（申报稿）》等申请材料中均未对发行人存在因涉嫌单位行贿被立案等事项进行披露的具体原因。(7) 发行人上述相关情况是否符合《首次公开发行股票并上市管理办法》的相关规定。请保荐代表人发表核查意见，并说明核查的方法、过程、依据及结论。

案例简析

报告期内，发行人副董事长、副总经理因报告期外行为涉嫌行贿罪被立案侦查，后由检察院出具不予起诉决定书结案。尽管检察院不予起诉，但违法行为的情节较为严重，发行人业务合法合规性存疑。

案例：南京圣和药业股份有限公司（被否）【发行人涉及商业贿赂】

发审会关注事项： 黑龙江省黑河市中级人民法院于2015年9月18日作出的《刘彦铎贪污、单位受贿一案刑事判决书》显示，“上诉人刘彦铎就任华润医药公司（发行人主要客户）总经理期间，在与多个医药公司进行业务往来中，多次收受各药品供应商药品回扣款，具体犯罪事实如下：……3.2012年9月至2013年5月，刘彦铎委托马xx代表华润医药公司与南京圣和药业有限公司（发行人前身）签订关于‘圣诺安’（奥硝唑氯化钠注射液）药品销售合同，每瓶（0.5g）黑龙江省中标价格36.26元，华润医药公司以每瓶32.63元向圣和公司购买‘圣诺安’，中间差价款为华润医药公司配送费。刘彦铎要求圣和公司给华润医药公司返利，圣和公司以支付马xx报销费用等名义，从每瓶32.63元中提取21.27元给华润医药公司返利。2013年1～12月，圣和公司根据马xx的付款申请及提供的银行账号，分14笔共向华润医药公司王xx的爱人张xx卡中汇入返利款人民币5301924.69元”。请发行人代表进一步说明，针对上述情形，发行人是否进行过披露，是否存在被追责的风险。发行人经营过程中是否还存在类似情形。发行人内控存在何种缺失，作出了何种整改措施。发行人防范商业贿赂的内部控制是否有效健全。请保荐代表人发表核查意见，并说明核查过程和方法。

案例简析

报告期内发行人客户单位总经理被追究贪污、单位受贿刑事责任，涉及发行人于报告期外向客户华润医药公司提供账外返利的情形，发行人招股说明书中未披露该事项。违法行为的情节较为严重，发行人业务合法合规性存疑。

案例：广东格林精密部件股份有限公司（未通过）【发行人报告期内受到海关处罚】

发审会关注事项：发行人因存在保税料件短少而不能提供正当理由的情况，违反了海关监管规定，被中华人民共和国惠州海关处以罚款56.6万元。请发行人代表说明：（1）该行为是否属于重大违法行为及依据。（2）相关海关备案业务属于公司常规性业务还是临时性业务，发生问题的原因及公司整改进展。请保荐代表人说明核查方法、过程，并发表明确核查意见。

案例简析

发行人报告期内因报告期外的海关报关事项被处罚款56.6万元，海关出具发行人报告期内没有重大违法违规行为的证明。

案例：河南润弘制药股份有限公司（被否）【发行人因产品质量问题受到行政处罚】

发审会关注事项：发行人因产品质量问题两次被行政处罚和15次被有关监管部门查处和曝光，其中有5次涉及发行人主导产品长春西汀注射液。请发行人代表进一步说明：（1）发行人关于原材料采购、药品生产、包装、运输等方面的产品质量内控制度是否健全并得到有效执行，发行人相关内控制度是否存在重大缺陷。（2）发行人在其历次提交的《招股说明书（申报稿）》等申请材料中均未对其产品15次被有关药品监管部门查处和曝光为劣药事项进行披露的具体原因；发行人相关信息披露是否准确、完整，相关风险揭示是否充分；发行人有关信息披露的内控制度是否健全并得到有效执行。（3）发行人的生产经营是否符合《药品管理法》《药品生产质量管理规范》等法律法规的规定。请保荐代表人对前述事项说明核查方法、程序、依据和结论。

案例简析

发行人报告期内因产品质量问题两次被行政处罚，由处罚单位出具说明认定不属于重大违法违规行为。

案例：安佑生物科技集团股份有限公司（未通过）【发行人存在环保、规划等多项行政处罚】

发审会关注事项：报告期内发行人子公司因环保违规被处以 8 项行政处罚，因安全生产问题被处以 3 项行政处罚，并有规划、消防、税务、农业、畜牧等部门多项处罚，且在报告期后期仍持续发生。发行人的部分养猪场尚未办理完毕动物防疫条件合格证，部分养猪场的动物防疫条件合格证在出租方名下，部分养猪场已取得环评批复但未取得环评验收，部分养猪场未取得环评批复和环评验收，部分养猪场待办理排污许可证。发行人 2012 年至今收购了 47 家公司，但报告期内行政管理人员人数逐年减少。请发行人代表：（1）说明报告期内频繁受到处罚的原因，相关养猪场未来持续经营是否存在重大不确定性，相关处罚、证照瑕疵是否构成重大违法违规。（2）结合相关养猪场对应的经营与财务情况，说明对发行人经营业绩及生猪养殖业务的影响。（3）说明发行人管理子公司数量逐年增加但行政管理人员逐年减少的原因及合理性。（4）说明报告期内发行人是否已建立全面有效的内控制度，相关内控制度是否已有效执行。请保荐代表人说明核查过程和方法，并发表明确核查意见。

案例简析

报告期内发行人子公司存在环保、安全生产、规划、消防、税务、农业、畜牧等部门多项处罚，且在报告期后期仍持续发生。

案例：603059 倍加洁【发行人存在海关处罚】

> **发审会关注事项**：报告期内，发行人解释因认识错误，2013 年 12 月至 2014 年 8 月期间，将本应申报 10% 进口关税按照零税率向海关申报进口，导致少缴纳 135 万元税款，并于 2016 年 12 月被扬州海关出具行政处罚决定书，罚款 145 万元。请发行人代表说明：（1）扬州海关此次行政处罚是否构成重大违法违规行为。（2）发行人的相关内部控制制度是否健全且被有效执行，是否能够合理保证财务报告的可靠性。请保荐代表人说明核查过程和依据，并发表明确核查意见。

案例简析

发行人因申报错误报告期内被扬州海关罚款 145 万元，扬州海关出具专项说明认定不属于重大违法违规行为。

案例：300625 三雄极光【发行人存在质量、安全生产等多项处罚】

> **发审会关注事项**：招股说明书披露，发行人报告期质量技术方面涉及处罚 3 起，被罚没约 172 万元；环保方面多起，被罚没约 2 万元；安全生产、交通、税务等方面也多有处罚。请发行人代表说明相关的内部控制是否存在重大缺陷，发行人内部控制制度是否健全且被有效执行，公司治理是否完善。

案例简析

发行人报告期内存在质量、环保、安全生产、交通、税务等处罚，其中质量技术总计被罚没 172 万元。

在上述案例中，广东格林精密部件股份有限公司因报告期外的海关报关事项被处罚款 56.6 万元，并取得海关出具的发行人报告期内没有重大违法违规行为的证明，但仍未审核通过；倍加洁集团股份有限公司因申报错误报告期内被扬州海关罚款 145 万元，扬州海关出具专项说明认定不属于重大违法违规行为，获得审核通过。单就两个海关处罚本身而言，倍加洁集团股份有限公司受到的处罚比广东格林精密部件股份有限公司受到的处罚严重，但倍加洁集团股份有限公司仍然成功上市，说明：（1）在处罚金额较大的情形下，作出处罚的行政机关出具不属于重大违法违规行为的书面认定极为重要；（2）违法行为对上市是否最终造成影响与上市项目的质地有一定的关系。

三、违规融资

银行在从事贷款等金融活动时需要遵守相应的制度和流程，融资申请人要满足相应的条件和要求并提供真实、有效的资料。实践中，由于多种原因，存在企业向银行提供不真实的资料和信息以获得银行融资的情形。有别于骗取贷款，违规融资本身符合获得融资的实质性条件，仅仅违反程序性的规定，不具有骗取的主观恶意。

实践中比较突出的违规融资主要有两种情形，一种是为了获得银行融资，企业向关联方或供应商开具不具有真实贸易背景的票据，进行票据贴现后获得银行融资，从而违反《中华人民共和国票据法》的规定；另一种是企业为满足贷款银行受托支付要求，将虚构的采购合同提供给银行用于受托支付方式下的流动资金贷款发放，从而违反《中华人民共和国商业银行法》《流动资金贷款管理暂行办法》等相关法律法规规定。

根据审核政策，首次申报审计截止日后，发行人原则上不能再发生违规融资情形。对于首次申报审计截止日前报告期内存在的违规融资情形，应根据有关情形发生的原因及性质、发生的频率、金额大小等因素综合判断是否对《首发管理办法》第十七条和《创业板首发管理办法》第十八条规定的发行条件构成影响。连续 12 个月内银行贷款受托支付累计金额与相关采购或销售（同一交易对手、同一业务）累计金额基本一致或匹配的，不视为上述“转贷”行为。

上市过程中，发行人存在违规融资的情况下，中介机构通常可以按照以下几个方面进行核查与论证：

1. 发行人前述行为信息披露充分性，如对相关交易形成原因、资金流向和使用用途、利息、违反有关法律法规具体情况及后果、后续可能影响的承担机制、整改措施、相关内控建立及运行情况等。

2. 关注前述行为的合法合规性，是否存在被处罚情形或风险，是否满足相关发行条件的要求。

3. 关注发行人对前述行为财务核算是否真实、准确，与相关方资金往来的实际流向和使用情况，是否通过体外资金循环粉饰业绩。

4. 不规范行为的整改措施，发行人是否已通过收回资金、改进制度、加强内控等方式积极整改，是否已针对性建立内控制度并有效执行，且申报后未发生新的不合规非经营性资金往来等行为。

5. 前述行为不存在后续影响，已排除或不存在重大风险隐患。

发行人应尽量取得企业所在地银监会或人民银行的分支机构出具的发行人违规融资行为不属于重大违法违规行为的认定，以及作为债权人的贷款银行或其上级主管银行出具未实质性损害其利益以及不会追究违约责任的说明，以消除可能承担法律责任的风险。

案例：浙江华达新型材料股份有限公司（未通过）【发行人存在开具无真实交易背景银行承兑汇票的情形】

发审会关注事项：报告期内，发行人累计向子公司硕强贸易开具3.8亿元无真实交易背景银行承兑汇票，通过子公司硕强贸易周转贷款6.7亿元，同时发行人及其子公司硕强贸易还存在对关联方大额资金拆出的情况。请发行人代表说明：(1) 上述开具无真实交易背景银行承兑汇票、周转贷款行为是否存在利益输送、违法违规、影响销售真实性及收入确认准确性的情形。(2) 关联方中存在数家房地产开发企业在报告期内占用发行人资金的行为，发行人是否已采取了切实有效措施避免资金占用的再次发生。(3) 发行人内控制度是否健全并得到有效执行，是否能够合理保证财务报告的可靠性、生产经营的合法合规。请保荐代表人说明核查过程、依据，并发表明确核查意见。

案例简析

发行人报告期内累计向子公司硕强贸易开具3.8亿元无真实交易背景银行承兑汇票，通过子公司硕强贸易周转贷款6.7亿元，同时还存在对关联方大额资金拆出的情况。

案例：603876 鼎胜新材【发行人存在开具无真实交易背景银行承兑汇票的情形】

发审会关注事项：报告期各期，发行人存在向关联方拆出、拆入资金，以及与子公司、关联方及少数供应商之间开具无真实贸易背景的银行承兑汇票，再通过银行贴现获得融资的情形。请发行人代表说明：（1）为缓解资金压力通过银行贴现获得融资，同时又向关联方大额拆出资金的原因及合理性。（2）向关联方同时拆出、拆入资金的原因及合理性。（3）与关联方之间资金拆借行为是否履行相关的决策程序，内部控制是否健全并有效执行。（4）2016年6月制订的《防止控股股东及关联方占用资金管理制度》的具体内容及执行有效性。请保荐代表人说明核查方法、依据，并发表明确核查意见。

案例简析

发行人报告期内存在与控股子公司、关联方及少数供应商之间开具无真实贸易背景的银行承兑汇票后通过银行贴现获得融资的情形，其中2015年度开具8.46亿元，2016年度开具1.25亿元。贷款行出具与发行人不存在任何合作纠纷与争议，不存在任何收取罚息或采取其他惩罚性法律措施情形的说明。当地中国人民银行中心支行出具发行人不存在因违反《票据法》《支付结算管理办法》《人民币银行结算账户管理办法》等相关规定而被人民银行实施行政处罚的重大违法违规行为的证明。

案例：四川安宁铁钛股份有限公司（未通过）【发行人存在虚构交易进行流动资金贷款受托支付的情形】

发审会关注事项：2014 年 –2016 年，发行人存在未完全按照合同约定用途使用银行借款及票据贴现资金，由第三方作为受托方接收贷款资金后在当日或一两日内再转回给发行人的情形，且部分没有真实交易背景。请发行人代表说明：(1) 上述情形发生的主要原因，是否符合相关监管规定，是否存在潜在纠纷，是否存在被行政处罚的风险。(2) 前述贷款受托支付对象报告期内业务开展情况、财务税务情况，是否与发行人存在其他业务、资金往来或代收代付费用的情况，交易是否公允，是否与发行人的供应商、客户等存在交易、资金往来等行为。(3) 相关内部控制制度、流程是否健全并得到有效执行，财务基础是否规范。请保荐代表人说明核查过程、依据，并发表明确核查意见。

案例简析

发行人报告期内存在虚构交易进行流动资金贷款受托支付，由第三方作为受托方接收贷款资金后在当日或一两日内再转回给发行人的情形。

案例：柳州欧维姆机械股份有限公司（被否）【发行人存在虚构交易进行流动资金贷款受托支付的情形】

发审会关注事项：柳工集团为了获取银行短期流动贷款，借用欧维姆及其下属子公司的采购、销售等业务合同，与银行签订贷款合同，向银行申请贷款。发行人报告期 2013 年至 2015 年为柳工集团贷款的金额为 82000 万元、40000 万元、10000 万元。发行申请文件还披露，报告期内，子公司缆索公司的缆索体系产品均通过母公司向外销售，母公司向缆索公司开具票据作为货款支付方式。发行人存在多开银行（商业）承兑汇票，而后通过银行贴现获得融资的情形，多开票据比例比较高。请发行人代表说明发行人母公司向缆索公司多开的票据是否具有真实交易背景。请保荐代表人结合上述事项说明对发行人资金、账户、合同管理、贷款、关联交易、法律风险等相关事项的内控制度及执行情况的核查过程及结论。

案例简析

报告期内，发行人控股股东通过虚构交易以发行人为受托支付对象获取银行贷款，涉及金额巨大。

案例：603878 武进不锈【发行人存在虚构交易进行流动资金贷款受托支付的情形】

发审会关注：报告期内，发行人与吉百利存在贸易业务，同时存在无真实贸易背景合同情况下发行人通过吉百利向银行申请贷款的情形。请发行人代表进一步说明上述事项发生后公司如何完善严格的资金授权、批准、审验等相关管理制度，加强资金活动的集中归口管理，明确筹资各环节的职责权限和岗位分离要求，定期或不定期检查和评价资金活动情况，落实责任追究制度，确保资金安全和有效运行。

案例简析

报告期内存在虚构交易以关联方作为受托支付对象贷款的情形。

招股说明书披露

1. 发行人与吉百利之间的资金往来情况

《流动资金贷款管理暂行办法》第二十七条规定，采用贷款人受托支付的，贷款人应根据约定的贷款用途，审核借款人提供的支付申请所列支付对象、支付金额等信息是否与相应的商务合同等证明材料相符。审核同意后，贷款人应将贷款资金通过借款人账户支付给借款人交易对象。

报告期内，银行向发行人发放贷款时要求发行人以相应的商务合同为前提，由银行付款给供应商，即银行实际放贷要求以相应的商务合同为前提。

自2011年12月起，发行人向贷款银行提供的采购合同中，与吉百利的采购合同在签订后未实际履行，同时吉百利在取得银行付款后将该款项立即还给发行人，发行人与吉百利的贸易类业务实际采购款项另行结算。

自2011年吉百利设立以来至2013年8月，发行人在无真实贸易背景合同的情况下通过吉百利向建设银行、农业银行与江南银行累计贷款9.90亿元，其中报告期内（2013年1－8月）累计贷款3.51亿元。截至2014年6月，发行人已按贷款合同规定如期全额偿还了所有相关银行借款并支付利息，未发生违约情形。

2. 相关分析与说明

经核查，上述银行贷款均用于公司主营业务，未用于资金拆借、证券投资、股权投资、房地产投入或国家禁止生产、经营的领域和用途。

公司的股东、董事、高级管理人员或经办人员均未从中获得任何方式的收益，亦未因此而使得公司利益遭受任何形式的损害。公司股东、董事、高级管理人员在前述情况发生及存在的过程中，已经全面知悉了相关情况，不存在公司相关管理人员或经办人员违反公司内部管理制度私自操作的情形。

此外，公司均按贷款合同约定如期偿还上述贷款并支付利息，并未损害银行的利益。

发行人与吉百利之间签署协议，对之前未实际履行的合同确认解除，明确双方均无相应的权利义务，今后不存在任何法律纠纷。

中国人民银行武进支行出具《关于武进不锈股份有限公司流动资金贷款相关问题的意见》，认为："鉴于武进不锈已按贷款合同的约定履行了还款等义务，并采取相应整改措施主动纠正了上述情况，经认真研究，我支行认为，武进不锈的上述行为未实际侵犯金融机构权益，未危害金融安全，也未对金融稳定和金融支付结算秩序产生重大影响，我支行未对武进不锈进行任何形式的处罚，今后亦不予以追究。"

相关贷款银行建设银行、农业银行与江南银行均出具《确认函》，认为："鉴于武进不锈在我行贷款期间就申请的各项贷款均能按照《贷款合同》的约定按时还本付息，从未发生逾期还款或其他违约的情形，且自吉百利处归还至武进不锈的贷款均用于生产经营活动，因此我行对武进不锈的不规范贷款行为不予追究，履行期限尚未届满的各项贷款合同继续有效，我行不予要求提前还款，且不予收取罚息或采取其他任何惩罚性法律措施。”

保荐机构认为，发行人利用与吉百利之间无真实贸易背景的合同获取银行借款的行为既未危害金融秩序，也未损害作为一方当事人的银行的利益，未损害发行人或交易对方的利益，不存在被追究任何法律责任的可能性，且发行人相关资金用途合法，并已还本付息，未产生任何不利影响，因此无论从行为性质、情节和后果角度分析都不属于重大违法、违规行为。

3. 相关规范措施

公司已对上述不规范贷款行为采取了一系列整改措施，管理层认真学习相关法规文件，确保日后不会再进行此类违规操作。

发行人制定了《江苏武进不锈股份有限公司融资管理制度》《江苏武进不锈股份有限公司货币资金管理制度》等与资金往来有关的内部控制制度，其中《江苏武进不锈股份有限公司融资管理制度》系用以规范公司各项融资行为，包括融资决策、融资组织、融资风险管理、审计监督等内容，并附有融资管理制度流程图；《江苏武进不锈股份有限公司货币资金管理制度》系规范公司货币资金的管理工作，涵盖组织管理、付款管理、现金和银行存款的管理等内容。上述内部控制制度已经发行人第一届董事会第二次会议审议通过，并于2013年1月1日起实施。发行人日常经营管理过程中，已严格执行上述与资金往来有关的内部控制制度。

自2013年9月起，上述不规范贷款行为不再发生，公司以真实交易背景的采购合同取得每笔贷款。

对发行人自2011年12月至2013年8月之间与吉百利发生的资金往来，独立董事经核查后发表独立意见：“本人对公司自2011年12月起存在向银行提供无真实贸易背景合同的相关情况进行了审议，确认公司通过上述行为获得的流动资金贷款均用于公司主营业务，促进公司业务发展，并未用于资金拆借、证券投资、股权投资、房地产投入或国家禁止生产、经营的领域和用途，且已主动纠正。公司自2013年10月起禁止发生该等行为，要求相关人员严格按照相关规范性文件的规定实施贷款使用工作。鉴于公司已按照贷款合同的约定悉数偿还到期的流动资金贷款及利息，本人确认公司的上述行为未对银行或他人造成不利影响。”

2013年10月18日，公司召开了第一届董事会第七次会议，通过了《关于公司向银行提供无真实贸易背景合同相关情况的议案》，加强对贷款审批的内控制度，未来杜绝此事发生。

四、现金交易

有些企业由于上下游的行业特性或具有面向个人的零售业务，存在现金收款或现金支付的结算方式，常见的如涉农企业的采购或销售环节、日常消费品的个人零售业务。

现金结算存在易于调节、难以求证的弊端，而采购支付和销售回款涉及企业的成本核算和收入确认，如果现金结算比例较高，会造成企业销售收入、成本费用核实的困难。因此，发行人存在现金结算的情形下，审核中会对此予以高度关注，关注点主要为：

1. 现金交易情形是否符合线下商业零售、向农户采购、日常零散产品销售或采购支出等行业经营特点或经营模式；

2. 现金交易的客户或供应商是否为发行人的关联方；

3. 现金交易是否具有可验证性，是否影响发行人内部控制有效性；

4. 现金交易比例整体呈上升还是下降的趋势，是否超过同行业平均水平或与类似公司存在重大差异。

为了满足证监会的审核关注要求，对于发行人报告期内存在现金结算的情形，发行人的中介机构应该在上市申报过程中调查核实：

1. 现金交易的必要性与合理性，是否与发行人业务情况或行业惯例相符，与同行业或类似公司的比较情况；

2. 现金交易的客户或供应商的情况，是否为发行人的关联方；

3. 相关收入确认及成本核算的原则与依据，是否存在体外循环或虚构业务情形；

4. 与现金交易相关的内部控制制度的完备性、合理性与执行有效性；

5. 现金交易流水的发生与相关业务发生是否真实一致，是否存在异常分布的情形；

6. 发行人实际控制人及发行人董监高等关联方是否与客户或供应商存在资金往来；

7. 发行人为减少现金交易所采取的改进措施及进展情况。

如果发行人现金收款占销售收入比例较低、现金支付占成本费用比例较低，且已采取有效的替代措施降低现金结算比例，一般情形下不会构成发行人发行上市的障碍；如果发行人现金收款占销售收入比例较高或现金支付占成本费用比例较高，且已未能采取有效的替代措施降低现金结算比例，可能构成发行人发行上市的障碍。

因此，发行人在筹备上市过程中，应该努力通过银行转账等方式替代现金结算，从而最大化地降低现金支付比例，对于确实无法替代的现金结算，应该建立完善的内部控制制度，以确保现金流转的安全性及可求证性。

案例：云南神农农业产业集团股份有限公司（未通过）【发行人报告期内现金销售收入不降反升】

发审会关注事项：报告期内，发行人现金销售占营业收入的比重逐年上升，2016 年占当年销售金额的 25.43%，2017 年 1 ~6 月占比 28.16%，发行人交易过程中免税环节较多。同时，发行人经销收入占比接近 99%，客户较为分散且变动较大，大多为个体工商户，ERP 系统不健全，保荐机构未取得经销商的进销存数据。请发行人代表说明：（1）现金交易的真实性、必要性以及逐年上升的原因，现金交易的流程及相关内部控制措施，未来拟降低现金交易的相关措施。（2）发行人实际控制人及其关联方，与发行人董监高及其控制的企业或其他利益相关方、主要客户、供应商之间是否存在资金往来，是否存在资金体外循环以及第三方向发行人输送利益的情形。（3）经销模式终端销售的真实性。请保荐代表人就上述问题明确发表核查意见。

招股说明书披露

报告期内，公司销售存在现金收款以及利用个人银行卡 POS 机收款等情形。其中：

1. 2014 ~2016 年及 2017 年 1 ~6 月，公司现金收款金额分别为 1344.04 万元、6216.92 万元、25790.74 万元、14722.96 万元，占业务收款总额比例分别为 1.63%、7.88%、26.66%、29.41%。

公司采取了以下控制现金收款比例的措施：

（1）要求销售人员催促所分管区域的经销客户办理本人名义的货款结算储蓄卡以便于通过 POS 机划款方式缴纳货款；

（2）提供公司对公银行账户，告知客户可通过银行汇款或转账到公司对公银行账户；

（3）公司通过向客户发《告知书》方式明确告知客户货款应按公司规定支付，坚决杜绝将货款交由业务人员代为收取，否则后果自负；

（4）对于带有大额现金到公司交款提货的客户，由公司出纳将客户直接带至公司开户银行办理货款转账或进账后发货。

2. 2016 年较 2014 年、2015 年现金收款占比上升的原因在于，公司屠宰业务现金收款占业务收款比例由 2014 年的 1.25% 上升至 2016 年的 26.66%，而饲料业务和养殖业务现金收款占比继续保持较低水平。公司屠宰业务现金收款占比较高的原因在于，公司自有屠宰场为云南省最大的生猪屠宰加工基地及猪肉交易批发市场，昆明市内多数农贸市场的肉贩子均进场交易购买猪肉。公司自有养殖场出栏的生猪亦通过该屠宰场屠宰加工后对外出售，随着公司养殖业务模式转变逐步完成，生猪出栏量逐步提高，公司自有生猪经该屠宰场屠宰后对外出售的数量也在不断提高。在公司自有屠宰场进行交易的多数为肉贩子，其交易习惯多为现金交易，且难以在短期内改变。因此导致公司屠宰业务现金收款占比增加。

针对现金收款方式，公司制定了以下控制措施：

（1）所有现金收款均需在收款当时向交款人开具收款凭证（猪肉批发、零售发生的现金收款可以凭汇总表按日汇总开具收款凭证）。其中一联由出纳（或收银员）留存，一联交给付款人（如付款人不需要，与留存联共同保存），一联作为财务记账凭证的原始附件。

（2）公司对收款凭证进行严格管理，收款凭证连续编号，不得断号使用或销毁，收款凭证由公司财务部指定专人管理，出纳（或收银员）按规定领用和缴销收款凭证。公司财务部主管或指定会计人员负责审查收款凭证使用的完整性、连续性。

（3）收款人员将收到的现金款项当天存入公司指定的银行账户，或当天交至财务部出纳，再由出纳统一存入公司指定的银行账户。

（4）库存现金一般不得超过公司核定的限额，非特殊情况并经过批准，出纳的库存现金一般不超过 3000 元。

3. 2014～2016 年及 2017 年 1～6 月，公司通过收款专用的个人银行卡 POS 机收款金额分别为 1387.70 万元、2986.44 万元、64.87 万元、0 万元，占业务收款总额比例分别为 1.68%、3.79%、0.07%、0。为便于部分偶发性合作的客户存汇货款及货款及时到账，公司采取了这种方式进行收款。公司已开始规范该种收款方式，逐步降低该种收款方式的收款金额并于 2017 年完全杜绝该种收款方式。针对这种方式，公司采取了以下措施进行控制：

（1）开立公司专用个人账户须经公司经营负责人、财务负责人批准，经批准后方可开立个人银行账户专用于公司货款收取。

（2）作为公司收款专用的个人银行卡由专人保管，且只能通过 POS 机将货款直接划转到公司指定账户，不得提取现金。

（3）作为收款专用的个人银行卡密码和卡分开保管，具体为：银行卡交由公司出纳（或收银员）统一保管，银行卡密码由公司销售会计保管。

（4）客户应于提货前将货款及时汇入公司告知的专用银行卡上，并立即电话告知公司财务部汇款的时间、地点、金额等基本信息。

（5）公司财务部收到汇款信息后立即查询银行卡发生额及余额，确认货款到账后立即通过 POS 机将货款直接划转到公司账户后方可通知发货装车。

（6）公司使用的个人账户停用后，将所属公司货款全部划入公司账户，并与有往来的客户进行对账，确认无误后，立即销户并取得销户证明。

4. POS 机转账收款控制

（1）POS 机转账收款均需在提货当天完成 POS 机刷卡转账操作，POS 机刷卡结算单一式三联。其中一联由出纳（或收银员）留存，一联交给付款人（如付款人不需要，与留存联共同保存），一联作为财务记账凭证的原始附件。

（2）公司与银行签订协议，将 POS 机刷卡结算款项统一转入公司指定银行账户管理和使用。

（3）POS 转账收款分两种方式：

方式一：客户自带银行卡到公司提货时通过 POS 机直接刷卡向公司缴款。

方式二：客户授权公司通过 POS 机刷卡收款：客户在双方认可的协议银行开设专门用于货款结算银行账户，并将结算账户的银行卡交由公司出纳（或收银员）统一保管，银行卡密码由公司销售会计保管。该卡只能通过 POS 机向公司账户转账，不能提取现金，不能转至其他账户。开票员依据审核后的有效订单，通知客户将货款存入该账户，出纳（或收银员）根据销售发货凭单金额通过 POS 机刷卡收款。

案例简析

该案例中，发行人披露了现金结算回款的具体情形，针对现金回款所采取的控制措施，为降低现金结算所采取的措施。尽管发行人采取措施试图降低现金结算，但由于业务特性使然，现金结算比例不仅未降低，反而呈不断上升趋势，至最近一期末现金结算比例占业务收入接近30%，面临较大的审核压力。

案例：603706 东方环宇【发行人报告期内现金销售收入比例不断降低】

发审会关注事项：发行人报告期车用天然气销售收入存在较大比例现金交易情形。请发行人代表说明：(1) 现金交易的必要性，是否与发行人业务情况或行业惯例相符。(2) 现金交易的客户情况，是否为发行人的关联方，发行人实际控制人及发行人董监高等关联方是否与现金交易客户存在资金往来。(3) 现金交易流水是否存在异常分布。(4) 现金交易相关内控制度是否健全并有效执行。请保荐代表人说明核查过程、依据，并明确发表核查意见。

招股说明书披露

1. 车用天然气现金交易情况

公司车用天然气销售中存在“现充现结”方式现金结算的客户。报告期内，发行人车用天然气现金收款金额、占公司收入的比重情况：2015 年度现金结算金额12317.79 万元，占收入35.73%；2016 年度现金结算金额9292.39 万元，占收入29.06%；2017 年度现金结算9415.91 万元，占收入21.38%。

2. 公司建立了严格的现金交易相关内控制度并得到有效执行

发行人根据自身业务特点制定了严格的《资金安全管理办法》等现金收款内控制度，将不相容岗位与职责在业务部门、财务部门之间分离相互监管核对，建立车用天然气的信息化管理系统对车用气加气数据进行管理。具体情况如下：

（1）将不相容岗位与职责在业务部门、财务部门之间分离相互监管核对

加气站业务部门对加气站前台资金现场安全管理负直接责任，对后台资金管理负监管责任。具体职责情况如下：①负责定期抽查落实气款的保管、存放、清点和缴存。②负责检验、复核加气站的气款是否及时被收银员收走并送存银行。③负责对记账业务、预收款充值等业务进行日常管理。

公司财务部门对销售单据、报表、现金入账、台账等情况负有监督核对责任，具体职责情况如下：①每日审核各类加气站单据、报表和台账，并签名确认。②检查业务部门报送的《天然气加气站加气交接凭单》上所列现金及车用系统中《班组日报表》现金回笼金额与缴存凭证金额是否相符，检查《IC 卡预收款充值日报表》中的充值金额是否与缴存凭证金额、收据显示收入一致。③将前一日收回记账原始票据与《天然气加气站加气交接凭单》中分类所列气量核对是否一致。④督促业务部门班组人员按照规定及时将收到的大额现金存入保险箱，降低资金风险。⑤监督收银员每天将气款资金及时缴存银行。

（2）公司车用气加气结算流程

公司通过信息综合管理系统逐笔统计记录全部现充现结客户、月结客户的销售情况，该记录已经生成不能修改删除，记录信息包括客户类型编码（现充现结客户统一为一种类型）、加气日期和时间、加气时长、加气数量、加气站编码及加气枪编码等。

加气站每日交班时根据系统中的底码数计算出当天的加气量，然后按照用气类型和客户类型核算相应单价的气款制作《天然气加气站加气交接凭单》，然后将款项交给公司专门的收款员，收款员将所收款项交到公司指定的银行，然后收款员将银行缴款单和加气站的交接凭单及相应的单据交于财务室审核。由公司财务部门根据信息系统汇总的销售数量进行核对存款收入金额。

（3）建立车用天然气的信息化管理系统

发行人建立了基于广域网的加气系统，各加气站加气机所产生的每笔销售数据首先通过加气机原始运行记录传递到站级服务器（加气站所用服务器）数据库中，并通过站级服务器联网传递到中心服务器（公司），数据一经生成不能修改和删除。公司财务人员可通过综合信息管理系统，实施查询当日各站所发生的销售量及销售金额。

（4）加气站资金安全管理工作流程

①班组人员收找气款时，现收现付，当面点清，辨别真伪。加气站员工在加

气时收到的现金应尽快投入保险柜，严禁任何人员坐支现金。

②加气站员工不得与社会人员发生除CNG销售业务外的兑换各种钱币业务；不得挪用前一班组的收入现金作为找零备用金。

③气款交接时，收款员及当班班长清点前一日现金，按规定程序进行现金、票据的交接。

④专门的收款员根据各站天然气加气站《天然气加气站加气交接凭单》上所列示现金，清点各加气站现金数量的正确及真伪。

⑤根据系统中上班组充值报表所列示现金，清点各加气站充值现金数量的正确及真伪。收回充值收据财务联，并且在已收回现金的收据（一式三联）上签字或盖章。

⑥收回各站已填好的现金交款单。进行现金/票据交接登记（一式二联），一联收款员留存，一联加气站留存。

（5）与银行现金的交接

专门的收银员负责各站的现金分别存入银行，取回银行已盖章的现金交款单。每日收银员进入银行时间在北京时间13点30分以前。

（6）收银员与财务上的交接

收银员将收回的《天然气加气站加气交接凭单》、现金交款单、现金充值收据一并交财务会计进行核对，由出纳对交款金额与银行账户明细核对。做到账实相符，日清月结。

为降低现金支付金额及比例，发行人采用鼓励天然气汽车客户在公司营业厅办理车用气IC卡（办理IC卡适当予以折扣）、逐步开通防爆闪付POS机与移动支付、开拓充值网点范围等方式。

报告期内，发行人车用天然气现金结算金额分别为12317.79万元、9292.39万元与9415.91万元，占主营业务收入合计的比例分别为35.739%、29.06%、21.38%，公司现金支付金额及比例均呈现下降趋势。

案例简析

发行人具有个人零售业务，因此存在现金结算的情形，针对现金收款业务，发行人采取了内部控制措施以降低现金流转风险，并采取替代措施降低现金结算方式。发行人报告期内现金结算整体呈明显下降趋势，最近一期末的现金结算占业务收入比例略超过20%，符合监管意图。

案例：河南金丹乳酸科技股份有限公司（未通过）【发行人存在现金收付的情形】

发审会关注事项： 报告期内，发行人存在向农户个人或经纪人现金采购原材料玉米的情况，且在 2015 年 5 月之前主要通过公司出纳人员个人账户网银转账或取现支付。请发行人代表说明：(1) 采用出纳人员账户或现金支付的原因及合理性。(2) 采购玉米涉及主要农户或经纪人协议签订、定价原则、结算（开票）方式、变动情况、原因及合理性。(3) 发行人现金交易内部控制制度是否健全且有效执行，与现金核算相关的材料采购和成本核算是否准确、完整。请保荐代表人说明核查过程、依据，并发表明确核查意见。

招股说明书披露

报告期内，公司玉米采购主要是向周边农户采购为主，交易对象大部分为自然人，受农村金融网点偏少及交易习惯的影响，农户不太习惯随身携带银行卡，大部分玉米销售农户偏好于现货现款交易，且更倾向于能够即时拿到现金。

鉴于公司银行账户在非工作日无法及时通过转账形式将玉米收购款支付给农户，为及时支付农户玉米款，保证公司原粮供应，公司上述玉米采购款项的支付在 2014 年度及 2015 年 1 ~5 月主要是由公司先将款项通过银行转账形式转至玉米采购出纳个人账户，再由玉米采购出纳个人账户通过网银进行转账支付或取现后支付。2015 年 6 月以后，公司开始对玉米采购款项的支付予以规范，即不再通过玉米采购出纳个人银行账户支付玉米采购款项，改由公司银行账户取现后支付给售粮农户或通过银行转账形式支付。2015 年 12 月以后，对于大额玉米采购款项的支付，公司要求售粮农户提供个人银行卡，采取通过公司银行转账方式支付，不再支付现金，2016 年度，公司已通过银行转账方式支付了 97. 24% 的玉米收购款项，2017 年上半年则进一步上升至 99. 76% 。

报告期内，为控制玉米采购的支付风险，公司对《货币资金管理制度》中的“现金管理”部分进行了修订完善，修订后的现金管理制度主要内容包括：

1. 现金使用范围

支付职工工资、津贴、奖金；支付个人劳务报酬，包括讲课费、稿费、咨询费及其他各项劳务报酬；根据国家规定颁发给个人的科学技术、文化艺术、体育等各种奖金；支付各种劳动保护费、福利费用以及国家规定的对个人的其他支出；向不用银行结算的个人收购农副产品和其他物资单笔金额1万元以内的价款；出差人员必须随身携带的差旅费；结算起点以下的零星支出；人民银行规定的需要支付现金的其他支出。

2. 现金库存限额

公司依据3～5天的正常开支的需要量，由银行核定库存限额。现金库存限额一经核定，必须严格遵守。超过库存限额的现金，必须立即送存开户银行。需大额支付现金时，提前与开户行联系，取款当日将现金支付完毕。

此外，公司将玉米采购出纳用于玉米采购款项支付的个人账户纳入公司监管范围，严格控制个人账户内的每日资金余额。

3. 出纳人员工作职责

公司出纳人员必须按照业务发生顺序逐笔序时登记“现金日记账”；现金收付款原始凭证必须经业务经办人员签字确认；对内容不完整、手续不完善、票据不合法的现金收付款业务，出纳人员有权拒绝办理；每日末，出纳人员应计算当日现金收入、支出合计数和结存数，并同库存现金实存额核对，做到账实相符，日清月结。公司财务出纳和玉米采购出纳每日对账，保证账实相符；财务部与原粮收购部每日进行单据对账，及时发现问题。

4. 现金内部控制

公司现金收付款事项，必须有人经手、有人验收、有人批准，做到凭证规范、手续齐全；原始凭证不得涂改；不得超过银行核定的库存限额留存现金；不得坐支现金，不得以“白条”充抵库存现金；不得保留账外现金；审核人员要定期或不定期对库存现金进行抽查、核实，确保现金账账相符、账实相符。公司内部审计部门、企管部、监事会，定期或不定期对公司采购及付款内部控制的有效性进行检查，确保公司现金交易相关内部控制制度得以有效执行，保障公司现金收支安全。

报告期内，通过上述制度安排，公司玉米采购环节的现金结算内部控制完整、制衡、合理，并得到了有效执行。随着公司玉米采购支付方式的调整，未来公司的现金采购支付比例将进一步下降。

案例简析

发行人原材料采购主要面向农户，具有现金支付的习惯，报告期内发行人逐步以转账方式替代现金支付，现金支付比例从而不断降低。现金支付的情形已不构成发行人上市的法律障碍。

五、第三方回款

在企业的交易活动中，可能存在资金支付的主体与合同主体不一致的情形，常见的情形有：客户规模较小，规范意识不强，经营主体的资金与经营主体实际控制人的资金混同，在经营主体为交易对象的情况下，由经营主体的实际控制人支付资金；客户为经销商或分销商，出于资金周转效率的追求，要求下游客户直接向供应商支付货款；企业集团内部统一调度资金，在某一企业作为交易对象的情况下，由另一企业进行支付；某些国外客户，出于外汇管制考虑，委托专门的机构办理收发货和货款结算；某些交易对象因资金短缺，向其他主体融资，由其他主体向供应商垫付货款。

在上市实践中，通常将资金支付的主体与合同主体不一致的情形称为第三方回款。由于第三方回款涉及发行人销售款项是否真实回收的判断，以及可能导致法律纠纷，上市审核中对此予以高度关注，关注点主要为：（1）第三方回款是否与发行人经营模式相关，是否符合行业经营特点，是否具有发生的必要性和合理性。（2）第三方回款的付款方是否为发行人的关联方，是否存在发行人及其关联方以自有资金周转回款的情形。（3）第三方回款是否具有可验证性，是否具有相应的内部控制制度。

在发行人报告期内存在第三方回款的情形下，中介机构通常应重点核查以下方面：（1）第三方回款的背景原因及是否具有发生的必要性与商业合理性；（2）如签订合同时已明确约定由其他第三方代购买方付款，该交易安排是否具有合理原因；（3）境外销售涉及境外第三方的，代付行为的商业合理性或合法合规性；（4）发行人及其实际控制人、董监高或其他关联方与第三方回款的支付方是否存在关联关系或其他利益安排；（5）第三方回款的真实性，是否存在虚构交易或调节账龄情形；（6）报告期内是否存在因第三方回款导致的货款归属纠纷；（7）第三方回款形成收入占营业收入的比例。

在统计第三方回款的金额及其比例时，如客户为个体工商户或自然人，其通过家庭约定由直系亲属代为支付货款，经中介机构核查无异常的，可不作为第三方回款统计。

如果第三方回款的发生额及占业务收入比例较低且其真实性已得到求证，一般情形下不会构成发行人发行上市的障碍；如果第三方回款的发生额及占业务收入比例较高或发生的真实性存疑。可能构成发行人发行上市的障碍。

发行人在筹备上市过程中，应该最大化地降低第三方回款比例，对于确实无法避免的第三方回款，应该建立完善的内部控制制度，以防范存在法律纠纷并確保据以可求证性。

案例：603810 丰山集团【审核关注第三方回款的原因及控制措施】

发审会关注事项：2015 年至 2017 年，发行人第三方回款占当期销售收入比例较高。请发行人代表说明：(1) 第三方回款产生的原因、占比较高的原因及商业合理性。(2) 与同行业可比公司对比，第三方回款占比较高是否属于行业惯例，是否符合发行人的经营特点。(3) 对第三方回款实施的内部控制制度，是否存在潜在的法律纠纷。(4) 2018 年第三方回款占比大幅降低的具体措施，是否具有可持续性。请保荐代表人说明核查依据、过程并发表明确核查意见。

招股说明书披露

1. 发行人第三方回款整体情况

发行人主要从事农药原药和制剂的生产销售，以境内销售为主、境外销售为辅，其中农药制剂主要通过经销模式进行销售。实际经营过程中，发行人存在商品销售回款方与合同签订主体名称不一致的情况，主要是由于：(1) 农药制剂经销商多为个体工商户、个人独资企业、农民专业合作社、小型集体企业或公司等，组织形式多样，财务管理相对松散，同时其经营规模相对较小，资金实力有限，因日常交易习惯及资金阶段性紧张等原因，经常通过其可控制的内部人账户（控股股东、实际控制人及其亲属、同一控制下其他企业、公司员工账户）进行货款支付，或者通过其下游客户直接进行货款结算，使得支付渠道多样化。(2) 部分境外客户主要是由于客户同一集团控制下资金统一安排以及部分客户所在国家存在外汇管制等原因而通过第三方支付货款。

2. 报告期内第三方回款的具体情况及原因

(1) 报告期内第三方回款的具体情况

报告期各期，发行人营业收入分别为 97727.56 万元、101913.15 万元、125922.56 万元和 80194.86 万元，除个体工商户负责人或其直系亲属回款外，报告期内，发行人销售商品通过第三方收到回款的金额分别为 12835.89 万元、12997.93 万元、17543.44 万元和 1757.38 万元，占同期营业收入的比例分别为 13.13%、12.75%、13.93%和 2.19%，整体呈现下降趋势。

除合同客户可控制的内部人（控股股东、实际控制人及其亲属、同一控制下其他企业、公司员工账户）回款外，其他第三方回款金额分别为 2393.06 万元、1798.40 万元、2417.32 万元和 304.66 万元，占同期营业收入的比例分别为 2.45%、1.77%、1.92%和 0.38%，整体呈现下降趋势。

(2) 第三方回款分类别的情况说明

合同客户通过第三方支付货款主要是由于其财务习惯及资金调度安排，第三方回款主要包括合同客户可控制的内部人回款和非可控制第三方回款，具体说明如下:

①通过合同客户可控制的内部人进行结算

国内农药制剂产品的终端用户较为分散，其销售主要依赖大量规模较小的个体经销商，该等个体经销商组织形式多样、单体经营规模相对较小、资金实力相对有限。因日常交易习惯及资金阶段性紧张等原因，部分客户通过其可控制的内部人账户（控股股东、实际控制人及其亲属、同一控制下其他企业、公司员工账户）进行货款支付。

1) 通过其控股股东或实际控制人支付货款

发行人第三方回款账户中以客户控股股东或实际控制人账户回款为主。报告期内，该类账户支付的回款金额分别为 5643.04 万元、6041.72 万元、8043.44 万元和 675.14 万元，占同期营业收入的比例分别为 5.77%、5.93%、6.39%和 0.84%，占同期发行人收到的全部第三方回款的比例分别为 43.96%、46.48%、45.85%和 38.42%。

2) 通过其控股股东或实际控制人亲属支付货款

基于财务习惯或发行人客户的控股股东或实际控制人资金周转不便时，会通过其亲属支付货款。报告期内，通过客户的控股股东、实际控制人的亲属支付货款的金额分别为2406.26万元、2853.65万元、3998.06万元和373.50万元，占同期营业收入的比例分别为2.46%、2.80%、3.18%和0.47%，占同期发行人收到的全部第三方回款的比例分别为18.75%、21.95%、22.79%和21.25%。

如加上客户控股股东或实际控制人账户回款，则客户内部自然人回款金额分别为8049.30万元、8895.37万元、12041.50万元和1048.64万元，占同期营业收入的比例分别为8.23%、8.73%、9.57%和1.31%，占同期发行人收到的全部第三方回款的比例分别为62.71%、68.44%、68.64%和59.67%。

3）通过同一控制下其他企业支付货款

部分合同客户与其代付款第三方属于同一集团控制下的企业，集团对业务、资金等方面进行统筹安排，因此存在合同客户与发行人签订采购合同而由其集团内其他企业支付货款的情况，由此产生第三方回款的现象。合同客户的控股股东、实际控制人控制的其他企业向发行人支付货款，也主要是由于合同客户的控股股东、实际控制人对资金统筹安排的原因。

报告期内，该类账户支付的回款金额分别为203.78万元、462.41万元、163.59万元和233.77万元，占同期营业收入的比例分别为0.21%、0.45%、0.13%和0.29%，占同期发行人收到的全部第三方回款的比例分别为1.59%、3.56%、0.93%和13.30%。

如加上客户控股股东或实际控制人及其亲属的回款金额，则报告期内客户内部回款总金额分别为8253.08万元、9357.78万元、12205.09万元和1282.42万元，占同期营业收入的比例分别为8.44%、9.18%、9.70%和1.60%，占同期发行人收到的全部第三方回款的比例分别为64.30%、71.99%、69.57%和72.97%。

4）通过合同客户员工支付货款

除上述内部人外，基于合同客户财务习惯或其资金周转不便时，会通过合同客户员工支付货款。

报告期内，该类账户支付的回款金额分别为2189.75万元、1841.74万元、2921.03万元和170.31万元，占同期营业收入的比例分别为2.24%、1.81%、2.32%和0.21%，占同期发行人收到的全部第三方回款的比例分别为17.06%、14.17%、16.65%和9.69%。

综上，如加上客户控股股东或实际控制人及其亲属、同一控制下其他企业的回款金额，则报告期内合同客户可控制的内部人回款总金额分别为 10442.83 万元、11199.52 万元、15126.12 万元和 1452.72 万元，占同期营业收入的比例分别为 10.68%、10.99%、12.02% 和 1.81%，占同期发行人收到的全部第三方回款的比例分别为 81.36%、86.16%、86.22% 和 82.66%。

②通过非可控制第三方进行结算

1）由合同客户的下游客户直接进行结算

经销商销售回款需要一定的时间，发行人为加快收回货款，基于发行人、合同客户及其下游客户三方的债权债务关系，合同客户有时会委托其下游客户直接将货款支付给发行人。

报告期内，由发行人合同客户的下游客户直接向发行人进行货款支付的金额分别为 675.65 万元、763.12 万元、1757.63 万元和 245.90 万元，占同期营业收入的比例分别为 0.69%、0.75%、1.40% 和 0.31%，占同期发行人收到的全部第三方回款的比例分别为 5.26%、5.87%、10.02% 和 13.99%。

2）通过其他第三方进行结算

报告期内，客户通过其他第三方向发行人支付货款的金额分别为 1717.41 万元、1035.28 万元、659.69 万元和 58.76 万元，占同期营业收入的比例分别为 1.76%、1.02%、0.52% 和 0.07%，占同期发行人收到的全部第三方回款的比例分别为 13.38%、7.96%、3.76% 和 3.34%。

客户通过其他第三方向发行人支付货款主要是由于：部分境外客户所在国家如土耳其、伊朗、巴基斯坦等存在美元外汇管制或限制，其在外汇支付方面存在障碍，根据其所在国长期形成的外贸交易习惯，通过专门从事向中国境内结算的第三方结算公司向发行人支付货款，报告期内该等情形的第三方回款金额分别为 925.44 万元、612.65 万元、255.79 万元和 58.76 万元；部分客户由于资金安排等原因，委托其商业合作伙伴或朋友向发行人支付货款，报告期内该等情形的第三方回款金额分别为 217.06 万元、99.24 万元、179.44 万元和 0 万元。

综上，发行人存在通过第三方回款的情况与所处的农药流通行业经销商数量较多且分散、规模小、追求交易便利性等行业特点相符，部分境外客户通过第三方付款也符合国际贸易大环境的特点，具有商业合理性。

3. 第三方回款实施的内部控制措施及解决措施

（1）报告期内发行人内部控制措施有效

对于非合同客户直接回款情形，发行人要求合同客户出具委托付款证明，而后方可冲减对其的应收账款或发货（适用于款到发货情形）；同时发行人财务部与市场管理部定期就销售收款情况进行对账，财务部定期独立与主要客户进行对账，内审部随机抽查审计。通过上述内部控制措施，报告期内发行人商品销售及货款回收较好，不存在因第三方回款导致纠纷或潜在纠纷的情形，内部控制措施有效。

经对发行人高管进行访谈并抽查相关记账凭证，发行人财务核算系以合同单位为核算对象；经对主要客户进行实地走访，报告期内发行人不存在因第三方回款而产生的货款纠纷，不存在因此而违反国家相关法律法规的情形，对公司的经营亦没有造成任何不利影响。

公司经营所属地区的市场监督管理局、国家税务局、地方税务局等行政主管部门已出具相关证明文件，载明公司在报告期内不存在受到行政处罚的情形。

（2）第三方回款解决措施及可持续性

为降低第三方回款金额及占比，发行人进一步完善了相关管理制度，建立了销售部、市场管理部、财务部协同联动，内审部随机抽查的内部控制体系，做到事前预防、事中管控、事后监督。

①在与客户签订销售合同时，进一步向客户强调应严格按照合同约定的主体单位进行付款。

②在与客户签订销售合同后，由市场管理部设立客户档案，建立客户管理台账。对于非个体工商户客户，要求其提供营业执照、开票信息、对公银行账户等相关资料，并将发行人处备案的对公银行账号作为其主要结算账户进行管理。对于个体工商户形式的客户，鼓励其提供对公银行账户作为日常结算账号，确实不能提供对公银行账户的，要求其提供法人身份证等信息，以该法人或其直系亲属的银行账号作为日常结算账号。

③因同一控制下集团统一付款、外汇管制等特殊原因确需通过第三方进行货款支付的，须取得客户出具的《委托付款三方确认函》，并经销售部副总审批同意。具体操作时，由发行人销售部经办人员发起申请，并及时通知市场管理部相应人员具体的回款时间、回款金额等信息，市场管理部核对非合同方单位的回款信息与备案台账是否一致，核对无误后方可接收。

④发行人的财务人员在进行账务处理时，如发现有未经发行人处备案的账户代替客户回款，财务人员应立即与销售部、市场管理部业务人员沟通并按照原支付路径退款，要求客户通过符合发行人要求的账户重新履行付款义务。

⑤发行人财务部与市场管理部定期就销售收款情况进行对账；财务部定期独立与主要客户进行对账，内审部随机抽查审计。

为进一步加强对第三方回款的管理，除因同一控制下集团统一付款、外汇管制、个别客户确实无法通过对公账户付款等特殊原因外，自 2018 年起发行人不再接受非合同客户回款（合同客户为个体工商户的，其法人或直系亲属除外）。发行人将严格执行上述管理制度，对于确需通过第三方付款的客户，必须提前通知并取得发行人同意，并提供其与第三方签订的代付款协议或付款确认函。如有未经备案的第三方账户或未提前通知并取得发行人同意的第三方账户代为支付货款的，发行人将退回该货款，并要求客户通过符合发行人要求的账户重新履行付款义务。

此外，发行人还将完善回款考核制度，将各年度的第三方回款占比情况作为绩效指标纳入销售人员考核，通过激励约束制度持续降低第三方回款的金额及占比。

同时发行人还出具承诺函，承诺将严格执行第三方回款相关管理制度，完善回款考核管理体系，确保第三方回款整改具有可持续性，上市后 3 年内，除个体工商户负责人或其直系亲属回款外，公司第三方回款占当年营业收入的比例不高于 5%，持续符合监管部门的相关要求。

4. 中介机构核查意见

经核查，保荐机构、发行人律师和申报会计师认为：报告期内，发行人的部分客户通过第三方向发行人支付货款，符合发行人所处的农药销售行业特点和业务经营模式，具有商业合理性。第三方回款所对应营业收入基于真实业务背景，具有真实性和准确性，第三方与发行人不存在关联关系或其他利益安排，回款亦真实、有效，不存在虚构交易或调节账龄的情形。发行人已建立健全了商品销售及款项收付内部控制制度，且得到有效执行，报告期内发行人不存在因第三方回款而产生的货款纠纷。报告期内第三方回款比例整体呈现下降趋势，且最近一期第三方回款金额降低至 1757.38 万元，占当期营业收入的比例降低至 2.19%，整改真实、效果较好。发行人已建立完善第三方回款优化制度，且发行人已出具承诺函确保第三方回款整改具有可持续性。

案例简析

由于经营规模较小，资金实力有限等原因，经销商经常通过其可控制的内部人账户（控股股东、实际控制人及其亲属、同一控制下其他企业、公司员工账户）向发行人支付货款，或者由其下游客户直接与发行人进行货款结算，此外，部分境外客户以同一集团控制下资金或其他第三方资金向发行人支付，由此形成合同主体与回款主体不一致的情形。报告期内，发行人通过事前预防、事中管控、事后监督的措施，降低了第三方回款的比例。在该案例中，发行人根据资金支付方与合同主体的关系，将其分为内部人和非可控制第三方，其中内部人包括控股股东或实际控制人、控股股东或实际控制人亲属、同一控制下其他企业、员工，非可控制第三方包括下游客户、专门从事向中国境内结算的第三方结算公司、商业合作伙伴或朋友，并分别统计不同主体的回款金额及回款比例。除个体工商户负责人或其直系亲属回款外，报告期内，发行人销售商品通过第三方收到回款的金额分别为12835.89万元、12997.93万元、17543.44万元和1757.38万元，占同期营业收入的比例分别为13.13%、12.75%、13.93%和2.19%，整体呈现下降趋势。由于最近一期第三方回款金额比例显著降低，审核关注所采取的措施的真实性及可持续性。

案例：300504天邑股份（一次被否，二次通过）【审核关注第三方回款的原因及控制措施】

中国证券监督管理委员会创业板发行审核委员会于2016年7月22日召开2016年第44次发审委会议，审议否决了四川天邑康和通信股份有限公司的上市申请。

在该次审核会议上，第三方回款为重要关注点，发审会关注到：根据申报材料，报告期内中国电信四川分公司及电信重庆分公司通过第三方资金平台公司向发行人支付货款的金额分别为1190974.00元、68083079.81元、21721280.03元，导致发行人收到的销售收入回款方与签订经济合同的客户不一致。在中介机构的核查程序中，虽然发行人取得了其客户中国电信100%的确认，但是发行人律师取得回款方第三方资金平台对该事项（包括付款单位、方式、金额）的书面确认比例低于50%，其中天翼电子商务有限公司、中建投租赁有限责任公司、国际商业机器租赁有限公司未出具代付款书面确认书。（1）请发行人代表结合第三方平台的运行机制，说明电信四川分公司及重庆分公司通过第三方支付平台公司向发行人支付货款的合理性，并说明发行人对第三方支付平台交易相关的会计处理。(2) 请保荐代表人说明第三方资金平台没有对付款单位、方式、金额进行书面确认的比例较高的原因。

被否决后，四川天邑康和通信股份有限公司于 2017 年 6 月重新向证监会申请上市，于 2018 年 2 月 7 日获得证监会第十七届发行审核委员会 2018 年第 34 次发审委会议审核通过。

该次发审会上，发审委对发行人的第三方回款整改情况予以了关注。发审委关注内容为：发行人曾申报创业板首发未予核准。请发行人代表说明：(1) 销售回款中存在第三方回款的原因，第三方付款的相关安排是否在初始合同中予以约定，第三方付款与业务款项是否存在准确的对应关系。(2) 前次首发申报未予核准的其他问题是否已得到有效落实和整改。请保荐代表人说明核查方法、过程及依据并发表核查意见。

该次招股说明书披露：

报告期内，公司存在销售回款单位与销售合同签署单位不一致的情形（简称"第三方付款"），主要为通信运营商通过指定的资金平台公司向公司支付货款、部分零星客户通过其法定代表人或员工或约定的第三方向公司支付货款等，具体如下表所示（单位：万元）：

项目	2017 年 1－9 月	2016 年	2015 年	2014 年
中国电信省级分公司指定付款单位付款金额	670.49	1038.07	2085.62	5592.71
其他零星客户金额	157.38	397.32	490.75	316.13
第三方付款金额合计	827.87	1435.39	2576.37	5908.84
同期总回款金额	161693.42	170613.23	99243.78	56736.56
第三方付款占同期总回款比重	0.51%	0.84%	2.60%	10.41%

此外，公司自天翼电子商务有限公司收取了部分中国电信的销售款。天翼电子商务有限公司系中国电信全资子公司，持有非金融机构支付许可牌照，公司未将该等收款认定为第三方支付。该等收款金额可以与业务款项对应，公司将该等收款冲减客户应收账款，会计处理符合会计准则规定。

公司已经制订《销售环节控制制度》《关于应收账款收回的通知》，对第三方付款的控制和减少措施，明确应当尽量避免第三方付款的情形，若发生第三方付款情形时，相关业务人员应及时履行下列程序：

1. 若属于购货单位负责人或员工或关联自然人通过个人账户付款，业务人员应向财务部提交书面说明，并尽量提供付款人与购货单位之间的关系证明。

2. 若属于购货方指定或委托其关联公司、无关联第三方单位付款以及购货方受制裁或外汇管制等客观原因，指定或委托第三方付款，除业务员向财务部书面说明情况外，应视具体情况要求签订三方协议（或委托付款协议）。

此外，公司还制定了第三方付款及相关协议的审批权限，分别对不足10万元、10万元以上但不足100万元、100万元以上制定了不同的审批权限，以控制和减少第三方付款。

报告期内，公司第三方付款金额分别为5908.84万元、2576.37万元、1435.39万元及827.87万元，占母公司同期回款总额分别为10.41%、2.60%、0.84%、0.51%，金额较小且金额及占比均呈逐年降低趋势，发行人第三方付款问题已得到有效落实和整改。

案例简析

该案例中，发行人第一次申报时被否决，第三方回款问题中主要关注到发行人未能取得大多数资金支付方的书面确认。发行人的第三方回款主要是中国电信省级分公司指定付款单位直接向发行人支付货款，在资金方确认的情形下，可信度较高，且报告期内第三方支付的金额比例逐年下降，因此最终未对发行上市造成障碍。

第六章　主要资产

一、发行人资产应达到的要求

《招股说明书准则》第五十一条规定："发行人应披露已达到发行监管对公司独立性的下列基本要求：（一）资产完整方面。生产型企业具备与生产经营有关的主要生产系统、辅助生产系统和配套设施，合法拥有与生产经营有关的主要土地、厂房、机器设备以及商标、专利、非专利技术的所有权或者使用权，具有独立的原料采购和产品销售系统；非生产型企业具备与经营有关的业务体系及主要相关资产；……"

《创业板招股说明书准则》第四十四条规定："发行人应按对业务经营的重要性程度列表披露与其业务相关的主要固定资产、无形资产等资源要素，主要包括：（一）经营使用的主要生产设备、房屋建筑物，披露取得和使用情况、成新率或尚可使用年限、在发行人及下属企业的分布情况以及设备大修或技术改造的周期、计划实施安排及对公司经营的影响；（二）主要无形资产情况，主要包括商标、已取得的专利、非专利技术、土地使用权、水面养殖权、探矿权、采矿权等的数量、取得方式和时间、使用情况以及目前的法律状态，披露使用期限或保护期、最近一期末账面价值，以及上述资产对发行人生产经营的重要程度；（三）其他对发行人经营发生作用的资源要素。"

发行人允许他人使用自己所有的资源要素，或作为被许可方使用他人资源要素的，应简要披露许可合同的主要内容，包括许可人、被许可人、许可使用的具体资源要素内容、许可方式、许可年限、许可使用费等，以及合同履行情况。若发行人所有或使用的资源要素存在纠纷或潜在纠纷的，应明确说明。

此外，《首发管理办法》第十条及《创业板首发管理办法》第十二条规定，发行人的注册资本已足额缴纳，发起人或者股东用作出资的资产的财产权转移手续已办理完毕。发行人的主要资产不存在重大权属纠纷。

根据上述规定，拟上市企业的资产应满足以下几个方面的要求：

1. 独立性与完整性

发行人应完整拥有与其生产经营相匹配的资产，拥有的方式可以是所有权也可以是使用权，但作为生产经营核心要素的资产应该拥有所有权，否则可能对资产所有权人产生依赖，从而缺乏独立性。某项资产是否属于发行人的核心资产，需要根据行业特性与业务类型判定，例如，对于软件企业，最核心的资产可能是软件著作权；对于互联网企业，最核心的资产可能是域名；对于消费品企业，最核心的资产可能是商标；而对于代工类企业，商标并非核心资产。一般来说，核心资产与发行人的业务关系密切，甚至是核心竞争力的重要组成部分，因此需要独立自主地拥有。对于比较容易取代的非核心资产，既可以拥有所有权，也可以通过租赁、许可使用等方式获得使用权。

此外，发行人的资产应该与其控股股东、实际控制人及其他关联方保持独立，避免与控股股东、实际控制人及其他关联方共用资产或长期租赁、许可使用经营性资产的情况。生产型企业的发行人，生产经营所必需的主要厂房、机器设备等固定资产向控股股东、实际控制人租赁使用或者发行人的核心商标、专利、主要技术等无形资产由控股股东、实际控制人授权使用，通常会被认定为资产缺乏独立性和完整性，从而构成首发上市的法律障碍。

2. 合法性

对于发行人拥有的资产，资产权利的形成过程及现状均应该符合法律法规的规定，不违反法律的强制性规定或侵犯其他人的合法权益。

3. 不存在重大权属纠纷

发行人拥有的资产应该权属清晰，不存在重大财产权属不清晰或与他人存有争议纠纷的情形。

在上市审核中，主要关注发行人的资产是否合法合规，形成过程是否履行了必要的程序，是否存在重大违法行为，存在瑕疵或纠纷争议的资产是否属于发行人的核心资产，对于发行人的业务是否有重大不利影响，是否具有切实可行的措施消除不利影响。

在上市筹备过程中，应该通过重组等方式促进拟上市企业的资产独立与完整，避免与控股股东、实际控制人或其他关联方长期共用、租赁、许可使用经营性资产。对于存在瑕疵的资产，通过补登记等程序消除瑕疵，如果无法消除瑕疵的，根据资产比例、涉及的业务比例等因素判断是否对发行人业务造成重大不利影响，并努力取得相关主管部门出具瑕疵资产不属于重大违法行为的认定。

在上市实务中，核心资产存在瑕疵并对发行人业务造成重大不利影响的情形可能构成上市的法律障碍，而如果存在瑕疵的资产为非核心资产或对发行人业务影响较小并且不涉及重大违法情形的，一般不会对上市造成障碍。

二、上市实务中常见的资产问题

（一）划拨用地

在我国划拨用地属于例外性的用地方式，法律法规及部门规章对此有着严格的限制性规定。

《中华人民共和国土地管理法》第二条第五款规定，国家依法实行国有土地有偿使用制度。但是，国家在法律规定的范围内划拨国有土地使用权的除外。

《中华人民共和国土地管理法》第五十四条规定：“建设单位使用国有土地，应当以出让等有偿使用方式取得；但是，下列建设用地，经县级以上人民政府依法批准，可以以划拨方式取得：（一）国家机关用地和军事用地；（二）城市基础设施用地和公益事业用地；（三）国家重点扶持的能源、交通、水利等基础设施用地；（四）法律、行政法规规定的其他用地。”

2001 年 10 月，国土资源部根据《中华人民共和国土地管理法》和《中华人民共和国城市房地产管理法》的规定，制定并发布了《划拨用地目录》。

《划拨土地使用权管理暂行办法》第五条规定，未经市、县人民政府土地管理部门批准并办理土地使用权出让手续，交付土地使用权出让金的土地使用者，不得转让、出租、抵押土地使用权。

根据上述规定，发行人超出《划拨用地目录》使用划拨用地的，相关划拨地主体应当取得主管部门批准并办理土地使用权出让手续并缴纳土地使用权出让金。对于未能依法履行必要的审批手续及缴纳土地使用权出让金的情形，保荐机构、发行人律师需要对发行人使用划拨用地是否符合相关土地管理法律法规、是否可能被行政处罚、是否构成重大违法行为进行核查，并说明具体理由和依据。结合划拨土地或房产的面积占发行人全部土地或房产面积的比例，使用划拨土地或房产产生的收入、毛利、利润情况，判断划拨土地对于发行人的重要性，如划拨土地或房产占发行人生产经营用房的面积比例较低、对生产经营影响较小，不会构成上市的法律障碍；如划拨土地或房产占发行人生产经营用房的面积比例较高、对生产经营影响较大，导致发行人主要生产经营场所不符合法律法规的规定，从而将对发行上市造成障碍。

案例：上海锦和商业经营管理股份有限公司（未通过）【审核关注划拨用地使用的合规性】

中国证监会于2016年4月13日出具《关于不予核准上海锦和商业经营管理股份有限公司首次公开发行股票申请的决定》，决定内容为：

发审委在审核中关注到，你公司存在以下情形：

你公司的招股说明书等申报材料显示，你公司及控股子公司目前承租运营的18个园区中，有越界创意园、越界·永嘉庭等13个园区项目的土地使用权实际使用情况与规划用途不一致，并且存在9个园区的土地性质为划拨土地的情形。

发审委认为，你公司将承租的划拨土地用于向第三方客户租赁经营，且部分园区项目的土地使用权实际使用情况与规划用途不一致，上述情形不符合《中华人民共和国土地管理法》第五十六条关于“改变土地建设用途的，应当经有关人民政府土地行政主管部门同意，报原批准用地的人民政府批准”和《划拨土地使用权管理暂行办法》第五条关于“未经市、县人民政府土地管理部门批准并办理土地使用权出让手续，交付土地使用权出让金的土地使用者，不得转让、出租、抵押土地使用权”的规定。

你公司提出，根据《关于加快发展服务业若干政策措施的实施意见》（国办发〔2008〕11号）、《国务院关于推进文化创意和设计服务与相关产业融合发展的若干意见》（国发〔2014〕10号，以下简称《若干意见》）中关于“支持以划拨方式取得土地的单位利用存量房产、原有土地兴办文化创意和设计服务，在符合城乡规划前提下土地用途和使用权人可暂不变更”的规定，其承租划拨土地用于园区经营的行为应当得到政策支持。但是，在有关申报材料和聆讯中，你公司和保荐机构均未提出充足依据证实你公司符合“以划拨方式取得土地的单位”的主体资格，以及你公司承租划拨土地向第三方出租行为符合“兴办文化创意和设计服务”的行为要件，因此你公司的上述主张不能采信。

此外，《若干意见》规定，“连续经营一年以上，符合划拨用地目录的，可按划拨土地办理用地手续；不符合划拨用地目录的，可采取协议出让方式办理用地手续”，你公司承租有关划拨土地用于向第三方客户租赁经营的期限均在1年以上，但你公司未提出充分依据证明其用地手续符合上述规定。上述情形可能对你公司持续盈利能力构成重大不利影响。

据此，发审委认为，你公司首次公开发行股票的申请不符合《首次公开发行股票并上市管理办法》（证监会令第122号）第十一条、第三十条第六项规定的发行条件。

上海锦和商业经营管理股份有限公司于2016年12月再次申报，2017年11月再次被否，该次审核时发审会关注事项为：发行人已承租运营的21个园区项目中，10个园区的土地为物业产权方以划拨方式取得，14个园区土地使用权实际使用情况与规划用途不一致。请发行人代表说明：（1）上次否决意见的落实情况；（2）发行人承租运营园区的土地为划拨土地或土地使用权实际使用情况和规划用途不一致的合法性；（3）有关土地“过渡期政策”对发行人持续经营的影响。请保荐代表人发表核查意见。

案例简析

发行人从事园区运营业务，租赁的部分园区项目土地为划拨用地，涉嫌违反划拨用地的相关规定，且对发行人影响较大，审核认为发行人主要生产经营场所不符合法律规定。

案例：601086 国芳集团【审核关注划拨用地转为出让用地的合规性】

发审会关注事项：请发行人代表结合发行人主要经营场所的土地使用用途实际发生变更履行的法定程序和取得的批准情况进一步说明：（1）发行人未缴纳国际博览中心地块的土地出让金及相关税费的法律依据和已经取得的批准，《国有土地使用证》（兰国用（2005）第C07023号）所载备注的法律效力，是否能够替代土地用途性质变更的审批，发行人是否合法拥有上述土地和房产的产权，是否存在违约的情形，是否构成重大违法违规，是否损害国有利益。（2）国际博览中心相关地块土地使用权证书上登记的用途为“国家博览中心”，实际用途为建设商业百货及酒店房产，前述情况是否构成重大违法违规行为，发行人是否依法取得前述土地用途变更使用性质和房产产权所必需的全部相关法律法规规定的批准，发行人持有的前述土地和房产产权是否存在被撤销的风险，前述资产是否存在权利瑕疵和重大不确定性，发行人是否存在不能在前述地块上经营百货及相关业务的风险。（3）因该等土地历史原因及使用现状给发行人造成的损失，发行人实际控制人是否提出明确具体的、可执行的解决措施；相关信息和风险是否充分、准确披露。请保荐代表人发表核查意见。

案例简析

发行人以与省市政府合作建设博览中心的方式取得划拨用地，后将划拨用地变更为出让用地，根据合作合同及后续补充合同、批文，发行人未缴纳因变更用地性质的土地出让金，各方理解为系以向当地政府提供部分房产使用权换取变更。土地使用证登记的用途为博览中心，后由国土局在土地使用证上备注重新确定归属地类为：批发零售、住宿餐饮、商务金融。审核关注发行人项目经营是否符合规定的土地用途以及土地出让金免于缴纳的合法性、有效性。由于划拨用地事项得到省政府确认，且用地面积占比较小，最终未对发行人上市造成障碍。

（二）农用地

《土地管理法》第十四条规定：“农民集体所有的土地由本集体经济组织的成员承包经营，从事种植业、林业、畜牧业、渔业生产。土地承包经营期限为三十年。发包方和承包方应当订立承包合同，约定双方的权利和义务。承包经营土地的农民有保护和按照承包合同约定的用途合理利用土地的义务。农民的土地承包经营权受法律保护。在土地承包经营期限内，对个别承包经营者之间承包的土地进行适当调整的，必须经村民会议三分之二以上成员或者三分之二以上村民代表的同意，并报乡（镇）人民政府和县级人民政府农业行政主管部门批准。”

《土地管理法》第十五条规定：“国有土地可以由单位或者个人承包经营，

从事种值业、林业、畜牧业、渔业生产。农民集体所有的土地，可以由本集体经济组织以外的单位或者个人承包经营，从事种植业、林业、畜牧业、渔业生产。发包方和承包方应当订立承包合同，约定双方的权利和义务。土地承包经营的期限由承包合同约定。承包经营土地的单位和个人，有保护和按照承包合同约定的用途合理利用土地的义务。农民集体所有的土地由本集体经济组织以外的单位或者个人承包经营的，必须经村民会议三分之二以上成员或者三分之二以上村民代表的同意，并报乡（镇）人民政府批准。”

《土地管理法》第四十四条规定：“建设占用土地，涉及农用地转为建设用地的，应当办理农用地转用审批手续。省、自治区、直辖市人民政府批准的道路、管线工程和大型基础设施建设项目、国务院批准的建设项目占用土地，涉及农用地转为建设用地的，由国务院批准。在土地利用总体规划确定的城市和村庄、集镇建设用地规模范围内，为实施该规划而将农用地转为建设用地的，按土地利用年度计划分批次由原批准土地利用总体规划的机关批准。在已批准的农用地转用范围内，具体建设项目用地可以由市、县人民政府批准。”

根据上述规定，农民集体所有的土地由本集体经济组织的成员承包经营，从事种植业、林业、畜牧业、渔业生产。经村民会议 2/3 以上成员或者 2/3 以上村民代表的同意，并报乡（镇）人民政府批准，可以由本集体经济组织以外的单位或者个人承包经营。无论是集体经济组织内的成员还是集体经济组织以外的单位或者个人承包经营，都不能改变农用地的土地用途，如果农用地转为建设用地的，应当办理农用地转用审批手续。

对于发行人未能依法履行必要的审批手续使用农用地的情形，保荐机构、发行人律师需要对发行人使用农用地是否符合相关土地管理法律法规、是否可能被行政处罚、是否构成重大违法行为进行核查，并说明具体理由和依据。结合农用地或房产的面积占发行人全部土地或房产面积的比例、使用农用地或房产产生的收入、毛利、利润情况，判断农用地对于发行人的重要性，如农用地或房产占发行人生产经营用房的面积比例较低、对生产经营影响较小，不会构成上市的法律障碍；如农用地或房产占发行人生产经营用房的面积比例较高、对生产经营影响较大，导致发行人主要生产经营场所不符合法律法规的规定，从而将对发行上市造成障碍。

案例：603136 天目湖【审核关注发行人租赁农村集体土地的合规性】

发审会关注事项： 请发行人代表进一步说明：（1）发行人及其子公司报告期内租赁天目湖两侧林地、南山竹海林地为农村集体土地，上述是否涉及将农村集体土地转为建设用地，发行人是否严格按照《土地管理法》第十一条、第十二条、第四十四条和《国务院关于深化改革严格土地管理的决定》（国发〔2004〕28号）第一条等规定，办理农村集体土地转为建设用地的转用审批手续和变更登记手续；是否事先经过了有权部门批准。（2）发行人租赁使用的山水园景区涉及土地是否为划拨用地，是否严格按照《城镇国有土地使用权出让和转让暂行条例》第四十五条、《划拨土地使用权管理暂行办法》第五条、第六条的规定经市、县人民政府土地管理部门批准并办理土地使用权出让手续，交付土地使用权出让金。（3）发行人租赁的上述土地的合同期限均超过20年，是否符合《合同法》第二百一十四条的规定；（4）发行人报告期内上述租赁土地的情形，是否影响发行人的资产完整性，发行人的独立性是否存在重大缺陷，是否符合《公开发行证券的公司信息披露内容与格式准则第1号——招股说明书（2015年修订）》第五十一条的规定，是否会对发行人的生产经营带来重大不利影响，是否构成本次发行上市的法律障碍。（5）上述租赁土地和山林资源到期后的续约安排，如果到期无法续约，对发行人生产经营和持续盈利能力是否产生重大不利影响，相关的信息和风险是否充分披露。请保荐代表人发表核查意见，并说明发行人是否符合《首次公开发行股票并上市管理办法》的相关规定。

案例简析

发行人利用天目湖两侧林地、南山竹海部分林地作为配套景观不属于农用地（林地）的转用行为，该等土地仍为林地性质，无须办理林地征收征用或变更登记手续。发行人拥有的土地使用权中由林地转为建设用地的，均按照《中华人民共和国森林法》及其实施条例、国家林业局《占用征用林地审核审批管理办法》《占用征用林地审核审批管理规范》等法律、法规及规范性文件规定，履行了报批程序，取得江苏省林业局批准，最终取得了国土资源部门核发的《国有土地使用证》。审核关注是否改变土地性质与用途及其合法性。

案例：603896 寿仙谷【审核关注发行人租赁使用农用地的合规性】

发审会关注事项：请发行人代表进一步说明发行人租赁基本农田用于种植灵芝、铁皮石斛等中药材，是否改变了土地性质和土地用途，是否构成了《基本农田保护条例》第十五条规定的“改变或者占用”情形，是否事先经过了有权部门批准，是否会构成对所租赁基本农田的破坏，是否会造成基本农田生态利用条件难以恢复不再适合种植粮食等农作物，是否影响发行人的资产完整性，是否会对发行人的生产经营带来重大不利影响，是否构成本次发行上市的法律障碍。请保荐代表人发表核查意见。

案例简析

发行人租赁基本农田用于种植作为原材料的中药材，审核关注是否属于改变土地性质和土地用途的行为。发行人取得当地国土资源部门及农业部门认定，发行人在租赁土地上的生产经营活动未改变土地用途，不存在造成原土地生态利用条件难以恢复的情形；发行人用基本农田种植灵芝、铁皮石斛等草本中药材，不属于《中华人民共和国土地管理法》《中华人民共和国农业法》《中华人民共和国基本农田保护条例》《浙江省基本农田保护条例》等法律、法规、规章和其他规范性文件规定的应当禁止或受到处罚的违法占用基本农田的情形。

案例：002910 庄园牧场【审核关注发行人租赁使用农业用地的合规性】

发审会关注事项：请发行人代表进一步说明：(1) 发行人共拥有的 1 宗土地使用权未办理土地使用权证，该宗土地使用权证书办理的最新进展情况，是否存在办理法律障碍；是否存在违法违规情形、被处罚并收回土地的风险。(2) 发行人租赁的7宗土地均系农村集体土地，属于未办理土地所有权证的农业用地，发行人租用的上述土地经营是否改变了租赁土地的农用地性质，是否符合《土地管理法》《土地管理法实施条例》《中共中央国务院关于加强耕地保护和改进占补平衡的意见》等法律法规的相关规定。(3) 发行人土地和租赁房产存在瑕疵，是否影响发行人的资产完整性，是否符合《公开发行证券的公司信息披露内容与格式准则第1号——招股说明书（2015年修订）》第五十一条的规定。(4) 发行人上述购买和承租的物业瑕疵情况是否会对发行人的生产经营带来重大不利影响，是否构成本次发行上市的法律障碍。请保荐代表人发表核查意见。

案例简析

发行人承租农村土地承包经营权，将农村集体土地用于养殖牧场建设，属于设施农用地，不需办理农用地转用审批手续，由所在地人民政府按照农业设施用地进行审批。

（三）集体建设用地

《土地管理法》对于农村集体建设用地使用权的使用和流转有着较为严格的限制性规定。

《土地管理法》第四十三条第一款规定，任何单位和个人进行建设，需要使用土地的，必须依法申请使用国有土地；但是，兴办乡镇企业和村民建设住宅经依法批准使用本集体经济组织农民集体所有的土地的，或者乡（镇）村公共设施和公益事业建设经依法批准使用农民集体所有的土地的除外。

《土地管理法》第十一条第一款规定，农民集体所有的土地依法用于非农业建设的，由县级人民政府登记造册，核发证书，确认建设用地使用权。

《土地管理法》第六十三条规定，农民集体所有的土地的使用权不得出让、转让或者出租用于非农业建设；但是，符合土地利用总体规划并依法取得建设用地的企业，因破产、兼并等情形致使土地使用权依法发生转移的除外。

由于《土地管理法》制定时间较早，在《土地管理法》制定之后社会经济形势发生了较大的变化，城镇化、工业化不断发展，《土地管理法》关于农村集体土地使用权流转的严格限制性规定在保护农村集体土地的同时引致了工业用地紧张而农村存量用地难以得到盘活、国有土地与农村集体土地同地不同价等土地矛盾问题。因此，在《土地管理法》相关内容尚未得到修改的情况下，国务院、国土资源部及地方政府出于城镇化、工业化大背景之下的节约集约用地及保障农民权益的考虑，不断地对农村集体建设用地的流转进行实践和探索，并陆续出台文件允许农村集体建设用地依法以出让、转让、出租等方式进行流转，如：2004年10月，国务院下发《国务院关于深化改革严格土地管理的决定》（国发〔2004〕28号），规定："在符合规划的前提下，村庄、集镇、建制镇中的农民集体所有建设用地使用权可以依法流转。"

作为全国土地行政管理部门的国土资源部也出文对农村集体建设用地的流转和盘活进行了规定和指导，如：2006年3月27日，国土资源部下发《关于坚持依法依规管理节约集约用地支持社会主义新农村建设的通知》（国土资发〔2006〕52号）（已失效），指出："要适应新农村建设的要求，经部批准，稳步推进城镇建设用地增加和农村建设用地减少相挂钩试点、集体非农建设用地使用权流转试点，不断总结试点经验，及时加以规范完善"；2013年2月28日，国土资源部下发《国土资源部关于印发开展城镇低效用地再开发试点指导意见的通知》（国土资发〔2013〕3号），指出："鼓励市场主体参与城镇低效用地再开发。试点市县要制定鼓励政策措施，引导和规范市场主体参与城镇低效用地再开发，调动市场主体参与改造开发积极性。允许市场主体收购相邻多宗地块，申请集中开发利用；市、县人民政府国土资源部门可根据申请，将分散的土地合并登记"；2016年11月11日，国土资源部印发了《关于深入推进城镇低效用地再开发的指导意见（试行）》（国土资发〔2016〕147号），其中规定："（八）积极引导城中村集体建设用地改造开发。城中村集体建设用地可依法征收后进行改造开发，各地要根据实际制定相关优惠政策，鼓励农村集体经济组织和原集体建设用地使用权人积极参与；集体经营性建设用地入市改革试点地区，可按照改革试点要求，采取自主、联营、入股等方式进行改造开发。"

除了出台政策性文件之外，国土资源部选取了安徽芜湖、江苏苏州、广东省等部分省市地区对农村集体建设用地的流转进行试点。该等试点地区出台了适用于当地的流转管理办法，如芜湖市出台了《芜湖市农民集体所有建设用地使用权流转管理办法（试行）》，广东省人民政府出台《广东省集体建设用地使用权流转管理办法》，以政府规章的形式对集体建设用地使用权的出让、出租、转让、转租和抵押等流转方式进行了规定。

国务院、国土资源部及地方政府关于农村集体建设用地使用和流转的规定虽然存在差异，但在实质内容上较为重合，主要规定用于流转的土地应符合当地总体规划及用途管制，流转的方式则包括转让、出租、投资入股、抵押等多种方式。

在各地探索和实践的基础上，农村集体建设经营用地依法流转被确定为未来农村土地改革的方向和目标。2013 年 11 月 12 日，中国共产党第十八届中央委员会第三次全体会议通过《中共中央关于全面深化改革若干重大问题的决定》，提出了建立城乡统一建设用地市场的目标，并明确规定：在符合规划和用途管制前提下，允许农村集体经营性建设用地出让、租赁、入股，实行与国有土地同等入市、同权同价。2014 年 12 月 31 日，中共中央、国务院联合印发《关于加大改革创新力度加快农业现代化建设的若干意见》，指出："稳步推进农村土地制度改革试点。在确保土地公有制性质不改变、耕地红线不突破、农民利益不受损的前提下，按照中央统一部署，审慎稳妥推进农村土地制度改革。分类实施农村土地征收、集体经营性建设用地入市、宅基地制度改革试点。制定缩小征地范围的办法。建立兼顾国家、集体、个人的土地增值收益分配机制，合理提高个人收益。完善对被征地农民合理、规范、多元保障机制。赋予符合规划和用途管制的农村集体经营性建设用地出让、租赁、入股权能，建立健全市场交易规则和服务监管机制。"

为了解决目前实践探索中农村集体建设用地与《土地管理法》规定不相符的法律问题，国务院在全国范围内选取北京市大兴区等 33 个试点行政区域申请暂停使用《土地管理法》等相关法律规定，并形成《关于授权国务院在北京市大兴区等 33 个试点县（市、区）行政区域暂时调整实施有关法律规定的决定（草案）》提请全国人大常委会审议，2015 年 2 月 25 日，十二届全国人大常委会第十三次会议听取并审议了该议案。根据草案规定，由全国人大常委会授权国务院在北京市大兴区等 33 个试点县（市、区）行政区域，暂时调整实施土地管理法、城市房地产管理法关于农村土地征收、集体经营性建设用地入市、宅基地管理制度的有关规定。上述调整在 2017 年 12 月 31 日前试行，对实践证明可行的，修改完善有关法律；对实践证明不宜调整的，恢复施行有关法律规定。暂时调整实施的具体内容包括：暂时停止实施《土地管理法》第四十三条和第六十三条及《城市房地产管理法》第九条关于集体建设用地使用权不得出让等的规定，明确在符合规划、用途管制和依法取得的前提下，允许存量农村集体经营性建设用地使用权出让、租赁、入股，实行与国有建设用地使用权同等入市、同权同价。

因此，在集体建设用地的实际利用过程中，政策和实践层面都已经突破了《土地管理法》的限制性规定。

在实务中，对于发行人拥有集体建设用地的，保荐机构和发行人律师需要对集体建设用地的取得使用是否符合《土地管理法》等法律法规的规定、是否存在行政处罚的风险、是否构成重大违法行为出具明确意见，说明具体理由和依据。如发行人所在省市属于集体建设用地流转试点区域、省级人民政府已出台相应地方性法规的，发行人应当符合地方性法规的规范要求，并取得省级土地管理部门的确认性文件。如果发行人拥有集体土地使用权不符合《土地管理法》等法律法规的规定，其所在省市也未出台地方性法规的，则按照重要性原则进行判断，如集体土地或房产占发行人生产经营用房的面积比例较低、对生产经营影响较小，不会构成上市的法律障碍；如集体土地或房产占发行人生产经营用房的面积比例较高、对生产经营影响较大，导致发行人主要生产经营场所不符合法律法规的规定，从而将对发行上市造成障碍。

对于发行人生产经营用的主要房产系租赁集体建设用地上房产的情形，保荐机构和发行人律师需要对有关房产是否为合法建筑、是否办理租赁备案手续等发表明确意见。发行人生产经营用的主要房产系租赁上述土地上已建房产的，如存在不规范情形，原则上不构成发行上市障碍。发行人应披露如因土地问题被处罚的责任承担主体、搬迁的费用及承担主体、有无下一步解决措施等，并对该等事项作重大风险提示。

案例：广东天元实业集团股份有限公司（未通过）【审核关注发行人租赁使用农村集体建设用地上建造的不具有产权证的房产作为厂房的合规性】

发审会关注事项：发行人租赁实际控制人转让给王建武位于东莞市清溪镇松岗村委员会的厂房，上述土地至今未取得国有土地使用权证，其地上租赁厂房建筑亦未取得房产证。请发行人代表说明：(1) 周孝伟受让并转让给王建武上述土地是否按《广东省集体建设用地使用权流转管理办法》相关规定履行必要的程序。(2) 发行人曾向实际控制人租赁的上述房产是否为合法建筑，取得过程是否合法合规，房产涉及的相关土地使用权是否符合《土地管理法》等法律法规的规定，上述房产租赁在报告期内是否办理了房产租赁备案手续。(3) 因历史遗留问题未能办理相关产权证的具体原因。(4) 王建武是否有足够资金实力以2300万元受让房产。(5) 房产转让后，租金价格增长25%的合理性。请保荐代表人说明核查的方法、过程，并发表明确核查意见。

案例简析

发行人租赁实际控制人在受让的农村集体建设用地上建造的不具有产权证的房产作为厂房，审核期间，实际控制人将该厂房转让给其他第三方，转让后仍租赁给发行人使用。

案例：603683 晶华新材【发行人子公司按地方规定取得并拥有集体建设用地使用权】

发审会关注事项：请发行人代表进一步说明：发行人下属子公司持有集体建设用地是否符合有关规定，是否履行了必要的程序。请保荐代表人发表核查意见。

案例简析

发行人根据《广东省集体建设用地使用权流转管理办法》的规定受让取得集体建设用地使用权并持有集体土地使用证。

案例：603063 禾望电气【审核关注发行人租赁使用未取得产权证书的房产稳定性】

发审会关注事项： 请发行人代表进一步说明：（1）发行人主要生产经营场所为租赁无证房产，是否影响发行人的资产完整性。（2）发行人上述房产租赁物业瑕疵情况是否会对发行人的生产经营带来重大不利影响，是否采取必要措施保证生产经营正常进行，是否构成本次发行上市的法律障碍。请保荐代表人说明核查情况。

案例简析

发行人租赁的部分房产为涉及农村集体土地的历史遗留建筑，出租方未取得产权证书，正在根据《深圳经济特区处理历史遗留生产经营性违法建筑若干规定》的要求进行申报处理，深圳市政府办公厅书面确认可以稳定使用。

（四）违规建筑

在我国，土地上的建设活动必须严格符合规划的要求，并履行必要的前置审批程序。

《中华人民共和国城乡规划法》第二条第一款规定，制定和实施城乡规划，在规划区内进行建设活动，必须遵守本法。

《中华人民共和国城乡规划法》第三十七条第一款规定，在城市、镇规划区内以划拨方式提供国有土地使用权的建设项目，经有关部门批准、核准、备案后，建设单位应当向城市、县人民政府城乡规划主管部门提出建设用地规划许可申请，由城市、县人民政府城乡规划主管部门依据控制性详细规划核定建设用地的位置、面积、允许建设的范围，核发建设用地规划许可证。

《中华人民共和国城乡规划法》第四十条第一款规定，在城市、镇规划区内进行建筑物、构筑物、道路、管线和其他工程建设的，建设单位或者个人应当向城市、县人民政府城乡规划主管部门或者省、自治区、直辖市人民政府确定的镇人民政府申请办理建设工程规划许可证。

《中华人民共和国城乡规划法》第四十一条第一款规定，在乡、村庄规划区内进行乡镇企业、乡村公共设施和公益事业建设的，建设单位或者个人应当向乡、镇人民政府提出申请，由乡、镇人民政府报城市、县人民政府城乡规划主管部门核发乡村建设规划许可证。

根据上述规定，在城乡规划区内进行工程建设，应该在施工之前取得规划审批，并依据规划许可办理后续施工许可及建筑物产权登记。

在实务中，对于发行人拥有的房屋建筑物，保荐机构和发行人律师需要对建筑物是否取得权属证书、形成过程是否符合《城乡规划法》等法律法规的规定进行核查。如果建筑物形成过程未履行《城乡规划法》等法律法规的规定，保荐机构和发行人律师需要对发行人是否存在行政处罚的风险、是否构成重大违法行为出具明确意见，说明具体理由和依据。违规建筑对于发行人的影响按照重要性原则进行判断，如违规建筑占发行人生产经营用房的面积比例较低、对生产经营影响较小，不会构成上市的法律障碍；如违规建筑占发行人生产经营用房的面积比例较高、对生产经营影响较大，导致发行人主要生产经营场所不符合法律法规的规定，从而将对发行上市造成障碍。

案例：安佑生物科技集团股份有限公司（未通过）【发行人部分房产未批先建，未取得产权证书】

发审会关注事项：发行人拥有的部分房产及土地尚未取得权属证书，还存在部分无法办理权属证明的情形、未签订土地出让合同的情形、未取得建筑工程施工许可证即开工建设的情形。发行人租赁的国有划拨地存在法律瑕疵，租赁的多处农村集体土地存在集体土地使用权流转程序瑕疵。请发行人代表说明：(1) 未来持续使用前述房产及土地是否存在重大不确定性，是否存在被处罚的风险和其他法律风险，该等情况是否构成重大违法违规。(2) 前述瑕疵房产及土地对发行人经营与财务情况的影响。(3) 金坛猪场相关租赁资产作为融资租入固定资产和无形资产入账的依据，是否符合企业会计准则相关规定，出租方破产进展及对发行人该猪场生产经营的影响，相关资产减值准备是否充分。请保荐代表人说明核查过程和方法，并发表明确核查意见。

案例简析

发行人部分房产未批先建，即在建设之前未办理用地规划、工程规划、施工许可等前置审批手续，因而未能取得产权证书。

案例：603978 深圳新星【发行人部分房产未批先建，未取得产权证书】

> **发审会关注事项**：请发行人代表进一步说明：发行人光明厂区厂房及宿舍楼产权证书的办理进展情况，办理是否存在法律障碍；发行人未批先建的建筑物是否存在被有关部门拆除的风险及其对发行人的正常运营可能产生的影响；发行人光明厂区未批先建的行为是否属于重大违法违规行为。请保荐代表人发表核查意见。

案例简析

发行人部分建筑物未批先建，被规划及国土资源部门处以罚款之后，补办建设工程规划许可证等审批手续，并申请办理房屋所有权登记。

案例：603499 翔港科技【发行人在其受让取得的国有建设用地上建造的部分房产因规划原因未能办理规划、施工许可等前置审批，从而无法取得房屋所有权证】

> **发审会关注事项**：发行人在沪房地浦字（2016）第255937号地块上存在约2万平方米的违章扩建房产，请发行人代表进一步说明：（1）发行人的违建行为是否构成重大违法违规行为，是否存在被行政处罚的风险。（2）发行人在该地块上扩建的车间、仓库、职工宿舍、研发楼搬迁至临港新厂房的进展情况，搬迁工作对发行人生产经营的影响。（3）控股股东

董建军的补偿承诺是否合理、充分和有效，对发行人的影响。（4）对瑕疵厂房会计核算作为前期会计差错更正的理由和依据，对会计报表的影响，履行的批准程序，相关的内部控制制度及其有效性。（5）相关信息和风险是否充分披露。请保荐代表人发表核查意见。

案例简析

发行人在其受让取得的国有建设用地上建造的部分房产因规划原因未能办理规划、施工许可等前置审批，从而无法取得房屋所有权证。该部分房产建筑面积占发行人目前拥有的全部房产面积26.05%，形成收入占发行人全部收入20%。发行人将以整体搬入新厂房的方式解决经营场所瑕疵问题，当地规划与国土资源部门出文确认瑕疵事实并允许其有条件使用。

（五）专利与技术

《招股说明书准则》第四十五条规定："发行人应列表披露与其业务相关的主要固定资产及无形资产，主要包括：……（二）商标、专利、非专利技术、土地使用权、水面养殖权、探矿权、采矿权等主要无形资产的数量、取得方式和时间、使用情况、使用期限或保护期、最近一期末账面价值，以及上述资产对发行人生产经营的重要程度。发行人允许他人使用自己所有的资产，或作为被许可方使用他人资产的，应简要披露许可合同的主要内容，包括许可人、被许可人、许可使用的具体资产内容、许可方式、许可年限、许可使用费等，以及合同履行情况。若发行人所有或使用的资产存在纠纷或潜在纠纷的，应明确说明。"

第四十七条规定："发行人应披露主要产品生产技术所处的阶段，如处于基础研究、试生产、小批量生产或大批量生产阶段。发行人应披露正在从事的研发项目及进展情况、拟达到的目标，最近三年及一期研发费用占营业收入的比例等。与其他单位合作研发的，还需说明合作协议的主要内容、研究成果的分配方案及采取的保密措施等。发行人应披露保持技术不断创新的机制、技术储备及技术创新的安排等。"

《创业板招股说明书准则》第四十四条规定："发行人应按对业务经营的重要性程度列表披露与其业务相关的主要固定资产、无形资产等资源要素，主要包括：……（二）主要无形资产情况，主要包括商标、已取得的专利、非专利技术、土地使用权、水面养殖权、探矿权、采矿权等的数量、取得方式和时间、使用情况以及目前的法律状态，披露使用期限或保护期、最近一期末账面价值，以及上述资产对发行人生产经营的重要程度；……发行人允许他人使用自己所有的资源要素，或作为被许可方使用他人资源要素的，应简要披露许可合同的主要内容，包括许可人、被许可人、许可使用的具体资源要素内容、许可方式、许可年限、许可使用费等，以及合同履行情况。若发行人所有或使用的资源要素存在纠纷或潜在纠纷的，应明确说明。”

第四十六条规定：“发行人应披露其主要产品或服务的核心技术及技术来源，说明技术属于原始创新、集成创新或引进消化吸收再创新的情况，披露核心技术与已取得的专利及非专利技术的对应关系，以及在主营业务及产品或服务中的应用，并披露核心技术产品收入占营业收入的比例。发行人应披露最近三年及一期研发费用的构成、占营业收入的比例。与其他单位合作研发的，还需说明合作协议的主要内容、研究成果的分配方案及采取的保密措施等。发行人应披露其核心技术人员、研发人员占员工总数的比例，所取得的专业资质及重要科研成果和获得的奖项，披露最近两年核心技术人员的主要变动情况及对发行人的影响。”

在上市审核中，专利与技术方面的关注点主要为：

1. 发行人专利与技术的形成过程是否合法合规，是否存在侵犯他人权益的情形。在发行人核心技术人员来自于同行业其他单位的情形下，发行人知识产权的形成是否涉及技术人员的职务发明，是否违反竞业限制。

2. 发行人是否存在与他人进行技术合作的情形，如存在技术合作，合作条件是否限制发行人的发展，发行人是否因此对合作方及合作技术构成依赖。

3. 发行人是否存在技术与专利方面的纠纷争议，如存在，争议的技术与专利对于发行人的业务收入及经营活动有多大影响。

如发行人存在争议或法律风险的专利与技术对于发行人的整体生产经营活动产生较大不利影响，可能构成发行上市的法律障碍，如未对整体生产经营活动产生影响或影响较小，则不构成发行上市的法律障碍。

案例：苏州恒久【曾经因专利失效未更新披露而被否】

案例简析

2010 年 3 月 18 日晚上，正在召开酒会预祝第二日在创业板上市交易的苏州恒久光电科技股份有限公司被紧急叫停上市，原因为媒体报道苏州恒久招股说明书和申报文件中披露的全部 5 项专利及 2 项正在申请专利的法律状态与事实不符。2010 年 6 月 11 日，创业板发审委召开“会后事项发审委会议”，重新审核苏州恒久首发申请，经表决，公司 IPO 申请未获通过。

尽管苏州恒久在 6 年之后重新申报并成功上市，但第一次 IPO 因为专利披露问题而功亏一篑，代价和教训可谓惨痛。

案例：深圳华智融科技股份有限公司（未通过）【审核关注核心技术来源的合法合规性】

发审会关注事项：发行人部分董事、监事、高管及核心人员曾任职于百富计算机技术（深圳）有限公司。请发行人代表说明，前述人员是否存在违反竞业禁止的相关风险，发行人知识产权等无形资产、核心技术是否存在纠纷或潜在纠纷。请保荐代表人说明核查方法、过程，并发表明确核查意见。

案例简析

实际控制人及部分技术人员曾经任职于竞争对手百富计算机技术（深圳）有限公司，审核关注核心人员是否违反竞业禁止以及核心技术是否存在纠纷。

案例：深圳市安健科技股份有限公司（未通过）【审核关注核心技术来源的合法合规性】

> **发审会关注事项：**请发行人代表说明：（1）发行人核心技术的来源及形成、发展过程，与安科公司、重庆华伦、安健医疗是否存在法律纠纷或技术侵权风险。（2）葛遗林与杜碧相互退出对方公司的相关股权转让事项是否真实、有效，杜碧为何于 2015 年 9 月才转让安健医疗的全部股权，2016 年 1 月才卸任安健医疗的董事职务，安健医疗报告期内是否存在为发行人分摊成本、承担费用或利益转移的情形。请保荐代表人说明核查方法和过程，并发表明确核查意见。

案例简析

实际控制人、技术顾问曾经就职于同行业企业，审核关注发行人技术来源是否存在纠纷。

案例：300742 越博动力【审核关注核心技术来源的合法合规性】

> **发审会关注事项：**发行人实际控制人李占江创立南京越博前曾任奥联电子子公司总经理，发行人技术管理人员、生产管理人员也曾在奥联电子任职。请发行人代表结合包括但不限于该等人员在奥联电子的具体岗位、职责及工作情况，发行人现有产品功能、技术与奥联电子相关产品功能、技术的区别与联系等方面，说明发行人相关产品技术是否来源于职务发明，相关人员是否违反竞业禁止要求，是否获取奥联电子的相关确认，是否存在法律纠纷及潜在的法律纠纷。请保荐代表人说明核查方法、过程，并发表明确核查意见。

案例简析

发行人实际控制人及部分技术管理人员、生产管理人员曾经任职于同一单位，审核关注发行人相关人员是否违反竞业禁止要求，相关产品技术是否来源于职务发明。

案例：603960 克来机电【审核关注共有专利的使用权及合法合规性】

发审会关注事项： 请发行人代表进一步说明：（1）既然专利技术均为公司自主研发，6 项发明专利由发行人和上海大学共同申请并共同共有的原因及其合理性、合法合规性，这些技术是否来源于上海大学的研发成果，是否存在相关技术合作协议及其对相关专利申请、共有和使用的约定情况，上海大学依据相关法律法规以及规范性文件的规定是否有权无偿许可发行人使用并处置相关的发明专利，是否存在专利权属的纠纷，是否存在国有资产流失等情形。（2）目前上海大学教师在发行人处的兼职情况，兼职教师在上海大学所任职务，是否符合相关法律法规以及教育主管部门和上海大学的有关管理规定。（3）报告期各期发行人涉及上述共有发明专利的种类、主要使用范围、在公司生产中的作用、涉及的产品、是否属于发行人的核心专利、对公司销售收入和净利润金额及占比情况以及对发行人持续合法经营的影响。（4）发行人对专利和合作开发等进行有效管理的具体规章和内控制度及其有效执行情况，发行人正在使用的有关专利技术是否存在重大不利变化的风险及发行人后续拟采取的有效应对措施，是否会对发行人的持续盈利能力构成重大不利影响，是否存在应披露未披露事项，相关信息是否充分披露。请保荐代表人发表核查意见。

案例简析

审核关注共有专利的使用权及合法合规性。

案例：申联生物医药（上海）股份有限公司（未通过）【审核关注发行人专利技术许可使用纠纷】

发审会关注事项： 发行人与UBI之间曾存在纠纷。请发行人代表：(1) 结合发行人历史沿革、与UBI纠纷及协商解决过程、发行人目前主要产品的专利持有情况，说明其对UBI技术是否存在重大依赖，与UBI之间是否彻底解决纠纷，目前是否存在仲裁事项，是否存在影响发行人核心技术独立性的重大不利情形，以及对潜在纠纷的解决及补偿方式。(2) 与同行业可比公司对照说明发行人的技术来源、优势及劣势、新产品的研发进度及新药注册证书进展情况。请保荐代表人说明核查方法、依据，并发表明确核查意见。

案例简析

设立公司时约定股东专利技术许可给公司使用，公司向股东按照销售收入的一定比例支付技术费，后形成诉讼纠纷，最终协商解决。审核关注该事项是否对发行人核心技术独立性构成重大不利影响。

案例：300729 乐歌股份【审核关注发行人专利技术诉讼纠纷】

发审会关注事项： 请发行人代表说明与美国Varidesk公司专利争议及最后和解的过程，和解协议的主要内容，和解结果是否公平且符合商业逻辑，是否存在其他对价，相关各方就相关利益或商业安排是否另有约定等。请保荐代表人发表核查意见。

案例简析

审核期间，美国竞争对手对发行人提起专利侵权诉讼，发行人在美国和中国同时提起针对竞争对手及其实际控制人专利权无效申请，发审会之前双方无偿和解。

（六）商标

上市过程中，发行人需要披露其单独拥有及与他人共有的商标情况以及商标的法律状态。在审核过程中，关注点主要为：发行人商标实际使用情况及其与商品、服务之间的对应关系；发行人与他人共有商标的原因、背景及其对业务经营的影响；发行人是否存在商标方面的纠纷、争议，如存在，对发行人业务经营的影响程度。

对于发行人存在商标争议、纠纷的情况，如果商标实际应用较少，商标诉争对于发行人整体经营活动影响有限，但如果商标应用于主要的商品和服务，特别是消费类企业和服务类企业等品牌商，则商标诉争会造成发行人整体经营活动产生重大不确定的影响，在此情形下，会构成发行人发行上市的法律障碍。

案例：乔丹体育难产的IPO【因商标之争而耽误上市】

案例简析

2011年11月25日，中国证券监督管理委员会发行审核委员会2011年第263次会议审核通过乔丹体育股份有限公司的上市申请，然而，直至今日，中国证监会仍未核准乔丹体育股份有限公司发行上市，原因为乔丹体育股份有限公司过会后遭到美国NBA球星迈克尔·乔丹的商标指控。2012年10月31日，迈克尔·乔丹以第6020569号“乔丹”商标的注册损害其姓名权，违反2001年修正的《中华人民共和国商标法》规定为由，向国家工商行政管理总局商标评审委员会（以下简称商标评审委员会）提出撤销争议商标的申请。此后，该案分别历经商标评审委员裁定、北京市第一中级人民法院行政诉讼、北京市高级人民法院上诉、最高人民法院再审判决等程序。由于案情重大，诉争旷日持久，乔丹体育股份有限公司迟迟未能上市。

案例：603833 欧派家居【审核关注发行人商标争议影响】

发审会关注事项：请发行人代表进一步说明，公司相关商标和字号的争议和诉讼进展情况，发行人涉诉商标的产品种类，相关产品收入占公司销售收入、净利润的比例，相关商标诉讼对发行人持续合法经营的影响，相关风险是否充分披露。

案例简析

发行人主要从事整体橱柜和整体衣柜业务，报告期内存在与江山欧派有关的商标行政诉讼案件：发行人在非金属门类别的欧派注册商标被认为与江山欧派先注册的商标存在近似从而被裁定撤销，发行人从而提起诉讼，在上会时以及上市时尚未判决。发行人诉争商标类别属于非金属门领域，在发行人整体业务中比重不足3%，且发行人在非金属门业务领域非使用诉争商标，而是使用另外已注册商标，因此最终未对发行人上市造成法律障碍。

案例：300622 博士眼镜【审核关注发行人商标争议影响】

发审会关注事项：招股说明书披露，北京知识产权法院于 2016 年 8 月 25 日作出的《行政判决书》（〔2016〕京 73 行初 2823 号）判决如下：（1）撤销商标评审委于 2016 年 4 月 20 日作出的商评字〔2016〕第 34607 号关于第 6348736 号“博士眼镜”商标无效宣告请求裁定。（2）商标评审委应在该判决生效后就淮安博士针对发行人的第 6348736 号“博士眼镜”商标提出的商标无效宣告请求重新作出审查决定。在前述行政诉讼案件的审理期间，淮安博士以侵犯注册商标专用权为由，分别于 2016 年 6 月 28 日向北京市朝阳区人民法院起诉发行人子公司北京博士；淮安博士以侵犯注册商标专用权为由，于 2016 年 6 月 23 日向无锡市滨湖区人民法院起诉发行人及其无锡万象分公司。2016 年 8 月，上述两项商标侵权案件经淮安博士申请，已被裁定准许撤诉。请发行人代表说明，淮安博士撤销上述两项商标侵权案件诉讼的原因，发行人是否与淮安博士达成庭外和解及其内容；截至目前，商标评审委就淮安博士针对发行人第6348736号“博士眼镜”商标提出的商标无效宣告请求进行审查的进展；发行人是否存在因商标使用侵权而导致的经营风险。请保荐代表人发表核查意见。

案例简析

审核期间，淮安博士针对发行人的第6348736号“博士眼镜”商标提出商标无效宣告请求，商标评审会裁定争议商标予以撤销，发行人向北京知识产权法院起诉，北京知识产权法院判决撤销商标委裁定，商标委重新裁定争议商标予以维持。在商标行政诉讼案件审理期间，淮安博士以侵犯注册商标专用权为由，对发行人北京子公司及无锡万象分公司提起诉讼。在北京知识产权法院判决撤销商标委裁定后，淮安博士撤诉，并声明尊重法院判决。由于诉讼已有结果，且发行人未在眼镜产品上实际使用该项注册商标，最终未对发行人上市造成法律障碍。

第七章 用工及社会保障

《招股说明书准则》第三十九条规定："发行人应简要披露员工及其社会保障情况，主要包括：（一）员工人数及变化情况；（二）员工专业结构；（三）员工受教育程度；（四）员工年龄分布；（五）发行人执行社会保障制度、住房制度改革、医疗制度改革情况。"

《创业板招股说明书准则》第三十八条规定："发行人应简要披露员工情况，主要包括员工人数及最近三年变化情况，员工专业结构。"

拟上市企业应该合法、规范用工，为员工办理社会保险和住房公积金的缴存手续，努力提高缴存比例，在履行社会责任方面起到表率作用。上市审核中，用工方式的合法合规性、社会保障履行情况及其合法合规性普遍受到关注。此外，近年来，拟上市企业的薪酬水平在审核中也受到了关注。

一、用工方式

我国劳动合同制度是由1994年7月全国人民代表大会常务委员会通过并于1995年1月1日开始实施的《中华人民共和国劳动法》所确立的，该部法律对劳动合同、工资、安全卫生、休息休假、社会保险等方面进行了规定，对于劳动者合法权益进行了较为系统的保护。在此基础上，全国人大常委会于2007年6月审议通过了《中华人民共和国劳动合同法》，对于《劳动法》执行过程中出现的劳动合同内容和签订程序不规范、权利和义务不对等、合同期限短期化、非公有制企业劳动合同签订率低、覆盖面小等现实问题进行了吸收规定，该部法律自2008年1月1日起施行。2012年12月，针对《劳动法》《劳动合同法》执行过程中企业以劳务派遣形式规避用工责任与义务的突出情形，全国人民代表大会常务委员会作出了关于修改《中华人民共和国劳动合同法》的决定，对于劳务派遣的用工形式进行了更细化和严格的规定。

根据《劳动合同法》的规定，企业可以存在以下几种用工方式：

1. 劳动合同用工。《劳动合同法》第六十六条第一款规定，劳动合同用工是我国的企业基本用工形式。《劳动合同法》第七条规定，用人单位自用工之日起即与劳动者建立劳动关系。

2. 劳务派遣用工。《劳动合同法》第六十六条第一款规定，劳务派遣用工是补充形式，只能在临时性、辅助性或者替代性的工作岗位上实施。

3. 非全日制用工。《劳动合同法》第六十八条规定："非全日制用工，是指以小时计酬为主，劳动者在同一用人单位一般平均每日工作时间不超过四小时，每周工作时间累计不超过二十四小时的用工形式。"

此外，企业可以将一部分作业或工序外包给其他劳务公司完成，企业与劳务公司之间建立具有承揽性质的合同关系，由于该种合作对于企业具有降低劳动合同用工的实效，上市审核中通常将企业的劳务外包视为用工方式的一部分予以关注。

对于用工企业而言，上述几种不同的用工方式有着不同的义务与责任：

在劳动合同用工方式下，企业与劳动者建立了劳动关系，企业需要完全承担作为一个雇主的义务与责任，包括计发薪酬、缴存社保及住房公积金。

在劳务派遣用工方式下，劳务派遣单位为用人单位，应当履行用人单位对劳动者的义务，用工单位应当按照同工同酬原则对被派遣劳动者与本单位同类岗位的劳动者实行相同的劳动报酬分配办法，用工单位需要履行的义务包括：（1）执行国家劳动标准，提供相应的劳动条件和劳动保护；（2）告知被派遣劳动者的工作要求和劳动报酬；（3）支付加班费、绩效奖金，提供与工作岗位相关的福利待遇；（4）对在岗被派遣劳动者进行工作岗位所必需的培训；（5）连续用工的，实行正常的工资调整机制。

在非全日制用工方式下，用工单位向劳动者足额支付劳动报酬即可，不存在履行社会保障的义务与责任。

在劳务外包模式下，劳务公司为用人单位，应当履行用人单位对劳动者的义务，用工单位与劳务公司建立的为商事关系，用工单位对劳动者不具有雇主的义务与责任，只需要按照约定向劳务公司支付劳务费即可。

在经营活动中，有的企业业务具有季节性、临时性的特征，用工需求波动较大；有的企业业务分布广，基层员工流动性较大，完全使用劳动合同用工存在困难，此种情形下，以劳务派遣等非劳动合同用工可以解决企业的实际困难。然而在实践中，存在有的企业滥用劳务派遣用工方式逃避用工责任与义务的情形。为了堵塞法律漏洞，规范劳务派遣行为，人力资源社会保障部于 2014 年 1 月 24 日发布《劳务派遣暂行规定》，对于劳务派遣用工范围、用工比例、薪酬待遇、社会保险等事项进行了严格的规定。企业以劳务派遣方式用工时，必须符合《劳务派遣暂行规定》的相关规定。

根据《劳务派遣暂行规定》的规定，用工单位只能在临时性、辅助性或者替代性的工作岗位上使用被派遣劳动者；用工单位应当严格控制劳务派遣用工数量，使用的被派遣劳动者数量不得超过其用工总量的 10%。劳务派遣单位跨地区派遣劳动者的，应当在用工单位所在地为被派遣劳动者参加社会保险，按照用工单位所在地的规定缴纳社会保险费，被派遣劳动者按照国家规定享受社会保险待遇。此外，《劳务派遣暂行规定》在《劳动合同法》的基础上对用工单位的用工义务进行了细化：（1）如实告知被派遣劳动者劳动合同法第八条规定的事项、应遵守的规章制度以及劳务派遣协议的内容；（2）建立培训制度，对被派遣劳动者进行上岗知识、安全教育培训；（3）按照国家规定和劳务派遣协议约定，依法支付被派遣劳动者的劳动报酬和相关待遇；（4）按照国家规定和劳务派遣协议约定，依法为被派遣劳动者缴纳社会保险费，并办理社会保险相关手续；（5）督促用工单位依法为被派遣劳动者提供劳动保护和劳动安全卫生条件；（6）依法出具解除或者终止劳动合同的证明；（7）协助处理被派遣劳动者与用工单位的纠纷；（8）法律、法规和规章规定的其他事项。

上市审核中通常关注发行人除了劳动合同用工外是否还存在劳务派遣和劳务外包等非劳动合同用工的方式，如果存在，是否符合《劳动法》《劳动合同法》《劳务派遣暂行规定》等规定，是否存在名为劳务外包实为劳务派遣等规避法律规定的行为。

上市筹备过程中，保荐机构和发行人律师应当全面了解拟上市企业的用工方式，对于存在劳务派遣、劳务外包用工方式的，需要核实：（1）从合同形式、用工风险承担、劳务人员管理责任、劳务费用计算以及报酬支付方式等方面核实用工方式是否名副其实，是否存在变相利用非劳动合同用工方式进行监管套利的情况；（2）劳务派遣单位、劳务外包单位是否具有相应的经营资格。对于拟上市企业存在超比例使用劳务派遣或变相利用非劳动合同用工方式的情形，需要予以纠正，并进行相应的披露。

案例：603833 欧派家居【审核关注发行人劳务派遣合规性】

发审会关注事项：请发行人代表进一步说明：（1）发行人报告期内劳务派遣用工不符合《劳务派遣暂行规定》是否会受到相关部门的处罚。（2）按照同工同酬原则，劳务派遣用工比例调整对发行人经营业绩的影响。（3）广东方胜人力资源服务有限公司、广州仕邦人力资源有限公司为发行人及子公司的劳务派遣人员按不低于50元/月人的标准提供住房补贴是否符合相关规定及对发行人的影响。（4）报告期各期发行人及其子公司住房公积金缴纳是否合法合规，是否存在纠纷。

案例简析

发行人报告期内存在劳务派遣用工的情形，2014年年末、2015年年末、2016年6月末、2016年11月末、2016年年末，公司劳务派遣员工占比分别为43.35%、38.68%、34.84%、18.50%、9.84%、9.67%。2016年3月1日至2016年11月30日期间，公司存在劳务派遣用工比例超过10%违反《劳务派遣暂行规定》第四条关于用工单位应当严格控制劳务派遣用工数量，使用的被派遣劳动者数量不得超过其用工总量的10%的规定，2016年11月之后降低至符合规定。

案例：300635 达安股份【审核关注发行人劳务派遣合规性】

发审会关注事项：发行人从事的建设工程监理服务是人力密集型行业，该行业的最主要的经营成本为劳动力成本。发行人劳务派遣员工占总员工比例仍然较高，最后一期接近10%。发行人报告期末存在未给部分员工购买住房公积金的情形，按照月度人次统计，报告期内，发行人未缴纳住房公积的人次分别为8517人次、3438人次和1219人次。（1）请发行人代表说明报告期员工人数下降的原因，是否与业绩变化趋势匹配、是否对持续盈利能力构成影响。（2）请发行人代表说明发行人劳务派遣比例较高及部分员工未缴纳住房公积金是否违反相关规定。（3）请发行人代表说明发行人平均薪酬水平低于同行业可比上市公司的原因以及如何保持发行人的竞争力。（4）发行人与员工李华、寇巍等存在劳动纠纷，发行人前员工陈爱民于2016年因个人行贿罪被广州市黄埔区人民法院判刑。请发行人代表说明如何从内部控制制度上保证合法合规经营。请保荐代表人发表核查意见。

案例简析

发行人报告期内存在劳务派遣用工的情形，用工比例均在10%以内。

案例：601163 三角轮胎【审核关注发行人劳务派遣合规性】

发审会关注事项： 请发行人在招股说明书中补充披露下列内容：（1）发行人报告期劳务派遣员工人数、工作性质和内容、劳务派遣合同签署时间和期限等主要内容。（2）发行人2015年减少劳务派遣用工的数量及其原因和补偿情况。（3）规范劳务派遣用工数量的具体措施以及履行的相关程序。（4）劳务派遣用工数量的调整对发行人高新技术企业资质认定及未来经营业绩和企业所得税优惠政策的影响。请充分披露相关风险。

案例简析

发行人报告期内存在劳务派遣用工方式，截至2016年3月1日劳务派遣员工占总用工人数的比例降至10%以下。

案例：603725 天安新材【审核关注发行人劳务派遣合规性】

发审会关注事项：请发行人代表进一步说明：（1）发行人未严格按规定给部分员工缴纳社会保险和住房公积金的具体原因，是否损害发行人员工利益，是否符合相关规定，是否存在潜在纠纷和处罚风险。（2）未缴纳情况对发行人经营业绩的影响。发行人及其控股股东、实际控制人的整改措施。（3）2014 年、2015 年各年末劳务派遣员工数量分别占到用工总量的 50% 和 33%，报告期各期发行人支付给自有员工和劳务派遣员工的薪酬是否存在差异；发行人是否存在通过劳务派遣形式压低发行人员工薪酬以降低期间费用，增加利润的情形。（4）2016 年 1 月发行人与广州市泰索斯人才顾问公司签署《劳务派遣终止协议》，上述劳务派遣终止事项是否真实、合法有效，是否存在争议、纠纷或者潜在纠纷。请保荐代表人发表核查意见。

案例简析

发行人报告期内存在使用劳务派遣用工的情形，在 2016 年 1 月与派遣单位终止派遣协议。审核关注劳务派遣用工形式终止的真实性。

案例：300621 维业股份【审核关注劳务外包的真实性及合法性】

发审会关注事项：（1）发行人报告期内的主要劳务供应商均为注册在深圳市的劳务公司，请发行人代表说明上述劳务供应商对发行人在深圳市以外的项目如何组织劳务工源，是否存在将相关劳务分包业务在项目地进行二次劳务分包或分包给不具备相应资质的劳务供应商的情形，二次分包商或最终施工方是否与发行人或实际控制人有关联关系。（2）深圳市玖胜建筑劳务有限公司（下称“深圳玖胜”）成立于 2013 年 4 月，2014 年度即成为发行人第三大劳务供应商，2015 年度成为发行人第一大劳务供应商，请发行人代表说明发行人选择深圳玖胜合作的理由，深圳玖胜与发行人合作时是否已取得相应经营资质，发行人与深圳玖胜之间以及深圳玖胜与发行人其他劳务供应商之间是否存在关联关系或其他可能影响利益安排的关系。结合发行人报告期劳务派遣员工人数、工作性质和内容、劳务派遣合同签署和期限及其与非劳务派遣员工的工资差异情况进一步说明发行人劳务派遣用工相关合同签署及其主要内容，是否符合相关法律法规的强制性规定，规范劳务派遣用工数量的具体措施以及办理的相关法定程序，劳务派遣用工数量的调整对发行人高新技术企业资质认定及未来经营业绩和企业所得税优惠政策的影响，相关风险揭示是否充分披露。

案例简析

发行人报告期内存在持续劳务外包的情形，审核关注劳务外包的真实性及合法性。

案例：603595 东尼电子【审核关注劳务外包的真实性及合法性】

发审会关注事项：请发行人代表结合公司生产经营的具体情况进一步说明，公司劳务外包的具体情况，包括劳务外包合同的签署情况、工作内容、管理方式、定价机制、定价的公允性、与公司员工薪金对比情况、社会保险的缴纳情况、对公司经营业绩的影响等。请保荐代表人对上述问题的核查情况及是否符合相关法律、法规的规定发表核查意见，并说明核查过程、依据和结论。

招股说明书披露

1. 劳务外包和劳务派遣的差异

劳务外包是指企业将其部分业务或职能工作发包给相关机构，由该机构自行安排人员按照企业的要求完成相应的业务或工作；劳务派遣是指由劳务派遣单位与被派遣劳动者签订劳动合同，然后向用工单位派出该员工，使其在用工单位的工作场所内劳动，接受用工单位的指挥、监督，以完成劳动力和生产资料的结合的一种特殊用工方式。

结合业务实质，劳务外包与劳务派遣在合同形式、用工风险承担、劳务人员管理责任、劳务费用计算以及报酬支付方式等方面存在差异，具体情况如下表所示：

内容	劳务外包	劳务派遣
合同形式	合同的主要形式为生产外包、业务外包、岗位外包、业务流程外包协议等	劳务派遣公司与用工单位签订劳务派遣协议
用工风险承担	劳务公司承担用工风险	用工单位承担用工风险，用工单位给被派遣劳动者造成损害的，劳务派遣公司与实际用工单位承担连带赔偿责任
劳务人员管理责任	由劳务公司直接管理	由用工单位直接管理
劳务费用计算	由用工单位与劳务公司以工作内容和工作结果为基础进行整体结算，劳务人员具体工资由劳务公司确定	通常按照实际用工单位的正式员工实行同工同酬，派出员工的具体工资由用工单位决定
报酬支付方式	用工单位向劳务公司整体支付外包劳务费；劳务公司向劳动者支付薪酬及缴纳社保	用工单位直接向劳动者支付工资薪酬（部分情况存在由劳务公司代收代付）并向劳务派遣公司支付派遣费用

2. 劳务外包及劳务派遣的会计处理区别

劳务外包及劳务派遣的会计处理如下：

劳务类型	劳务外包	劳务派遣
生产人员	按实际发生金额，借：生产成本－直接人工；贷：应付账款	按实际发生金额，借：生产成本－直接人工；贷：应付职工薪酬
后勤人员	按实际发生金额，借：管理费用；贷：应付账款	按实际发生金额，借：管理费用；贷：应付职工薪酬

发行人于2015年5月29日与嘉兴智聘服务外包有限公司（以下简称“智聘外包”）签署《生产外包合同》，约定智聘外包向发行人以派驻劳务工的方式承接并完成发行人厂内指定生产线的生产操作任务，发行人根据智聘外包的实际工作量核算外包费用金额，合同期限自2015年6月1日至2017年5月31日。

发行人根据订单及用工情况，将部分生产线的拉丝、镀锡等工序按照劳务外包合同约定交由劳务外包人员完成。

保荐机构和发行人律师取得了劳务外包合同、劳务费支付记录及劳务公司开具的劳务费发票，经核查认为将发行人与劳务公司的业务关系界定为劳务外包具备合理性。

案例简析

发行人报告期内存在劳务外包情形，约定外包方向发行人以派驻劳务工的方式承接并完成发行人厂内指定生产线的生产操作任务，发行人根据外包方的实际工作量核算外包费用金额，审核关注是否实质为劳务派遣。保荐机构和发行人律师详细对比分析了劳务派遣与劳务外包的差异。

劳务派遣暂行规定（2014 年 1 月 24 日　人力资源和社会保障部令第 22 号）

第一章　总　　则

第一条　为规范劳务派遣，维护劳动者的合法权益，促进劳动关系和谐稳定，依据《中华人民共和国劳动合同法》（以下简称劳动合同法）和《中华人民共和国劳动合同法实施条例》（以下简称劳动合同法实施条例）等法律、行政法规，制定本规定。

第二条　劳务派遣单位经营劳务派遣业务，企业（以下称用工单位）使用被派遣劳动者，适用本规定。

依法成立的会计师事务所、律师事务所等合伙组织和基金会以及民办非企业单位等组织使用被派遣劳动者，依照本规定执行。

第二章　用工范围和用工比例

第三条　用工单位只能在临时性、辅助性或者替代性的工作岗位上使用被派遣劳动者。

前款规定的临时性工作岗位是指存续时间不超过 6 个月的岗位；辅助性工作岗位是指为主营业务岗位提供服务的非主营业务岗位；替代性工作岗位是指用工单位的劳动者因脱产学习、休假等原因无法工作的一定期间内，可以由其他劳动者替代工作的岗位。

用工单位决定使用被派遣劳动者的辅助性岗位，应当经职工代表大会或者全体职工讨论，提出方案和意见，与工会或者职工代表平等协商确定，并在用工单位内公示。

第四条　用工单位应当严格控制劳务派遣用工数量，使用的被派遣劳动者数量不得超过其用工总量的 10%。

前款所称用工总量是指用工单位订立劳动合同人数与使用的被派遣劳动者人数之和。

计算劳务派遣用工比例的用工单位是指依照劳动合同法和劳动合同法实施条例可以与劳动者订立劳动合同的用人单位。

第三章　劳动合同、劳务派遣协议的订立和履行

第五条　劳务派遣单位应当依法与被派遣劳动者订立 2 年以上的固定期限书面劳动合同。

第六条　劳务派遣单位可以依法与被派遣劳动者约定试用期。劳务派遣单位与同一被派遣劳动者只能约定一次试用期。

第七条　劳务派遣协议应当载明下列内容：

（一）派遣的工作岗位名称和岗位性质；

（二）工作地点；

（三）派遣人员数量和派遣期限；

（四）按照同工同酬原则确定的劳动报酬数额和支付方式；

（五）社会保险费的数额和支付方式；

（六）工作时间和休息休假事项；

（七）被派遣劳动者工伤、生育或者患病期间的相关待遇；

（八）劳动安全卫生以及培训事项；

（九）经济补偿等费用；

（十）劳务派遣协议期限；

（十一）劳务派遣服务费的支付方式和标准；

（十二）违反劳务派遣协议的责任；

（十三）法律、法规、规章规定应当纳入劳务派遣协议的其他事项。

第八条　劳务派遣单位应当对被派遣劳动者履行下列义务：

（一）如实告知被派遣劳动者劳动合同法第八条规定的事项、应遵守的规章

制度以及劳务派遣协议的内容；

（二）建立培训制度，对被派遣劳动者进行上岗知识、安全教育培训；

（三）按照国家规定和劳务派遣协议约定，依法支付被派遣劳动者的劳动报酬和相关待遇；

（四）按照国家规定和劳务派遣协议约定，依法为被派遣劳动者缴纳社会保险费，并办理社会保险相关手续；

（五）督促用工单位依法为被派遣劳动者提供劳动保护和劳动安全卫生条件；

（六）依法出具解除或者终止劳动合同的证明；

（七）协助处理被派遣劳动者与用工单位的纠纷；

（八）法律、法规和规章规定的其他事项。

第九条 用工单位应当按照劳动合同法第六十二条规定，向被派遣劳动者提供与工作岗位相关的福利待遇，不得歧视被派遣劳动者。

第十条 被派遣劳动者在用工单位因工作遭受事故伤害的，劳务派遣单位应当依法申请工伤认定，用工单位应当协助工伤认定的调查核实工作。劳务派遣单位承担工伤保险责任，但可以与用工单位约定补偿办法。

被派遣劳动者在申请进行职业病诊断、鉴定时，用工单位应当负责处理职业病诊断、鉴定事宜，并如实提供职业病诊断、鉴定所需的劳动者职业史和职业危害接触史、工作场所职业病危害因素检测结果等资料，劳务派遣单位应当提供被派遣劳动者职业病诊断、鉴定所需的其他材料。

第十一条 劳务派遣单位行政许可有效期未延续或者《劳务派遣经营许可证》被撤销、吊销的，已经与被派遣劳动者依法订立的劳动合同应当履行至期限届满。双方经协商一致，可以解除劳动合同。

第十二条 有下列情形之一的，用工单位可以将被派遣劳动者退回劳务派遣单位：

（一）用工单位有劳动合同法第四十条第三项、第四十一条规定情形的；

（二）用工单位被依法宣告破产、吊销营业执照、责令关闭、撤销、决定提前解散或者经营期限届满不再继续经营的；

（三）劳务派遣协议期满终止的。

被派遣劳动者退回后在无工作期间，劳务派遣单位应当按照不低于所在地人民政府规定的最低工资标准，向其按月支付报酬。

第十三条 被派遣劳动者有劳动合同法第四十二条规定情形的，在派遣期限届满前，用工单位不得依据本规定第十二条第一款第一项规定将被派遣劳动者退回劳务派遣单位；派遣期限届满的，应当延续至相应情形消失时方可退回。

第四章　劳动合同的解除和终止

第十四条　被派遣劳动者提前30日以书面形式通知劳务派遣单位，可以解除劳动合同。被派遣劳动者在试用期内提前3日通知劳务派遣单位，可以解除劳动合同。劳务派遣单位应当将被派遣劳动者通知解除劳动合同的情况及时告知用工单位。

第十五条　被派遣劳动者因本规定第十二条规定被用工单位退回，劳务派遣单位重新派遣时维持或者提高劳动合同约定条件，被派遣劳动者不同意的，劳务派遣单位可以解除劳动合同。

被派遣劳动者因本规定第十二条规定被用工单位退回，劳务派遣单位重新派遣时降低劳动合同约定条件，被派遣劳动者不同意的，劳务派遣单位不得解除劳动合同。但被派遣劳动者提出解除劳动合同的除外。

第十六条　劳务派遣单位被依法宣告破产、吊销营业执照、责令关闭、撤销、决定提前解散或者经营期限届满不再继续经营的，劳动合同终止。用工单位应当与劳务派遣单位协商妥善安置被派遣劳动者。

第十七条　劳务派遣单位因劳动合同法第四十六条或者本规定第十五条、第十六条规定的情形，与被派遣劳动者解除或者终止劳动合同的，应当依法向被派遣劳动者支付经济补偿。

第五章　跨地区劳务派遣的社会保险

第十八条　劳务派遣单位跨地区派遣劳动者的，应当在用工单位所在地为被派遣劳动者参加社会保险，按照用工单位所在地的规定缴纳社会保险费，被派遣劳动者按照国家规定享受社会保险待遇。

第十九条　劳务派遣单位在用工单位所在地设立分支机构的，由分支机构为被派遣劳动者办理参保手续，缴纳社会保险费。

劳务派遣单位未在用工单位所在地设立分支机构的，由用工单位代劳务派遣单位为被派遣劳动者办理参保手续，缴纳社会保险费。

第六章　法律责任

第二十条　劳务派遣单位、用工单位违反劳动合同法和劳动合同法实施条例有关劳务派遣规定的，按照劳动合同法第九十二条规定执行。

第二十一条 劳务派遣单位违反本规定解除或者终止被派遣劳动者劳动合同的，按照劳动合同法第四十八条、第八十七条规定执行。

第二十二条 用工单位违反本规定第三条第三款规定的，由人力资源社会保障行政部门责令改正，给予警告；给被派遣劳动者造成损害的，依法承担赔偿责任。

第二十三条 劳务派遣单位违反本规定第六条规定的，按照劳动合同法第八十三条规定执行。

第二十四条 用工单位违反本规定退回被派遣劳动者的，按照劳动合同法第九十二条第二款规定执行。

第七章 附 则

第二十五条 外国企业常驻代表机构和外国金融机构驻华代表机构等使用被派遣劳动者的，以及船员用人单位以劳务派遣形式使用国际远洋海员的，不受临时性、辅助性、替代性岗位和劳务派遣用工比例的限制。

第二十六条 用人单位将本单位劳动者派往境外工作或者派往家庭、自然人处提供劳动的，不属于本规定所称劳务派遣。

第二十七条 用人单位以承揽、外包等名义，按劳务派遣用工形式使用劳动者的，按照本规定处理。

第二十八条 用工单位在本规定施行前使用被派遣劳动者数量超过其用工总量10%的，应当制定调整用工方案，于本规定施行之日起2年内降至规定比例。但是，《全国人民代表大会常务委员会关于修改〈中华人民共和国劳动合同法〉的决定》公布前已依法订立的劳动合同和劳务派遣协议期限届满日期在本规定施行之日起2年后的，可以依法继续履行至期限届满。

用工单位应当将制定的调整用工方案报当地人力资源社会保障行政部门备案。

用工单位未将本规定施行前使用的被派遣劳动者数量降至符合规定比例之前，不得新用被派遣劳动者。

第二十九条 本规定自2014年3月1日起施行。

二、社会保险与住房公积金

根据《社会保险法》的规定，用人单位和职工具有缴纳社会保险费的义务，其中基本养老保险、基本医疗保险、失业保险由用人单位和职工共同缴纳，生育保险和工伤保险由用人单位缴纳。《社会保险法》同时规定，进城务工的农村居民也需要依照该法规参加社会保险。

在社会保险缴纳的实际执行中，由于受社会保险流转欠缺、员工不愿缴纳从而形成阻力、企业短期内用工成本急剧上升难以承受等因素影响，很多企业不能完全按照《社会保险法》的规定足额缴纳社会保险费，例如，有的企业不能为全体合同制员工缴纳社会保险，有的企业按照较低的基数而不是以实际工资作为基数为员工缴纳社会保险，有的企业两种问题并存。

基于同样的原因，很多企业未完全按照《住房公积金管理条例》等规定为合同制员工缴纳住房公积金。

拟上市企业作为规范、优秀企业的代表，应当率先履行社会责任，为员工规范办理社会保险和住房公积金的缴存手续，努力提高缴存比例。发行人在初审会前应尽可能为符合条件的全体员工按规定办理社会保险和住房公积金缴存手续。

发行人报告期内存在应缴未缴社会保险和住房公积金情形的，应在招股说明书中披露应缴未缴的具体情况及形成原因，制定并披露切实可行的整改措施。保荐机构、发行人律师应对缴存事项进行核查，取得发行人及其子公司所在地相关主管部门出具的无违法违规证明文件并就是否构成重大违法行为及本次发行的法律障碍出具明确意见。发行人应对存在的补缴风险进行揭示，并披露明确的应对方案，如由控股股东、实际控制人承诺承担因发行人未按规定缴纳社会保险或住房公积金被相关主管部门要求补缴的义务或被处以罚款的相关经济责任等。

审核时通常关注发行人应缴未缴的具体情况及形成原因，是否制定并披露切实可行的整改措施，应缴未缴金额对发行人业绩存在多大程度的影响，是否构成重大违法行为。

案例：广东朝阳电子科技股份有限公司（未通过）【审核关注发行人未全员缴纳社保公积金的合规性】

发审会关注事项： 报告期发行人未缴纳社保公积金金额占利润总额16.23%、15.02%、13.34%、7.01%，占比较高。请发行人代表说明是否存在重大违法违规行为。请保荐代表人发表核查意见。

招股说明书披露

1. 社会保险费缴纳情况说明

报告期内，公司及其境内子公司的员工绝大部分为非城镇户籍人员且绝大部分为非本地职工。除退休返聘员工无须缴纳社会保险与公积金、新入职员工尚未办理社会保险缴纳手续及部分员工自身缴纳手续不齐全尚未能缴纳外，未缴纳员工均为非城镇户籍员工，其自愿选择在其户籍地参加新型农村合作医疗保险（现已统一为城乡居民基本医疗保险，以下简称“新农合”）与新型农村社会养老保险（现已统一为城乡居民基本养老保险，以下简称“新农保”），只通过公司选择性参加部分社会保险或者没有参加社会保险。

由于国家和地方政府关于农民工缴纳社会保险的规定，以及参保人员跨省转移社会保险关系和领取保险金的政策尚不完善，公司非城镇户籍人员参加城镇职工社会保险意愿一直较低，强制该等员工缴纳社会保险费用并不完全符合该等员工的实际利益。因此，公司尊重该部分员工的意愿，对已参加了新农保和新农合且不愿缴纳城镇职工社会保险的员工，公司依据其提供的新农保和新农合缴纳凭证给予报销；对自愿放弃城镇职工社会保险且无法提供新农保和新农合缴纳凭证的员工，公司每月发放新农保和新农合补贴。发行人已为在册境内全体城镇户籍员工缴纳社会保险。

部分非城镇户籍员工没有通过公司缴纳城镇职工社会保险，而通过户籍所在地以个人、家庭或集体名义自愿参加相关新型农村医疗保险及新型农村养老保险，符合《国务院办公厅转发卫生部等部门关于建立新型农村合作医疗制度意见的通知》（国办发〔2003〕3 号）、《国务院新农保试点工作领导小组办公室关于做好当前新型农村社会养老保险试点工作的通知》及其他相关规定。

报告期内，公司大力推行落实国家社会保障制度，截至2017年6月，公司已为全部城镇员工及大部分非城镇员工缴纳社会保险，社会保险总体缴纳比例约为81.36%。

2. 住房公积金缴纳情况说明

报告期内，公司为员工缴纳住房公积金的人员比例较低，主要原因如下：

（1）公司为员工提供免费宿舍

为满足公司员工的住宿需求，补贴生活及提高生活质量，公司为员工提供了免费的宿舍。

（2）部分员工因不愿承担缴纳成本并选择宅基地自建住房

公司员工中非城镇户籍员工占比较高，该部分农民员工具有亦农亦工、流动较强、对当期收入重视度高、对参加企业住房公积金政策的认识相对不足等特点，导致部分农民员工不愿意承担公积金中的个人应缴纳部分，并要求公司不为其缴纳公积金，仅凭公司单方意愿无法为该等员工办理住房公积金缴纳手续。此外，根据《中华人民共和国土地管理法》及相关法律法规的规定，农村居民可以通过在宅基地建筑房屋以满足基本住房需求，公司来自周边县市区农村的人员占比较大，部分员工选择宅基地上的自建房产解决居住需要。

《国务院关于解决农民工问题的若干意见》（国发〔2006〕5号）第七条第二十四项规定，有条件的地方，城镇单位聘用农民工，用人单位和个人可缴存住房公积金，用于农民工购买或租赁自住住房。根据《中华人民共和国土地管理法》及相关法律法规的规定，农村居民可以通过在宅基地建筑房屋以满足基本住房需求，莱芜朝阳来自周边县市区农村的人员占比较大，部分员工选择宅基地上的自建房产解决居住需要。另外，该规定并未强制要求用人单位为农民工缴纳住房公积金。为此，发行人本着尊重员工自身意愿原则，对于选择缴纳住房公积金的非城镇户籍员工，为其开立账户并缴纳住房公积金；对于不愿意缴纳住房公积金且有住房需求的非城镇户籍员工，为其提供免费职工宿舍，并给予住宿补贴，以满足员工的住宿需求。发行人的实际控制人作出承诺，若今后该部分员工同意缴纳住房公积金，公司将及时足额为其缴纳住房公积金。

截至2017年6月，公司及其境内子公司已为全部城镇员工及部分非城镇员工缴纳住房公积金。

2017年9月9日，发行人的实际控制人沈庆凯、郭丽勤承诺，今后发行人住房公积金整体缴纳比例不低于30%，且逐步增加住房公积金缴纳人数的比例。

截至本招股说明书签署日，公司及其境内子公司已为全部城镇员工及部分非城镇员工缴纳住房公积金，住房公积金缴纳比例提高至55.93%。

案例简析

发行人报告期内为城镇籍员工和部分非城镇籍员工缴纳社会保险费，员工缴纳比例略超80%；缴纳住房公积金比例较低，不足20%，审核期间提高至略超50%。

案例：浙江春晖智能控制股份有限公司（未通过）【审核关注发行人未全员缴纳公积金的合规性】

> **发审会关注事项**：发行人报告期内未缴纳住房公积金的人数占员工总数的90%以上。请发行人代表说明：（1）当地的住房公积金缴纳政策。（2）未缴纳住房公积金的情形是否存在被相关政府部门处罚的可能。（3）发行人测算得出报告期补缴住房公积金月缴基数仅为126~159元/月的合理性。请保荐代表人说明核查过程、依据，并发表明确核查意见。

案例简析

审核关注发行人报告期内住房公积金缴纳人数比例较低的合法性及其业绩影响。

案例：300660江苏雷利【审核关注发行人未全员缴纳社保公积金的合规性】

> **发审会关注事项**：2014年发行人未缴纳社会保险的员工为2006人，未缴纳住房公积金的员工为2105人，需补缴社保及住房公积金2684.68万元，影响当期利润比例为17.92%。发行人解释历史上未缴纳社保、公积金的员工绝大部分已经离职，发行人无法为其进行补缴。请发行人代表

说明2014年未缴社会保险及住房公积金员工的离职数量和留任数量，报告期内披露的员工离职情况与前述情况是否一致。请保荐代表人说明核查过程及核查意见。发行人2015年员工数量从2014年的4615人下降到3215人。发行人解释主要原因为整机组装工序转由外协加工和加大自动化设备的投入。招股说明书披露，发行人2015年制造费用为8884.97万元，较2014年有所下降。请发行人代表进一步说明发行人员工2015年出现较大幅度下降的原因。请保荐代表人说明核查情况。

招股说明书披露

1. 社会保险缴纳人数差异说明

2016年末，公司社会保险实际缴纳人数为3433人，与公司实际聘任人数差额为213人，其中：因属已退休或达到法定退休年龄返聘的人员为28人；新员工入职时间较短，未能及时办理社会保险缴纳手续176人；因员工已自行缴纳或由其他单位缴纳的9人。

2015年末，公司社会保险实际缴纳人数为3066人，与公司实际聘任人数差额为149人，其中：因属已退休或达到法定退休年龄返聘的人员为25人；因入职时间较短，未能及时办理社会保险缴纳手续的110人；因员工已自行缴纳或由其他单位缴纳的8人；因员工拟离职，发行人停止为其缴纳社会保险，但该等员工于当地社会保险部门主管规定的申报日期后又撤回离职申请而导致未缴纳社会保险的6人。

2014年末，公司社会保险实际缴纳人数为2241人，与公司实际聘任人数差额为2374人，其中：因属已退休或达到法定退休年龄返聘的人员为24人；新员工入职时间较短，未能及时办理社会保险缴纳手续288人；因员工已自行缴纳或由其他单位缴纳的56人；因考虑到员工流动性问题，发行人为在公司工作满一年以上的一线工人、试用期届满的管理人员缴纳社会保险及部分员工不愿意缴纳等原因而未缴纳社会保险的2006人。

2. 住房公积金缴纳人数差异说明

2016年末，公司住房公积金实际缴纳人数为3492人，与公司实际人数差额为154人，其中因属已退休或达到法定退休年龄返聘的人员为28人；新员工入职时间较短，未能及时办理住房公积金缴纳手续的为114人；因员工已自行缴纳或由其他单位缴纳9人；因员工拟离职，发行人停止为其缴纳住房公积金，但该等员工于当地住房公积金主管部门规定的缴纳申报日期后又撤回离职申请等原因未缴纳住房公积金的为3人。

2015年末，公司住房公积金实际缴纳人数为3024人，与公司实际人数差额为191人，其中因属已退休或达到法定退休年龄返聘的人员为25人；新员工入职时间较短，未能及时办理住房公积金缴纳手续的为97人；因员工已自行缴纳或由其他单位缴纳8人；因员工拟离职，发行人停止为其缴纳住房公积金，但该等员工于当地住房公积金主管部门规定的申报日期后又撤回离职申请等原因而导致未缴纳住房公积金的61人。

2014年末，公司住房公积金实际缴纳人数为2185人，与公司实际人数差额为2430人，其中因属已退休或达到法定退休年龄返聘的人员为24人；新员工入职时间较短，未能及时办理住房公积金缴纳手续的为246人；因员工已自行缴纳或由其他单位缴纳55人；因考虑到员工流动性问题，发行人为在公司工作满一年（部分子公司为满2年或5年）以上的一线工人、试用期届满的管理人员缴纳住房公积金等原因而未缴纳住房公积金的为2105人。

3. 如补缴对发行人的经营业绩的影响

（1）公司通常情况下在新员工入职当月或次月为其办理社会保险、住房公积金的缴纳/缴存手续。

（2）是否存在需要补缴社会保险及住房公积金的情况。

报告期内，公司有部分员工未缴纳社会保险或住房公积金，截至2016年末，该等未缴纳社会保险或住房公积金的员工大部分已离职、部分在职；如上述员工向公司提出补缴社保或住房公积金的要求，公司将积极予以配合并补缴。公司及子公司未因社会保险及住房公积金缴纳问题而受到处罚，也未收到主管部门要求整改的通知。

根据公司所在地要求的缴纳基数及比例，公司测算了如需补缴社会保险及住房公积金的金额及其对当期经营业绩的影响：

根据上述测算，报告期内，公司未缴纳社会保险及住房公积金的金额较小，其对当期经营业绩不存在重大影响。

根据发行人及其控股子公司所在地人力资源和社会保障及住房公积金管理部门出具的证明，报告期内，发行人及其控股子公司没有因违反社会保险和住房公积金缴纳方面的相关规定而受到主管行政部门处罚的情形。

公司实际控制人苏建国先生已出具《承诺函》，承诺：如果雷利股份及其下属子公司被要求为其员工补缴或者被追偿社会保险或住房公积金，以及雷利股份因未足额缴纳员工社会保险和住房公积金而需要承担任何费用、支出、罚款或损失，其本人将全额补偿雷利股份因此发生的支出或产生的损失，保证公司不会因此遭受任何损失。

案例简析

发行人报告期第一年未缴纳社会保险费和住房公积金的员工人数较多，按照当地缴纳标准测算，需补缴社保及住房公积金2684.68万元，影响当期利润比例为17.92%。

三、员工薪酬水平

通常情形下，企业的用工数量及用工成本与业务呈正相关变化，对于用工数量及用工成本未与业务呈正相关变化的情形，发行人的中介机构需要核实原因及合理性。此外，近几年证监会审核时经常关注发行人的员工薪资水平与当地可比薪酬水平相比较是否偏低，是否存在压低员工薪酬以粉饰业绩的情形。

案例：300640 德艺文创【审核关注发行人薪酬真实性与完整性】

发审会关注事项：招股说明书披露，2014年度至2016年度，发行人的营业收入分别为33648.58万元、33688.98万元和35307.83万元。扣除非经常性损益后的净利润分别为2363.37万元、2618.16万元和3275.48万元；发行人员工人数分别为373名、311名和282名；平均年薪（税前）为4.40万元、5.00万元和5.68万元，低于可比上市公司的平均薪酬和福建省城镇单位企业在岗职工平均工资，发行人董事长兼总经理的年度薪酬为7.89万元。结合上述情况请发行人代表：（1）说明在主营业务收入增长的同时员工人数逐年下降的原因，员工平均年薪较低的原因。（2）说明发行人各地门店员工是否属于发行人正式员工，是否签署劳动合同，是否缴纳社保；减少门店员工是否涉及辞退福利，是否存在劳资纠纷。（3）说明发行人薪酬水平较低是否是发行人员工离职率高的主要原因，在较低的薪酬水平下如何保证员工队伍的稳定和正常的经营。（4）说明发行人目前的薪酬政策和未来的员工薪酬安排。（5）结合发行人各期现金分红占当年可供分配利润比例较高的情况，说明发行人是否存在通过现金分红补贴员工薪酬的情形。（6）结合员工人数及其薪酬的变动情况，量化分析发行人报告期内扣除非经常性损益后净利润增长幅度较大的原因及其合理性。请保荐代表人对上述问题说明核查过程并发表核查意见。

案例简析

发行人报告期内收入增长，员工人数下降，平均薪酬低于当地收入水平，审核关注薪酬真实性与完整性。

案例：300649 杭州园林【审核关注发行人薪酬真实性与完整性】

发审会关注事项：根据申请文件，（1）发行人报告期内项目数量逐年增长，但文本制作费却在 2016 年出现大幅下降，请发行人代表说明原因。（2）发行人报告期内设计人员人数逐年增长，但设计人员的基本工资总额却呈现逐年减少的情况。请发行人代表补充说明：具备一定行业资历及拥有“注册建筑师”等相关注册资格的设计人员占比是否呈现下降趋势，报告期内是否存在承担重大项目或具备维持公司建筑设计经营资质所必备的注册资格设计人员离职的情况，是否存在拥有注册资格的人员在发行人挂靠，或发行人的注册资格人员在第三方单位挂靠的情况。请保荐代表人就上述事项说明核查过程及结论。

案例简析

发行人报告期内设计人员逐年增长，基本工资总额逐年减少，审核关注人员真实性。

案例：300640 德艺文创【审核关注发行人薪酬真实性与完整性】

发审会关注事项：招股说明书披露，2014 年度至 2016 年度，发行人的营业收入分别为 33648.58 万元、33688.98 万元和 35307.83 万元。扣除非经常性损益后的净利润分别为 2363.37 万元、2618.16 万元和 3275.48 万元；发行人员工人数分别为 373 名、311 名和 282 名；平均年薪（税前）为 4.40 万元、5.00 万元和 5.68 万元，低于可比上市公司的平均薪酬和福建省城镇单位企业在岗职工平均工资，发行人董事长兼总经理的年度薪酬为 7.89 万元。结合上述情况请发行人代表：(1) 说明在主营业务收入增长的同时员工人数逐年下降的原因，员工平均年薪较低的原因。(2) 说明发行人各地门店员工是否属于发行人正式员工，是否签署劳动合同，是否缴纳社保；减少门店员工是否涉及辞退福利，是否存在劳资纠纷。(3) 说明发行人薪酬水平较低是否是发行人员工离职率高的主要原因，在较低的薪酬水平下如何保证员工队伍的稳定和正常的经营。(4) 说明发行人目前的薪酬政策和未来的员工薪酬安排。(5) 结合发行人各期现金分红占当年可供分配利润比例较高的情况，说明发行人是否存在通过现金分红补贴员工薪酬的情形。(6) 结合员工人数及其薪酬的变动情况，量化分析发行人报告期内扣除非经常性损益后净利润增长幅度较大的原因及其合理性。请保荐代表人对上述问题说明核查过程并发表核查意见。

案例简析

发行人报告期内销售收入及净利润较低，审核关注员工平均年薪较低的原因。

案例：002888 惠威科技【审核关注发行人薪酬真实性与完整性】

发审会关注事项：请发行人代表进一步说明：（1）结合具体产品构成、产品定价、成本构成、客户、市场定位、经营模式等，说明发行人毛利率高于同行业可比上市公司平均水平的具体原因、合理性和可持续性，成本费用是否真实、准确、完整入账。（2）是否存在关联方、潜在关联方或者第三方为发行人承担成本或代垫费用的情形。（3）报告期发行人员工薪酬水平较低的原因，发行人是否存在通过人为压低发行人高管和员工薪酬以降低期间费用、增加利润的情形。请保荐代表人发表核查意见。

案例简析

发行人报告期内毛利率高于可比上市公司平均水平，员工薪酬水平较低，审核关注是否存在压低员工薪酬以增加利润的情形。

第八章　募集资金运用

发行人向社会公众发行新股本质上是融资行为，社会公众按照发行价格所缴纳的认购资金即为发行人的募集资金。募集资金总额扣除保荐与承销费用、审计与验资费用、律师费用、信息披露费用、发行手续费用及印刷费用等与本次发行上市相关费用之后的余额为募资资金净额，也即发行人作为资本金可以实际用于生产经营活动的资金。

由于募集资金投资项目事关企业融资额度及未来发展规划及财务状况变化等多方面，我国证券市场对于募集资金使用有着严格的管制，不仅要求募集资金到位之后专款专用，非经股东大会批准不得改变资金用途，而且在提出上市申请时即要编制募集资金使用计划并在招股说明书中详细披露。在上市审核中，证监会对于使用募集资金的项目会从多个角度进行实质性的审核。

资金使用作为企业经营活动的一部分，企业理应拥有较大的灵活性和决策空间，但目前审核和监管环境下，涉及募集资金的使用并非可以随心所欲，而是需遵循一定的要求：

1. 募集资金原则上应该用于主业。基于对发行人做大做强主业的期望和要求，证监会对于拟上市企业的业务集中度有一定的要求。《首发管理办法》第十二条规定，发行人最近 3 年内主营业务和董事、高级管理人员没有发生重大变化，实际控制人没有发生变更。《创业板首发管理办法》第十三条规定，发行人应当主要经营一种业务，其生产经营活动符合法律、行政法规和公司章程的规定，符合国家产业政策及环境保护政策。《创业板首发管理办法》第十四条规定，发行人最近两年内主营业务和董事、高级管理人员均没有发生重大变化，实际控制人没有发生变更。作为集中主业的监管思想的延续，证监会要求发行人首发上市募集的资金也应运用于与主业相关的经营活动。《招股说明书准则》第一百零六条规定：“发行人应披露：……（二）募集资金原则上应用于主营业务。

按投资项目的轻重缓急顺序，列表披露预计募集资金投入的时间进度及项目履行的审批、核准或备案情况；……”《创业板招股说明书准则》第八十七条规定，发行人募集资金应当围绕主营业务进行投资安排，列表简要披露募集资金使用的具体用途、预计募集资金数额、预计投资规模、预计投入的时间进度情况。

“与主营业务相关”的外延较为宽泛，例如，扩大现有产品产能、开发新产品、建设研发中心、技术改造、铺设营销渠道、市场推广、收购相关的股权与资产、补充流动资金、偿还银行贷款都属于与主营业务相关的投入。但在审核中，这些不同的资金用途有着不同的接受程度，通常扩大现有产品产能与现有业务最相关且能够产生直接的经济效益，接受程度较高；收购相关的股权与资产由于涉及外部利益主体，且可能是内生式增长枯竭的表现，接受程度较低；补充流动资金、偿还银行贷款由于容易导致变相使用募集资金，补充流动资金、偿还银行贷款的金额在募集资金总额中的比重应该居于比较低的比例，否则可能被要求调减。

2. 募集资金投资项目规模适当。发行人对于使用募集资金投资的项目应该谨慎、充分论证，项目投资规模应该与现有的经营能力相匹配，以尽可能降低项目投资风险。《招股说明书准则》第一百零九条规定，发行人应披露董事会对募集资金投资项目可行性的分析意见，并说明募集资金数额和投资项目与企业现有生产经营规模、财务状况、技术水平和管理能力等相适应的依据。《创业板招股说明书准则》第八十九条规定，发行人应披露董事会对募集资金投资项目可行性的分析意见，并说明募集资金数额和投资项目与企业现有生产经营规模、财务状况、技术水平和管理能力等相适应的依据。在实践中，由于证监会对于新股发行价格的指导和管制，发行人募资资金规模成了可以简单计算的算术题，发行人通常根据盈利预测以及证监会允许的发行市盈率倍数来确定募集资金规模，并根据资金规模倒过来去确定具体的项目。

发行人申报上市时需要论证并披露实施募集资金投资项目的必要性与可行性，例如，行业发展趋势、市场容量以及发行人自身产销率是否支持其产品扩张计划，是否已经具备原材料采购渠道、销售渠道、生产技术、生产经营场所、市场准入等方面的基础与储备以实施募投项目。在审核中，证监会也将围绕这些必要性与可行性因素对发行人编制的募集资金投资项目进行全方位审核，以判断募集资金运用的合理性。审核中最为关注的问题是市场前景是否能支撑发行人产能扩张计划以及发行人产能扩大后是否具有相应的消化能力。

在募集资金必须运用于主业的要求下，募投项目是企业发展的延续，代表着未来发展前景的募投项目建立在现有经营基础之上，因此，发行人现有经营基础较差或发行人所处行业发展前景较差都可能导致发行人上市受阻。

案例：许昌恒源发制品股份有限公司（不予核准上市）【审核关注建设募投项目的必要性及新增产能消化能力】

根据中国证监会《关于不予核准许昌恒源发制品股份有限公司首次公开发行股票申请的决定》（证监许可〔2011〕435 号），中国证监会发行审核委员会于 2011 年 2 月 28 日举行 2011 年第 33 次发审委会议，对该公司的首次公开发行股票申请进行了审核。发审委在审核中关注到，根据招股说明书的披露，发行人在非洲市场的化纤发条销售收入从 2009 年的约 2236 万元下降到 2010 年的约 944 万元，同期在非洲市场的化纤发条数量占发条销售总量的比例也由 43.93% 下降到 15.39%。而北美市场的化纤发条销售收入 2009 年约为 75 万元，2010 年为 0；同期在国内市场则分别为 9 万元和 68 万元。另外，根据上市公司瑞贝卡的公开资料，在非洲市场，瑞贝卡已分别于尼日利亚、加纳建成 1500 万条化纤大辫生产线和 1000 万条化纤大辫生产线。发行人本次募投项目主要为年产 600 万件化纤制品生产线项目，项目达产后的预测营业收入 24788 万元。根据以上情况，发行人生产经营及募投新增产能的消化面临较大的不确定性。发行人在申报材料中又未能对化纤制品在非洲、北美和国内市场的扩张及募投新增产能的消化提出合理、可行的措施。发审委认为，上述情形将对发行人持续盈利能力构成重大不利影响，发行人发行申请与《首次公开发行股票并上市管理办法》（证监会令第 32 号）第三十七条的规定不符。

该案例中，建设募投项目的必要性及新增产能消化能力未得到发审会认可，成为否决理由。

案例：龙利得包装印刷股份有限公司（未通过）【审核关注建设募投项目的必要性及新增产能消化能力】

发审会关注事项：报告期内，发行人瓦楞纸箱产能利用率分别为88.28%、99.81%、100.79%、78.09%，瓦楞纸板产能利用率分别为50.97%、54.40%、64.94%、47.50%。请发行人代表结合纸箱行业整体产能与需求、现有产能、在建产能、拟募投产能等情况，说明新建产能是否能够有效消化。请保荐代表人说明核查的方法、过程，并发表明确核查意见。

案例简析

发行人主要从事瓦楞纸板和瓦楞纸箱系列产品的生产、销售，其中瓦楞纸板主要用于进一步生产瓦楞纸箱，也有部分瓦楞纸板和原纸直接对外销售。报告期内，发行人瓦楞纸箱产能利用率分别为88.28%、99.81%、100.79%、78.09%，瓦楞纸板产能利用率分别为50.97%、54.40%、64.94%、47.50%。发行人募集资金主要投资于瓦楞纸箱扩产。审核关注募投项目消化能力。

案例：广州信联智通实业股份有限公司（未通过）【审核关注建设募投项目的必要性及新增产能消化能力】

发审会关注事项：发行人募投项目之一是新增灌装水产能4.2亿支/年，报告期内发行人主要是为华润怡宝OEM纯净水。请发行人代表说明：（1）新投资项目达产后，相关产品的市场容量和市场前景，募投产能是否能够消化。（2）发行人是否与华润怡宝签署了相应的合作协议。请保荐代表人说明核查过程和依据，并发表明确核查意见。

案例简析

发行人募集资金投向3个项目，其中一个项目主要为单一客户贴牌生产纯净水，审核关注与客户合作的稳定性以及产品市场前景可靠性。

案例：苏州宇邦新型材料股份有限公司（未通过）【审核关注建设募投项目的必要性及新增产能消化能力】

发审会关注事项：发行人目前市场占有率近18%，产能约8000吨，募投项目拟扩产11000吨。请发行人代表结合市场竞争格局、低毛利率现状等说明消化募投项目产能的措施、募投项目实施的可行性与必要性。请保荐代表人说明核查方法和过程，并发表明确核查意见。

案例简析

发行人目前市场占有率较高，募投项目扩产一倍以上，审核关注募投项目可行性与必要性。

案例：上海丽人丽妆化妆品股份有限公司（未通过）【审核关注发行人用募资资金收购其他企业股权的合理性】

发审会关注事项：发行人于2015年以现金和股权为对价收购上海联恩49%股权。2016年5月，发行人与上海联恩及其股东等签订协议，发行人拟使用募集资金1.8亿元收购上海联恩51%的股权。请发行人代表说明：（1）上海联恩股权评估增值较大的原因及合理性。（2）两次定价方法不一致的原因及商业合理性。（3）发行人分两次购买上海联恩股权的原因及合理性；交易是否构成一揽子交易。（4）上海联恩51%股权收购对发行人财务状况和经营成果的影响。请保荐代表人发表核查意见。

案例简析

发行人拟募集资金 3 亿元，由 3 个投资项目构成，其中 60% 计 1.8 亿元用于收购上海联恩 51% 股权。各方约定以上海联恩 2017 年经审计合并净利润（以扣除非经常性损益前后孰低原则确定）的 15 倍确定交易价格，同时约定本次交易的封顶价格为人民币 29070.00 万元。以此推算，上海联恩整体估值为 5.7 亿元。2015 年 11 月，发行人已先行以现金及股权支付相结合的放松收购了上海联恩 49% 股权，当时上海联恩整体估值 3 亿元，系参照评估作价确定。审核关注两次收购定价方法不一致的原因及合理性。收购股权类项目作为募投项目需谨慎。

案例：河南金丹乳酸科技股份有限公司（未通过）【审核关注募投项目用地合理性】

发审会关注事项： 2017 年发行人动用 3000 多万元购置土地 20 多万平方米。而发行人本次募投项目用地是 2012 年办理产证的土地，并未使用新购置的土地。同时，报告期内，发行人政府补贴占净利润比重较高。请发行人代表说明：(1) 土地使用权的主要构成、历史由来及入账成本，目前的业务规模与土地储备的匹配关系，大量储备工业用地的原因及合理性。(2) 目前土地及厂房使用的计划，计划未来生产经营需要的项目储备用地的合理性。(3) 政府补助的主要内容、依据，是否符合国家政策，发行人业绩增长是否主要来源于政府补贴等非经常性损益。请保荐代表人说明核查过程、依据，并发表明确核查意见。

案例简析

发行人未将新购土地用于募投项目，而是以原有土地作为募投项目用地，审核关注资产配置合理性。

案例：国金黄金股份有限公司（未通过）【审核关注建设募投项目的必要性】

发审会关注事项：报告期内发行人自产和外协生产占比逐渐下降，发行人披露本次募投项目达产后将逐步实现对现有外部产能的替代。请发行人代表结合报告期自产、外协生产和直接采购3种模式的金额、比例、趋势，说明募投项目必要性及对生产模式的影响。请保荐代表人说明上述情形是否属于《首发管理办法》第三十条第一款规定的情形，并明确发表核查意见。

案例简析

发行人募投项目实施后将以自产方式替代外协方式，生产模式有变动，审核关注是否构成生产经营重大不利变化。

案例：603059倍加洁【审核关注建设募投项目的可行性】

发审会关注事项：发行人将整合现有分散于宿迁及本部厂区两地的牙刷生产布局，在原制造规模基础上扩大至6.72亿支，其中4亿支牙刷产能将用于承接发行人目前的牙刷产能。发行人将于上述生产基地建设完成后陆续进行搬迁。请发行人代表从旧厂房设备减值、新厂房设备安装调试、新旧厂房设备衔接、员工补偿等角度，说明搬迁对发行人业绩的影响是否充分披露，是否存在可能对持续经营或业绩产生重大影响的风险因素。请保荐代表人说明核查过程和依据，并发表明确核查意见。

案例简析

发行人的募投项目为搬迁扩产，搬迁后除了现有产能外将扩大部分产能，审核关注搬迁对生产和业绩的影响。

案例：603156 养元饮品【审核关注建设募投项目的合理性】

发审会关注事项：发行人此次募集资金 29 亿元投向营销网络建设及市场开发项目。请发行人代表：（1）结合现有经营模式说明募投项目的合理性。（2）说明在经销商规模进一步扩大过程中经销商进入和退出的主要条件及管理措施。请保荐代表人说明核查过程、依据，并发表明确核查意见。

案例简析

发行人本次公开发行新股募集资金将用于“营销网络建设和市场开发项目”以及“衡水总部年产 20 万吨营养型植物蛋白饮料项目”，其中“营销网络建设和市场开发项目”投入募集资金 28.99 亿元，“衡水总部年产 20 万吨营养型植物蛋白饮料项目”投入募集资金 3.66 亿元。发行人 88% 的募集资金将用于营销网络建设及市场开发项目，另外 12% 的募集资金用于现有产能的替换。

案例：603283 赛腾股份【审核关注募投项目的可行性】

发审会关注事项：发行人本次发行上市募集资金拟用于消费电子行业自动化设备建设项目、新建研发中心项目及汽车、光伏、医疗行业自动化设备建设项目。发行人此前并未涉足汽车、光伏、医疗行业自动化设备生产领域。请发行人代表结合现有产品、技术和人员储备、主要客户、主要供应商，说明汽车、光伏、医疗行业自动化设备建设项目涉及的主要产品、用途、主要竞争对手、主要目标客户，并分析发行人参与汽车、光伏、医疗行业自动化设备建设项目的可行性。请保荐代表人说明核查方法、依据，并发表明确核查意见。

案例简析

发行人募投项目的部分产品进入新的应用领域，审核关注可行性。

案例：002925 盈趣科技【审核关注募投项目的可行性】

发审会关注事项：发行人募投“Intre + 智能家居产业化项目”需要通过智能网关对终端设备进行控制，发行人与上海本星科技有限公司专利侵权诉讼涉及智能网关。请发行人代表说明上述诉讼对该募投项目实施是否存在重大不利影响。请保荐代表人说明核查方法、程序、依据，并发表核查意见。

案例简析

发行人申报时募集资金投资项目 5 个，分别为智能制造生产线建设项目，使用募集资金 120332 万元；智能制造整体解决方案服务能力提升项目，使用募集资金 30064 万元；“Intre + 智能家居产业化项目”，使用募集资金 15177 万元；研发中心建设项目 14706 万元；补充流动资金 45000 万元。发行时募集资金投资项目调整，募集资金不再投入“Intre + 智能家居产业化项目”，同时取消了补充流动资金项目。审核关注发行人诉讼是否影响募投项目技术应用。

案例：002922 伊戈尔【审核关注募投项目必要性及产能消化能力】

发审会关注事项：本次发行募集资金到位后发行人资产规模约增长 200%，生产设备增长 10 余倍，雨刮器系统零部件扩产 8000 万件，门窗系统零部件扩产 9000 万件。请发行人代表结合主要产品的产能、产量、产能利用率、产销率以及行业发展趋势、产品的市场容量、国内外目前已投产及在建项目产能、管理、技术、市场、人力、场地等方面的储备及主要竞争对手等情况，说明本次投资扩产项目的可行性、必要性及产能消化措施。请保荐代表人说明核查方法、依据，并发表明确核查意见。

案例简析

审核关注募投项目必要性及产能消化能力。

案例：300732 设研院【审核关注募投项目构成的合理性】

发审会关注事项：发行人募集资金运用涉及补充流动资金和大楼建设项目：（1）发行人 2016 年业绩大幅增长，招股说明书也披露了河南省交通基础设施建设的有关规划，此外“第十节　募集资金运用/（四）补充流动资金的测算”中明确披露 2017 年、2018 年、2019 年“营业收入”预计将继续保持较大幅度增长。请发行人代表进一步说明未来几年的经营前景，并具体说明相关营业收入预测的前提假设。（2）发行人募集资金投资项目中的“提升生产能力项目”涉及二期研究中心主楼建设项目，“提升研发能力项目”涉及科技研发中心大楼建设项目，且项目均涉及人才引进项目，请发行人代表说明前述建设项目与发行人主业的协同性、项目投向的合理性及必要性。请保荐代表人发表核查意见。

案例简析

审核关注补充流动资金测算依据的合理性。

案例：603917 合力科技【审核关注募投项目构成的合理性】

发审会关注事项：“募集资金项目”中补充流动资金 2 亿元，占募集资金总额的 35.92%。请发行人代表补充说明募集资金补充流动资金的必要性，说明落实《首发管理办法》第二十条的内控制度。请保荐代表人发表核查意见。

案例简析

发行人申报时募集资金项目两个，其中年产100套大型精密压铸模具及150万件铝合金部品技改扩产项目使用募集资金35680万元，补充流动资金20000万元，补充流动资金占比35.92%。发行人上市时年产100套大型精密压铸模具及150万件铝合金部品技改扩产项目使用募集资金25251万元，补充流动资金10500万元，补充流动资金占比降至29.37%。审核关注募集资金用于补充流动资金占比是否超过30%。

案例：603848 好太太【审核关注募投项目构成的合理性】

发审会关注事项：发行人2017年6月30日的资产总额为8.96亿元，拟募集资金达10.05亿元，且募投项目的产量远远超过发行人现有产量，其中，募投项目达产后智能晾衣机产量160万套，增长6.1倍。请发行人代表进一步说明发行人的管理能力是否能与募投项目相匹配；募投项目拟生产的产品的市场容量情况，拟投项目产能与其市场容量的配比情况；晾衣架行业与房地产行业高度相关，在房地产调控政策不断加大的情况下，发行人仍然认为"未来几年每年将有超过1000万套商品房新房成交"，且"未来每个家庭需要搭配2~3款智能、手摇或落地产品"的理由。

案例简析

发行人申报时募集资金投资项目4个，总投资10.05亿元，分别为：智能家居产品生产基地建设项目，投资额4.87亿元；研发中心建设项目，投资额1.94亿元；营销渠道升级项目，投资额2.74亿元；信息系统升级项目，投资额0.49亿元。发行时，智能家居产品生产基地建设项目使用募集资金核减至2.71亿元，其他募投项目全部取消。募投项目产能大幅增加，投资额高于现有资产总额，审核关注募集资金规模合理性。

第九章　未决诉讼仲裁

《首发管理办法》第二十八条规定，发行人不存在重大偿债风险，不存在影响持续经营的担保、诉讼以及仲裁等重大或有事项。

《招股说明书准则》第一百二十六条规定："发行人应披露对财务状况、经营成果、声誉、业务活动、未来前景等可能产生较大影响的诉讼或仲裁事项，主要包括：（一）案件受理情况和基本案情；（二）诉讼或仲裁请求；（三）判决、裁决结果及执行情况；（四）诉讼、仲裁案件对发行人的影响。"

《创业板招股说明书准则》第九十五条规定："发行人应披露对财务状况、经营成果、声誉、业务活动、未来前景等可能产生较大影响的诉讼或仲裁事项，主要包括：（一）案件受理情况和基本案情；（二）诉讼或仲裁请求；（三）判决、裁决结果及执行情况；（四）诉讼、仲裁案件对发行人的影响。"

保荐机构、发行人律师应当全面核查报告期内发生或虽在报告期外发生但仍对发行人产生较大影响的诉讼或仲裁的相关情况，包括案件受理情况和基本案情，诉讼或仲裁请求，判决、仲裁结果及执行情况，诉讼或仲裁事项对发行人的影响。发行人提交首发申请至上市期间，保荐机构、发行人律师应当持续关注发行人涉及诉讼或仲裁的进展情况、发行人是否存在新发生诉讼或仲裁事项。如诉讼或仲裁有重大进展，发行人新发生对生产经营、未来发展产生较大影响的诉讼或仲裁事项，应当及时向监管部门报告并履行信息披露义务。

在发行人存在诉讼、仲裁的情形下，应结合诉讼、仲裁形成的原因、性质、涉诉金额等因素分析判断涉诉事项对于发行人财务状况、生产经营的影响，如果涉及核心商标、专利、主要技术、主要产品以及对发行人生产经营造成重大影响的诉讼或仲裁构成发行上市的法律障碍，需要在诉讼、仲裁事项解决后才能进行后续审核；如果涉诉事项对于发行人财务状况、生产经营的影响较小，如诉讼请求金额较小且涉诉事项相关的业务、产品占发行人整体业务比重较低，即便在诉讼、仲裁结果对发行人最不利的情形下，也不会影响发行人持续经营能力，则不会构成发行上市的法律障碍，发行人可以在诉讼、仲裁完全解决之前发行上市。

案例：601828 美凯龙【审核关注未决诉讼及其影响】

发审会关注事项：发行人目前共有未决诉讼 5 起，涉案金额约 6.32 亿元。其中，长沙理想房地产开发有限公司诉发行人合作开发合同纠纷案涉案金额为 5.7 亿元。请发行人代表说明：（1）该案目前最新进展情况。（2）对判决结果的分析依据是否合理、充分，是否存在误导，招股说明书有关风险揭示是否充分。（3）发行人未就上述事项计提预计负债的合理性。请保荐代表人说明核查方法、过程及依据，并发表核查意见。

案例简析

原告长沙理想房地产开发有限公司于发行人上市申报后审核期间提起诉讼，就双方在长沙合作建设经营家具建材商场项目向发行人主张违约责任，要求发行人承担违约责任 5.6881 亿元。发行人就此事项提出反诉。在发审会审核时以及上市时一审法院仍在开庭审理中，尚未作出判决。原告诉讼请求金额占发行人于 2016 年度经审计合并财务报表利润总额的比重约为 11.85%，占发行人于 2017 年 6 月 30 日经审计合并财务报表净资产的比重约为 1.35%，占比较小，发行人实际控制人作出承担败诉损失的兜底承诺。

案例：300729 乐歌股份【审核期间诉讼和解】

发审会关注事项：请发行人代表说明与美国 Varidesk 公司专利争议及最后和解的过程，和解协议的主要内容，和解结果是否公平且符合商业逻辑，是否存在其他对价，或相关各方就相关利益或商业安排是否另有约定等。请保荐代表人发表核查意见。

案例简析

报告期内，发行人存在一起专利纠纷，为美国 Varidesk LLC（以下简称“Varidesk 公司”）向美国国际贸易委员会（以下简称“USITC”）申请对公司发起 337 项调查并向德克萨斯州北区联邦法院提起专利诉讼案。发行人在美国和中国同时提起针对竞争对手及其实际控制人专利权无效申请，发审会之前双方无偿和解。

案例：603833 欧派家居【审核关注未决诉讼及其影响】

> **发审会关注事项：**请发行人代表进一步说明，公司相关商标和字号的争议和诉讼进展情况，发行人涉诉商标的产品种类，相关产品收入占公司销售收入、净利润的比例，相关商标诉讼对发行人持续合法经营的影响，相关风险是否充分披露。

案例简析

发行人主要从事整体橱柜和整体衣柜业务，报告期内存在与江山欧派有关的商标行政诉讼案件：发行人在非金属门类别的欧派注册商标被认为与江山欧派先注册的商标存在近似从而被裁定撤销，发行人从而提起诉讼，在上会时以及上市时尚未判决。发行人诉争商标类别属于非金属门领域，在发行人整体业务中比重不足 3%，且发行人在非金属门业务领域非使用诉争商标，而是使用另外已注册商标。

案例：300622 博士眼镜【审核关注未决诉讼及其影响】

> **发审会关注事项：**招股说明书披露，北京知识产权法院于 2016 年 8 月 25 日作出的《行政判决书》（〔2016〕京 73 行初 2823 号）判决如下：

(1) 撤销商标评审委于2016年4月20日作出的商评字〔2016〕第34607号关于第6348736号"博士眼镜"商标无效宣告请求裁定；(2) 商标评审委应在该判决生效后就淮安博士针对发行人的第6348736号"博士眼镜"商标提出的商标无效宣告请求重新作出审查决定。在前述行政诉讼案件的审理期间，淮安博士以侵犯注册商标专用权为由，分别于2016年6月28日向北京市朝阳区人民法院起诉发行人子公司北京博士；淮安博士以侵犯注册商标专用权为由，于2016年6月23日向无锡市滨湖区人民法院起诉发行人及其无锡万象分公司。2016年8月，上述两项商标侵权案件经淮安博士申请，已被裁定准许撤诉。请发行人代表说明，淮安博士撤销上述两项商标侵权案件诉讼的原因，发行人是否与淮安博士达成庭外和解及其内容；截至目前，商标评审委就淮安博士针对发行人第6348736号"博士眼镜"商标提出的商标无效宣告请求进行审查的进展；发行人是否存在因商标使用侵权而导致的经营风险。请保荐代表人发表核查意见。

案例简析

审核期间，淮安博士针对发行人的第6348736号"博士眼镜"商标提出商标无效宣告请求，商标评审会裁定争议商标予以撤销，发行人向北京知识产权法院起诉，北京知识产权法院判决撤销商标委裁定，商标委重新裁定争议商标予以维持。在商标行政诉讼案件审理期间，淮安博士以侵犯注册商标专用权为由，对发行人北京子公司及无锡万象分公司提起诉讼。在北京知识产权法院判决撤销商标委裁定后，淮安博士撤诉，并声明尊重法院判决。发行人未在眼镜产品上实际使用该项注册商标。

案例：603385 惠达卫浴【审核关注未决诉讼及其影响】

发审会关注事项：请发行人代表进一步说明：(1) 发行人孙公司 Ayers Bath 与发行人第一大客户 Foremost Worldwide Co., Ltd., Foremost Groups. Inc.（以下简称美商富凯）之间的重大诉讼以及相关派生诉讼的具体情况及其进展，是否已作出生效判决及其判决结果，对发行人产品在美国和加拿大等国家的独家经营权的影响。（2）未决诉讼计提预计负债等相关会计处理是否符合会计准则的有关规定，预计负债计提是否充分、合理。（3）发行人拒绝履行相关生效或将要作出的不利判决的后果，发行人能否承担可能做出的惩罚性赔偿并能实际履行与美商富凯之间的相关合作协议，未决诉讼对发行人在美洲的产品出口销售和持续经营是否构成实质性影响，相关信息和风险是否充分披露。请保荐代表人发表核查意见。

案例简析

根据合作协议，美商富凯为发行人美国、加拿大独家经销商，发行人不得自行在美国、加拿大销售产品，也不得许可第三人在美国、加拿大经销产品。后发行人子公司在美国设立子公司从事销售，美商富凯据此向美国法院起诉发行人美国孙公司。在审理期间，发行人美国孙公司申请破产，诉讼中止。美国孙公司破产后，美商富凯在同一法院向发行人子公司提起诉讼，要求其承担责任。诉讼前后，发行人与美商富凯的业务合作正常进行。发行人上会时及上市时，两项诉讼均处于中止状态。发行人认为未达到预计条件，未对原告提起的约 526.5 万美元支付请求计提预计负债。

招股说明书披露如下：

1. 公司与美商富凯《合作协议书》签署情况

2000 年 10 月 20 日，公司与美商富凯签订关于经销事项的《合作协议书》。该协议第 7.2 条约定：C 类产品（指乙方即惠达股份自行设计，并自行生产之产品）由甲方（美商富凯）根据市场需要，向乙方下达订货数量，予以采购。在美国、加拿大市场乙方 C 类所有产品由甲方独家销售（独占性），乙方不得许可第三人或自行在美国、加拿大市场销售。

该协议第 8.1 条约定：本协议生效后，乙方不得再与第三方签署许可其在美国、加拿大市场销售本协议约定之 A 类产品（指由甲方自行开发设计，并向乙方提供全套设计图纸/样品，委托乙方生产之产品）、B 类产品（指在乙方原有产品基础之上，甲方根据美国、加拿大市场要求，提供修改图纸/样品，委托乙方生产之产品）和C类产品。

2. Ayers Bath与美商富凯的诉讼进展情况

（1）该诉讼的起因及诉讼的提起情况

由于《合作协议书》签订时，双方对于美商富凯在美国、加拿大独家销售的C类产品的范围仅约定为“乙方自行设计，并自行生产之产品”，并未约定艾尔斯自行设计、生产并拥有独立品牌的产品是否也属于美商富凯独家销售的产品范围。受2008年金融危机影响，美商富凯2009年北美销售业绩并不理想，2010年10月艾尔斯在美国设立Ayers Bath，由其在美国销售由艾尔斯自己设计、自己生产并拥有艾尔斯自主知识产权的产品。在设立Ayers Bath之前，艾尔斯就设立Ayers Bath销售艾尔斯旗下品牌卫浴产品是否违反惠达股份与美商富凯签署的《合作协议书》中关于美商富凯独家销售权的问题，曾多方咨询国内外知名律所，在获得国内外知名律所关于该事项不违反《合作协议书》的约定的认可时，艾尔斯于2010年3月在美国设立Ayers Bath并销售艾尔斯旗下产品。

2011年9月12日，美商富凯以Ayers Bath为被告向美国加利福尼亚州中央区法庭提起诉讼，声称Ayers Bath侵犯其对惠达股份产品在美国和加拿大的独家经销权，妨碍未来的经济利益，侵犯合同关系，不正当竞争，不正当得利，侵犯商标专用权，要求法庭判令Ayers Bath赔偿其因上述侵权行为给美商富凯造成的经济损失（以通过审判能够被证实的经济损失为准）以及费用、利息和律师费。另外，美商富凯还要求法庭判令Ayers Bath支付惩罚性赔偿金。同时，美商富凯向法庭申请临时禁令，禁止Ayers Bath分销惠达股份制造的卫浴产品。

（2）该诉讼的进展情况

针对美商富凯的诉讼请求，2011年10月27日，Ayers Bath向法庭提出请求，请求法庭对美商富凯提出的上述临时禁令不予准许。2011年11月10日，Ayers-Bath向法庭提出请求，请求法庭驳回美商富凯的全部诉讼请求。

2011年12月20日，法庭颁布临时禁令，禁止Ayers Bath分销其从艾尔斯购买的卫浴产品。2012年5月7日，法庭裁定驳回了美商富凯有关侵犯商标专用权的诉讼请求，但是法庭此前颁布的临时禁令仍然有效。

2013年3月22日，Ayers Bath向美国当地破产法庭提出自愿破产申请，要求按次序清算资产。

2013年3月25日，法庭确认美商富凯诉Ayers Bath的上述案件暂时中止审理，直至Ayers Bath破产案件作出裁决。

2015 年 7 月 24 日，Ayers Bath 破产案件的破产托管人出具的最终资产分配报告，将出售 Ayers Bath 资产后的净收入对所有已提起诉讼的债权人按比例清偿。其根据美商富凯提出的约 526.5 万美元因诉讼引起的债务，将 Ayers Bath 剩余可执行资产中的 7757.24 美元向美商富凯进行了分配。

2015 年 7 月 27 日，破产法庭批准了破产托管人出具的最终报告，Ayers Bath 破产案件终结。

美商富凯自 2015 年 7 月 27 日 Ayers Bath 破产案件终结后一直未启动该案的诉讼程序。截至本招股说明书签署日，Ayers Bath 与美商富凯的诉讼仍处于中止状态，无其他进展。

3. 艾尔斯与美商富凯的诉讼进展情况

(1) 该诉讼的起因及诉讼的提起情况

根据大成律师事务所洛杉矶分所出具的备忘录，2014 年 1 月 9 日，美商富凯向美国加利福尼亚州中央区法庭提出诉讼，以艾尔斯与 Ayers Bath 实际为同一实体为由，主张艾尔斯承担 Ayers Bath 对美商富凯的债务 526.5 万美元（外加利息），上述诉讼文书已由唐山市中级人民法院代为送达艾尔斯，艾尔斯也已经委托北京大成律师事务所洛杉矶分所律师应诉。

(2) 该诉讼的进展情况

2015 年 10 月 28 日，该案法庭作出裁决，驳回美商富凯提交的针对艾尔斯的起诉书。法庭根据一事不再理原则，认为该案不应对已经经过审理的主张进行再次审理。法庭准许美商富凯在上述裁决作出后 21 天内提交经第一次修订的起诉书。

2015 年 11 月 17 日，美商富凯提交第一次修订的起诉书，以艾尔斯与 Ayers Bath 实际为同一实体为由，请求法庭责令艾尔斯应当对 Ayers Bath 的破产判决负责，应当由艾尔斯承担美商富凯对 Ayers Bath 提出的约 526.5 万美元的诉讼请求。

2016 年 1 月 6 日，该案法庭作出裁决，认为美商富凯不得再以艾尔斯与 Ayers Bath 实际为同一实体为由主张艾尔斯应对 Ayers Bath 破产判决负责，并再次驳回美商富凯提交的针对艾尔斯的起诉书（经第一次修订）。法庭准许美商富凯在 21 天内再次提交经第二次修订的起诉书。

2016 年 1 月 25 日，美商富凯向该案法庭提交了第二次修订的起诉书，以艾尔斯获得所有 Ayers Bath 的资产，使得破产实体 Ayers Bath 无剩余财产为由，请求法庭责令艾尔斯对 Ayers Bath 破产案判决负责。

2016 年 3 月 8 日，该案法庭认为美商富凯在该案诉讼之前，应首先向破产法庭申请修改关于 Ayers Bath 的破产判决，因此裁定中止该案诉讼程序。

2016 年 11 月 4 日，美商富凯向破产法庭提出动议，要求启动重开破产案件审理的程序。

2016 年 11 月 15 日，破产法庭同意美商富凯要求重开破产案件的程序，但要求其在 60 天之内提交诉求及理由，如法院认为美商富凯的诉求不符合相关规定则法院将继续终止该破产案件。

2017 年 1 月 13 日，美商富凯向破产法庭递交材料要求修改破产判决并把艾尔斯增加为破产案件的债务人，并向破产法庭要求就是否修改破产法庭判决并把艾尔斯增加为债务人的诉求事宜召开听证会。

2017 年 2 月 7 日，破产法庭召开听证会。破产法庭未同意美商富凯的诉求，并要求艾尔斯于近期将其驳回美商富凯诉讼请求的理由形成书面动议提交法庭。

2017 年 2 月 14 日，艾尔斯代理律师向法庭提交了驳回富凯诉讼请求的动议。截至本招股说明书签署之日，破产法庭尚未对美商富凯和艾尔斯的上述动议作出裁决，该案无其他进展。

综上，Ayers Bath 与美商富凯的诉讼和艾尔斯与美商富凯的诉讼均处于中止状态，没有已生效的判决；Ayers Bath 的破产案件已经终结，但美商富凯正试图说服破产法庭重启该案并修改已生效的破产判决，目前该案仍处于是否需要重启的程序性对峙阶段，还未涉及实质上的审理，没有已作出的生效判决。

艾尔斯的美国代理律师认为：（1）就 Ayers Bath 与美商富凯的诉讼，鉴于 Ayers Bath 已经破产清算，其法人主体资格已经灭失，该案的诉讼自 2013 年 3 月 25 日至今一直处于中止状态，且美商富凯自 2015 年 7 月 27 日 Ayers Bath 破产案件终结后，也一直未向该案法庭申请重新启动该案的诉讼程序，因此从经济利益角度看，美商富凯重新启动该案诉讼程序的意义不大。（2）就艾尔斯与美商富凯的诉讼，鉴于美商富凯需先向破产法庭申请修改关于 Ayers Bath 的破产判决后方能重新启动该案的诉讼程序，但 Ayers Bath 的破产案已于 2015 年 7 月 27 日经破产法庭审结，因此从诉讼难度上看，美商富凯通过向破产法庭申请修改已审结的破产判决，进而重新启动其与艾尔斯的诉讼的难度较大，虽其正在启动修改破产案的诉讼程序，但代理律师有很大信心驳回其重启诉求，并要求破产法庭继续终止破产案件。

公司控股股东和实际控制人王惠文、王彦庆、董化忠、王彦伟承诺：如因艾尔斯、Ayers Bath 与美商富凯的诉讼致使公司权益受到损失，将对该等损失向公司作出补偿，避免该等诉讼影响公司的正常生产经营。

4. 相关诉讼对公司经营情况的影响

艾尔斯及 Ayers Bath 与美商富凯的诉讼，是由公司与美商富凯对其在美国和加拿大市场独家销售权产品范围的约定不明引起的，对公司生产经营的影响主要体现在，为了不产生新的诉讼，公司在上述相关诉讼结束前无法自行或者授权其他经销商在美国和加拿大销售公司及子公司的产品，对公司通过美商富凯之外的渠道开拓美国和加拿大市场存在一定影响，对公司在国内及其他海外市场并未产生影响。

虽然 Ayers Bath 和艾尔斯与美商富凯存在相关诉讼，但是并未影响公司与美商富凯的合作关系。主要原因如下：

（1）根据公司与美商富凯签订的《合作协议书》，公司有权在每个年度都可以依据美商富凯是否实现上一年度双方约定的采购量，来约定美商富凯的独家销售权是否延续，因此公司拥有解除美商富凯独家经销权的主动权，可以督促其完成每年的销售目标。

（2）由于美商富凯为贸易经销商，其并没有自己的卫生陶瓷生产基地，需要实力雄厚、技术领先、品质稳定、供货能力强的卫浴生产企业为其供货。公司作为我国卫浴行业的领先企业之一，在卫生陶瓷细分行业具有明显的竞争优势：公司生产规模大、效率高、规模效应显著，具备成本优势以及大批量订单的及时交付能力；同时公司产品质量稳定，具备较高的市场美誉度，经过长年合作已经获得美商富凯下游主要客户的认可。公司是美商富凯在中国大陆最早的供应商，已合作超过 15 年时间，目前仍是其卫生陶瓷产品最主要的供应商。

（3）美商富凯与公司的合作属于经销商与生产商的良性产业链合作，业务本身所带来的商业利益是美商富凯经营利润的重要来源。因此，与公司保持积极的业务关系、共同开发做大市场符合美商富凯所关注的利益诉求。从商业利益的角度看，美商富凯不应以该案件的存在影响正常的业务合作，从而导致自己在常规业务上的利益受到损失。

公司 2015 年对美商富凯的销售金额较 2014 年增长 9304.55 万元，双方合作关系比较稳定，并未受到上述相关诉讼的影响。

年度销售金额（万元）	主营业务收入	占比（%）
2016 年	28239.21	12.47
2015 年	40848.51	18.38
2014 年	31543.96	15.19

2016 年公司对美商富凯的销售金额较 2015 年下降 30.87%，主要系美商富凯的下游大客户家得宝公司（Home Depot）2016 年开始与墨西哥卫浴生产企业合作从墨西哥进货并减少了对美商富凯的产品采购，进而导致美商富凯对发行人的采购金额有所下降，与上述相关诉讼并无直接关系。美商富凯作为公司的经销商存在年销售目标的压力，其已通过寻找其他新增客户及加大存量客户的销售等措施以完成全年销售目标，另外，公司也及时将因美商富凯减少采购而释放的产能，以通过向境内外其他客户进行转移的方式降低其所带来的影响，2016 年公司主营业务收入较 2015 略有增长，公司的生产经营未受到上述相关诉讼的影响。

另外，2016 年 Home Depot 与墨西哥供应商的合作并不成功，墨西哥供应商在商品质量及后续服务方面频现问题，2017 年开始 Home Depot 转而加大了从美商富凯的采购，目前发行人陆续接到美商富凯关于 Home Depot 的订单。

上述相关诉讼并未影响公司与美商富凯的正常业务开展以及公司在其他国家和地区开展海外业务。不考虑 2016 年 Home Depot 减少采购的因素，报告期内公司海外主营业务收入呈现逐步增长的态势。

根据《企业会计准则第 13 号——或有事项》第四条规定，与或有事项相关的义务同时满足下列条件的，应当确认为预计负债：

（1）该业务是企业承担的现时义务；

（2）履行该义务很可能导致经济利益流出企业；

（3）该义务的金额能够可靠计量。

该义务是企业承担的现时义务，是指与或有事项相关的义务是在企业当前条件下已承担的义务，企业没有其他现实的选择，只能履行该现时义务。目前，美商富凯与 Ayers Bath 的诉讼处于中止状态且 Ayers Bath 已破产清算；美商富凯与艾尔斯的诉讼亦于 2016 年 3 月 8 日之后一直处于中止状态。根据截至本招股说明书签署日可获得的证据、艾尔斯的美国代理律师的意见判断，公司不存在承担赔偿责任的现时义务，因此 Ayers Bath、艾尔斯与美商富凯的诉讼不符合《企业会计准则第 13 号——或有事项》对确认预计负债的认定标准，不应确认为预计负债。

案例：300701 森霸股份【审核关注未决诉讼及其影响】

发审会关注事项：根据发行人披露，2017 年 2 月艾尔默斯半导体股份有限公司起诉发行人侵权，要求判令被告停止对其 ZL20150479789. 3 号实用新型专利侵权并赔偿 270 万元。请保荐代表人就该诉讼及其对发行人经营和财务状况的影响说明核查过程及结论。

案例简析

审核期间，发行人被提起专利侵权诉讼，发行人向国家知识产权局专利复审委员会提起专利无效宣告申请，发行人涉及的业务收入以及原告诉讼请求金额不大，上会及发行时尚未审理。

招股说明书披露如下：

2017 年 2 月 3 日，公司收到浙江省宁波市中级人民法院送达的关于艾尔默斯半导体股份公司于 2017 年 1 月 18 日起诉本公司的《民事起诉状》《民事案件应诉通知书》和《浙江省宁波市中级人民法院传票》。艾尔默斯在本次起诉中诉讼请求为："(1) 判令被告立即停止对原告享有的第 ZL201520479789. 3 号实用新型专利权的侵害行为，即，立即停止制造、许诺销售和销售原告上述实用新型专利所保护的用于运动被动式红外检测器的装置，并销毁用于生产侵害原告实用新型专利权产品的专用模具和设备。(2) 判令被告在《传感器技术与应用》(SSN23310235) 上发表公开声明，消除其侵权行为的影响，并由被告承担相应的费用。(3) 判令被告就其侵犯原告实用新型专利权的行为承担赔偿责任，向原告支付因侵权给原告造成的损失 228 万以及原告因制止侵权所支付的合理开支 42 万共计人民币 270 万元整。(4) 判令被告承担本案诉讼费。"

该案件原定于 2017 年 3 月 20 日开庭审理，公司就该案件进行了积极的回应，于 2017 年 2 月 17 日向中国国家知识产权局专利复审委员会（以下简称"专利复审委员会"）提出第 ZL201520479789. 3 号实用新型专利无效宣告的请求，并已获专利复审委员会受理。2017 年 5 月 10 日，宁波市中级人民法院出具 (2017) 浙 02 民初 328 号之一民事裁定书，认为"本案须以专利复审委无效案件的审理结果为依据，而该案件尚未审结，本案应中止审理以待专利复审委员会审查结论”。

截至本招股说明书签署日，上述诉讼仍处于中止审理状态。

就上述专利纠纷诉讼所涉及的对方ZL201520479789.3号，名称为“用于运行被动式红外检测器的装置”的实用新型专利，发行人已向国家知识产权局专利复审委员会提起专利无效宣告请求，于2017年2月17日获得国家知识产权局专利复审委员会受理，并于2017年6月5日举行了口头审理。截至本招股说明书签署日，上述专利无效宣告请求仍在审理过程中。

上述专利纠纷诉讼系艾尔默斯认为公司销售的产品侵犯其专利权所致，公司涉及诉讼的产品型号为智能热释电红外传感器AS612，属于智能热释电红外传感器的一种型号，报告期内该型号传感器产品对外实现销售的金额较小。根据艾尔默斯提出的诉讼请求，如果公司完全败诉，公司可能遭受的损失为272.84万元，其中支付艾尔默斯的全部诉讼赔偿请求270万元，支付诉讼费用2.84万元。公司实际控制人阜森林已出具书面承诺，若公司败诉，则其将自行承担由此给公司造成的一切费用和损失，确保公司不因此造成损失。本公司认为以上诉讼产生的潜在义务未达到预计负债确认的条件，故未确认相关负债。

综上所述，上述专利纠纷诉讼系艾尔默斯认为公司销售的产品侵犯其专利权所致，在其提起上述专利侵权诉讼后，公司亦向国家知识产权局专利复审委员会提请专利无效宣告请求并已获受理；该项诉讼所涉及的金额较小，对公司的经营产生的影响不大，且公司实际控制人已出具书面承诺，若公司败诉，则其将自行承担由此给公司造成的一切费用和损失，确保公司不因此造成损失；因此，该项诉讼不会对公司的生产经营及净利润产生重大不利影响。截至本招股说明书签署日，公司提起的专利无效宣告请求仍在审理过程中，上述诉讼仍处于中止审理状态。

第十章　影响持续盈利能力的情形

《首发管理办法》第三十条规定，发行人不得有下列影响持续盈利能力的情形：

（一）发行人的经营模式、产品或服务的品种结构已经或者将发生重大变化，并对发行人的持续盈利能力构成重大不利影响；

（二）发行人的行业地位或发行人所处行业的经营环境已经或者将发生重大变化，并对发行人的持续盈利能力构成重大不利影响；

（三）发行人最近1个会计年度的营业收入或净利润对关联方或者存在重大不确定性的客户存在重大依赖；

（四）发行人最近1个会计年度的净利润主要来自合并财务报表范围以外的投资收益；

（五）发行人在用的商标、专利、专有技术以及特许经营权等重要资产或技术的取得或者使用存在重大不利变化的风险；

（六）其他可能对发行人持续盈利能力构成重大不利影响的情形。

《首次公开发行股票并在创业板上市管理暂行办法》（2009年5月1日发布实施）第十四条也作了相同的规定，《创业板首发管理办法》（2014年2月11日中国证券监督管理委员会第26次主席办公会议审议通过）制定并替代了《首次公开发行股票并在创业板上市管理暂行办法》后，取消了该项规定，改为风险事项进行提示披露。

《创业板招股说明书准则》第七十九条规定，发行人应分析并完整披露对其持续盈利能力产生重大不利影响的所有因素，包括报告期内实际发生以及未来可能发生的重大不利影响，披露保荐人对发行人是否具备持续盈利能力的核查结论意见，并在招股说明书首页作“重大事项提示”。对发行人持续盈利能力构成重大不利影响的因素包括但不限于下列情形：

（一）发行人的经营模式、产品或服务的品种结构已经或者将发生重大变化，并对发行人的持续盈利能力构成重大不利影响；

（二）发行人的行业地位或发行人所处行业的经营环境已经或者将发生重大变化，并对发行人的持续盈利能力构成重大不利影响；

（三）发行人在用的商标、专利、专有技术、特许经营权等重要资产或者技术的取得或者使用存在重大不利变化的风险；

（四）发行人最近一年的营业收入或净利润对关联方或者有重大不确定性的客户存在重大依赖；

（五）发行人最近一年的净利润主要来自合并财务报表范围以外的投资收益；

（六）其他可能对发行人持续盈利能力构成重大不利影响的情形。

尽管主板、中小板作为发行条件进行规定，创业板作为风险提示事项进行规定，依据出处有所不同，在实践中按照同样的判断标准执行。

对于发行人有重大不利影响的情形可以分为两类：一类是发行人自身的因素，主要因发行人的发展战略、经营规划、资源配置而发生，不属于同行业的普遍性因素，典型的如经营模式改变、产品或服务的结构改变、重大资产发生变化、重大客户发生变化；另一类是发行人外部的因素，因素的发生不以发行人的意志为转移，同时，因素的发生对于同一行业具有普遍性的影响，典型的如行业政策发生变化、市场地监管政策发生变化。此外，有的情形是两种因素的叠加，自身因素及外部因素互相影响，共同导致发行人的持续盈利能力存在不确定性。

实践中，在以下情形出现时，需要审慎判断发行人的持续盈利能力是否受到了重大不利影响：

（1）发行人所处行业受国家政策限制或国际贸易条件影响存在重大不利变化风险；

（2）发行人所处行业出现周期性衰退、产能过剩、市场容量骤减、增长停滞等情况；

（3）发行人所处行业准入门槛低、竞争激烈，相比竞争者，发行人在技术、资金、规模效应等方面不具有明显优势；

（4）发行人所处行业上下游供求关系发生重大变化，导致原材料采购价格或产品售价出现重大不利变化；

（5）发行人因业务转型的负面影响导致营业收入、毛利率、成本费用及盈利水平出现重大不利变化，且最近一期经营业绩尚未出现明显好转趋势；

（6）发行人重要客户本身发生重大不利变化，进而对发行人业务的稳定性和持续性产生重大不利影响；

（7）发行人由于工艺过时、产品落后、技术更迭、研发失败等原因导致市场占有率持续下降，重要资产或主要生产线出现重大减值风险，主要业务停滞或萎缩；

（8）发行人多项业务数据和财务指标呈现恶化趋势，短期内没有好转迹象；

（9）对发行人业务经营或收入实现有重大影响的商标、专利、专有技术以及特许经营权等重要资产或技术存在重大纠纷或诉讼，已经或者未来将对发行人财务状况或经营成果产生重大影响。

对于出现的可能影响发行人持续盈利能力的情形，中介机构应该核查不利因素产生的原因、对发行人及发行人所处行业的影响、不利因素的持续性以及发行人是否可以依托自身的资源和优势化解不利因素。

2012 年之前，证监会公开发布过部分首发项目不予核准的决定书，相当一部分项目不予核准的原因和理由对发行人产生了影响持续盈利能力的情形。

案例：珠海亿邦制药股份有限公司（不予核准上市）【经营模式可能发生重大变化】

根据中国证监会《关于不予核准珠海亿邦制药股份有限公司首次公开发行股票申请的决定》（证监许可〔2012〕716 号），中国证监会发行审核委员会于 2012 年 5 月 7 日举行 2012 年第 80 次发审委会议，对该公司的首次公开发行股票申请进行了审核。发审委在审核中关注到，发行人业务为自产药品销售和代理药品销售，其中代理业务为发行人代理销售山西普德的银杏达莫注射液和奥硝唑注射液，2010 年之前发行人为山西普德的代理商之一，2009 年年底转变为全国独家代理商，发行人代理药品由主要向山西普德经销商采购变为全部向山西普德直接采购。2009 年 – 2011 年发行人代理产品销售收入占比分别为 64.66%、69.63% 和 67.46%，毛利分别为 3503.64 万元、16475.11 万元和 17437.34 万元，毛利占比由 2009 年 39.68% 增长到 2011 年 67.39%，代理产品业务成为发行人主要利润来源，发行人盈利来源发生变化。本次募投项目为新药品的生产，随着募投项目逐步达产，自产药品的收入占比将逐步增加，预计 2017 年自产药品销售收入占比将达到 74.42%，发行人业务将以自产药品销售为主。发行人在申报材料和现场聆讯中未就上述经营模式、产品结构变化对持续盈利能力的影响作出充分合理的解释。

发审委认为，上述情形与《首次公开发行股票并上市管理办法》（证监会令第32号）第三十七条的规定不符。

该案例中，发行人以代理业务为主，根据募投项目计划，募投项目实施后将以自产业务为主，经营模式、产品结构发生变化，变化是否导致发行人持续盈利能力受到重大不利影响，发行人未能给予合理解释。

案例：安徽铜都阀门股份有限公司（不予核准上市）【主流产品毛利率大幅下滑】

根据中国证监会《关于不予核准安徽铜都阀门股份有限公司首次公开发行股票并在创业板上市申请的决定》，中国证监会创业板发行审核委员会于2012年5月25日举行2012年第41次创业板发审委会议，对该公司的首次公开发行股票并在创业板上市申请进行了审核。创业板发审委在审核中关注到，发行人所处行业市场竞争激烈，小口径阀门毛利率呈下降趋势，依靠大口径阀门销量不断上升，弥补小口径毛利率逐年下降的影响；报告期内发行人占比50%以上的产品销往污水处理领域，污水处理工程所用大口径、超大口径阀门多，而我国城镇日污水处理能力自2009年以来增速明显放缓；2011年营业收入增长2231万元，应收账款原值增加2176万元。上述事项对发行人的持续盈利能力构成重大不利影响。

创业板发审委认为，上述情形与《首次公开发行股票并在创业板上市管理暂行办法》（证监会令第61号）第十四条第六项的规定不符。

该案例中，发行人产品结构发生了变化，新的主流产品下游应用增速放缓，有对发行人持续盈利能力造成重大不利变化的疑虑。

案例：广东利泰制药股份有限公司（不予核准上市）【发行人所处的行业政策发生重大不利变化】

根据中国证监会《关于不予核准广东利泰制药股份有限公司首次公开发行股票申请的决定》（证监许可〔2012〕714号），中国证监会发行审核委员会于

2012年5月11日举行2012年第84次发审委会议，对该公司的首次公开发行股票申请进行了审核。发审委在审核中关注到，发行人产品主要以玻瓶、塑瓶包装大输液为主。国家药监局2010年发布的《医药科技发展规划》和国家发改委2011年公布的《产业结构调整指导目录（2011）》要求尽快部分淘汰玻璃瓶输液并将二步法生产输液用塑料瓶生产装置被列为限制类。非PVC软袋大输液为行业发展趋势，且属于国家鼓励类产品。从行业发展趋势来看，玻瓶、塑瓶包装大输液持续受到来自非PVC软袋大输液的替代冲击。尽管非PVC软袋包装氨基酸大输液作为发行人的主要募投项目，但玻瓶、塑瓶包装大输液与非PVC软袋包装氨基酸大输液差异较大且发行人尚未取得非PVC软袋包装氨基酸大输液的GMP认证，发行人是否具备非PVC软袋包装氨基酸大输液产品的生产能力存在一定的不确定性。此外，发行人主要产品普洛氨2009～2011年毛利率分别为55.75%、59.37%和60.04%，远高于同行业可比上市公司水平；发行人2009～2011年销售费用率分别为6%、5.13%和5.3%，远低于同行业可比上市公司水平。发行人在申报材料及现场聆讯中未能对上述事项是否对公司持续盈利能力构成重大不利影响作出充分合理的解释。

发审委认为，上述情形与《首次公开发行股票并上市管理办法》（证监会令第32号）第三十七条的规定不符。

该案例中，发行人所处的行业政策发生了变化，发行人的业务受到不利影响，从而对发行人的持续盈利能力造成了重大不利影响。

案例：上海龙韵广告传播股份有限公司（不予核准上市）【发行人的主要客户群体存在不确定性】

根据中国证监会《关于不予核准上海龙韵广告传播股份有限公司首次公开发行股票申请的决定》（证监许可〔2011〕1933号），中国证监会发行审核委员会于2011年11月25日举行2011年第262次发审委会议，对该公司的首次公开发行股票申请进行了审核。发审委在审核中关注到，发行人报告期内的广告业务以电视媒体代理即媒体资源的购销为主，而体现行业专业技术的全案服务业务占比较小，分别为2.61%、4.69%、9.82%和9.11%，与国内外竞争力较强广告公司业务模式相比存在一定差异。发行人代理的媒体资源销售给4A广告公司和直接客户，其中4A广告公司销售占比分别为58.7%、66.87%、81.99%和

81.8%，直接客户占比呈下降趋势。发行人以代理方式获得媒体资源，而4A买断模式的媒体采购占比为0、14.1%、34.2%和47.83%，与自有媒体资源相比，在稳定性和可持续性方面存在一定差异。

鉴于上述情况，4A公司的客户资源是否稳定以及独家买断电视媒体资源是否可持续，都将可能导致发行人未来持续盈利能力的不确定性。

发审委认为，上述情形与《首次公开发行股票并上市管理办法》（证监会令第32号）第三十七条的规定不符。

该案例中，发行人的主要客户群体存在不确定性，从而对发行人持续盈利能力造成重大不利影响。

第十一章　客户集中

客户过于集中可能导致企业对单一客户存在依赖，一旦企业与客户的业务合作中断，将对企业的业务经营造成重大不利影响，从而影响企业的持续盈利能力。

《招股说明书准则》第四十四条规定："发行人应根据重要性原则披露主营业务的具体情况，包括：……（四）报告期内各期向前五名客户合计的销售额占当期销售总额的百分比，如向单个客户的销售比例超过总额的 50% 或严重依赖于少数客户的，应披露其名称及销售比例。如该客户为发行人的关联方，则应披露产品最终实现销售的情况。受同一实际控制人控制的销售客户，应合并计算销售额；……"

《创业板招股说明书准则》第四十二条规定："发行人应披露销售情况和主要客户，包括：……（二）报告期内各期向前五名客户合计的销售额占当期销售总额的百分比，向单个客户的销售比例超过总额的 50%、前五名客户中新增的客户或严重依赖于少数客户的，应披露名称或姓名、销售比例。该客户为发行人关联方的，则应披露产品最终实现销售的情况。受同一实际控制人控制的销售客户，应合并计算销售额。"

在实践中，对于单一大客户（受同一实际控制人控制的销售客户应合并计算销售额）主营业务收入或毛利贡献占比超过 30% 的，应予以关注；对于单一大客户主营业务收入或毛利贡献占比超过 50% 的，原则上应认定为对该单一大客户存在重大依赖，需要结合客户的稳定性和业务持续性，判断是否存在重大不确定性风险，进而判断是否对发行人持续盈利能力构成重大不利影响。

对于发行人服务的下游客户属于行业分布集中的特殊行业，如电力、电网、电信、石油、银行、军工等行业，因行业分布集中而导致客户集中具有一定的合理性，应将发行人与同行业可比上市公司进行比较，充分说明客户集中是否符合行业特性，发行人与客户的合作关系是否具有一定的历史基础，是否有充分的证据表明发行人采用公开、公平的手段或方式独立获取业务，相关的业务是否具有稳定性以及可持续性，如果满足条件，通常可以不认为该种情形下的客户集中对发行人持续盈利能力构成重大不利影响。

对于发行人服务的下游客户属于充分竞争的非特殊行业，需要谨慎判断，充分考虑该单一大客户是否为发行人的关联方或存在重大不确定性的客户，该种情形下的客户集中是否导致发行人未来持续盈利能力存在重大不确定性，进而影响是否符合发行条件的判断，特别是在扣除该等客户集中的经营业绩后发行人是否仍然符合发行条件。

在客户集中是否导致发行人未来持续盈利能力存在重大不确定性的判断时，发行人的中介机构应当综合分析考量以下因素的影响：一是发行人客户集中的原因，与行业经营特点是否一致，是否存在下游行业较为分散而发行人自身客户较为集中的情况及其合理性。二是发行人客户在其行业中的地位、透明度与经营状况，是否存在重大不确定性风险。三是发行人与客户合作的历史、业务稳定性及可持续性，相关交易的定价原则及公允性。四是发行人与重大客户是否存在关联关系，发行人的业务获取方式是否影响独立性，发行人是否具备独立面向市场获取业务的能力。

发行人的中介机构认为发行人客户集中不影响发行条件的，应当提供充分的依据说明上述客户本身不存在重大不确定性，发行人已与其建立长期稳定的合作关系，客户集中具有行业普遍性，发行人在客户稳定性与业务持续性方面没有重大风险。发行人应在招股说明书中披露上述情况，充分揭示客户集中度较高可能带来的风险。

案例：北京朝歌数码科技股份有限公司（不予核准上市）【发行人对单一最大客户销售占比一直超过50%】

2011 年 7 月 8 日举行的 2011 年第 45 次创业板发审委会议未通过北京朝歌数码科技股份有限公司首发上市申请，不予核准理由为，创业板发审委在审核中关注到，你公司存在以下情形：

1. 你公司负责主要产品 IPTV 家庭娱乐终端和融合视讯终端的研发、设计与销售，拥有产品的内置软硬件电路设计资料和产品设计组装图，全部生产制造业务委托加工商完成，你公司 2010 年、2009 年、2008 年委托百一股份及其全资子公司加维通讯加工产品的外包金额占你公司当年外包总额的 98.94%、99.68%、98.83%。

2. 你公司 2010 年、2009 年、2008 年对华为公司销售收入分别为 25725.66 万元、16886.13 万元、13332.81 万元，占你公司当年全部销售收入的比例分别为 88.10%、79.42%、66.94%。

创业板发审委认为，上述情形可能对你公司未来持续盈利能力构成重大不利影响，不符合《首次公开发行股票并在创业板上市管理暂行办法》（证监会令第 61 号）第十四条的有关规定。

该案例中，发行人对单一最大客户销售占比一直超过 50% 是受到发审会否决的重要原因。

案例：广东波斯科技股份有限公司（未通过）【发行人报告期内对单一最大客户的销售收入占其总收入比例一直高于 60% 以上】

发审会关注事项： 报告期内，发行人对格力的销售收入占营业收入的比重较高且持续上升。请发行人代表说明：（1）发行人与格力是否存在关联关系。（2）结合格力供应商选取制度，说明发行人获取格力业务订单是否符合格力的内控规定。（3）客户集中的原因及合理性，与行业经营特点是否相符，发行人与格力交易的定价机制和原则，是否具有公允性；相关业务的稳定性、持续性，是否存在重大不确定性风险。（4）发行人小批量定制化供货与格力大规模生产模式是否匹配。（5）客户集中风险是否充分披露，发行人对格力是否存在单一客户重大依赖，是否影响持续经营能力，以及发行人在市场开拓方面具体的应对措施。请保荐代表人说明核查依据、核查过程并发表明确意见。

案例简析

发行人客户集中情形为：报告期内（2014 至 2016 年及 2017 年 1 ~6 月），公司前五大客户的销售额占当期营业收入的比例分别为 83.95%、79.45%、80.25% 和 84.28%。公司客户集中度相对较高，其主要原因是家电行业下游客户的市场集中度很高。公司与格力、美的、泛昌、威康特、容声等主要客户合作时间在10年以上，客户关系较为稳定。报告期内公司对格力的销售收入分别为15501.20万元、12637.02万元、13901.37万元和12444.41万元，占营业收入的比重分别为69.07%、62.63%、65.18%和72.18%。

发行人对于格力业务集中的形成原因为：公司于1998年成立，在成立初期就取得了ISO9001认证，系当时业内少有的取得该认证的企业之一，并成为了美的电器的合格供应商。基于上述因素，格力于2000年开始对公司进行考核、审厂，公司于2001年正式进入格力的供应商名单。除格力珠海生产基地以外，格力于2001年开始陆续设立重庆、合肥、武汉、郑州、芜湖、石家庄、长沙等多个生产基地，公司主要按距离的远近由广州总部或南京分公司向格力各生产基地供货，是格力各个生产基地的主要色母粒供应商。自公司成为格力的合格供应商后，每年双方签署年度购货合同，具体供货以交货计划为准。公司是格力上述各个生产基地的主要色母粒供应商，双方自合作以来，合作关系良好，未发生过任何重大的产品质量纠纷或争议。

公司一直稳定作为格力主要色母粒供应商的主要原因如下：

(1) 波斯科技产品的高品质能够满足格力对色母粒产品的严格要求

色母粒在家电行业塑料制品中的添加比例一般在2%以上，虽然在家电企业生产环节中的成本占比较低，但是对塑料制品的美观和品质具有重要影响。同时，家电企业一般采取规模化、连续式生产，如果使用的色母粒色差、分散性、耐迁移性等技术指标不达标，往往会导致整批制品品质等级下降甚至报废，因此家电企业客户非常注重色母粒的品质等级和质量稳定性。

格力对色母粒产品的质量和性能参数要求一直处于行业领先地位，并会进行严格的入厂检验和生产检验，对色母粒供应商的配方设计能力要求很高。同时，格力要求在其各个不同生产基地生产的同种产品在塑料外观颜色上及耐候性能上具有高度一致性，而其不同生产基地的注塑设备在性能上存在不同程度的差异，对色母粒供应商的配方设计及工艺稳定水平也提出了很高的挑战。一直以来，波斯科技凭借着优秀的色母粒产品配方设计能力及高度稳定的生产工艺水平，成为了格力各个生产基地的主要色母粒供应商，目前波斯科技每年向格力提供超过200个不同品类的定制化色母粒产品，其中大部分为功能色母粒，基本覆盖了格力生产所需的色母粒产品类型。

（2）波斯科技较强的研发能力能够满足格力对产品持续创新的要求

色母粒的质量不仅是家电产品外观的关键决定因素，色母粒所具备的一些功能性（如耐候、阻燃和抗静电等）在家电产品的使用体验和使用安全方面发挥着重要作用，功能性也是色母粒产品不断创新的主要方向之一。

格力一直以来追求持续创新，仅 2016 年全年申请专利 5976 项，其中发明专利 3662 项，这需要格力的供应商具备与之相匹配的产品持续创新和研发能力。由于波斯科技具有较强的研发能力，近年来格力在色母粒领域的众多产品创新都通过波斯科技进行研发或者合作研发，波斯科技平均每年为格力定制开发 80 个以上新的色母粒产品。波斯科技通过产品持续创新和定制开发，不断加强和深化了与格力的合作关系，也使得自身获得了良好的经济效益。例如：公司针对格力专项研发的高耐候功能色母粒产品满足了格力对于海外市场开拓的要求，以及契合了格力将内销产品的质保标准从 6 年提升到 10 年的需求，使得格力取得了良好的产品效应和市场效应，公司的该类色母粒产品的价格也达到了 4 万元/吨以上的较高水平。公司为格力长期定制开发色母粒新产品，深刻理解格力对于产品创新的方向和具体需求，为公司与格力的不断深化合作关系打下良好的基础。

（3）波斯科技快速的生产供应能力能够满足格力多型号、小批量的采购需求

近年来，波斯科技每年对格力销售的色母粒产品型号超过 200 个，其中大部分型号每年采购量较少。例如，2016 年度，格力向波斯科技采购数量在 50 吨以下的色母粒产品型号达到 180 多个。这种多型号、小批量的采购模式对供应商的生产和运输等快速响应能力要求较高。波斯科技建立“快速响应”“主动服务”机制，集中资源为格力提供优质的产品。

（4）波斯科技良好的财务状况能够满足格力零库存的采购要求

格力对色母粒采用零库存管理模式，通常要求色母粒供应商将物料在其仓库存放，格力生产领用后才会确认相关采购。格力供应商需要具备较强的资金实力。波斯科技通过多年经营积累，财务状况良好，能够满足格力对零库存的采购要求。2014 年至 2016 年，格力占公司营业收入的比例基本保持稳定。2017 年上半年，格力营业收入同比增长 40.76%，营业收入规模及增速在家电企业中均居于行业前列。格力营业收入的大幅增长导致其对公司色母

粒产品的采购也随之大幅增加，公司在产能受到限制的情况下，优先保证对格力的产品供应，使得格力占公司营业收入的比例进一步提升至72.18%。

综上，虽然报告期内公司对格力的销售占比较高，存在客户集中的风险，但格力作为家电行业龙头企业，经营规模较大，经营业绩持续较快增长，抗风险能力较强；公司与格力为战略合作关系，合作期限较长且合作关系稳定；公司不存在最近1个会计年度的营业收入或净利润对关联方或者存在重大不确定性的客户存在重大依赖的情况。

该案例中，尽管下游家电行业确实比较集中，格力是知名的家电龙头企业，发行人与格力交易历史较长，然而发行人报告期内对格力的销售收入占其总收入比例一直高于60%以上，销售比例没有明显的下降趋势，反而2017年上半年度对格力的销售收入占比跃升至72.18%，客户依赖性加大，未能获得发审会认可。

案例：603121 华培动力【发行人前十大客户销售收入占营业收入的比重约90%，单一最大客户销售占比最高为36.17%】

发审会关注事项：报告期内，发行人前十大客户的销售收入占营业收入的比重约90%，其中对第一大客户博格华纳的销售收入占营业收入比重分别为27.53%、36.17%及26.69%。请发行人代表：（1）说明发行人客户集中度高的原因及合理性。（2）结合实际控制人曾在博格华纳工作及发行人成为博格华纳供应商流程等情况，说明订单获取是否合法合规，是否存在商业贿赂或不正当竞争情形。（3）说明发行人与博格华纳交易的可持续性，是否存在替代风险，有何应对措施。请保荐代表人说明核查方法、过程及依据，并发表核查意见。

案例简析

报告期内发行人向前五大客户（按照同一实际控制人进行合并）的销售收入占营业收入的比例分别为83.76%、79.58%和67.00%，客户集中度较高。公司客户集中度较高，主要是因为下游行业集中度较高，属于行业共有特点。

（1）公司所处行业与下游行业的关系描述

公司主要从事涡轮增压器关键零部件的研发、生产及销售，所属行业为汽车制造业中汽车零部件及配件制造业，主要向涡轮增压器整机制造商及其零部件制造商供货。全球涡轮增压器市场的主要制造厂商有博格华纳、霍尼韦尔、三菱重工、石川岛播磨、博世马勒、德国大陆等，其合计占据了全球涡轮增压器92%的市场份额。

（2）同行业上市公司的客户集中度情况

报告期内，同行业上市公司中科华控股和发行人同属于涡轮增压器整机制造商的零部件供应单位，科华控股与公司在供应商层级上与公司较为相近，主要客户与公司也存在一定重合。科华控股主要产品包括涡轮壳及其装配件、中间壳及其装配件和其他机械零部件，与公司同属于涡轮增压器零部件制造商。科华控股的客户主要为霍尼韦尔、博格华纳、三菱重工等涡轮增压器制造商，科华控股向前五大客户（按照同一实际控制人进行合并）的销售收入占比较高，各年均超过80%。

综上所述，公司与同行业上市公司客户集中度均处于较高水平，所以客户集中度较高属于行业共有特征。

该案例中，尽管前十大客户集中度较高，销售收入占营业收入的比重约90%，但单一最大客户销售占比不算很高，报告期内最高的占比为36.17%，未达到50%，且与同行业上市公司相比具有行业共性，因此未构成上市法律障碍。

案例：杭州申昊科技股份有限公司（未通过）【报告期内第一大客户销售占比达到74.69%】

发审会关注事项：发行人报告期内直接及间接来自国网浙江的收入金额及占比较高。请发行人代表：（1）说明与国网浙江的合作背景、历史。（2）说明报告期各期直接及间接来源于国网浙江的收入金额和占比，对国网浙江是否存在重大依赖，相关的风险提示是否充分。（3）结合同行业上市公司的情况说明发行人客户较集中以及来源于国网浙江收入较高是否符合行业特点，发行人与国网浙江是否存在关联关系和其他利益安排，交易价格是否公允，并结合国网浙江的经营采购方式以及与发行人的合同签署情况、发行人获取其业务的方式说明与其的合作是否具有稳定性和可持续性。(4) 提供充分的证据说明发行人能否采取公平、公开的手段独立获取国网浙江的业务。请保荐代表人说明核查方法、过程，并发表核查意见。

案例简析

报告期内，发行人2015年前五大销售合计占比97.85%，其中国网浙江占比74.69%、许继集团占比11.65%、国网江苏占比9.98%、华云信息占比0.89%、国网运行占比0.64%；2016年前五大销售合计占比98.02%，其中国网浙江占比45.78%、许继集团占比43.63%、北海银河占比4.00%、国网宁夏占比3.27%、国网湖北占比1.34%；2017年前五大销售合计占比91.33%，其中华云信息占比43.71%、许继集团占比24.41%、国网浙江占比15.60%、国网湖北占比6.06%、杰创电器占比1.55%。

2017年，公司第一大客户发生变化，主要系国网浙江开展电力设备租赁，设备采购主体变化所致。报告期内，国网浙江占公司各期销售比例逐年下降，主要原因系国网浙江逐步开展以租赁方式获取电力设备，相关设备由具备实力的企业采购后租赁给国网浙江。许继集团因承接实施浙江设备经营性租赁项目，向公司采购智能巡检机器人、油色谱等设备；国网国际融资租赁有限公司基于其承接实施的国网浙江设备融资租赁项目，对外招标所需设备及服务。华云信息因中标该项目而向公司采购智能巡检机器人、故障在线监测装置，致使华云信息占公司2017年度的销售比例较高。

该案例中，国网浙江为发行人报告期内的第一大客户，销售占比74.69%，虽然报告期内国网浙江的销售占比不断下降，但发行人其他主要客户占比上升，且其他主要客户采购的产品最终应用于国网浙江，实际上由其他客户的替代采购效应降低了国网浙江的销售占比，如果合并直接和间接销售，国网浙江的业务占发行人业务比例50%以上。因此，发行人认为客户集中不会构成重大不利影响未得到采信。

案例：002938 鹏鼎控股【单一最大客户苹果公司占比呈上升趋势，最近一期占比已经超过70%】

发审会关注事项： 报告期内，发行人前五大客户销售收入占比较高，其中苹果公司是发行人第一大客户和主要供应商，发行人对其销售占比呈逐年上升趋势。请发行人代表说明：（1）客户集中度高的原因及合理性，是否与行业经营特点一致。（2）发行人与苹果公司合作的历史、业务稳定性及可持续性，相关交易的定价原则及公允性，是否存在重大不确定性风险。（3）发行人下游品牌客户调整PCB（印制电路板）供应链管理及采购模式的原因及合理性。（4）发行人与重大客户是否存在关联关系，发行人的业务获取方式是否影响独立性。请保荐代表人说明核查过程、依据，并发表明确核查意见。

案例简析

客户集中情形：报告期内，苹果公司占公司销售比例逐年升高，各期均超过营业收入总额50%，2015年销售占比53.91%、2016年61.32%、2017年63.30%、2018年1~3月71.35%。

客户集中形成原因：苹果公司是全球智能手机和平板电脑的领导者和创新者，坚持多元化创新策略，苹果手机和平板电脑系列产品均受市场广泛欢迎。2017年财政年度，苹果公司的销售额达到2292亿美元，净利润484亿美元。根据Strategy Analytics[①]统计数据，2017年苹果公司在全球智能手机市场占有14.3%的份额，具有广泛的市场影响力。苹果公司对其供应链拥有较强的整合能力，对供应商的品质管控、供货能力和交货速度有着极为严苛的要求。发行人作为全球最大的PCB生产企业之一，以其卓越的研发能力、供货能力和产品质量，得以成功进入苹果公司PCB产品合格供应商体系。报告期内，发行人对苹果公司的销售占比逐年提高，一定程度上反映了苹果公司对

① 全球著名信息技术，通信行业和消费科技市场研究机构。

公司产品研发实力、供货能力和产品质量的认可；此外，发行人对苹果公司销售占比的提高也是由于苹果公司近年由指定组装厂采购发行人产品改为其直接下单采购所致。

客户集中风险的应对措施：2017 年公司已成为全球第一大 PCB 生产企业。公司凭借领先的研发实力、稳定优质的产品质量以及大批量供货并及时交付的能力，长期服务于全球领先的电子品牌客户。在功能机时代，公司长期服务于诺基亚、摩托罗拉、索尼爱立信等国际领先品牌客户，进入智能机时代后，公司与苹果公司、OPPO 等国际领先品牌客户建立了深入合作。除苹果公司外发行人与微软、谷歌（Google）、诺基亚（Nokia）、索尼（SONY）、OPPO、vivo、鸿海集团及和硕集团等重要客户均建立了良好的业务合作关系。发行人 PCB 产品的下游市场未来发展前景广阔，公司将持续加大 PCB 工程研发及制程开发投入，积极实践工业 4.0 智能生产与管理，稳步提高生产自动化水平，不断巩固为不同客户提供全方位 PCB 产品及服务的领先实力，继续致力于与行业领先客户建立深入而广泛的合作。

该案例中，单一最大客户苹果公司占比呈上升趋势，最近一期占比已经超过 70%，仍然获得审核通过，或许与非苹果客户占比虽然下降，但销售金额上升，说明与具有业务拓展能力有关。

第十二章　科创板与注册制简介

中国政府高层及证券监督管理部门对于股票发行实行注册制的改革方向早已确定，据媒体公开披露（http：//finance. sina. com. cn/stock/newstock/zxdt/20120213/100511364315. shtml）[①]，中国证监会第六任主席郭树清于2011年10月上任后不久即在证监会内部提出“IPO不审行不行”的惊人之问，在郭主席离任后的当年，2013年11月12日，中国共产党第十八届中央委员会第三次全体会议通过《中共中央关于全面深化改革若干重大问题的决定》，在这份施政纲领中提出健全多层次资本市场体系，推进股票发行注册制改革。

由于目前有效施行的《证券法》有着“国务院证券监督管理机构设发行审核委员会，依法审核股票发行申请”“国务院证券监督管理机构依照法定条件负责核准股票发行申请”等规定，意味着实行注册制改革需要从法律层面推动《证券法》的修改。

2013年12月，全国人大财经委组成了由部分委员和证监会、发改委、央行、国务院法制办等国务院有关部门负责人以及最高法、全国人大常委会法工委等单位参加的起草组，开展《证券法》的修改工作。经过1年多的研究论证，《证券法》修订草案于2015年4月21日在十二届全国人大常委会第十四次会议上首次亮相。

2015年6月，中国股市大动荡突如其来，上证指数从2015年6月12日的5178. 19高点急剧下跌至7月9日的3373. 54点，短短19个交易日，大盘指数下跌超过1/3，其间多个交易日出现千股跌停，可谓惨烈。彼时至今，虽然股市间或有小幅反弹，但整体上处于下行态势，市场信心不足，交易萎缩。

由于证券市场形势出现急剧变化，《证券法》的修订进程也相应延缓，迟迟

① 最后访问时间：2019年4月10日。

未能将修改稿定稿提交全国人大常委会审议。作为权宜之计，全国人大常委会以授权方式解决《证券法》法律适用问题。2015 年 12 月 27 日，第十二届全国人民代表大会常务委员会第十八次会议对国务院决定：授权国务院对拟在上海证券交易所、深圳证券交易所上市交易的股票的公开发行，调整适用《中华人民共和国证券法》关于股票公开发行核准制度的有关规定，实行注册制度，具体实施方案由国务院作出规定，报全国人民代表大会常务委员会备案，实施期限为 2 年，自 2016 年 3 月 1 日起施行。在两年期限即将届满之时，2018 年 2 月 24 日，第十二届全国人民代表大会常务委员会第三十三次会议决定：2015 年 12 月 27 日第十二届全国人民代表大会常务委员会第十八次会议授权国务院在实施股票发行注册制改革中调整适用《中华人民共和国证券法》有关规定的决定施行期限届满后，期限延长 2 年至 2020 年 2 月 29 日。

在注册制改革落地的预期渐行渐远之际，国家主席习近平于 2018 年 11 月 5 日在位于上海的首届中国国际进口博览会开幕式主旨演讲中宣布将在上海证券交易所设立科创板并试点注册制，支持上海国际金融中心和科技创新中心建设，不断完善资本市场基础制度。

其后，中国证监会及上海证券交易所紧锣密鼓地推进在科创板实施注册制的落地工作。2019 年 3 月 1 日，在公开征求意见后，中国证监会发布了《关于在上海证券交易所设立科创板并试点注册制的实施意见》《科创板首次公开发行股票注册管理办法（试行）》《科创板上市公司持续监管办法（试行）》，对设立科创板并试点注册制中的整体部署、重点环节和关键制度，作出了明确规定，对在交易所层面如何同步进行制度改革创新提出了明确要求；上海证券交易所发布了《上海证券交易所科创板股票发行上市审核规则》《上海证券交易所科创板股票发行与承销实施办法》《上海证券交易所科创板股票上市规则》《上海证券交易所科创板股票交易特别规定》等配套业务规则，以统筹推进发行、上市、信息披露、交易、退市等基础制度改革，建立健全以信息披露为中心的股票发行上市制度。

2019 年 3 月 22 日，上海证券交易所在其官方网站披露了首批 9 家申请在科创板上市的企业名单及其招股说明书。

由于科创板的开板同时肩负着包容高新技术产业和战略新兴产业进入资本市场融资发展以及改革和完善资本市场基础制度的使命，因此，科创板注定与目前的主板、中小板、创业板既有资本市场的共通性，也有其强烈的独特性，从中国证监会和上海证券交易所制定的具体规则中已清楚地看到了这一点。例如，科创板对于拟上市企业的规范性要求、实际控制人及核心团队稳定性要求、信息披露真实性要求与现有市场规则大同小异，但在审核形式（交易所审核、电子申报）、上市实质要求（预期市值、允许非盈利）、治理机制（允许同股不同权）、上市后的监管（特定股东更长的减持禁止期、更灵活的股权激励）、交易规则（投资者准入门槛 50 万、涨跌幅 20%，首次上市 5 日内无涨跌幅限制）、强制退市（区分财务类、规范类等不同情形）等方面与现有规则均存在较大的差异。

可以预见，基于科创板独特的定位和制度安排，上海交易所在审核拟上市企业的实践中，审核理念与现有市场的审核理念也会有所差异，拟上市企业行业特性与技术先进性将得到更多的关注。

一旦科创板的实践为证券监管部门及立法部门提供了成功的经验总结，以修订《证券法》的形式而全面实施注册制也许指日可待。

第十三章　附　则

一、目前国内上市板块条件与要求比较表

<table>
<tr><th>序号</th><th colspan="2">比较事项</th><th>主板（中小板）</th><th>创业板</th><th>科创板</th></tr>
<tr><td>1</td><td colspan="2">审核机制</td><td colspan="2">证监会审核</td><td>上交所审核，证监会注册</td></tr>
<tr><td rowspan="2">2</td><td rowspan="2">主体资格</td><td>一般要求</td><td>《首次公开发行股票并上市管理办法》第八条第一款：“发行人应当是依法设立且合法存续的股份有限公司。”
第九条：“发行人自股份有限公司成立后，持续经营时间应当在3年以上，但经国务院批准的除外。有限责任公司按原账面净资产值折股整体变更为股份有限公司的，持续经营时间可以从有限责任公司成立之日起计算。”</td><td>《首次公开发行股票并在创业板上市管理办法》第十一条：“发行人申请首次公开发行股票应当符合下列条件：（一）发行人是依法设立且持续经营三年以上的股份有限公司。有限责任公司按原账面净资产值折股整体变更为股份有限公司的，持续经营时间可以从有限责任公司成立之日起计算；……”</td><td>《科创板首次公开发行股票注册管理办法（试行）》第十条：“发行人是依法设立且持续经营3年以上的股份有限公司，具备健全且运行良好的组织机构，相关机构和人员能够依法履行职责。有限责任公司按原账面净资产值折股整体变更为股份有限公司的，持续经营时间可以从有限责任公司成立之日起计算。”</td></tr>
<tr><td>实缴注册资本</td><td>《首次公开发行股票并上市管理办法》第十条：“发行人的注册资本已足额缴纳，发起人或者股东用作出资的资产的财产权转移手续已办理完毕，发行人的主要资产不存在重大权属纠纷……”</td><td>《首次公开发行股票并在创业板上市管理办法》第十二条：“发行人的注册资本已足额缴纳，发起人或者股东用作出资的资产的财产权转移手续已办理完毕。……”</td><td>无明文规定</td></tr>
</table>

续表

		股本	《首次公开发行股票并上市管理办法》第二十六条："发行人应当符合下列条件：……（三）发行前股本总额不少于3000万元；……"《上海证券交易所股票上市规则》《深圳证券交易所股票上市规则》5.1.1："发行人首次公开发行股票后申请其股票在本所上市，应当符合以下条件：……（二）公司股本总额不少于人民币5000万元；……"	《首次公开发行股票并在创业板上市管理办法》第十一条："发行人申请首次公开发行股票应当符合下列条件：……（四）发行后股本总额不少于三千万元。……"	《上海证券交易所科创板股票上市规则》第2.1.1条："发行人申请在本所科创板上市，应当符合下列条件：……（二）发行后股本总额不低于人民币3000万元；……"
		最低公众持股比例	《上海证券交易所股票上市规则》《深圳证券交易所股票上市规则》5.1.1条："发行人首次公开发行股票后申请其股票在本所上市，应当符合以下条件：……（三）公开发行的股份达到公司股份总数的25%以上；公司股本总额超过人民币四亿元，公开发行股份的比例为10%以上；……"	《深圳证券交易所创业板股票上市规则》5.1.1条："发行人申请股票在本所上市，应当符合下列条件：……（三）公开发行的股份达到公司股份总数的25%以上；公司股本总额超过四亿元的，公开发行股份的比例为10%以上；……"	《上海证券交易所科创板股票上市规则》第2.1.1条："发行人申请在本所科创板上市，应当符合下列条件：……（三）公开发行的股份达到公司股份总数的25%以上；公司股本总额超过人民币4亿元的，公开发行股份的比例为10%以上；……"
3	业务范围	主营业务	《首次公开发行股票并上市管理办法》第十一条："发行人的生产经营符合法律、行政法规和公司章程的规定，符合国家产业政策。" 《首次公开发行股票并上市管理办法》第十二条："发行人最近3年内主营业务没有发生重大变化，……"	《首次公开发行股票并在创业板上市管理办法》第十三条："发行人应当主要经营一种业务，其生产经营活动符合法律、行政法规和公司章程的规定，符合国家产业政策及环境保护政策。" 第十四条："发行人最近两年内主营业务没有发生重大变化，……"	《科创板首次公开发行股票注册管理办法（试行）》第三条："发行人申请首次公开发行股票并在科创板上市，应当符合科创板定位，面向世界科技前沿、面向经济主战场、面向国家重大需求。优先支持符合国家战略，拥有关键核心技术，科技创新能力突出，主要依靠核心技术

续表

					开展生产经营，具有稳定的商业模式，市场认可度高，社会形象良好，具有较强成长性的企业。” 《关于在上海证券交易所设立科创板并试点注册制的实施意见》：“……（三）准确把握科创板定位。在上交所新设立科创板，坚持面向世界科技前沿、面向经济主战场、面向国家重大需求，主要服务于符合国家战略、突破关键核心技术、市场认可度高的科技创新企业。重点支持新一代信息技术、高端设备、新材料、新能源、节能环保以及生物医药等高新技术产业和战略性新兴产业，推动互联网、大数据、云计算、人工智能和制造业深度融合，引领中高端消费，推动质量变革、效率变革、动力变革。具体行业范围由上交所发布并适时更新。……” 《上海证券交易所科创板企业上市推荐指引》进行了详细规定。
		募集资金用途	无明文规定	无明文规定	《科创板首次公开发行股票注册管理办法（试行）》第四十条：“发行人应当披露其募集资金使用管理制度，以及募集资金重点投向科技创新领域的具体安排。”

续表

4	业绩条件	市值或盈利	《首次公开发行股票并上市管理办法》第二十六条：“发行人应当符合以下条件：（一）最近3个会计年度净利润均为正数且累计超过人民币3000万元，净利润以扣除非经常性损益前后较低者为计算依据；① （二）最近3个会计年度经营活动产生的现金流量净额累计超过人民币5000万元；或者最近3个会计年度营业收入累计超过人民币3亿元； …… （四）最近一期末无形资产（扣除土地使用权、水面养殖权和采矿权等后）占净资产的比例不高于20%； （五）最近一期不存在未弥补亏损。”	《首次公开发行股票并在创业板上市管理办法》第十一条：“发行人申请首次公开发行股票应当符合下列条件：……（二）最近两年连续盈利，最近两年净利润累计不少于一千万元；或者最近一年盈利，最近一年营业收入不少于五千万元。净利润以扣除非经常性损益前后孰低者为计算依据；（三）最近一期末净资产不少于二千万元，且不存在未弥补亏损。 中国证监会根据《关于开展创新企业境内发行股票或存托凭证试点的若干意见》等规定认定的试点企业（以下简称试点企业），可不适用前款第（二）项规定和第（三）项“不存在未弥补亏损”的规定。	《上海证券交易所科创板股票上市规则》第2.1.2条：“发行人申请在本所科创板上市，市值及财务指标应当至少符合下列标准中的一项：（一）预计市值不低于人民币10亿元，最近两年净利润均为正且累计净利润不低于人民币5000万元，或者预计市值不低于人民币10亿元，最近一年净利润为正且营业收入不低于人民币1亿元；（二）预计市值不低于人民币15亿元，最近一年营业收入不低于人民币2亿元，且最近三年累计研发投入占最近三年累计营业收入的比例不低于15%；（三）预计市值不低于人民币20亿元，最近一年营业收入不低于人民币3亿元，且最近三年经营活动产生的现金流量净额累计不低于人民币1亿元；（四）预计市值不低于人民币30亿元，且最近一年营业收入不低于人民币3亿元；（五）预计市值不低于人民币40亿元，主要业务或产品需经国家有关部门批准，市场空间大，目前已取得阶段性成果。医药行业企业需至少有一项核心产品获准开展二期临床试验，其他符合科创板定位的企业

① 中国证监会根据《关于开展创新企业境内发行股票或存托凭证试点的若干意见》等规定认定的试点企业，可不适用。

续表

					需具备明显的技术优势并满足相应条件。本条所称净利润以扣除非经常性损益前后的孰低者为准，所称净利润、营业收入、经营活动产生的现金流量净额均指经审计的数值。” 2.1.3 条：“符合《国务院办公厅转发证监会关于开展创新企业境内发行股票或存托凭证试点若干意见的通知》（国办发〔2018〕21 号）相关规定的红筹企业，可以申请发行股票或存托凭证并在科创板上市。营业收入快速增长，拥有自主研发、国际领先技术，同行业竞争中处于相对优势地位的尚未在境外上市红筹企业，申请在科创板上市的，市值及财务指标应当至少符合下列标准之一：（一）预计市值不低于人民币 100 亿元；（二）预计市值不低于人民币 50 亿元，且最近一年营业收入不低于人民币 5 亿元。 2.1.4 条：“发行人具有表决权差异安排的，市值及财务指标应当至少符合下列标准中的一项：（一）预计市值不低于人民币 100 亿元；（二）预计市值不低于人民币 50 亿元，且最近一年营业收入不低于人民币 5 亿元。发行人特别表决权股份的持有人资格、公司章程关于表决权差异安排的具体规定，应当符

续表

					合本规则第四章第五节的规定。本规则所称表决权差异安排，是指发行人依照《公司法》第一百三十一条的规定，在一般规定的普通股份之外，发行拥有特别表决权的股份（以下简称特别表决权股份）。每一特别表决权股份拥有的表决权数量大于每一普通股份拥有的表决权数量，其他股东权利与普通股份相同。”
		不存在影响持续盈利能力的情形	《首次公开发行股票并上市管理办法》第三十条：“发行人不得有下列影响持续盈利能力的情形： （一）发行人的经营模式、产品或服务的品种结构已经或者将发生重大变化，并对发行人的持续盈利能力构成重大不利影响； （二）发行人的行业地位或发行人所处行业的经营环境已经或者将发生重大变化，并对发行人的持续盈利能力构成重大不利影响； （三）发行人最近1个会计年度的营业收入或净利润对关联方或者存在重大不确定性的客户存在重大依赖； （四）发行人最近1个会计年度的净利润主要来自合并财务报表范围以外的投资收益； （五）发行人在用的商标、专利、专有技术以	无明文规定	《科创板首次公开发行股票注册管理办法（试行）》第十二条，发行人不存在经营环境已经或者将要发生重大变化等对持续经营有重大不利影响的事项。

续表

		及特许经营权等重要资产或技术的取得或者使用存在重大不利变化的风险； （六）其他可能对发行人持续盈利能力构成重大不利影响的情形。”		
5	合规性	发行人禁止性规定	《首次公开发行股票并上市管理办法》第十八条：“发行人不得有下列情形： （一）最近36个月内未经法定机关核准，擅自公开或者变相公开发行过证券；或者有关违法行为虽然发生在36个月前，但目前仍处于持续状态； （二）最近36个月内违反工商、税收、土地、环保、海关以及其他法律、行政法规，受到行政处罚，且情节严重； （三）最近36个月内曾向中国证监会提出发行申请，但报送的发行申请文件有虚假记载、误导性陈述或重大遗漏；或者不符合发行条件以欺骗手段骗取发行核准；或者以不正当手段干扰中国证监会及其发行审核委员会审核工作；或者伪造、变造发行人或其董事、监事、高级管理人员的签字、盖章； （四）本次报送的发行申请文件有虚假记载、误导性陈述或者重大遗漏； （五）涉嫌犯罪被司法机关立案侦查，尚未有明确结论意见； （六）严重损害投资者合法权益和社会公共利益的其他情形。”	《首次公开发行股票并在创业板上市管理办法》第二十条：“发行人及其控股股东、实际控制人最近三年内不存在损害投资者合法权益和社会公共利益的重大违法行为。发行人及其控股股东、实际控制人最近三年内不存在未经法定机关核准，擅自公开或变相公开发行证券，或者有关违法行为虽然发生在三年前，但目前仍处于持续状态的情形。”	《科创板首次公开发行股票注册管理办法（试行）》第十三条第一款、第二款：“发行人生产经营符合法律、行政法规的规定，符合国家产业政策。最近3年内，发行人及其控股股东、实际控制人不存在贪污、贿赂、侵占财产、挪用财产或者破坏社会主义市场经济秩序的刑事犯罪，不存在欺诈发行、重大信息披露违法或者其他涉及国家安全、公共安全、生态安全、生产安全、公众健康安全等领域的重大违法行为。” 《上海证券交易所科创板股票发行上市审核问答》“3. 对发行条件中“其他涉及国家安全、公共安全、生态安全、生产安全、公众健康安全等领域的重大违法行为”，应当如何理解？ 答：最近3年内，发行人及其控股股东、实际控制人在国家安全、公共安全、生态安全、生产安全、公众健康安全等领域，存在以下违法行为之一的，原则上视为重大违法行为：被处以罚款等处罚且情节严重；导致严重环境污染、重大人员伤亡、社会影响恶劣等。

续表

		控股股东、实际控制人禁止性规定	无明文规定		有以下情形之一且中介机构出具明确核查结论的，可以不认定为重大违法：违法行为显著轻微、罚款数额较小；相关规定或处罚决定未认定该行为属于情节严重；有权机关证明该行为不属于重大违法。但违法行为导致严重环境污染、重大人员伤亡、社会影响恶劣等并被处以罚款等处罚的，不适用上述情形。”
		董监高禁止性规定	《首次公开发行股票并上市管理办法》第十六条：“发行人的董事、监事和高级管理人员符合法律、行政法规和规章制定的任职资格，且不得有下列情形： （一）被中国证监会采取证券市场禁入措施尚在禁入期的； （二）最近 36 个月内受到中国证监会行政处罚，或者最近 12 个月内受到证券交易所公开谴责； （三）因涉嫌犯罪被司法机关立案侦查或者涉嫌违法违规被中国证监会立案调查，尚未有明确结论意见。”	《首次公开发行股票并在创业板上市管理办法》第十九条：“发行人的董事、监事和高级管理人员应当忠实、勤勉，具备法律、行政法规和规章规定的资格，且不在下列情形： （一）被中国证监会采取证券市场禁入措施尚在禁入期的； （二）最近三年内受到中国证监会行政处罚，或者最近一年内受到证券交易所公开谴责的； （三）因涉嫌犯罪被司法机关立案侦查或者涉嫌违法违规被中国证监会立案调查，尚未有明确结论意的。”	《科创板首次公开发行股票注册管理办法（试行）》第十三条第三款：“董事、监事和高级管理人员不存在最近 3 年内受到中国证监会行政处罚，或者因涉嫌犯罪被司法机关立案侦查或者涉嫌违法违规被中国证监会立案调查，尚未有明确结论意见等情形。”
		税务	《首次公开发行股票并上市管理办法》第二十七条：“发行人依法纳税，各项税收优惠符合相关法律法规的规定。发行人的经营成果对税收优惠不存在严重依赖。”	无明文规定	无明文规定

续表

		偿债风险及或有事项	《首次公开发行股票并上市管理办法》第二十八条："发行人不存在重大偿债风险，不存在影响持续经营的担保、诉讼以及仲裁等重大或有事项。"	无明文规定	《科创板首次公开发行股票注册管理办法（试行）》第十二条，发行人不存在重大偿债风险，重大担保、诉讼、仲裁等或有事项。
6	治理运作	公司治理结构	《首次公开发行股票并上市管理办法》第十四条："发行人已经依法建立健全股东大会、董事会、监事会、独立董事、董事会秘书制度，相关机构和人员能够依法履行职责。"	《首次公开发行股票并在创业板上市管理办法》第十六条："发行人具有完善的公司治理结构，依法建立健全股东大会、董事会、监事会以及独立董事、董事会秘书、审计委员会制度，相关机构和人员能够依法履行职责。发行人应当建立健全股东投票计票制度，建立发行人与股东之间的多元化纠纷解决机制，切实保障投资者依法行使收益权、知情权、参与权、监督权、求偿权等股东权利。"	《科创板首次公开发行股票注册管理办法》第十条第一款："发行人具备健全且运行良好的组织机构，相关机构和人员能够依法履行职责。"
		实际控制人稳定性 董监高稳定性	《首次公开发行股票并上市管理办法》第十二条："发行人最近3年内主营业务和董事、高级管理人员没有发生重大变化，实际控制人没有发生变更。"	《首次公开发行股票并在创业板上市管理办法》第十四条："发行人最近两年内董事、高级管理人员均没有发生重大变化，实际控制人没有发生变更。" 第十五条："发行人的股权清晰，控股股东和受控股股东、实际控制人支配的股东所持发行人的股份不存在重大权属纠纷。"	《科创板首次公开发行股票注册管理办法（试行）》第十二条第二项："发行人主营业务、控制权、管理团队和核心技术人员稳定，最近2年内主营业务和董事、高级管理人员及核心技术人员均没有发生重大不利变化；控股股东和受控股股东、实际控制人支配的股东所持发行人的股份权属清晰，最近2年实际控制人没有发生变更，不存在导致控制权可能变更的重大权属纠纷。"

续表

		核心技术人员稳定性	无明文规定	无明文规定	《上海证券交易所科创板股票发行上市审核问答》："6. 对发行条件中发行人最近2年内'董事、高级管理人员及核心技术人员均没有发生重大不利变化'，应当如何理解？ 答：申请在科创板上市的企业，应当根据企业生产经营需要和相关人员对企业生产经营发挥的实际作用，确定核心技术人员范围，并在招股说明书中披露认定情况和认定依据。原则上，核心技术人员通常包括公司技术负责人、研发负责人、研发部门主要成员、主要知识产权和非专利技术的发明人或设计人、主要技术标准的起草者等。 对发行人的董事、高级管理人员及核心技术人员是否发生重大不利变化的认定，应当本着实质重于形式的原则，综合两方面因素分析：一是最近2年内的变动人数及比例，在计算人数比例时，以上述人员合计总数作为基数；二是上述人员离职或无法正常参与发行人的生产经营是否对发行人生产经营产生重大不利影响。 变动后新增的上述人员来自原股东委派或发行人内部培养产生的，原则上不构成重大不利变化。发行人管理层因退

续表

					休、调任等原因发生岗位变化的，原则上不构成重大不利变化，但发行人应当披露相关人员变动对公司生产经营的影响。 如果最近2年内发行人上述人员变动人数比例较大或上述人员中的核心人员发生变化，进而对发行人的生产经营产生重大不利影响的，应视为发生重大不利变化。”
		财务制度	《首次公开发行股票并上市管理办法》第二十三条：“发行人会计基础工作规范，财务报表的编制符合企业会计准则和相关会计制度的规定，在所有重大方面公允地反映了发行人的财务状况、经营成果和现金流量，并由注册会计师出具无保留意见的审计报告。”	《首次公开发行股票并在创业板上市管理办法》第十七条：“发行人会计基础工作规范，财务报表的编制和披露符合企业会计准则和相关信息披露规则的规定，在所有重大方面公允地反映了发行人的财务状况、经营成果和现金流量，并由注册会计师出具无保留意见的审计报告。”	《科创板首次公开发行股票注册管理办法（试行）》第十一条：“发行人会计基础工作规范，财务报表的编制和披露符合企业会计准则和相关信息披露规则的规定，在所有重大方面公允地反映了发行人的财务状况、经营成果和现金流量，并由注册会计师出具标准无保留意见的审计报告。发行人内部控制制度健全且被有效执行，能够合理保证公司运行效率、合法合规和财务报告的可靠性，并由注册会计师出具无保留结论的内部控制鉴证报告。”
		内部控制制度	《首次公开发行股票并上市管理办法》第十七条：“发行人内部控制制度健全且被有效执行，能够合理保证财务报告的可靠性、生产经营的合法性、营运的效率与效果。” 第二十二条：“发行人的内部控制在所有重大方面是有效的，并由注册会计师出具了无保留结论的内部控制鉴证报告。”	《首次公开发行股票并在创业板上市管理办法》第十八条：“发行人内部控制制度健全且被有效执行，能够合理保证公司运行效率、合法合规和财务报告的可靠性，并由注册会计师出具无保留结论的内部控制鉴证报告。”	

续表

		资金管理制度	《首次公开发行股票并上市管理办法》第二十条："发行人有严格的资金管理制度，不得有资金被控股股东、实际控制人及其控制的其他企业以借款、代偿债务、代垫款项或者其他方式占用的情形。"	无明文规定	《科创板上市公司持续监管办法（试行）》第三十二条："科创公司应当建立完善募集资金管理使用制度，按照交易所规定持续披露募集资金使用情况和募集资金重点投向科技创新领域的具体安排。"
		独立性	2015 年中国证监会修订了《首次公开发行股票并上市管理办法》，删除了"业务及人员、财务、机构独立"一条，但《公开发行证券的公司信息披露内容与格式准则第 1 号——招股说明书（2015 年修订）》第五十一条仍规定了人员、财务、机构及业务独立要求，且实践中亦照此执行。	《首次公开发行股票并在创业板上市管理办法》第三十四条："发行人应当在招股说明书中披露已达到发行监管对公司独立性的基本要求。" 《公开发行证券的公司信息披露内容与格式准则第 1 号——招股说明说》第五十一条第一款："发行人应披露已达到发行监管对公司独立性的下列基本要求：（一）资产完整方面。生产型企业具备与生产经营有关的主要生产系统、辅助生产系统和配套设施，合法拥有与生产经营有关的主要土地、厂房、机器设备以及商标、专利、非专利技术的所有权或者使用权，具有独立的原料采购和产品销售系统；非生产型企业具备与经营有关的业务体系及主要相关资产；（二）人员独立方面。发行人的总经理、副总经理、财务负责人和董事会秘书等高级管	《科创板首次公开发行股票注册管理办法（试行）》第十二条："发行人业务完整，具有直接面向市场独立持续经营的能力：（一）资产完整，业务及人员、财务、机构独立，……"

续表

				理人员不在控股股东、实际控制人及其控制的其他企业中担任除董事、监事以外的其他职务，不在控股股东、实际控制人及其控制的其他企业领薪；发行人的财务人员不在控股股东、实际控制人及其控制的其他企业中兼职；（三）财务独立方面。发行人已建立独立的财务核算体系、能够独立作出财务决策、具有规范的财务会计制度和对分公司、子公司的财务管理制度；发行人未与控股股东、实际控制人及其控制的其他企业共用银行账户；（四）机构独立方面。发行人已建立健全内部经营管理机构、独立行使经营管理职权，与控股股东和实际控制人及其控制的其他企业间不存在机构混同的情形；（五）业务独立方面。发行人的业务独立于控股股东、实际控制人及其控制的其他企业，与控股股东、实际控制人及其控制的其他企业间不存在同业竞争或者显失公平的关联交易。”	
		关联交易	《首次公开发行股票并上市管理办法》第二十五条：“发行人应完整披露关联方关系并按重要性原则恰当披露	《公开发行证券的公司信息披露内容与格式准则第 1 号——招股说明书》第五十四条：“发行人应根据《公司	《科创板首次公开发行股票注册管理办法（试行）》第十二条，不存在严重影响独立性或者显失公平的关联交易。

续表

			关联交易。关联交易价格公允，不存在通过关联交易操纵利润的情形。”	法》和《企业会计准则》的相关规定披露关联方、关联关系和关联交易。”	
		同业竞争	2015 年中国证监会修订了《首次公开发行股票并上市管理办法》，删除了“发行人的业务与控股股东、实际控制人及其控制的其他企业间不得有同业竞争”一条，但《公开发行证券的公司信息披露内容与格式准则第 1 号——招股说明书（2015 年修订)》第五十二条规定：“发行人应披露是否存在与控股股东、实际控制人及其控制的其他企业从事相同、相似业务的情况。对存在相同、相似业务的，发行人应对是否存在同业竞争作出合理解释。”实践中仍参照此条规定执行。	《公开发行证券的公司信息披露内容与格式准则第 1 号——招股说明书》第五十二条：“发行人应披露是否存在与控股股东、实际控制人及其控制的其他企业从事相同、相似业务的情况。对存在相同、相似业务的，发行人应对是否存在同业竞争作出合理解释。”	《科创板首次公开发行股票注册管理办法（试行)》第十二条，与控股股东、实际控制人及其控制的其他企业间不存在对发行人构成重大不利影响的同业竞争。 《上海证券交易所科创板股票发行上市审核问答》：“4. 对发行条件发行人‘与控股股东、实际控制人及其控制的其他企业间不存在对发行人构成重大不利影响的同业竞争’中的‘重大不利影响’，应当如何理解？ 答：申请在科创板上市的企业，如存在同业竞争情形，认定同业竞争是否构成重大不利影响时，保荐机构及发行人律师应结合竞争方与发行人的经营地域、产品或服务的定位，同业竞争是否会导致发行人与竞争方之间的非公平竞争、是否会导致发行人与竞争方之间存在利益输送、是否会导致发行人与竞争方之间相互或者单方让渡商业机会情形，对未来发展的潜在影响等方面，核查并出具明确意见。竞争方的同类收入或毛利占发行人该类业务收入或毛利的比例达 30% 以上的，

续表

					如无充分相反证据，原则上应认定为构成重大不利影响。 发行人应在招股说明书中，披露以下内容：一是竞争方与发行人存在同业竞争的情况，二是保荐机构及发行人律师针对同业竞争是否对发行人构成重大不利影响的核查意见和认定依据。”
		对外担保	《首次公开发行股票并上市管理办法》第十九条：“发行人的公司章程中已明确对外担保的审批权限和审议程序，不存在为控股股东、实际控制人及其控制的其他企业进行违规担保的情形。”	无明文规定	无明文规定
		表决权差异	实践中参照《公司法》第一百零三条和第一百二十六条规定，股东出席股东大会会议，所持每一股份有一表决权。 股份的发行，实行公平、公正的原则，同种类的每一股份应当具有同等权利。同次发行的同种类股票，每股的发行条件和价格应当相同；任何单位或者个人所认购的股份，每股应当支付相同价额。		《上海证券交易所科创板股票上市规则》第四章第五节全文，其中第4.5.2条：“发行人首次公开发行并上市前设置表决权差异安排的，应当经出席股东大会的股东所持三分之二以上的表决权通过。发行人在首次公开发行并上市前不具有表决权差异安排的，不得在首次公开发行并上市后以任何方式设置此类安排。” 第4.5.3条：“持有特别表决权股份的股东应当为对上市公司发展或者业务增长等作出重大贡献，并且在公司上市前及上市后持续担任公司董事的人员或者该等人员实际控制的持股主体。

续表

				持有特别表决权股份的股东在上市公司中拥有权益的股份合计应当达到公司全部已发行有表决权股份 10% 以上。” 4.5.4 条：“上市公司章程应当规定每份特别表决权股份的表决权数量。每份特别表决权股份的表决权数量应当相同，且不得超过每份普通股份的表决权数量的 10 倍。”
7	资产要求	《首次公开发行股票并上市管理办法》第二十一条：“发行人资产质量良好，资产负债结构合理，盈利能力较强，现金流量正常。” 第二十六条：“发行人应当符合下列条件：……（四）最近一期末无形资产（扣除土地使用权、水面养殖权和采矿权等后）占净资产的比例不高于 20%。……”	《首次公开发行股票并在创业板上市管理办法》第十二条，发行人的主要资产不存在重大权属纠纷。 第十一条：“发行人申请首次公开发行股票应当符合下列条件：……（三）最近一期末净资产不少于二千万元，且不存在未弥补亏损；……”	《科创板首次公开发行股票注册管理办法（试行）》第十二条，发行人不存在主要资产、核心技术、商标等的重大权属纠纷。
8	股份锁定及减持限制	《上海证券交易所股票上市规则》第 5.1.4 条：“发行人首次公开发行股票前已发行的股份，自发行人股票上市之日起一年内不得转让。” 第 5.1.5 条：“发行人向本所申请其首次公开发行股票上市时，控股股东和实际控制人应当承诺：自发行人股票上市之日起 36 个月内，不转让或者委托他人管理其直接和间接持有的发行人首次公开发行股票前	《深圳证券交易所创业板股票上市规则》第 5.1.5 条：“发行人公开发行股票前已发行的股份，自发行人股票上市之日起一年内不得转让。” 第 5.1.6 条：“发行人向本所提出其首次公开发行的股票上市申请时，控股股东和实际控制人应当承诺：自发行人股票上市之日起三十六个月内，不转让或者委托他人管理其直接或者间接持有的发行人公开发行	《上海证券交易所科创板股票上市规则》第 2.4.3 条：“公司上市时未盈利的，在公司实现盈利前，控股股东、实际控制人自公司股票上市之日起 3 个完整会计年度内，不得减持首发前股份；自公司股票上市之日起第 4 个会计年度和第 5 个会计年度内，每年减持的首发前股份不得超过公司股份总数的 2%，并应当符合《减持细则》关于减持股份的相关规定。 公司上市时未盈利的，在公司实现盈利前，董事、

续表

		已发行股份，也不由发行人回购该部分股份。但转让双方存在控制关系，或者均受同一实际控制人控制的，自发行人股票上市之日起一年后，经控股股东和实际控制人申请并经本所同意，可豁免遵守前款承诺。” 类似规定见《深圳证券交易所股票上市规则》5.1.5、5.1.6	股票前已发行的股份，也不由发行人回购其直接或者间接持有的发行人公开发行股票前已发行的股份。发行人应当在上市公告书中公告上述承诺。自发行人股票上市之日起一年后，出现下列情形之一的，经控股股东和实际控制人申请并经本所同意，可以豁免遵守上述承诺：（一）转让双方存在实际控制关系，或者均受同一控制人控制的；（二）本所认定的其他情形。”	监事、高级管理人员及核心技术人员自公司股票上市之日起3个完整会计年度内，不得减持首发前股份；在前述期间内离职的，应当继续遵守本款规定。公司实现盈利后，前两款规定的股东可以自当年年度报告披露后次日起减持首发前股份，但应当遵守本节其他规定。” 第2.4.4条：“上市公司控股股东、实际控制人减持本公司首发前股份的，应当遵守下列规定：（一）自公司股票上市之日起36个月内，不得转让或者委托他人管理其直接和间接持有的首发前股份，也不得提议由上市公司回购该部分股份；（二）法律法规、本规则以及本所业务规则对控股股东、实际控制人股份转让的其他规定。 发行人向本所申请其股票首次公开发行并上市时，控股股东、实际控制人应当承诺遵守前款规定。转让双方存在控制关系或者受同一实际控制人控制的，自发行人股票上市之日起12个月后，可豁免遵守本条第一款规定。” 第2.4.5条：“上市公司核心技术人员减持本公司首发前股份的，应当遵守下列规定：（一）自公司股票上市之日起12个月内和离职后6个月内

续表

				不得转让本公司首发前股份；（二）自所持首发前股份限售期满之日起 4 年内，每年转让的首发前股份不得超过上市时所持公司首发前股份总数的 25%，减持比例可以累积使用；（三）法律法规、本规则以及本所业务规则对核心技术人员股份转让的其他规定。” 第 4.5.3 条第二款：“持有特别表决权股份的股东应当为对上市公司发展或者业务增长等作出重大贡献，并且在公司上市前及上市后持续担任公司董事的人员或者该等人员实际控制的持股主体。” 第 4.5.8 条：“特别表决权股份不得在二级市场进行交易，但可以按照本所有关规定进行转让。” 第 4.5.9 条：“出现下列情形之一的，特别表决权股份应当按照 1∶1 的比例转换为普通股份：（一）持有特别表决权股份的股东不再符合本规则第 4.5.3 条规定的资格和最低持股要求，或者丧失相应履职能力、离任、死亡；（二）实际持有特别表决权股份的股东失去对相关持股主体的实际控制；（三）持有特别表决权股份的股东向他人转让所持有的特别表决权股份，或者将特别表决权股份的表决权委托他人行使；

续表

				（四）公司的控制权发生变更。发生前款第四项情形的，上市公司已发行的全部特别表决权股份均应当转换为普通股份。”

二、目前国内上市各板块管理办法

首次公开发行股票并上市管理办法

（2006 年 5 月 17 日中国证券监督管理委员会第 180 次主席办公会议审议通过　根据 2015 年 12 月 30 日中国证券监督管理委员会《关于修改〈首次公开发行股票并上市管理办法〉的决定》第一次修正　根据 2018 年 6 月 6 日中国证券监督管理委员会《关于修改〈首次公开发行股票并上市管理办法〉的决定》第二次修正）

第一章　总　　则

第一条　为了规范首次公开发行股票并上市的行为，保护投资者的合法权益和社会公共利益，根据《证券法》《公司法》，制定本办法。

第二条　在中华人民共和国境内首次公开发行股票并上市，适用本办法。

境内公司股票以外币认购和交易的，不适用本办法。

第三条　首次公开发行股票并上市，应当符合《证券法》《公司法》和本办法规定的发行条件。

第四条　发行人依法披露的信息，必须真实、准确、完整，不得有虚假记载、误导性陈述或者重大遗漏。

第五条　保荐人及其保荐代表人应当遵循勤勉尽责、诚实守信的原则，认真履行审慎核查和辅导义务，并对其所出具的发行保荐书的真实性、准确性、完整性负责。

第六条　为证券发行出具有关文件的证券服务机构和人员，应当按照本行业公认的业务标准和道德规范，严格履行法定职责，并对其所出具文件的真实性、准确性和完整性负责。

第七条 中国证券监督管理委员会（以下简称中国证监会）对发行人首次公开发行股票的核准，不表明其对该股票的投资价值或者投资者的收益作出实质性判断或者保证。股票依法发行后，因发行人经营与收益的变化引致的投资风险，由投资者自行负责。

第二章 发行条件

第一节 主体资格

第八条 发行人应当是依法设立且合法存续的股份有限公司。

经国务院批准，有限责任公司在依法变更为股份有限公司时，可以采取募集设立方式公开发行股票。

第九条 发行人自股份有限公司成立后，持续经营时间应当在 3 年以上，但经国务院批准的除外。

有限责任公司按原账面净资产值折股整体变更为股份有限公司的，持续经营时间可以从有限责任公司成立之日起计算。

第十条 发行人的注册资本已足额缴纳，发起人或者股东用作出资的资产的财产权转移手续已办理完毕，发行人的主要资产不存在重大权属纠纷。

第十一条 发行人的生产经营符合法律、行政法规和公司章程的规定，符合国家产业政策。

第十二条 发行人最近 3 年内主营业务和董事、高级管理人员没有发生重大变化，实际控制人没有发生变更。

第十三条 发行人的股权清晰，控股股东和受控股股东、实际控制人支配的股东持有的发行人股份不存在重大权属纠纷。

第二节 规范运行

第十四条 发行人已经依法建立健全股东大会、董事会、监事会、独立董事、董事会秘书制度，相关机构和人员能够依法履行职责。

第十五条 发行人的董事、监事和高级管理人员已经了解与股票发行上市有关的法律法规，知悉上市公司及其董事、监事和高级管理人员的法定义务和责任。

第十六条 发行人的董事、监事和高级管理人员符合法律、行政法规和规章规定的任职资格，且不得有下列情形：

（一）被中国证监会采取证券市场禁入措施尚在禁入期的；

（二）最近36个月内受到中国证监会行政处罚，或者最近12个月内受到证券交易所公开谴责；

（三）因涉嫌犯罪被司法机关立案侦查或者涉嫌违法违规被中国证监会立案调查，尚未有明确结论意见。

第十七条　发行人的内部控制制度健全且被有效执行，能够合理保证财务报告的可靠性、生产经营的合法性、营运的效率与效果。

第十八条　发行人不得有下列情形：

（一）最近36个月内未经法定机关核准，擅自公开或者变相公开发行过证券；或者有关违法行为虽然发生在36个月前，但目前仍处于持续状态；

（二）最近36个月内违反工商、税收、土地、环保、海关以及其他法律、行政法规，受到行政处罚，且情节严重；

（三）最近36个月内曾向中国证监会提出发行申请，但报送的发行申请文件有虚假记载、误导性陈述或重大遗漏；或者不符合发行条件以欺骗手段骗取发行核准；或者以不正当手段干扰中国证监会及其发行审核委员会审核工作；或者伪造、变造发行人或其董事、监事、高级管理人员的签字、盖章；

（四）本次报送的发行申请文件有虚假记载、误导性陈述或者重大遗漏；

（五）涉嫌犯罪被司法机关立案侦查，尚未有明确结论意见；

（六）严重损害投资者合法权益和社会公共利益的其他情形。

第十九条　发行人的公司章程中已明确对外担保的审批权限和审议程序，不存在为控股股东、实际控制人及其控制的其他企业进行违规担保的情形。

第二十条　发行人有严格的资金管理制度，不得有资金被控股股东、实际控制人及其控制的其他企业以借款、代偿债务、代垫款项或者其他方式占用的情形。

第三节　财务与会计

第二十一条　发行人资产质量良好，资产负债结构合理，盈利能力较强，现金流量正常。

第二十二条　发行人的内部控制在所有重大方面是有效的，并由注册会计师出具了无保留结论的内部控制鉴证报告。

第二十三条 发行人会计基础工作规范，财务报表的编制符合企业会计准则和相关会计制度的规定，在所有重大方面公允地反映了发行人的财务状况、经营成果和现金流量，并由注册会计师出具了无保留意见的审计报告。

第二十四条 发行人编制财务报表应以实际发生的交易或者事项为依据；在进行会计确认、计量和报告时应当保持应有的谨慎；对相同或者相似的经济业务，应选用一致的会计政策，不得随意变更。

第二十五条 发行人应完整披露关联方关系并按重要性原则恰当披露关联交易。关联交易价格公允，不存在通过关联交易操纵利润的情形。

第二十六条 发行人应当符合下列条件：

（一）最近 3 个会计年度净利润均为正数且累计超过人民币 3000 万元，净利润以扣除非经常性损益前后较低者为计算依据；

（二）最近 3 个会计年度经营活动产生的现金流量净额累计超过人民币 5000 万元；或者最近 3 个会计年度营业收入累计超过人民币 3 亿元；

（三）发行前股本总额不少于人民币 3000 万元；

（四）最近一期末无形资产（扣除土地使用权、水面养殖权和采矿权等后）占净资产的比例不高于 20%；

（五）最近一期末不存在未弥补亏损。

中国证监会根据《关于开展创新企业境内发行股票或存托凭证试点的若干意见》等规定认定的试点企业（以下简称试点企业），可不适用前款第（一）项、第（五）项规定。

第二十七条 发行人依法纳税，各项税收优惠符合相关法律法规的规定。发行人的经营成果对税收优惠不存在严重依赖。

第二十八条 发行人不存在重大偿债风险，不存在影响持续经营的担保、诉讼以及仲裁等重大或有关事项。

第二十九条 发行人申报文件中不得有下列情形：

（一）故意遗漏或虚构交易、事项或者其他重要信息；

（二）滥用会计政策或者会计估计；

（三）操纵、伪造或篡改编制财务报表所依据的会计记录或者相关凭证。

第三十条 发行人不得有下列影响持续盈利能力的情形：

（一）发行人的经营模式、产品或服务的品种结构已经或者将发生重大变化，并对发行人的持续盈利能力构成重大不利影响；

（二）发行人的行业地位或发行人所处行业的经营环境已经或者将发生重大变化，并对发行人的持续盈利能力构成重大不利影响；

（三）发行人最近1个会计年度的营业收入或净利润对关联方或者存在重大不确定性的客户存在重大依赖；

（四）发行人最近1个会计年度的净利润主要来自合并财务报表范围以外的投资收益；

（五）发行人在用的商标、专利、专有技术以及特许经营权等重要资产或技术的取得或者使用存在重大不利变化的风险；

（六）其他可能对发行人持续盈利能力构成重大不利影响的情形。

第三章　发行程序

第三十一条　发行人董事会应当依法就本次股票发行的具体方案、本次募集资金使用的可行性及其他必须明确的事项作出决议，并提请股东大会批准。

第三十二条　发行人股东大会就本次发行股票作出的决议，至少应当包括下列事项：

（一）本次发行股票的种类和数量；

（二）发行对象；

（三）价格区间或者定价方式；

（四）募集资金用途；

（五）发行前滚存利润的分配方案；

（六）决议的有效期；

（七）对董事会办理本次发行具体事宜的授权；

（八）其他必须明确的事项。

第三十三条　发行人应当按照中国证监会的有关规定制作申请文件，由保荐人保荐并向中国证监会申报。

特定行业的发行人应当提供管理部门的相关意见。

第三十四条　中国证监会收到申请文件后，在5个工作日内作出是否受理的决定。

第三十五条　中国证监会受理申请文件后，由相关职能部门对发行人的申请文件进行初审，并由发行审核委员会审核。

第三十六条 中国证监会在初审过程中，将征求发行人注册地省级人民政府是否同意发行人发行股票的意见。

第三十七条 中国证监会依照法定条件对发行人的发行申请作出予以核准或者不予核准的决定，并出具相关文件。

自中国证监会核准发行之日起，发行人应在 6 个月内发行股票；超过 6 个月未发行的，核准文件失效，须重新经中国证监会核准后方可发行。

第三十八条 发行申请核准后、股票发行结束前，发行人发生重大事项的，应当暂缓或者暂停发行，并及时报告中国证监会，同时履行信息披露义务。影响发行条件的，应当重新履行核准程序。

第三十九条 股票发行申请未获核准的，自中国证监会作出不予核准决定之日起 6 个月后，发行人可再次提出股票发行申请。

第四章 信息披露

第四十条 发行人应当按照中国证监会的有关规定编制和披露招股说明书。

第四十一条 招股说明书内容与格式准则是信息披露的最低要求。不论准则是否有明确规定，凡是对投资者作出投资决策有重大影响的信息，均应当予以披露。

第四十二条 发行人应当在招股说明书中披露已达到发行监管对公司独立性的基本要求。

第四十三条 发行人及其全体董事、监事和高级管理人员应当在招股说明书上签字、盖章，保证招股说明书的内容真实、准确、完整。保荐人及其保荐代表人应当对招股说明书的真实性、准确性、完整性进行核查，并在核查意见上签字、盖章。

第四十四条 招股说明书中引用的财务报表在其最近一期截止日后 6 个月内有效。特别情况下发行人可申请适当延长，但至多不超过 1 个月。财务报表应当以年度末、半年度末或者季度末为截止日。

第四十五条 招股说明书的有效期为 6 个月，自中国证监会核准发行申请前招股说明书最后一次签署之日起计算。

第四十六条 申请文件受理后、发行审核委员会审核前，发行人应当将招股说明书（申报稿）在中国证监会网站（www. csrc. gov. cn）预先披露。发行人可以将招股说明书（申报稿）刊登于其企业网站，但披露内容应当完全一致，且不得早于在中国证监会网站的披露时间。

第四十七条 发行人及其全体董事、监事和高级管理人员应当保证预先披露的招股说明书（申报稿）的内容真实、准确、完整。

第四十八条 预先披露的招股说明书（申报稿）不是发行人发行股票的正式文件，不能含有价格信息，发行人不得据此发行股票。

发行人应当在预先披露的招股说明书（申报稿）的显要位置声明："本公司的发行申请尚未得到中国证监会核准。本招股说明书（申报稿）不具有据以发行股票的法律效力，仅供预先披露之用。投资者应当以正式公告的招股说明书全文作为作出投资决定的依据。"

第四十九条 发行人股票发行前只需在一种中国证监会指定报刊刊登提示性公告，告知投资者网上刊登的地址。同时将招股说明书全文和摘要刊登于中国证监会指定的网站并将招股说明书全文置于发行人住所、拟上市证券交易所、保荐人、主承销商和其他承销机构的住所，以备公众查阅。

第五十条 保荐人出具的发行保荐书、证券服务机构出具的有关文件应当作为招股说明书的备查文件，在中国证监会指定的网站上披露，并置备于发行人住所、拟上市证券交易所、保荐人、主承销商和其他承销机构的住所，以备公众查阅。

第五十一条 发行人可以将招股说明书摘要、招股说明书全文、有关备查文件刊登于其他报刊和网站，但披露内容应当完全一致，且不得早于在中国证监会指定报刊和网站的披露时间。

第五章 监管和处罚

第五十二条 发行人向中国证监会报送的发行申请文件有虚假记载、误导性陈述或者重大遗漏的，发行人不符合发行条件以欺骗手段骗取发行核准的，发行人以不正当手段干扰中国证监会及其发行审核委员会审核工作的，发行人或其董事、监事、高级管理人员的签字、盖章系伪造或者变造的，除依照《证券法》的有关规定处罚外，中国证监会将采取终止审核并在36个月内不受理发行人的股票发行申请的监管措施。

第五十三条 保荐人出具有虚假记载、误导性陈述或者重大遗漏的发行保荐书，保荐人以不正当手段干扰中国证监会及其发行审核委员会审核工作的，保荐人或其相关签字人员的签字、盖章系伪造或变造的，或者不履行其他法定职责的，依照《证券法》和保荐制度的有关规定处理。

第五十四条 证券服务机构未勤勉尽责，所制作、出具的文件有虚假记载、误导性陈述或者重大遗漏的，除依照《证券法》及其他相关法律、行政法规和规章的规定处罚外，中国证监会将采取12个月内不接受相关机构出具的证券发行专项文件，36个月内不接受相关签字人员出具的证券发行专项文件的监管措施。

第五十五条 发行人、保荐人或证券服务机构制作或者出具的文件不符合要求，擅自改动已提交的文件，或者拒绝答复中国证监会审核中提出的相关问题的，中国证监会将视情节轻重，对相关机构和责任人员采取监管谈话、责令改正等监管措施，记入诚信档案并公布；情节特别严重的，给予警告。

第五十六条 发行人公开发行证券上市当年即亏损的，中国证监会自确认之日起暂停保荐机构的保荐机构资格3个月，撤销相关人员的保荐代表人资格，尚未盈利的试点企业除外。

第五十七条 发行人披露盈利预测的，利润实现数如未达到盈利预测的80%，除因不可抗力外，其法定代表人、盈利预测审核报告签字注册会计师应当在股东大会及中国证监会指定报刊上公开作出解释并道歉；中国证监会可以对法定代表人处以警告。

利润实现数未达到盈利预测的50%的，除因不可抗力外，中国证监会在36个月内不受理该公司的公开发行证券申请。

第六章 附 则

第五十八条 在中华人民共和国境内，首次公开发行股票且不上市的管理办法，由中国证监会另行规定。

第五十九条 本办法自2006年5月18日起施行。《关于股票发行工作若干规定的通知》（证监〔1996〕12号）、《关于做好1997年股票发行工作的通知》（证监〔1997〕13号）、《关于股票发行工作若干问题的补充通知》（证监〔1998〕8号）、《关于对拟发行上市企业改制情况进行调查的通知》（证监发字〔1998〕259号）、《关于对拟公开发行股票公司改制运行情况进行调查的通知》（证监发〔1999〕4号）、《关于拟发行股票公司聘请审计机构等问题的通知》（证监发行字〔2000〕131 号）和《关于进一步规范股票首次发行上市有关工作的通知》（证监发行字〔2003〕116 号）同时废止。

首次公开发行股票并在创业板上市管理办法

（2014 年 2 月 11 日中国证券监督管理委员会第 26 次主席办公会议审议通过　根据 2015 年 12 月 30 日中国证券监督管理委员会《关于修改〈首次公开发行股票并在创业板上市管理办法〉的决定》第一次修正　根据 2018 年 6 月 6 日中国证券监督管理委员会《关于修改〈首次公开发行股票并在创业板上市管理办法〉的决定》第二次修正）

第一章　总　　则

第一条　为了规范首次公开发行股票并在创业板上市的行为，促进自主创新企业及其他成长型创业企业的发展，保护投资者的合法权益，维护社会公共利益，根据《证券法》《公司法》，制定本办法。

第二条　在中华人民共和国境内首次公开发行股票并在创业板上市，适用本办法。

第三条　发行人申请首次公开发行股票并在创业板上市，应当符合《证券法》《公司法》和本办法规定的发行条件。

第四条　发行人依法披露的信息，必须真实、准确、完整、及时，不得有虚假记载、误导性陈述或者重大遗漏。

发行人作为信息披露第一责任人，应当及时向保荐人、证券服务机构提供真实、准确、完整的财务会计资料和其他资料，全面配合保荐人、证券服务机构开展尽职调查。

第五条　发行人的控股股东、实际控制人、董事、监事、高级管理人员等责任主体应当诚实守信，全面履行公开承诺事项，不得在发行上市中损害投资者的合法权益。

第六条　保荐人及其保荐代表人应当严格履行法定职责，遵守业务规则和行业规范，对发行人的申请文件和信息披露资料进行审慎核查，督导发行人规范运行，对证券服务机构出具的专业意见进行核查，对发行人是否具备持续盈利能力、是否符合法定发行条件作出专业判断，并确保发行人的申请文件和招股说明书等信息披露资料真实、准确、完整、及时。

第七条 为股票发行出具文件的证券服务机构和人员，应当严格履行法定职责，遵守本行业的业务标准和执业规范，对发行人的相关业务资料进行核查验证，确保所出具的相关专业文件真实、准确、完整、及时。

第八条 中国证券监督管理委员会（以下简称中国证监会）依法对发行人申请文件的合法合规性进行审核，依法核准发行人的首次公开发行股票申请，并对发行人股票发行进行监督管理。

证券交易所依法制定业务规则，创造公开、公平、公正的市场环境，保障创业板市场的正常运行。

第九条 中国证监会依据发行人提供的申请文件核准发行人首次公开发行股票申请，不对发行人的盈利能力、投资价值或者投资者的收益作出实质性判断或者保证。

投资者自主判断发行人的投资价值，自主作出投资决策，自行承担股票依法发行后因发行人经营与收益变化或者股票价格变动引致的投资风险。

第十条 创业板市场应当建立健全与投资者风险承受能力相适应的投资者准入制度，向投资者充分提示投资风险，注重投资者需求，切实保护投资者特别是中小投资者的合法权益。

第二章 发行条件

第十一条 发行人申请首次公开发行股票应当符合下列条件：

（一）发行人是依法设立且持续经营三年以上的股份有限公司。有限责任公司按原账面净资产值折股整体变更为股份有限公司的，持续经营时间可以从有限责任公司成立之日起计算；

（二）最近两年连续盈利，最近两年净利润累计不少于一千万元；或者最近一年盈利，最近一年营业收入不少于五千万元。净利润以扣除非经常性损益前后孰低者为计算依据；

（三）最近一期末净资产不少于二千万元，且不存在未弥补亏损；

（四）发行后股本总额不少于三千万元。

中国证监会根据《关于开展创新企业境内发行股票或存托凭证试点的若干意

见》等规定认定的试点企业（以下简称试点企业），可不适用前款第（二）项规定和第（三）项“不存在未弥补亏损”的规定。

第十二条 发行人的注册资本已足额缴纳，发起人或者股东用作出资的资产的财产权转移手续已办理完毕。发行人的主要资产不存在重大权属纠纷。

第十三条 发行人应当主要经营一种业务，其生产经营活动符合法律、行政法规和公司章程的规定，符合国家产业政策及环境保护政策。

第十四条 发行人最近两年内主营业务和董事、高级管理人员均没有发生重大变化，实际控制人没有发生变更。

第十五条 发行人的股权清晰，控股股东和受控股股东、实际控制人支配的股东所持发行人的股份不存在重大权属纠纷。

第十六条 发行人具有完善的公司治理结构，依法建立健全股东大会、董事会、监事会以及独立董事、董事会秘书、审计委员会制度，相关机构和人员能够依法履行职责。

发行人应当建立健全股东投票计票制度，建立发行人与股东之间的多元化纠纷解决机制，切实保障投资者依法行使收益权、知情权、参与权、监督权、求偿权等股东权利。

第十七条 发行人会计基础工作规范，财务报表的编制和披露符合企业会计准则和相关信息披露规则的规定，在所有重大方面公允地反映了发行人的财务状况、经营成果和现金流量，并由注册会计师出具无保留意见的审计报告。

第十八条 发行人内部控制制度健全且被有效执行，能够合理保证公司运行效率、合法合规和财务报告的可靠性，并由注册会计师出具无保留结论的内部控制鉴证报告。

第十九条 发行人的董事、监事和高级管理人员应当忠实、勤勉，具备法律、行政法规和规章规定的资格，且不存在下列情形：

（一）被中国证监会采取证券市场禁入措施尚在禁入期的；

（二）最近三年内受到中国证监会行政处罚，或者最近一年内受到证券交易所公开谴责的；

（三）因涉嫌犯罪被司法机关立案侦查或者涉嫌违法违规被中国证监会立案调查，尚未有明确结论意见的。

第二十条 发行人及其控股股东、实际控制人最近三年内不存在损害投资者合法权益和社会公共利益的重大违法行为。

发行人及其控股股东、实际控制人最近三年内不存在未经法定机关核准，擅自公开或者变相公开发行证券，或者有关违法行为虽然发生在三年前，但目前仍处于持续状态的情形。

第三章　发行程序

第二十一条　发行人董事会应当依法就本次发行股票的具体方案、本次募集资金使用的可行性及其他必须明确的事项作出决议，并提请股东大会批准。

本次发行股票时发行人股东公开发售股份的，发行人董事会还应当依法合理制定股东公开发售股份的具体方案并提请股东大会批准。

第二十二条　发行人股东大会应当就本次发行股票作出决议，决议至少应当包括下列事项：

（一）股票的种类和数量；

（二）发行对象；

（三）发行方式；

（四）价格区间或者定价方式；

（五）募集资金用途；

（六）发行前滚存利润的分配方案；

（七）决议的有效期；

（八）对董事会办理本次发行具体事宜的授权；

（九）其他必须明确的事项。

第二十三条　发行人应当按照中国证监会有关规定制作申请文件，由保荐人保荐并向中国证监会申报。

第二十四条　保荐人保荐发行人发行股票并在创业板上市，应当对发行人的成长性进行尽职调查和审慎判断并出具专项意见。发行人为自主创新企业的，还应当在专项意见中说明发行人的自主创新能力，并分析其对成长性的影响。

第二十五条　中国证监会收到申请文件后，在五个工作日内作出是否受理的决定。

第二十六条　中国证监会受理申请文件后，由相关职能部门对发行人的申请文件进行初审，由创业板发行审核委员会审核，并建立健全对保荐人、证券服务机构工作底稿的检查制度。

第二十七条　中国证监会自申请文件受理之日起三个月内，依法对发行人的发行申请作出予以核准、中止审核、终止审核、不予核准的决定，并出具相关文件。发行人根据要求补充、修改发行申请文件的时间不计算在内。

发行人应当自中国证监会核准之日起十二个月内发行股票，发行时点由发行人自主选择；超过十二个月未发行的，核准文件失效，须重新经中国证监会核准后方可发行。

第二十八条　发行申请核准后至股票发行结束前，发行人应当及时更新信息披露文件内容，财务报表过期的，发行人还应当补充财务会计报告等文件；保荐人及证券服务机构应当持续履行尽职调查职责；其间发生重大事项的，发行人应当暂缓或者暂停发行，并及时报告中国证监会，同时履行信息披露义务；出现不符合发行条件事项的，中国证监会撤回核准决定。

第二十九条　股票发行申请未获核准的，发行人可自中国证监会作出不予核准决定之日起六个月后再次提出股票发行申请。

第四章　信息披露

第三十条　发行人应当以投资者的决策需要为导向，按照中国证监会的有关规定编制和披露招股说明书，内容简明易懂，语言浅白平实，便于中小投资者阅读。

第三十一条　中国证监会制定的创业板招股说明书内容与格式准则是信息披露的最低要求。不论准则是否有明确规定，凡是对投资者作出投资决策有重大影响的信息，均应当予以披露。

第三十二条　发行人应当在招股说明书显要位置作如下提示：“本次股票发行后拟在创业板市场上市，该市场具有较高的投资风险。创业板公司具有业绩不稳定、经营风险高、退市风险大等特点，投资者面临较大的市场风险。投资者应充分了解创业板市场的投资风险及本公司所披露的风险因素，审慎作出投资决定。”

第三十三条　发行人应当在招股说明书中分析并完整披露对其持续盈利能力产生重大不利影响的所有因素，充分揭示相关风险，并披露保荐人对发行人是否具备持续盈利能力的核查结论意见。

第三十四条　发行人应当在招股说明书中披露已达到发行监管对公司独立性

的基本要求。

第三十五条 发行人应当在招股说明书中披露相关责任主体以及保荐人、证券服务机构及相关人员作出的承诺事项、承诺履行情况以及对未能履行承诺采取的约束措施，包括但不限于：

（一）本次发行前股东所持股份的限售安排、自愿锁定股份、延长锁定期限或者相关股东减持意向的承诺；

（二）稳定股价预案；

（三）依法承担赔偿或者补偿责任的承诺；

（四）填补被摊薄即期回报的措施及承诺；

（五）利润分配政策（包括现金分红政策）的安排及承诺。

第三十六条 发行人及其全体董事、监事和高级管理人员应当在招股说明书上签名、盖章，保证招股说明书内容真实、准确、完整、及时。保荐人及其保荐代表人应当对招股说明书的真实性、准确性、完整性、及时性进行核查，并在核查意见上签名、盖章。

发行人的控股股东、实际控制人应当对招股说明书出具确认意见，并签名、盖章。

第三十七条 招股说明书引用的财务报表在其最近一期截止日后六个月内有效。特别情况下发行人可申请适当延长，但至多不超过一个月。财务报表应当以年度末、半年度末或者季度末为截止日。

第三十八条 招股说明书的有效期为六个月，自公开发行前招股说明书最后一次签署之日起计算。

第三十九条 发行人申请文件受理后，应当及时在中国证监会网站预先披露招股说明书（申报稿）。发行人可在公司网站刊登招股说明书（申报稿），所披露的内容应当一致，且不得早于在中国证监会网站披露的时间。

第四十条 发行人及保荐人应当对预先披露的招股说明书（申报稿）负责，一经申报及预披露，不得随意更改，并确保不存在故意隐瞒及重大差错。

第四十一条 预先披露的招股说明书（申报稿）不能含有股票发行价格信息。

发行人应当在预先披露的招股说明书（申报稿）的显要位置作如下声明：“本公司的发行申请尚未得到中国证监会核准。本招股说明书（申报稿）不具有据以发行股票的法律效力，仅供预先披露之用。投资者应当以正式公告的招股说明书作为投资决定的依据。”

第四十二条　发行人及其全体董事、监事和高级管理人员应当保证预先披露的招股说明书（申报稿）的内容真实、准确、完整、及时。

第四十三条　发行人股票发行前应当在中国证监会指定网站全文刊登招股说明书，同时在中国证监会指定报刊刊登提示性公告，告知投资者网上刊登的地址及获取文件的途径。

发行人应当将招股说明书披露于公司网站，时间不得早于前款规定的刊登时间。

第四十四条　保荐人出具的发行保荐书、证券服务机构出具的文件及其他与发行有关的重要文件应当作为招股说明书备查文件，在中国证监会指定网站和公司网站披露。

第四十五条　发行人应当将招股说明书及备查文件置备于发行人、拟上市证券交易所、保荐人、主承销商和其他承销机构的住所，以备公众查阅。

第四十六条　申请文件受理后至发行人发行申请经中国证监会核准、依法刊登招股说明书前，发行人及与本次发行有关的当事人不得以广告、说明会等方式为公开发行股票进行宣传。

第五章　监督管理和法律责任

第四十七条　证券交易所应当建立适合创业板特点的上市、交易、退市等制度，加强对相关当事人履行公开承诺行为的监督和约束，督促保荐人履行持续督导义务，对违反有关法律、法规、交易所业务规则以及不履行承诺的行为，及时采取相应的监管措施。

第四十八条　证券交易所应当建立适合创业板特点的市场风险警示及投资者持续教育的制度，督促发行人建立健全保护投资者合法权益的制度以及防范和纠正违法违规行为的内部控制体系。

第四十九条　自申请文件受理之日起，发行人及其控股股东、实际控制人、董事、监事、高级管理人员以及保荐人、证券服务机构及相关人员即对发行申请文件的真实性、准确性、完整性、及时性承担相应的法律责任。

发行人的发行申请文件和信息披露文件存在自相矛盾或者同一事实表述不一致且有实质性差异的，中国证监会将中止审核并自确认之日起十二个月内不受理相关保荐代表人推荐的发行申请。

第五十条 发行人向中国证监会报送的发行申请文件有虚假记载、误导性陈述或者重大遗漏的，中国证监会将终止审核并自确认之日起三十六个月内不受理发行人的发行申请，并依照《证券法》的有关规定进行处罚；致使投资者在证券交易中遭受损失的，发行人及其控股股东、实际控制人、董事、监事、高级管理人员以及保荐人、证券服务机构应当依法承担赔偿责任。

第五十一条 发行人不符合发行条件以欺骗手段骗取发行核准的，发行人以不正当手段干扰中国证监会及其发行审核委员会审核工作的，发行人或其董事、监事、高级管理人员、控股股东、实际控制人的签名、盖章系伪造或者变造的，发行人及与本次发行有关的当事人违反本办法规定为公开发行股票进行宣传的，中国证监会将终止审核并自确认之日起三十六个月内不受理发行人的发行申请，并依照《证券法》的有关规定进行处罚。

第五十二条 保荐人出具有虚假记载、误导性陈述或者重大遗漏的发行保荐书的，保荐人以不正当手段干扰中国证监会及其发行审核委员会审核工作的，保荐人或其相关签名人员的签名、盖章系伪造或变造的，或者不履行其他法定职责的，依照《证券法》和保荐制度的有关规定处理。

第五十三条 证券服务机构未勤勉尽责，所制作、出具的文件有虚假记载、误导性陈述或者重大遗漏的，中国证监会将自确认之日起十二个月内不接受相关机构出具的证券发行专项文件，三十六个月内不接受相关签名人员出具的证券发行专项文件，并依照《证券法》及其他相关法律、行政法规和规章的规定进行处罚；给他人造成损失的，应当依法承担赔偿责任。

第五十四条 发行人、保荐人或证券服务机构制作或者出具文件不符合要求，擅自改动招股说明书或者其他已提交文件的，或者拒绝答复中国证监会审核提出的相关问题的，中国证监会将视情节轻重，对相关机构和责任人员采取监管谈话、责令改正等监管措施，记入诚信档案并公布；情节严重的，给予警告等行政处罚。

第五十五条 发行人公开发行证券上市当年即亏损的，中国证监会自确认之日起暂停保荐机构的保荐机构资格 3 个月，撤销相关人员的保荐代表人资格，尚未盈利的试点企业除外。

第五十六条 发行人披露盈利预测，利润实现数如未达到盈利预测的百分之八十的，除因不可抗力外，其法定代表人、财务负责人应当在股东大会及中国证监会指定网站、报刊上公开作出解释并道歉；情节严重的，中国证监会给予警告等行政处罚。

利润实现数未达到盈利预测的百分之五十的，除因不可抗力外，中国证监会还可以自确认之日起三十六个月内不受理该公司的公开发行证券申请。

注册会计师为上述盈利预测出具审核报告的过程中未勤勉尽责的，中国证监会将视情节轻重，对相关机构和责任人员采取监管谈话等监管措施，记入诚信档案并公布；情节严重的，给予警告等行政处罚。

第六章　附　　则

第五十七条　本办法自2014年5月14日起施行。《首次公开发行股票并在创业板上市管理暂行办法》（证监会令第61号）、《关于进一步做好创业板推荐工作的指引》（证监会公告〔2010〕8号）同时废止。

科创板首次公开发行股票注册管理办法（试行）

（2019年3月1日　中国证券监督管理委员会第153号）

第一章　总　则

第一条　为规范在上海证券交易所科创板试点注册制首次公开发行股票相关活动，保护投资者合法权益和社会公共利益，根据《中华人民共和国证券法》《中华人民共和国公司法》《全国人民代表大会常务委员会关于授权国务院在实施股票发行注册制改革中调整适用〈中华人民共和国证券法〉有关规定的决定》《全国人民代表大会常务委员会关于延长授权国务院在实施股票发行注册制改革中调整适用〈中华人民共和国证券法〉有关规定期限的决定》《关于在上海证券交易所设立科创板并试点注册制的实施意见》及相关法律法规，制定本办法。

第二条　在中华人民共和国境内首次公开发行股票并在上海证券交易所科创板（以下简称科创板）上市，适用本办法。

第三条　发行人申请首次公开发行股票并在科创板上市，应当符合科创板定位，面向世界科技前沿、面向经济主战场、面向国家重大需求。优先支持符合国家战略，拥有关键核心技术，科技创新能力突出，主要依靠核心技术开展生产经营，具有稳定的商业模式，市场认可度高，社会形象良好，具有较强成长性的企业。

第四条 首次公开发行股票并在科创板上市，应当符合发行条件、上市条件以及相关信息披露要求，依法经上海证券交易所（以下简称交易所）发行上市审核并报经中国证券监督管理委员会（以下简称中国证监会）履行发行注册程序。

第五条 发行人作为信息披露第一责任人，应当诚实守信，依法充分披露投资者作出价值判断和投资决策所必需的信息，所披露信息必须真实、准确、完整，不得有虚假记载、误导性陈述或者重大遗漏。

发行人应当为保荐人、证券服务机构及时提供真实、准确、完整的财务会计资料和其他资料，全面配合相关机构开展尽职调查和其他相关工作。

发行人的控股股东、实际控制人应当全面配合相关机构开展尽职调查和其他相关工作，不得要求或者协助发行人隐瞒应当披露的信息。

第六条 保荐人应当诚实守信，勤勉尽责，按照依法制定的业务规则和行业自律规范的要求，充分了解发行人经营情况和风险，对注册申请文件和信息披露资料进行全面核查验证，对发行人是否符合发行条件、上市条件独立作出专业判断，审慎作出推荐决定，并对招股说明书及其所出具的相关文件的真实性、准确性、完整性负责。

第七条 证券服务机构应当严格按照依法制定的业务规则和行业自律规范，审慎履行职责，作出专业判断与认定，并对招股说明书中与其专业职责有关的内容及其所出具的文件的真实性、准确性、完整性负责。

证券服务机构及其相关执业人员应当对与本专业相关的业务事项履行特别注意义务，对其他业务事项履行普通注意义务，并承担相应法律责任。

第八条 同意发行人首次公开发行股票注册，不表明中国证监会和交易所对该股票的投资价值或者投资者的收益作出实质性判断或者保证，也不表明中国证监会和交易所对注册申请文件的真实性、准确性、完整性作出保证。

第九条 股票依法发行后，因发行人经营与收益的变化引致的投资风险，由投资者自行负责。

第二章 发行条件

第十条 发行人是依法设立且持续经营3年以上的股份有限公司，具备健全且运行良好的组织机构，相关机构和人员能够依法履行职责。

有限责任公司按原账面净资产值折股整体变更为股份有限公司的，持续经营时间可以从有限责任公司成立之日起计算。

第十一条 发行人会计基础工作规范，财务报表的编制和披露符合企业会计准则和相关信息披露规则的规定，在所有重大方面公允地反映了发行人的财务状况、经营成果和现金流量，并由注册会计师出具标准无保留意见的审计报告。

发行人内部控制制度健全且被有效执行，能够合理保证公司运行效率、合法合规和财务报告的可靠性，并由注册会计师出具无保留结论的内部控制鉴证报告。

第十二条 发行人业务完整，具有直接面向市场独立持续经营的能力：

（一）资产完整，业务及人员、财务、机构独立，与控股股东、实际控制人及其控制的其他企业间不存在对发行人构成重大不利影响的同业竞争，不存在严重影响独立性或者显失公平的关联交易。

（二）发行人主营业务、控制权、管理团队和核心技术人员稳定，最近2年内主营业务和董事、高级管理人员及核心技术人员均没有发生重大不利变化；控股股东和受控股股东、实际控制人支配的股东所持发行人的股份权属清晰，最近2年实际控制人没有发生变更，不存在导致控制权可能变更的重大权属纠纷。

（三）发行人不存在主要资产、核心技术、商标等的重大权属纠纷，重大偿债风险，重大担保、诉讼、仲裁等或有事项，经营环境已经或者将要发生重大变化等对持续经营有重大不利影响的事项。

第十三条 发行人生产经营符合法律、行政法规的规定，符合国家产业政策。

最近3年内，发行人及其控股股东、实际控制人不存在贪污、贿赂、侵占财产、挪用财产或者破坏社会主义市场经济秩序的刑事犯罪，不存在欺诈发行、重大信息披露违法或者其他涉及国家安全、公共安全、生态安全、生产安全、公众健康安全等领域的重大违法行为。

董事、监事和高级管理人员不存在最近3年内受到中国证监会行政处罚，或者因涉嫌犯罪被司法机关立案侦查或者涉嫌违法违规被中国证监会立案调查，尚未有明确结论意见等情形。

第三章　注册程序

第十四条　发行人董事会应当依法就本次股票发行的具体方案、本次募集资金使用的可行性及其他必须明确的事项作出决议，并提请股东大会批准。

第十五条　发行人股东大会就本次发行股票作出的决议，至少应当包括下列事项：

（一）本次公开发行股票的种类和数量；

（二）发行对象；

（三）定价方式；

（四）募集资金用途；

（五）发行前滚存利润的分配方案；

（六）决议的有效期；

（七）对董事会办理本次发行具体事宜的授权；

（八）其他必须明确的事项。

第十六条　发行人申请首次公开发行股票并在科创板上市，应当按照中国证监会有关规定制作注册申请文件，由保荐人保荐并向交易所申报。

交易所收到注册申请文件后，5 个工作日内作出是否受理的决定。

第十七条　自注册申请文件受理之日起，发行人及其控股股东、实际控制人、董事、监事、高级管理人员，以及与本次股票公开发行并上市相关的保荐人、证券服务机构及相关责任人员，即承担相应法律责任。

第十八条　注册申请文件受理后，未经中国证监会或者交易所同意，不得改动。

发生重大事项的，发行人、保荐人、证券服务机构应当及时向交易所报告，并按要求更新注册申请文件和信息披露资料。

第十九条　交易所设立独立的审核部门，负责审核发行人公开发行并上市申请；设立科技创新咨询委员会，负责为科创板建设和发行上市审核提供专业咨询和政策建议；设立科创板股票上市委员会，负责对审核部门出具的审核报告和发行人的申请文件提出审议意见。

交易所主要通过向发行人提出审核问询、发行人回答问题方式开展审核工作，基于科创板定位，判断发行人是否符合发行条件、上市条件和信息披露要求。

第二十条　交易所按照规定的条件和程序，作出同意或者不同意发行人股票公开发行并上市的审核意见。同意发行人股票公开发行并上市的，将审核意见、发行人注册申请文件及相关审核资料报送中国证监会履行发行注册程序。不同意发行人股票公开发行并上市的，作出终止发行上市审核决定。

第二十一条　交易所应当自受理注册申请文件之日起 3 个月内形成审核意见。发行人根据要求补充、修改注册申请文件，以及交易所按照规定对发行人实施现场检查，或者要求保荐人、证券服务机构对有关事项进行专项核查的时间不计算在内。

第二十二条　交易所应当提高审核工作透明度，接受社会监督，公开下列事项：

（一）发行上市审核标准和程序等发行上市审核业务规则，以及相关监管问答；

（二）在审企业名单、企业基本情况及审核工作进度；

（三）发行上市审核问询及回复情况，但涉及国家秘密或者发行人商业秘密的除外；

（四）上市委员会会议的时间、参会委员名单、审议的发行人名单、审议结果及现场问询问题；

（五）对股票公开发行并上市相关主体采取的自律监管措施或者纪律处分；

（六）交易所规定的其他事项。

第二十三条　中国证监会收到交易所报送的审核意见、发行人注册申请文件及相关审核资料后，履行发行注册程序。发行注册主要关注交易所发行上市审核内容有无遗漏，审核程序是否符合规定，以及发行人在发行条件和信息披露要求的重大方面是否符合相关规定。中国证监会认为存在需要进一步说明或者落实事项的，可以要求交易所进一步问询。

中国证监会认为交易所对影响发行条件的重大事项未予关注或者交易所的审核意见依据明显不充分的，可以退回交易所补充审核。交易所补充审核后，同意发行人股票公开发行并上市的，重新向中国证监会报送审核意见及相关资料，本办法第二十四条规定的注册期限重新计算。

第二十四条　中国证监会在 20 个工作日内对发行人的注册申请作出同意注

册或者不予注册的决定。发行人根据要求补充、修改注册申请文件，中国证监会要求交易所进一步问询，以及中国证监会要求保荐人、证券服务机构等对有关事项进行核查的时间不计算在内。

第二十五条 中国证监会同意注册的决定自作出之日起 1 年内有效，发行人应当在注册决定有效期内发行股票，发行时点由发行人自主选择。

第二十六条 中国证监会作出注册决定后、发行人股票上市交易前，发行人应当及时更新信息披露文件内容，财务报表过期的，发行人应当补充财务会计报告等文件；保荐人及证券服务机构应当持续履行尽职调查职责；发生重大事项的，发行人、保荐人应当及时向交易所报告。

交易所应当对上述事项及时处理，发现发行人存在重大事项影响发行条件、上市条件的，应当出具明确意见并及时向中国证监会报告。

第二十七条 中国证监会作出注册决定后、发行人股票上市交易前，发现可能影响本次发行的重大事项的，中国证监会可以要求发行人暂缓或者暂停发行、上市；相关重大事项导致发行人不符合发行条件的，可以撤销注册。

中国证监会撤销注册后，股票尚未发行的，发行人应当停止发行；股票已经发行尚未上市的，发行人应当按照发行价并加算银行同期存款利息返还股票持有人。

第二十八条 交易所因不同意发行人股票公开发行并上市，作出终止发行上市审核决定，或者中国证监会作出不予注册决定的，自决定作出之日起 6 个月后，发行人可以再次提出公开发行股票并上市申请。

第二十九条 中国证监会应当按规定公开股票发行注册行政许可事项相关的监管信息。

第三十条 存在下列情形之一的，发行人、保荐人应当及时书面报告交易所或者中国证监会，交易所或者中国证监会应当中止相应发行上市审核程序或者发行注册程序：

（一）相关主体涉嫌违反本办法第十三条第二款规定，被立案调查或者被司法机关侦查，尚未结案；

（二）发行人的保荐人，以及律师事务所、会计师事务所等证券服务机构因首次公开发行股票、上市公司证券发行、并购重组业务涉嫌违法违规，或者其他业务涉嫌违法违规且对市场有重大影响被中国证监会立案调查，或者被司法机关侦查，尚未结案；

（三）发行人的签字保荐代表人，以及签字律师、签字会计师等证券服务机构签字人员因首次公开发行股票、上市公司证券发行、并购重组业务涉嫌违法违规，或者其他业务涉嫌违法违规且对市场有重大影响被中国证监会立案调查，或者被司法机关侦查，尚未结案；

（四）发行人的保荐人，以及律师事务所、会计师事务所等证券服务机构被中国证监会依法采取限制业务活动、责令停业整顿、指定其他机构托管、接管等监管措施，或者被交易所实施一定期限内不接受其出具的相关文件的纪律处分，尚未解除；

（五）发行人的签字保荐代表人、签字律师、签字会计师等中介机构签字人员被中国证监会依法采取限制证券从业资格等监管措施或者证券市场禁入的措施，或者被交易所实施一定期限内不接受其出具的相关文件的纪律处分，尚未解除；

（六）发行人及保荐人主动要求中止发行上市审核程序或者发行注册程序，理由正当且经交易所或者中国证监会批准；

（七）发行人注册申请文件中记载的财务资料已过有效期，需要补充提交；

（八）中国证监会规定的其他情形。

前款所列情形消失后，发行人可以提交恢复申请；因前款第（二）、（三）项规定情形中止的，保荐人以及律师事务所、会计师事务所等证券服务机构按照有关规定履行复核程序后，发行人也可以提交恢复申请。交易所或者中国证监会按照有关规定恢复发行上市审核程序或者发行注册程序。

第三十一条 存在下列情形之一的，交易所或者中国证监会应当终止相应发行上市审核程序或者发行注册程序，并向发行人说明理由：

（一）发行人撤回注册申请文件或者保荐人撤销保荐；

（二）发行人未在要求的期限内对注册申请文件作出解释说明或者补充、修改；

（三）注册申请文件存在虚假记载、误导性陈述或者重大遗漏；

（四）发行人阻碍或者拒绝中国证监会、交易所依法对发行人实施检查、核查；

（五）发行人及其关联方以不正当手段严重干扰发行上市审核或者发行注册工作；

（六）发行人法人资格终止；

（七）注册申请文件内容存在重大缺陷，严重影响投资者理解和发行上市审核或者发行注册工作；

（八）发行人注册申请文件中记载的财务资料已过有效期且逾期 3 个月未更新；

（九）发行人中止发行上市审核程序超过交易所规定的时限或者中止发行注册程序超过 3 个月仍未恢复；

（十）交易所不同意发行人公开发行股票并上市；

（十一）中国证监会规定的其他情形。

第三十二条 中国证监会和交易所可以对发行人进行现场检查，可以要求保荐人、证券服务机构对有关事项进行专项核查并出具意见。

中国证监会和交易所应当建立健全信息披露质量现场检查制度，以及对保荐业务、发行承销业务的常态化检查制度，具体制度另行规定。

第三十三条 中国证监会与交易所建立全流程电子化审核注册系统，实现电子化受理、审核，以及发行注册各环节实时信息共享，并满足依法向社会公开相关信息的需要。

第四章 信息披露

第三十四条 发行人申请首次公开发行股票并在科创板上市，应当按照中国证监会制定的信息披露规则，编制并披露招股说明书，保证相关信息真实、准确、完整。信息披露内容应当简明易懂，语言应当浅白平实，以便投资者阅读、理解。

中国证监会制定的信息披露规则是信息披露的最低要求。不论上述规则是否有明确规定，凡是对投资者作出价值判断和投资决策有重大影响的信息，发行人均应当予以披露。

第三十五条 中国证监会依法制定招股说明书内容与格式准则、编报规则，对注册申请文件和信息披露资料的内容、格式、编制要求、披露形式等作出规定。

交易所可以依据中国证监会部门规章和规范性文件，制定信息披露细则或者指引，在中国证监会确定的信息披露内容范围内，对信息披露提出细化和补充要求，报中国证监会批准后实施。

第三十六条　发行人及其董事、监事、高级管理人员应当在招股说明书上签字、盖章，保证招股说明书的内容真实、准确、完整，不存在虚假记载、误导性陈述或者重大遗漏，并声明承担相应法律责任。

发行人控股股东、实际控制人应当在招股说明书上签字、盖章，确认招股说明书的内容真实、准确、完整，不存在虚假记载、误导性陈述或者重大遗漏，并声明承担相应法律责任。

第三十七条　保荐人及其保荐代表人应当在招股说明书上签字、盖章，确认招股说明书的内容真实、准确、完整，不存在虚假记载、误导性陈述或者重大遗漏，并声明承担相应的法律责任。

第三十八条　为证券发行出具专项文件的律师、注册会计师、资产评估人员、资信评级人员及其所在机构，应当在招股说明书上签字、盖章，确认对发行人信息披露文件引用其出具的专业意见无异议，信息披露文件不因引用其出具的专业意见而出现虚假记载、误导性陈述或者重大遗漏，并声明承担相应的法律责任。

第三十九条　发行人应当根据自身特点，有针对性地披露行业特点、业务模式、公司治理、发展战略、经营政策、会计政策，充分披露科研水平、科研人员、科研资金投入等相关信息，并充分揭示可能对公司核心竞争力、经营稳定性以及未来发展产生重大不利影响的风险因素。

发行人尚未盈利的，应当充分披露尚未盈利的成因，以及对公司现金流、业务拓展、人才吸引、团队稳定性、研发投入、战略性投入、生产经营可持续性等方面的影响。

第四十条　发行人应当披露其募集资金使用管理制度，以及募集资金重点投向科技创新领域的具体安排。

第四十一条　存在特别表决权股份的境内科技创新企业申请首次公开发行股票并在科创板上市的，发行人应当在招股说明书等公开发行文件中，披露并特别提示差异化表决安排的主要内容、相关风险和对公司治理的影响，以及依法落实保护投资者合法权益的各项措施。

保荐人和发行人律师应当就公司章程规定的特别表决权股份的持有人资格、特别表决权股份拥有的表决权数量与普通股份拥有的表决权数量的比例安排、持有人所持特别表决权股份能够参与表决的股东大会事项范围、特别表决权股份锁定安排及转让限制等事项是否符合有关规定发表专业意见。

第四十二条　发行人应当在招股说明书中披露公开发行股份前已发行股份的

锁定期安排，特别是核心技术人员股份的锁定期安排以及尚未盈利情况下发行人控股股东、实际控制人、董事、监事、高级管理人员股份的锁定期安排。

保荐人和发行人律师应当就前款事项是否符合有关规定发表专业意见。

第四十三条 招股说明书的有效期为6 个月，自公开发行前最后一次签署之日起计算。

招股说明书引用经审计的财务报表在其最近一期截止日后6 个月内有效，特殊情况下发行人可申请适当延长，但至多不超过 1 个月。财务报表应当以年度末、半年度末或者季度末为截止日。

第四十四条 交易所受理注册申请文件后，发行人应当按交易所规定，将招股说明书、发行保荐书、上市保荐书、审计报告和法律意见书等文件在交易所网站预先披露。

第四十五条 预先披露的招股说明书及其他注册申请文件不能含有价格信息，发行人不得据此发行股票。

发行人应当在预先披露的招股说明书显要位置作如下声明："本公司的发行申请尚需经上海证券交易所和中国证监会履行相应程序。本招股说明书不具有据以发行股票的法律效力，仅供预先披露之用。投资者应当以正式公告的招股说明书作为投资决定的依据。"

第四十六条 交易所审核同意后，将发行人注册申请文件报送中国证监会时，招股说明书、发行保荐书、上市保荐书、审计报告和法律意见书等文件应在交易所网站和中国证监会网站公开。

第四十七条 发行人股票发行前应当在交易所网站和中国证监会指定网站全文刊登招股说明书，同时在中国证监会指定报刊刊登提示性公告，告知投资者网上刊登的地址及获取文件的途径。

发行人可以将招股说明书以及有关附件刊登于其他报刊和网站，但披露内容应当完全一致，且不得早于在交易所网站、中国证监会指定报刊和网站的披露时间。

第四十八条 保荐人出具的发行保荐书、证券服务机构出具的文件及其他与发行有关的重要文件应当作为招股说明书的附件，在交易所网站和中国证监会指定的网站披露，以备投资者查阅。

第五章 发行与承销的特别规定

第四十九条 首次公开发行股票并在科创板上市的发行与承销行为，适用

《证券发行与承销管理办法》，本办法另有规定的除外。

第五十条 首次公开发行股票，应当向经中国证券业协会注册的证券公司、基金管理公司、信托公司、财务公司、保险公司、合格境外机构投资者和私募基金管理人等专业机构投资者（以下统称网下投资者）询价确定股票发行价格。

发行人和主承销商可以根据自律规则，设置网下投资者的具体条件，并在发行公告中预先披露。

第五十一条 网下投资者可以按照管理的不同配售对象账户分别申报价格，每个报价应当包含配售对象信息、每股价格和该价格对应的拟申购股数。

首次公开发行股票价格（或者发行价格区间）确定后，提供有效报价的网下投资者方可参与新股申购。

第五十二条 交易所应当根据《证券发行与承销管理办法》和本办法制定科创板股票发行承销业务规则。

投资者报价要求、最高报价剔除比例、网下初始配售比例、网下优先配售比例、网下网上回拨机制、网下分类配售安排、战略配售、超额配售选择权等事项适用交易所相关规定。

《证券发行与承销管理办法》规定的战略投资者在承诺的持有期限内，可以按规定向证券金融公司借出获得配售的股票。借出期限届满后，证券金融公司应当将借入的股票返还给战略投资者。

第五十三条 保荐人的相关子公司或者保荐人所属证券公司的相关子公司参与发行人股票配售的具体规则由交易所另行规定。

第五十四条 获中国证监会同意注册后，发行人与主承销商应当及时向交易所报备发行与承销方案。交易所5个工作日内无异议的，发行人与主承销商可依法刊登招股意向书，启动发行工作。

第五十五条 交易所对证券发行承销过程实施监管。发行承销涉嫌违法违规或者存在异常情形的，中国证监会可以要求交易所对相关事项进行调查处理，或者直接责令发行人和承销商暂停或者中止发行。

第六章 发行上市保荐的特别规定

第五十六条 首次公开发行股票并在科创板上市保荐业务，适用《证券发行上市保荐业务管理办法》，本办法另有规定的除外。

第五十七条 保荐人应当根据科创板企业特点和注册制要求对科创板保荐工作内部控制做出合理安排，有效控制风险，切实提高执业质量。

第五十八条 保荐人应当按照中国证监会和交易所的规定制作、报送和披露发行保荐书、上市保荐书、回复意见及其他发行上市相关文件，遵守交易所和中国证监会的发行上市审核及发行注册程序，配合交易所和中国证监会的发行上市审核及发行注册工作，并承担相应工作。

第五十九条 首次公开发行股票并在科创板上市的，持续督导的期间为证券上市当年剩余时间及其后 3 个完整会计年度。

交易所可以对保荐人持续督导内容、履责要求、发行人通知报告事项等作出规定。

第七章 监督管理和法律责任

第六十条 中国证监会负责建立健全以信息披露为中心的注册制规则体系，制定股票发行注册并上市的规章规则，依法批准交易所制定的上市条件、审核标准、审核程序、上市委员会制度、信息披露、保荐、发行承销等方面的制度规则，指导交易所制定与发行上市审核相关的其他业务规则。

第六十一条 中国证监会建立对交易所发行上市审核工作和发行承销过程监管的监督机制，持续关注交易所审核情况和发行承销过程监管情况；发现交易所自律监管措施或者纪律处分失当的，可以责令交易所改正。

第六十二条 中国证监会对交易所发行上市审核和发行承销过程监管等相关工作进行年度例行检查。在检查过程中，可以调阅审核工作文件，列席相关审核会议。

中国证监会定期或者不定期按一定比例对交易所发行上市审核和发行承销过程监管等相关工作进行抽查。

中国证监会在检查和抽查过程中发现问题的，交易所应当整改。

第六十三条 中国证监会建立对发行上市监管全流程的权力运行监督制约机制，对发行上市审核程序和发行注册程序相关内控制度运行情况进行督导督察，对廉政纪律执行情况和相关人员的履职尽责情况进行监督监察。

第六十四条 交易所应当建立内部防火墙制度，发行上市审核部门、发行承销监管部门与其他部门隔离运行。参与发行上市审核的人员，不得与发行人及其控股股东、实际控制人、相关保荐人、证券服务机构有利害关系，不得直接或者间接与发行人、保荐人、证券服务机构有利益往来，不得持有发行人股票，不得私下与发行人接触。

第六十五条 交易所应当建立定期报告制度，及时总结发行上市审核和发行承销监管的工作情况，并报告中国证监会。

第六十六条 交易所发行上市审核工作违反本办法规定，有下列情形之一的，由中国证监会责令改正；情节严重的，追究直接责任人员相关责任：

（一）未按审核标准开展发行上市审核工作；

（二）未按审核程序开展发行上市审核工作；

（三）不配合中国证监会对发行上市审核工作和发行承销监管工作的检查、抽查，或者不按中国证监会的整改要求进行整改。

第六十七条 发行人不符合发行上市条件，以欺骗手段骗取发行注册的，中国证监会将自确认之日起采取5 年内不接受发行人公开发行证券相关文件的监管措施。对相关责任人员，视情节轻重，采取认定为不适当人选的监管措施，或者采取证券市场禁入的措施。

第六十八条 对发行人存在本办法第六十七条规定的行为并已经发行上市的，可以依照有关规定责令上市公司及其控股股东、实际控制人在一定期间从投资者手中购回本次公开发行的股票。

第六十九条 发行人存在本办法第三十一条第（三）项、第（四）项、第（五）项规定的情形，重大事项未报告、未披露，或者发行人及其董事、监事、高级管理人员、控股股东、实际控制人的签字、盖章系伪造或者变造的，中国证监会将自确认之日起采取3 年至5 年内不接受发行人公开发行证券相关文件的监管措施。

第七十条 发行人的控股股东、实际控制人违反本办法规定，致使发行人所报送的注册申请文件和披露的信息存在虚假记载、误导性陈述或者重大遗漏，或者纵容、指使、协助发行人进行财务造假、利润操纵或者有意隐瞒其他重要信息等骗取发行注册行为的，中国证监会可以视情节轻重，对相关单位和责任人员自确认之日起采取1 年到5 年内不接受相关单位及其控制的下属单位公开发行证券相关文件，对责任人员采取认定为不适当人选等监管措施，或者采取证券市场禁入的措施。

发行人的董事、监事和高级管理人员违反本办法规定，致使发行人所报送的注册申请文件和披露的信息存在虚假记载、误导性陈述或者重大遗漏的，中国证监会可以视情节轻重，对责任人员采取认定为不适当人选等监管措施，或者采取证券市场禁入的措施。

第七十一条 保荐人未勤勉尽责，致使发行人信息披露资料存在虚假记载、误导性陈述或者重大遗漏的，中国证监会将视情节轻重，自确认之日起采取暂停保荐人业务资格 1 年到 3 年，责令保荐人更换相关负责人的监管措施；情节严重的，撤销保荐人业务资格，对相关责任人员采取证券市场禁入的措施。

保荐代表人未勤勉尽责，致使发行人信息披露资料存在虚假记载、误导性陈述或者重大遗漏的，按规定撤销保荐代表人资格。

证券服务机构未勤勉尽责，致使发行人信息披露资料中与其职责有关的内容及其所出具的文件存在虚假记载、误导性陈述或者重大遗漏的，中国证监会可以视情节轻重，自确认之日起采取 3 个月至 3 年不接受相关单位及其责任人员出具的发行证券专项文件的监管措施；情节严重的，对证券服务机构相关责任人员采取证券市场禁入的措施。

第七十二条 保荐人存在下列情形的，中国证监会可以视情节轻重，自确认之日起采取暂停保荐人业务资格 3 个月至 3 年的监管措施；情节特别严重的，撤销其业务资格：

（一）伪造或者变造签字、盖章；

（二）重大事项未报告、未披露；

（三）以不正当手段干扰审核注册工作；

（四）不履行其他法定职责。

保荐代表人存在前款规定情形的，视情节轻重，按规定暂停保荐代表人资格 3 个月至 3 年；情节严重的，按规定撤销保荐代表人资格。

证券服务机构及其相关人员存在第一款规定情形的，中国证监会可以视情节轻重，自确认之日起，采取 3 个月至 3 年不接受相关单位及其责任人员出具的发行证券专项文件的监管措施。

第七十三条 发行人公开发行证券上市当年即亏损的，中国证监会自确认之日起暂停保荐人的保荐人资格 3 个月，撤销相关人员的保荐代表人资格，尚未盈利的企业或者已在证券发行募集文件中充分分析并揭示相关风险的除外。

第七十四条 保荐人、证券服务机构存在以下情形的，中国证监会可以视情节轻重，采取责令改正、监管谈话、出具警示函、1 年内不接受相关单位及其责任人员出具的与注册申请有关的文件等监管措施；情节严重的，可以同时采取3个月到1年内不接受相关单位及其责任人员出具的发行证券专项文件的监管措施：

（一）制作或者出具的文件不齐备或者不符合要求；

（二）擅自改动注册申请文件、信息披露资料或者其他已提交文件；

（三）注册申请文件或者信息披露资料存在相互矛盾或者同一事实表述不一致且有实质性差异；

（四）文件披露的内容表述不清，逻辑混乱，严重影响投资者理解；

（五）未及时报告或者未及时披露重大事项。

发行人存在前款规定情形的，中国证监会可视情节轻重，采取责令改正、监管谈话、出具警示函、6个月至1年内不接受发行人公开发行证券相关文件的监管措施。

第七十五条 发行人披露盈利预测的，利润实现数如未达到盈利预测的80%，除因不可抗力外，其法定代表人、财务负责人应当在股东大会及中国证监会指定报刊上公开作出解释并道歉；中国证监会可以对法定代表人处以警告。

利润实现数未达到盈利预测的50%的，除因不可抗力外，中国证监会在3年内不受理该公司的公开发行证券申请。

注册会计师为上述盈利预测出具审核报告的过程中未勤勉尽责的，中国证监会将视情节轻重，对相关机构和责任人员采取监管谈话等监管措施，记入诚信档案并公布；情节严重的，给予警告等行政处罚。

第七十六条 发行人及其控股股东和实际控制人、董事、监事、高级管理人员，保荐人、承销商、证券服务机构及其相关执业人员，在股票公开发行并上市相关的活动中存在其他违反本办法规定行为的，中国证监会可以视情节轻重，采取责令改正、监管谈话、出具警示函、责令公开说明、责令参加培训、责令定期报告、认定为不适当人选、暂不受理与行政许可有关的文件等监管措施，或者采取证券市场禁入的措施。

第七十七条 发行人及其控股股东、实际控制人、保荐人、证券服务机构及其相关人员违反《中华人民共和国证券法》依法应予以行政处罚的，中国证监会将依法予以处罚；对欺诈发行、虚假陈述负有责任的发行人、保荐人、会计师事务所、律师事务所、资产评估机构及其责任人员依法从重处罚。涉嫌犯罪的，依法移送司法机关，追究其刑事责任。

第七十八条 交易所负责对发行人及其控股股东、实际控制人、保荐人、承销商、证券服务机构等进行自律监管。

中国证券业协会负责制定保荐业务、发行承销自律监管规则，对保荐人、承销商、保荐代表人、网下投资者进行自律监管。

交易所和中国证券业协会应当对发行上市过程中违反自律监管规则的行为采取自律监管措施或者给予纪律处分。

第七十九条 中国证监会会同有关部门，加强对发行人等相关市场主体的监管信息共享，完善失信联合惩戒机制。

第八章 附 则

第八十条 符合《国务院办公厅转发证监会关于开展创新企业境内发行股票或存托凭证试点若干意见的通知》（国办发〔2018〕21 号，以下简称《若干意见》）等规定的红筹企业，申请首次公开发行股票并在科创板上市，还应当符合本办法相关规定，但公司形式可适用其注册地法律规定；申请发行存托凭证并在科创板上市的，适用本办法关于发行上市审核注册程序的规定。

前款规定的红筹企业在科创板发行上市，适用《若干意见》“营业收入快速增长，拥有自主研发、国际领先技术，同行业竞争中处于相对优势地位”的具体标准，由交易所制定具体规则，并报中国证监会批准。

第八十一条 本办法自公布之日起施行。

上海证券交易所科创板股票发行上市审核规则

（2019 年 3 月 1 日 上证发〔2019〕18 号）

第一章 总 则

第一条 为了规范上海证券交易所（以下简称本所）科创板试点注册制的股票发行上市审核工作，保护投资者合法权益，根据《中华人民共和国证券法》《中华人民共和国公司法》《关于在上海证券交易所设立科创板并试点注册制的实施意见》《科创板首次公开发行股票注册管理办法（试行）》（以下简称《注册办法》）等相关法律、行政法规、部门规章和规范性文件，制定本规则。

第二条 发行人申请首次公开发行股票并在科创板上市（以下简称股票首次发行上市）的审核，适用本规则。

符合《国务院办公厅转发证监会关于开展创新企业境内发行股票或存托凭证试点若干意见的通知》（国办发〔2018〕21号）及中国证监会和本所相关规定的红筹企业，申请发行股票或者存托凭证并在科创板上市的审核，适用本规则。

第三条 发行人申请股票首次发行上市，应当符合科创板定位，面向世界科技前沿、面向经济主战场、面向国家重大需求。优先支持符合国家战略，拥有关键核心技术，科技创新能力突出，主要依靠核心技术开展生产经营，具有稳定的商业模式，市场认可度高，社会形象良好，具有较强成长性的企业。

第四条 发行人申请股票首次发行上市，应当向本所提交发行上市申请文件。

本所对发行人的发行上市申请文件进行审核（以下简称发行上市审核），审核通过的，将审核意见、发行上市申请文件及相关审核资料报送中国证监会履行注册程序；审核不通过的，作出终止发行上市审核的决定。

第五条 本所发行上市审核基于科创板定位，重点关注并判断下列事项：

（一）发行人是否符合中国证监会规定的科创板股票发行条件；

（二）发行人是否符合本所规定的科创板股票上市条件；

（三）发行人的信息披露是否符合中国证监会和本所要求。

第六条 本所通过审核发行上市申请文件，督促发行人真实、准确、完整地披露信息，保荐人、证券服务机构切实履行信息披露的把关责任；督促发行人及其保荐人、证券服务机构提高信息披露质量，便于投资者在信息充分的情况下作出投资决策。

本所发行上市审核遵循依法合规、公开透明、便捷高效的原则，提高审核透明度，明确市场预期。

第七条 本所发行上市审核实行电子化审核，申请、受理、问询、回复等事项通过本所发行上市审核业务系统办理。

第八条 本所设立科创板发行上市审核机构（以下简称发行上市审核机构），对发行人的发行上市申请文件进行审核，出具审核报告。

本所设立科创板股票上市委员会（以下简称上市委员会），对发行上市审核机构出具的审核报告和发行上市申请文件进行审议，提出审议意见。上市委员会的职责、人员组成、工作程序等事项，由本所另行规定。

本所结合上市委员会的审议意见，出具同意股票发行上市的审核意见或者作出终止发行上市审核的决定。

第九条 本所依据法律、行政法规、部门规章、规范性文件、本规则及本所其他相关规定（以下简称相关法律及规则），对下列机构和人员在科创板股票发行上市中的相关活动进行自律监管：

（一）发行人及其董事、监事、高级管理人员；

（二）发行人的控股股东、实际控制人及其相关人员；

（三）保荐人、保荐代表人及保荐人其他相关人员；

（四）会计师事务所、律师事务所等证券服务机构及其相关人员。

前款规定的机构和人员应当积极配合本所发行上市审核工作，接受本所自律监管并承担相应的法律责任。

第十条 本所出具同意发行上市的审核意见，不表明本所对发行上市申请文件及所披露信息的真实性、准确性、完整性作出保证，也不表明本所对该股票的投资价值或者投资者的收益作出实质性判断或者保证。

第二章 申请与受理

第十一条 发行人申请股票首次发行上市，应当按照规定聘请保荐人进行保荐，并委托保荐人通过本所发行上市审核业务系统报送下列发行上市申请文件：

（一）中国证监会规定的招股说明书、发行保荐书、审计报告、法律意见书、公司章程、股东大会决议等注册申请文件；

（二）上市保荐书；

（三）本所要求的其他文件。

发行上市申请文件的内容与格式应当符合中国证监会和本所的相关规定。

第十二条 在提交发行上市申请文件前，对于重大疑难、无先例事项等涉及本所业务规则理解与适用的问题，发行人及保荐人可以通过本所发行上市审核业务系统进行咨询；确需当面咨询的，可以通过本所发行上市审核业务系统预约。

第十三条 本所收到发行上市申请文件后五个工作日内，对文件进行核对，作出是否受理的决定，告知发行人及其保荐人，并在本所网站公示。

发行上市申请文件与中国证监会及本所规定的文件目录不相符、文档名称与文档内容不相符、文档格式不符合本所要求、签章不完整或者不清晰、文档无法打开或者存在本所认定的其他不齐备情形的，发行人应当予以补正，补正时限最长不超过三十个工作日。

发行人补正发行上市申请文件的，本所收到发行上市申请文件的时间以发行人最终提交补正文件的时间为准。

本所按照收到发行人发行上市申请文件的先后顺序予以受理。

第十四条　存在下列情形之一的，本所不予受理发行人的发行上市申请文件：

（一）招股说明书、发行保荐书、上市保荐书等发行上市申请文件不齐备且未按要求补正。

（二）保荐人、证券服务机构及其相关人员不具备相关资质；或者因证券违法违规被采取限制资格、限制业务活动、一定期限内不接受其出具的相关文件等相关措施，尚未解除；或者因首次公开发行并上市、上市公司发行证券、并购重组业务涉嫌违法违规，或者其他业务涉嫌违法违规且对市场有重大影响被立案调查、侦查，尚未结案。

第十五条　发行上市申请文件的内容应当真实、准确、完整。

发行上市申请文件一经受理，发行人及其控股股东、实际控制人、董事、监事和高级管理人员，以及与本次股票发行上市相关的保荐人、证券服务机构及其相关人员即须承担相应的法律责任。

未经本所同意，不得对发行上市申请文件进行更改。

第十六条　本所受理发行上市申请文件当日，发行人应当在本所网站预先披露招股说明书、发行保荐书、上市保荐书、审计报告和法律意见书等文件。

本所受理发行上市申请后至中国证监会作出注册决定前，发行人应当按照本规则的规定，对预先披露的招股说明书、发行保荐书、上市保荐书、审计报告和法律意见书等文件予以更新并披露。

依照前两款规定预先披露的招股说明书等文件不是发行人发行股票的正式文件，不能含有股票发行价格信息，发行人不得据此发行股票。

发行人应当在预先披露的招股说明书的显要位置声明："本公司的发行申请尚需经上海证券交易所和中国证监会履行相应程序。本招股说明书不具有据以发行股票的法律效力，仅供预先披露之用。投资者应当以正式公告的招股说明书作为投资决定的依据。"

第十七条　本所受理发行上市申请文件后十个工作日内，保荐人应当以电子文档形式报送保荐工作底稿和验证版招股说明书，供监管备查。

第三章　发行条件、上市条件的审核

第十八条　发行人申请股票首次发行上市的，应当符合中国证监会《注册办法》规定的发行条件。

第十九条　发行人应当结合科创板定位，就是否符合相关行业范围、依靠核心技术开展生产经营、具有较强成长性等事项，进行审慎评估；保荐人应当就发行人是否符合科创板定位进行专业判断。

本所在发行上市审核中，将关注发行人的评估是否客观，保荐人的判断是否合理，并可以根据需要就发行人是否符合科创板定位，向本所设立的科技创新咨询委员会提出咨询。

第二十条　本所对发行条件的审核，重点关注下列事项：

（一）发行人是否符合《注册办法》及中国证监会规定的发行条件；

（二）保荐人和律师事务所等证券服务机构出具的发行保荐书、法律意见书等文件中是否就发行人符合发行条件逐项发表明确意见，且具备充分的理由和依据。

本所对前款规定的事项存在疑问的，发行人应当按照本所要求作出解释说明，保荐人及证券服务机构应当进行核查，并相应修改发行上市申请文件。

第二十一条　本所在发行上市审核中，对发行条件具体审核标准等涉及中国证监会部门规章及规范性文件理解和适用的重大疑难问题、重大无先例情况以及其他需要中国证监会决定的事项，将及时请示中国证监会。

第二十二条　发行人申请股票首次发行上市的，应当符合《上海证券交易所科创板股票上市规则》规定的上市条件。

除本规则第二十三条、第二十四条规定的情形外，发行人申请股票首次发行上市的，应当至少符合下列上市标准中的一项，发行人的招股说明书和保荐人的上市保荐书应当明确说明所选择的具体上市标准：

（一）预计市值不低于人民币 10 亿元，最近两年净利润均为正且累计净利润不低于人民币 5000 万元，或者预计市值不低于人民币 10 亿元，最近一年净利润为正且营业收入不低于人民币 1 亿元；

（二）预计市值不低于人民币 15 亿元，最近一年营业收入不低于人民币 2 亿元，且最近三年累计研发投入占最近三年累计营业收入的比例不低于 15%；

（三）预计市值不低于人民币 20 亿元，最近一年营业收入不低于人民币 3 亿元，且最近三年经营活动产生的现金流量净额累计不低于人民币 1 亿元；

（四）预计市值不低于人民币 30 亿元，且最近一年营业收入不低于人民币 3 亿元；

（五）预计市值不低于人民币 40 亿元，主要业务或产品需经国家有关部门批准，市场空间大，目前已取得阶段性成果。医药行业企业需至少有一项核心产品获准开展二期临床试验，其他符合科创板定位的企业需具备明显的技术优势并满足相应条件。

前款所称净利润以扣除非经常性损益前后的孰低者为准，所称净利润、营业收入、经营活动产生的现金流量净额均指经审计的数值。

本所可以根据市场情况，经中国证监会批准，对第二款规定的具体标准进行调整。

第二十三条　符合《国务院办公厅转发证监会关于开展创新企业境内发行股票或存托凭证试点若干意见的通知》（国办发〔2018〕21 号）相关规定的红筹企业，可以申请发行股票或存托凭证并在科创板上市。

营业收入快速增长，拥有自主研发、国际领先技术，同行业竞争中处于相对优势地位的尚未在境外上市红筹企业，申请发行股票或存托凭证并在科创板上市的，市值及财务指标应当至少符合下列上市标准中的一项，发行人的招股说明书和保荐人的上市保荐书应当明确说明所选择的具体上市标准：

（一）预计市值不低于人民币 100 亿元；

（二）预计市值不低于人民币 50 亿元，且最近一年营业收入不低于人民币 5 亿元。

第二十四条　存在表决权差异安排的发行人申请股票或者存托凭证首次公开发行并在科创板上市的，其表决权安排等应当符合《上海证券交易所科创板股票上市规则》等规则的规定；发行人应当至少符合下列上市标准中的一项，发行人的招股说明书和保荐人的上市保荐书应当明确说明所选择的具体上市标准：

（一）预计市值不低于人民币 100 亿元；

（二）预计市值不低于人民币 50 亿元，且最近一年营业收入不低于人民币 5 亿元。

第二十五条　本所对上市条件的审核，重点关注下列事项：

（一）发行人是否符合本规则及本所相关规则规定的上市条件；

（二）保荐人和律师事务所等证券服务机构出具的上市保荐书、法律意见书等文件中是否就发行人选择的上市标准以及符合上市条件发表明确意见，且具备充分的理由和依据。

本所对前款规定的事项存在疑问的，发行人应当按照本所要求作出解释说明，保荐人及证券服务机构应当进行核查，并相应修改发行上市申请文件。

第二十六条 发行人存在实施员工持股计划、期权激励、整体变更前累计未弥补亏损等事项的处理，由本所另行规定。

第四章 信息披露的要求与审核

第一节 信息披露的要求

第二十七条 申请股票首次发行上市的，发行人及其控股股东、实际控制人、董事、监事和高级管理人员应当依法履行信息披露义务，保荐人、证券服务机构应当依法对发行人的信息披露进行核查把关。

第二十八条 发行人作为信息披露第一责任人，应当诚实守信，依法充分披露投资者作出价值判断和投资决策所必需的信息，保证发行上市申请文件和信息披露的真实、准确、完整，不得有虚假记载、误导性陈述或者重大遗漏。

发行人应当为保荐人、证券服务机构及时提供真实、准确、完整的业务运营、财务会计及其他资料，全面配合相关机构开展尽职调查和其他相关工作。

第二十九条 发行人的控股股东、实际控制人、董事、监事、高级管理人员等相关主体应当诚实守信，保证发行上市申请文件和信息披露的真实、准确、完整，依法作出并履行相关承诺，不得损害投资者合法权益。

前款规定的相关主体应当全面配合相关机构开展尽职调查和其他相关工作。发行人的控股股东、实际控制人不得指使或者协助发行人进行虚假记载、误导性陈述或者重大遗漏等违法违规行为。

第三十条 保荐人应当诚实守信、勤勉尽责，保证招股说明书及其出具发行保荐书、上市保荐书等文件的真实、准确、完整。

保荐人应当严格遵守依法制定的业务规则和行业自律规范的要求，严格执行内部控制制度，对发行上市申请文件进行全面核查验证，对发行人是否符合科创板定位、发行条件、上市条件和信息披露要求作出专业判断，审慎作出推荐决定。

第三十一条　会计师事务所、律师事务所等证券服务机构应当诚实守信、勤勉尽责，保证招股说明书中与其专业职责有关的内容及其出具文件的真实、准确、完整。

证券服务机构应当严格遵守依法制定的业务规则和行业自律规范，严格执行内部控制制度，对与其专业职责有关的业务事项进行核查验证，履行特别注意义务，审慎发表专业意见。

第二节　信息披露的审核

第三十二条　本所对发行上市申请文件进行审核，通过提出问题、回答问题等多种方式，督促发行人及其保荐人、证券服务机构完善信息披露，真实、准确、完整地披露信息，提高信息披露质量。

第三十三条　本所在信息披露审核中，重点关注发行人的信息披露是否达到真实、准确、完整的要求，是否符合招股说明书内容与格式准则的要求。

第三十四条　本所在信息披露审核中，重点关注发行上市申请文件及信息披露内容是否包含对投资者作出投资决策有重大影响的信息，披露程度是否达到投资者作出投资决策所必需的水平。包括但不限于是否充分、全面披露发行人业务、技术、财务、公司治理、投资者保护等方面的信息以及本次发行的情况，是否充分揭示可能对发行人经营状况、财务状况产生重大不利影响的所有因素。

第三十五条　本所在信息披露审核中，重点关注发行上市申请文件及信息披露内容是否一致、合理和具有内在逻辑性，包括但不限于财务数据是否勾稽合理，是否符合发行人实际情况，非财务信息与财务信息是否相互印证，保荐人、证券服务机构核查依据是否充分，能否对财务数据的变动或者与同行业公司存在的差异作出合理解释。

第三十六条　本所在信息披露审核中，重点关注发行上市申请文件披露的内容是否简明易懂，是否便于一般投资者阅读和理解。包括但不限于是否使用浅白语言，是否简明扼要、重点突出、逻辑清晰，是否结合企业自身特点进行有针对性的信息披露。

第三十七条　本所对发行上市申请文件的信息披露进行审核时，可以视情况在审核问询中对发行人、保荐人及证券服务机构，提出下列要求：

（一）解释和说明相关问题及原因；

（二）补充核查相关事项；

（三）补充提供新的证据或材料；

（四）修改或更新信息披露内容。

第五章　审核程序

第一节　审核机构审核

第三十八条　本所发行上市审核机构按照发行上市申请文件受理的先后顺序开始审核。

第三十九条　对股票首次发行上市申请，本所发行上市审核机构自受理之日起二十个工作日内，通过保荐人向发行人提出首轮审核问询。

在首轮审核问询发出前，发行人及其保荐人、证券服务机构及其相关人员不得与审核人员接触，不得以任何形式干扰审核工作。

第四十条　在首轮审核问询发出后，发行人及其保荐人对本所审核问询存在疑问的，可以通过本所发行上市审核业务系统进行沟通；确需当面沟通的，可以通过本所发行上市审核业务系统预约。

第四十一条　首轮审核问询后，存在下列情形之一的，本所发行上市审核机构收到发行人回复后十个工作日内可以继续提出审核问询：

（一）首轮审核问询后，发现新的需要问询事项；

（二）发行人及其保荐人、证券服务机构的回复未能有针对性地回答本所发行上市审核机构提出的审核问询，或者本所就其回复需要继续审核问询；

（三）发行人的信息披露仍未满足中国证监会和本所规定的要求；

（四）本所认为需要继续审核问询的其他情形。

第四十二条　发行人及其保荐人、证券服务机构应当按照本所发行上市审核机构审核问询要求进行必要的补充调查和核查，及时、逐项回复本所发行上市审核机构提出的审核问询，相应补充或者修改发行上市申请文件，并于上市委员会审议会议结束后十个工作日内汇总补充报送与审核问询回复相关的保荐工作底稿和更新后的验证版招股说明书。

发行人及其保荐人、证券服务机构对本所发行上市审核机构审核问询的回复是发行上市申请文件的组成部分，发行人及其保荐人、证券服务机构应当保证回复的真实、准确、完整，并在回复后及时在本所网站披露问询和回复的内容。

第四十三条　本所发行上市审核机构可以根据需要，就发行上市申请文件中与发行人业务与技术相关的问题，向本所科技创新咨询委员会进行咨询；科技创新咨询委员会所提出的咨询意见，可以供本所审核问询参考。

第四十四条　发行上市申请文件和对本所发行上市审核机构审核问询的回复中，拟披露的信息属于国家秘密、商业秘密，披露后可能导致其违反国家有关保密的法律法规或者严重损害公司利益的，发行人及其保荐人可以向本所申请豁免披露。本所认为豁免披露理由不成立的，发行人应当按照规定予以披露。

第四十五条　本所在发行上市审核中，可以根据需要，约见问询发行人的董事、监事、高级管理人员、控股股东、实际控制人以及保荐人、证券服务机构及其相关人员，调阅发行人、保荐人、证券服务机构与发行上市申请相关的资料。

第四十六条　本所依照相关规定，从发行上市申请已被本所受理的发行人中抽取一定比例，对其信息披露质量进行现场检查。

本所在发行上市审核中，发现发行上市申请文件存在重大疑问且发行人及其保荐人、证券服务机构回复中无法作出合理解释的，可以对发行人及其保荐人、证券服务机构进行现场检查。

第四十七条　本所发行上市审核机构收到发行人及其保荐人、证券服务机构对本所审核问询的回复后，认为不需要进一步审核问询的，将出具审核报告并提交上市委员会审议。

第四十八条　申请股票首次发行上市的，本所自受理发行上市申请文件之日起三个月内出具同意发行上市的审核意见或者作出终止发行上市审核的决定，但发行人及其保荐人、证券服务机构回复本所审核问询的时间不计算在内。发行人及其保荐人、证券服务机构回复本所审核问询的时间总计不超过三个月。

本规则规定的中止审核、请示有权机关、落实上市委员会意见、实施现场检查等情形，不计算在前款规定的时限内。

第四十九条　发行上市审核中，发行人回复本所审核问询或者发生其他情形，需要更新预先披露文件的，应当修改相关信息披露文件，并在本所发出上市委员会会议通知前，将修改后的招股说明书、发行保荐书、上市保荐书、审计报告和法律意见书等文件预先披露。

第二节　上市委员会审议

第五十条　上市委员会召开审议会议，对本所发行上市审核机构出具的审核报告及发行上市申请文件进行审议。

每次审议会议由五名委员参加，其中会计、法律专家至少各一名。

第五十一条 上市委员会进行审议时要求对发行人及其保荐人进行现场问询的，发行人代表及保荐代表人应当到会接受问询，回答委员提出的问题。

第五十二条 上市委员会审议时，参会委员就审核报告的内容和发行上市审核机构提出的初步审核意见发表意见，通过合议形成同意或者不同意发行上市的审议意见。

第五十三条 本所结合上市委员会的审议意见，出具同意发行上市的审核意见或者作出终止发行上市审核的决定。

上市委员会同意发行人发行上市，但要求发行人补充披露有关信息的，本所发行上市审核机构告知保荐人组织落实；发行上市审核机构对发行人及其保荐人、证券服务机构的落实情况予以核对，通报参会委员，无须再次提请上市委员会审议。发行人对相关事项补充披露后，本所出具同意发行上市的审核意见。

第三节 向证监会报送审核意见

第五十四条 本所审核通过的，向中国证监会报送同意发行上市的审核意见、相关审核资料和发行人的发行上市申请文件。

中国证监会要求本所进一步问询的，本所向发行人及保荐人、证券服务机构提出反馈问题。

中国证监会在注册程序中，决定退回本所补充审核的，本所发行上市审核机构对要求补充审核的事项重新审核，并提交上市委员会审议。本所审核通过的，重新向中国证监会报送审核意见及相关资料；审核不通过的，作出终止发行上市审核的决定。

第五十五条 发行人应当根据本所审核意见或者其他需要更新预先披露文件的情形，修改相关信息披露文件；本所向中国证监会报送同意发行上市的审核意见时，发行人应当将修改后的招股说明书、发行保荐书、上市保荐书、审计报告和法律意见书等文件在中国证监会网站和本所网站同步公开。

第五十六条 发行人在取得中国证监会同意注册决定后，启动股票公开发行前，应当在本所网站和中国证监会指定网站披露招股意向书。

第五十七条 发行价格确定后五个工作日内，发行人应当在本所网站和中国证监会指定网站刊登招股说明书，同时在中国证监会指定报刊刊登提示性公告，告知投资者网上刊登的地址及获取文件的途径。

招股说明书的有效期为六个月，自公开发行前最后一次签署之日起计算。发行人应当使用有效期内的招股说明书完成本次发行。

招股说明书中引用的财务报表在其最近一期截止日后六个月内有效。特别情况下发行人可以申请适当延长，延长至多不超过一个月。财务报表应当以年度末、半年度末或者季度末为截止日。

第四节 会后事项

第五十八条 本所受理发行上市申请后至股票上市交易前，发生重大事项的，发行人及其保荐人应当及时向本所报告，并按要求更新发行上市申请文件。发行人的保荐人、证券服务机构应当持续履行尽职调查职责，并向本所提交专项核查意见。

第五十九条 上市委员会审议会议后至股票上市交易前，发生重大事项，对发行人是否符合发行条件、上市条件或者信息披露要求产生重大影响的，发行上市审核机构经重新审核后决定是否重新提交上市委员会审议。

重新提交上市委员会审议的，应当向中国证监会报告，并按照本章的相关规定办理。

第六十条 中国证监会作出注册决定后至股票上市交易前，发生重大事项，可能导致发行人不符合发行条件、上市条件或者信息披露要求的，发行人应当暂停发行；已经发行的，暂缓上市。本所发现发行人存在上述情形的，有权要求发行人暂缓上市。

发行人及其保荐人应当将上述情况及时报告本所并作出公告，说明重大事项相关情况及发行人将暂停发行、暂缓上市。

本所经审核认为相关重大事项导致发行人不符合发行条件、上市条件或者信息披露要求的，将出具明确意见并向中国证监会报告。

第五节 复 审

第六十一条 本所对发行上市申请不予受理或者终止审核的，发行人可以在收到本所相关文件后五个工作日内，向本所申请复审。但因发行人撤回发行上市申请或者保荐人撤回保荐终止审核的，发行人不得申请复审。

第六十二条 发行人根据前条规定申请复审的，应当向本所提交下列申请文件：

（一）复审申请书；

（二）保荐人就复审事项出具的意见书；

（三）律师事务所就复审事项出具的法律意见书；

（四）本所规定的其他文件。

第六十三条 本所收到复审申请后二十个工作日内，召开上市委员会复审会议。上市委员会复审期间，原决定的效力不受影响。

上市委员会复审会议认为申请复审理由成立的，本所对发行上市申请予以受理或者重新审核，审核时限自受理之日或重新审核之日起算，本所对审核时限另有规定的除外；复审会议认为申请复审理由不成立的，本所维持原决定。

本所因审核不通过作出终止发行上市审核的决定后，发行人提出异议申请复审的，参加上市委员会原审议会议的委员，不得参加本次复审会议。

第六章 审核中止与终止

第六十四条 出现下列情形之一的，发行人、保荐人和证券服务机构应当及时告知本所，本所将中止发行上市审核，通知发行人及其保荐人：

（一）发行人及其控股股东、实际控制人涉嫌贪污、贿赂、侵占财产、挪用财产或者破坏社会主义市场经济秩序的犯罪，或者涉嫌欺诈发行、重大信息披露违法或其他涉及国家安全、公共安全、生态安全、生产安全、公众健康安全等领域的重大违法行为，被立案调查或者被司法机关立案侦查，尚未结案；

（二）发行人的保荐人或者签字保荐代表人、证券服务机构或者相关签字人员因首次公开发行并上市、上市公司发行证券、并购重组业务涉嫌违法违规，或者其他业务涉嫌违法违规且对市场有重大影响被中国证监会立案调查，或者被司法机关侦查，尚未结案；

（三）发行人的保荐人、证券服务机构被中国证监会依法采取限制业务活动、责令停业整顿、指定其他机构托管或者接管等监管措施，尚未解除；

（四）发行人的签字保荐代表人、证券服务机构相关签字人员被中国证监会依法采取市场禁入、限制证券从业资格等监管措施，尚未解除；

（五）保荐人或者签字保荐代表人、证券服务机构或者相关签字人员，被本所实施一定期限内不接受其出具的相关文件的纪律处分，尚未解除；

（六）发行上市申请文件中记载的财务资料已过有效期，需要补充提交；

（七）发行人及保荐人主动要求中止审核，理由正当并经本所同意。

出现前款第一项至六项所列情形，发行人、保荐人和证券服务机构未及时告知本所，本所经核实符合中止审核情形的，将直接中止审核。

第六十五条 因前条第一款第二项至五项中止审核，发行人根据规定需要更换保荐人或者证券服务机构的，更换后的保荐人或者证券服务机构应当自中止审核之日起三个月内完成尽职调查，重新出具相关文件，并对原保荐人或者证券服务机构出具的文件进行复核，出具复核意见，对差异情况作出说明。发行人根据规定无需更换保荐人或者证券服务机构的，保荐人或者证券服务机构应当及时向本所出具复核报告。

因前条第一款第二项至五项中止审核，发行人更换签字保荐代表人或者证券服务机构相关签字人员的，更换后的保荐代表人或者证券服务机构相关人员应当自中止审核之日起一个月内，对原保荐代表人或者证券服务机构相关人员签字的文件进行复核，出具复核意见，对差异情况作出说明。

因前条第一款第六项、第七项中止审核的，发行人应当在中止审核后三个月内补充提交有效文件或者消除主动要求中止审核的相关情形。

第六十六条 本规则第六十四条第一款所列中止审核的情形消除或者在本规则第六十五条规定的时限内完成相关事项后，发行人、保荐人和证券服务机构应当及时告知本所。本所经审核确认后，恢复对发行人的发行上市审核，并通知发行人及其保荐人。

依照前款规定恢复审核的，审核时限自恢复审核之日起继续计算。但发行人对其财务报告期进行调整达到一个或一个以上会计年度的，审核时限自恢复审核之日起重新起算。

第六十七条 出现下列情形之一的，本所将终止发行上市审核，通知发行人及其保荐人：

（一）发行上市申请文件内容存在重大缺陷，严重影响投资者理解和本所审核；

（二）发行人撤回发行上市申请或者保荐人撤销保荐；

（三）发行人未在规定时限内回复本所审核问询或者未对发行上市申请文件作出解释说明、补充修改；

（四）发行上市申请文件被认定存在虚假记载、误导性陈述或者重大遗漏；

（五）发行人阻碍或者拒绝本所依法实施的检查；

（六）发行人及其关联方以不正当手段严重干扰本所发行上市审核工作；

（七）发行人的法人资格终止；

（八）本规则第六十四条第一款规定的中止审核情形未能在三个月内消除，或者未能在本规则第六十五条规定的时限内完成相关事项；

（九）本所审核不通过。

第七章　审核相关事项

第六十八条　本所受理发行上市申请后至股票上市交易前，发行人及其保荐人应当密切关注公共媒体关于发行人的重大报道、市场传闻。

相关报道、传闻与发行人信息披露存在重大差异，所涉事项可能对本次发行上市产生重大影响的，发行人及其保荐人应当向本所作出解释说明，并按规定履行信息披露义务；保荐人、证券服务机构应当进行必要的核查并将核查结果向本所报告。

第六十九条　本所受理发行上市申请后至股票上市交易前，本所收到与发行人本次发行上市相关的投诉举报的，可以就投诉举报涉及的事项向发行人及其保荐人、证券服务机构进行问询，要求发行人及其保荐人向本所作出解释说明，并按规定履行信息披露义务；要求保荐人、证券服务机构进行必要的核查并将核查结果向本所报告。

第七十条　发行人应当将信息披露文件刊登在本所网站，并按照规定在中国证监会指定网站刊登相关信息披露文件。发行人应当保证在中国证监会指定网站与在本所网站披露的相应文件内容完全一致。

发行人可以将信息披露文件刊登于其他报刊和网站，但披露内容应当完全一致，且披露时间不得早于本所网站和中国证监会指定报刊和网站的披露时间。

发行人不得以新闻发布或者答记者问等其他形式代替信息披露或者泄露未公开信息。

第七十一条　本所向市场公开发行上市审核工作的下列信息，接受社会监督：

（一）发行上市审核标准和审核程序等发行上市审核业务规则，以及相关监管问答；

（二）在审企业名单、企业基本信息及审核工作进度；

（三）本所审核问询和发行人及其保荐人、证券服务机构回复，但涉及国家秘密或者发行人商业秘密的除外；

（四）上市委员会会议的时间、参会委员名单、审议的发行人名单、审议结果及现场问询问题；

（五）本所对发行人及其控股股东、实际控制人、保荐人、证券服务机构及其相关人员采取的监管措施或者纪律处分；

（六）本所认为必要的其他信息。

第八章　自律管理

第七十二条　本所在发行上市审核中，可以根据本规则及本所相关规则采取下列监管措施：

（一）书面警示；

（二）监管谈话；

（三）要求限期改正；

（四）要求公开更正、澄清或者说明；

（五）要求限期参加培训或者考试；

（六）本所规定的其他监管措施。

第七十三条　本所在发行上市审核中，可以根据本规则及本所相关规则实施下列纪律处分：

（一）通报批评；

（二）公开谴责；

（三）六个月至五年内不接受发行人提交的发行上市申请文件；

（四）三个月至三年内不接受保荐人、证券服务机构提交的发行上市申请文件、信息披露文件；

（五）三个月至三年内不接受保荐代表人及保荐人其他相关人员、证券服务机构相关人员签字的发行上市申请文件、信息披露文件；

（六）公开认定发行人董事、监事、高级管理人员三年以上不适合担任上市公司董事、监事、高级管理人员；

（七）本所规定的其他纪律处分。

第七十四条　本规则第九条规定的主体出现下列情形之一的，本所可以视情节轻重采取书面警示、监管谈话、要求限期改正等监管措施，或者给予通报批评、公开谴责、三个月至一年内不接受保荐人、证券服务机构及相关人员提交的发行上市申请文件及信息披露文件、六个月至一年内不接受发行人提交的发行上市申请文件等纪律处分：

（一）制作、出具的发行上市申请文件不符合要求，或者擅自改动招股说明书等发行上市申请文件；

（二）发行上市申请文件、信息披露文件内容存在重大缺陷，严重影响投资者理解和本所审核；

（三）发行上市申请文件、信息披露文件未做到真实、准确、完整，但未达到虚假记载、误导性陈述和重大遗漏的程度；

（四）发行上市申请文件前后存在实质性差异且无合理理由；

（五）未在规定时限内回复本所审核问询，且未说明理由；

（六）未及时向本所报告相关重大事项或者未及时披露；

（七）本所认定的其他情形。

第七十五条 存在下列情形之一的，本所对发行人给予一年至五年内不接受其提交的发行上市申请文件的纪律处分：

（一）发行人向本所报送的发行上市申请文件、信息披露文件被认定存在虚假记载、误导性陈述或者重大遗漏；

（二）发行人拒绝、阻碍、逃避本所检查，谎报、隐匿、销毁相关证据材料；

（三）发行人及其关联方以不正当手段严重干扰本所发行上市审核工作；

（四）重大事项未向本所报告或者未披露；

（五）发行上市申请文件中发行人或者其董事、监事、高级管理人员、控股股东、实际控制人的签字、盖章系伪造、变造。

第七十六条 发行人的控股股东、实际控制人、董事、监事、高级管理人员违反本规则规定，致使发行人报送的发行上市申请文件、信息披露文件被认定存在虚假记载、误导性陈述或者重大遗漏的，本所可以视情节轻重对相关主体给予通报批评、公开谴责、公开认定三年以上不适合担任上市公司董事、监事、高级管理人员或者自确认之日起一年至五年内不接受控股股东、实际控制人及其控制的其他发行人提交的发行上市申请文件等纪律处分。

第七十七条 保荐人未勤勉尽责，致使发行上市申请文件、信息披露文件被认定存在虚假记载、误导性陈述或者重大遗漏的，本所视情节轻重，自确认之日起，可以对保荐人、保荐代表人及相关责任人员给予一年至三年内不接受其提交或签字的发行上市申请文件、信息披露文件的纪律处分。

证券服务机构未勤勉尽责，致使发行上市申请文件、信息披露文件中与其职责有关的内容及其所出具的文件被认定存在虚假记载、误导性陈述或者重大遗漏的，本所视情节轻重，自确认之日起，可以对相关机构及其责任人员给予三个月至三年内不接受其提交或签字的发行上市申请文件、信息披露文件的纪律处分。

保荐人、证券服务机构及其相关人员存在下列情形之一的，本所视情节轻重，可以给予三个月至三年内不接受其提交或者签字的发行上市申请文件、信息披露文件的纪律处分：

（一）伪造、变造发行上市申请文件中的签字、盖章；

（二）重大事项未报告或者未披露；

（三）以不正当手段干扰本所发行上市审核工作；

（四）内部控制、尽职调查等制度存在缺陷或者未有效执行；

（五）通过相关业务谋取不正当利益；

（六）不履行其他法定职责。

第七十八条　保荐人报送的发行上市申请在一年内累计两次被本所不予受理的，自第二次收到本所相关文件之日起三个月后，方可向本所报送新的发行上市申请。

本所审核不通过作出终止发行上市审核的决定或者中国证监会作出不予注册决定的，自决定作出之日起六个月后，发行人方可再次向本所提交发行上市申请。

第七十九条　发行人披露盈利预测的，利润实现数未达到盈利预测百分之八十的，除因不可抗力外，本所可以对发行人及其董事长、总经理、财务负责人给予通报批评、公开谴责或者一年内不接受发行人提交的发行上市申请文件的纪律处分；对签字保荐代表人给予通报批评、公开谴责或者三个月至一年内不接受其签字的发行上市申请文件、信息披露文件的纪律处分。

利润实现数未达到盈利预测百分之五十的，除因不可抗力外，本所可以对发行人及其董事长、总经理、财务负责人给予公开谴责或者三年内不接受发行人提交的发行上市申请文件的纪律处分；对签字保荐代表人给予公开谴责或者一年至二年内不接受其签字的发行上市申请文件、信息披露文件的纪律处分。

注册会计师在对前两款规定的盈利预测出具审核报告的过程中未勤勉尽责

的，本所可以对签字注册会计师给予通报批评、公开谴责或者一年内不接受其签字的发行上市申请文件、信息披露文件的纪律处分。

第八十条 监管对象不服本所给予第七十三条第二项至六项的纪律处分决定的，可以按照《上海证券交易所复核实施办法》向本所提出复核申请。

第八十一条 本所建立发行人及其控股股东、实际控制人、董事、监事、高级管理人员以及保荐人、证券服务机构及其相关人员等机构和个人的诚信公示制度，对外公开本所采取的监管措施和纪律处分，记入诚信档案，并向中国证监会报告。

本所对保荐人、证券服务机构在科创板从事股票发行上市相关业务的执业质量进行定期评价，评价结果供发行上市审核参考。

第八十二条 本所在发行上市审核中，发现发行人及其控股股东、实际控制人、保荐人、证券服务机构及其相关人员涉嫌证券违法行为的，将依法报中国证监会查处。

第九章 附 则

第八十三条 本规则下列用语具有如下含义：

（一）营业收入：指公司利润表列报的营业收入；公司编制合并财务报表的为合并利润表列报的营业总收入。

（二）净利润：指公司利润表列报的净利润；公司编制合并财务报表的为合并利润表列报的归属于母公司所有者的净利润，不包括少数股东损益。

（三）经营活动产生的现金流量净额：指公司现金流量表列报的经营活动产生的现金流量净额；公司编制合并财务报表的为合并现金流量表列报的经营活动产生的现金流量净额。

（四）预计市值：指股票公开发行后按照总股本乘以发行价格计算出来的发行人股票名义总价值。

（五）红筹企业：指注册地在境外、主要经营活动在境内的企业。

（六）表决权差异安排：指发行人按照《中华人民共和国公司法》第一百三十一条的规定，在一般规定的普通股份之外，发行拥有特别表决权的股份。每一特别表决权的股份拥有的表决权数量大于每一普通股份拥有的表决权数量，其他股东权利与普通股份相同。

（七）验证版招股说明书：指在招股说明书中标示出重要的披露内容对应保荐工作底稿依据的招股说明书版本。

第八十四条 本规则经本所理事会审议通过，报中国证监会批准后生效，修改时亦同。

第八十五条 本规则由本所负责解释。

第八十六条 本规则自发布之日起施行。

图书在版编目（CIP）数据

IPO 法律实务：关注事项与解决之道 / 汪志芳著
. —北京：中国法制出版社，2019. 6
ISBN 978 - 7 - 5216 - 0229 - 6

Ⅰ. ①I… Ⅱ. ①汪… Ⅲ. ①上市公司 - 公司法 - 研究 - 中国 Ⅳ. ①D922. 291. 914

中国版本图书馆 CIP 数据核字（2019）第 084337 号

责任编辑 欧丹　　封面设计 李 宁

IPO 法律实务：关注事项与解决之道
IPO FALÜ SHIWU：GUANZHU SHIXIANG YU JIEJUE ZHIDAO

著者/汪志芳
经销/新华书店
印刷/三河市国英印务有限公司
开本/710 毫米×1000 毫米 16 开　　印张/ 25. 75 字数/ 341 千
版次/2019 年 6 月第 1 版　　2019 年 6 月第 1 次印刷

中国法制出版社出版
书号 ISBN 978 - 7 - 5216 - 0229 - 6　　定价：78. 00 元

北京西单横二条 2 号 邮政编码 100031　　传真：010 - 66031119
网址：http：//www. zgfzs. com　　**编辑部电话：010 - 66066621**
市场营销部电话：010 - 66033393　　**邮购部电话：010 - 66033288**

（如有印装质量问题，请与本社印务部联系调换。电话：010 - 66032926）